Studien zur Denkentwicklung

Rainer H. Kluwe/Hans Spada
(Herausgeber)

Studien zur Denkentwicklung

Unter Mitarbeit von:

Harry Beilin
Peter M. Bentler
James G. Greeno
Rudolf Groner
Rachel Joffe-Falmagne
Beat Keller
David Klahr
Rainer H. Kluwe
Gerd Lüer
Christine Menz
Juan Pascual-Leone
Lauren Resnick
Georg Rudinger
Hermann Rüppell
Hans Spada
Hoben Thomas

Verlag Hans Huber Bern Stuttgart Wien

CIP-Kurztitelaufnahme der Deutschen Bibliothek

Studien zur Denkentwicklung / Rainer H. Kluwe; Hans Spada (Hrsg.). Unter Mitarb. von: Harry Beilin ... – Bern; Stuttgart; Wien: Huber, 1981.
ISBN 3-456-80744-9

NE: Kluwe, Rainer [Hrsg.]; Beilin, Harry [Mitverf.]

Kluwe, Rainer H.

Anschrift der Herausgeber:

Dr. Rainer H. Kluwe
Institut für Psychologie
der Universität München
Geschwister-Scholl-Platz 1
D-8000 München 22

Univ.Doz.Dr. Hans Spada
Institut für die Pädagogik
der Naturwissenschaften (IPN)
an der Universität Kiel
Olshausenstrasse 40–60
D-2300 Kiel 1

Zum gleichen Zeitpunkt erscheint beim Verlag Academic Press die englischsprachige Fassung dieses Buches unter dem Titel "Developmental Models of Thinking".

Druck: Lang Druck AG Liebefeld-Bern
Printed in Switzerland

Inhaltsverzeichnis

DAVID KLAHR

Die Autoren des Buches

BEILIN, Harry, Prof., Graduate School and University Center, City University of New York, Graduate Center: 33 West Street, New York, N.Y. 10036, USA

BENTLER, Peter M., Prof., University of California, Los Angeles, Department of Psychology, Los Angeles, Ca. 90024, USA

GREENO, James G., Prof. University of Pittsburgh, LRDC, 3939 O'Hara Street, Pittsburgh, PA 15260, USA

GRONER, Rudolf, PD Dr., Psychologisches Institut der Universität Bern, Gesellschaftsstraße 49, 3012 Bern, Schweiz

JOFFE-FALMAGNE, Rachel, Prof., Clark University, Department of Psychology, Worcester, Massachusetts 01610, USA

KELLER, Beat, Psychologisches Institut der Universität Freiburg, Rue St. Michel 14, 1700 Freiburg, Schweiz.

KLAHR, David, Prof., Carnegie-Mellon University, Department of Psychology, Schenley Park, Pittsburgh, Pennsylvania 15213, USA

KLUWE, Rainer H., Dr. Institut für Psychologie der Universität München, Geschwister-Scholl-Platz 1, 8000 München 22, Deutschland

LÜER, Gerd, Prof., Institut für Psychologie der Technischen Hochschule Aachen, Krämerstraße 20-34, 5100 Aachen, Deutschland

MENZ, Christine, Psychologisches Institut der Universität Bern, Gesellschaftsstraße 49, 3012 Bern, Schweiz

PASCUAL-LEONE, Juan, Prof., York University, Department of Psychology, 4700 Keele Street, Downsview, Ontario M3J IP3, Canada

RESNICK, Lauren B., Prof., LRDC, University of Pittsburgh, 3939 O'Hara Street, Pittsburgh, PA 15260, USA

RUDINGER, Georg, Prof., Psychologisches Institut der Universität Bonn, An der Schloßkirche 1, 5300 Bonn, Deutschland

RÜPPELL, Hermann, Dr., Psychologisches Institut der Universität Bonn, An der Schloßkirche 1, 5300 Bonn, Deutschland

SPADA, Hans, Univ.-Doz., Institut für die Pädagogik der Naturwissenschaften, Universität Kiel, Olshausenstraße 40-60, 2300 Kiel, Deutschland

THOMAS, Hoben, Prof., Pennsylvania State University, Department of Psychology, University Park, PA 16802, USA

Vorwort

Modelle der Denkentwicklung: Welches ist der gegenwärtige Stand der Diskussion? Welche Trends zeichnen sich ab? Der vorliegende Band gibt auf diese Fragen detaillierte Antworten von renommierten amerikanischen, deutschen und schweizerischen Vertretern sehr verschiedener Forschungsansätze. Einige der amerikanischen Autoren kommen dabei erstmals in deutscher Sprache zu Wort. Die Forschungsansätze können etwa folgendermaßen etikettiert werden:

1) Mathematische und psychometrische Modelle: BENTLER; GRONER, KELLER & MENZ; RUDINGER & RÜPPELL; SPADA & KLUWE; THOMAS;
2) Modelle der Informationsverarbeitung: GREENO; JOFFE-FALMAGNE; KLAHR; LÜER; RESNICK;
3) PIAGET-orientierte Ansätze: BEILIN; PASCUAL-LEONE.

Die Frage nach der Ausbildung intellektueller Fähigkeiten im Laufe der Entwicklung des Kindes und des Jugendlichen stellt ein grundlegendes Problem psychologischer Forschung dar. Nicht zuletzt aufgrund der Bedeutung dieser Frage für die Diagnostik und die Erziehung werden von Psychologen verstärkte Anstrengungen in diesem Bereich gefordert. Der gegenwärtige Stand der Theoriediskussion in der kognitiven Entwicklungspsychologie muß als unzureichend betrachtet werden. Dies gilt auch angesichts des umfangreichen Werks von PIAGET und seiner Forschergruppe, die in diesem Bereich eine dominierende Stellung einnehmen und ein breit gefächertes Untersuchungsspektrum realisieren.

In den letzten Jahren wurden einige neue formalisierte Theorien der Denkentwicklung mit erhöhter Präzision und Prüfbarkeit der Annahmen ausgearbeitet. Sie greifen zentrale Annahmen der Theorie von PIAGET auf, und überwinden gleichzeitig einige der Unzulänglichkeiten seiner Theorie.

Darüber hinaus gibt es experimentelle Ansätze, die sich ausdrücklich an theoretischen Modellen der Denkentwicklung orientieren, die mehr von der Wende zu Informationsverarbeitungsmodellen als von der Theorie PIAGETs beeinflußt sind.

Diese verschiedenen Forschungsaktivitäten bildeten den Ausgangspunkt für unsere Entscheidung, eine Arbeitstagung zum Thema "Modelle der Denkentwicklung" zu organisieren, die vom 11. bis 14. September 1977 an der Universität Kiel abgehalten wurde. Diese Arbeitstagung ermöglichte zum ersten Mal einen fruchtbaren und kritischen Vergleich aller drei genannten Ansätze: des Ansatzes von PIAGET, des mathematischen und psychometrischen Ansatzes sowie des Ansatzes der Informationsverarbeitung.

Als wir die Teilnehmer für diese Konferenz einluden, dachten wir in Kategorien wie etwa numerische mathematische Modelle, psychometrisch-statistische Modelle, Computersimulation, experimentell orientierte Ansätze zur Informationsverarbeitung, PIAGET-zentrierte Ansätze.

Die Auswahl erfolgte in erster Linie unter dem Kriterium, solche Psychologen einzuladen, die durch ihre Arbeit zur Konstruktion neuer Modelle im Bereich der Denkentwicklung beigetragen haben. Es sollten sowohl theoretische Modelle als auch korrespondierende empirische Befunde diskutiert werden. Diese empirischen Befunde bildeten eine konkrete Grundlage für den Vergleich der verschiedenen Ansätze, da in einigen Fällen die empirischen Untersuchungen auf einem ähnlichen Aufgabenmaterial basieren.

Die Beiträge für diesen Band gehen auf einen Teil der Vorträge zurück, die während dieser Tagung gehalten worden waren. Sie wurden beträchtlich überarbeitet, um für einen breiteren Leserkreis einen Sammelband mit aufeinander abgestimmten Beiträgen veröffentlichen zu können.

Der Band enthält zwölf Kapitel, die zu drei größeren Teilgruppen zusammengefaßt werden können. Die Kapitel I bis V beschreiben die Denkentwicklung unter Bezug auf mathematische und psychometrische Modelle. Ein wesentliches Merkmal dieser Beiträge ist die explizite Berücksichtigung interindividueller Unterschiede. In den Kapiteln VI bis X werden unterschiedliche Vorgehensweisen im Rahmen von Informationsverarbeitungstheorien dargestellt. In den Kapiteln XI bis XII schließlich wird eine Bewertung des Ansatzes der Genfer Schule sowie einiger neuerer, damit verwandter Untersuchungen zur Denkentwicklung gegeben.

SPADA & KLUWE betonen im I. Kapitel dieses Buches, daß die Konstruktion formaler Modelle ein zentrales Ziel für die Entwicklungspsychologie darstellen sollte. Sie erörtern Untersuchungen zu zwei verschiedenen Modellen des Denkens und der Denkentwicklung. Diese Modelle basieren zum einen auf Hypothesen über kognitive Operationen, die von Kindern verschiedenen Alters eingesetzt werden, um bestimmte Aufgaben zu lösen, und zum anderen auf psychometrischen Annahmen. Sie erlauben die Spezifikation und Prüfung von Hypothesen über quantitative und strukturelle, entwicklungsbedingte Veränderungen des Denkens in Problemlöseprozessen. Eines der Modelle beruht auf Annahmen des deterministischen Modells des strukturellen Lernens (SCANDURA 1973) und entspricht den Ergebnissen von INHELDER & PIAGET (1958). Das zweite Modell ist eine Verallgemeinerung des probabilistischen Latent-Trait-Modells von RASCH (1966). Beide Modelle werden anhand von Daten verglichen, die unter verschiedenen experimentellen Bedingungen erhoben wurden.

In seiner Bewertung mathematischer Modelle als möglichen Instrumenten zur Beschreibung der Denkentwicklung bezieht sich LÜER (Kapitel II) insbesondere auf die von SPADA & KLUWE vorgelegten Untersuchungen. Seine Kritik richtet sich auf Restriktionen und Annahmen, die mit mathematischen Modellen verbunden sind. LÜER selbst bevorzugt den Forschungsansatz der Informationsverarbeitungstheorien und kritisiert, daß verschiedene mathematische Modelle auf einem zu simplen Verständnis der Denkentwicklung basieren. Er zeigt jedoch Verbindungen zwischen dem mathematischen Ansatz und dem Ansatz der Informationsverarbeitungstheorien auf, die eine solche Unterscheidung als teilweise willkürlich erscheinen lassen.

Der Beitrag von THOMAS[1] (Kapitel III) beschreibt eine Wachstumstheorie der Entwicklung, die auf der funktionalen Beziehung zwischen Mittelwerten und Standardabweichungen verschiedener Variablen in den einzelnen Altersstufen basiert. Nach Zurückweisung eines additiven Modells schlägt THOMAS ein multiplikatives Modell vor, in dem der Entwicklungsprozeß in einem bestimmten Bereich als ein Produkt aus einem Parameter für entwicklungsbedingten Zuwachs und Zufallsvariablen beschrieben wird.

BENTLER (Kapitel IV) gibt einen umfassenden Überblick über Möglichkeiten, kognitive Entwicklung durch kausale Modelle anhand qualitativer Daten zu untersuchen. Ausgehend von einer detaillierten Diskussion der Probleme der Beschreibung und Erklärung im Rahmen entwicklungspsychologischer Forschung gibt er einen leicht lesbaren Überblick über Modelle latenter Eigenschaften (Modell latenter Strukturen, Skalogrammanalyse, Modell latenter Variablen, Faktorenanalytisches Modell), Vorhersage-Modelle (Dichotomes Regressions-Modell, Strukturgleichungsmodell), Polychotome Antwort-Modelle (Log-lineares Modell, Modell für den Fall einer Kreuzklassifizierung mit Fehlern).

RUDINGER & RÜPPELL diskutieren in Kapitel V Fragen der Beschreibung quantitativer Veränderungen in der Denkentwicklung ebenfalls unter Berücksichtigung individueller Unterschiede. Ein wesentliches Ziel dieses Beitrags ist es, die Möglichkeiten der Verbindung quantitativer und qualitativ-struktureller Beschreibung der Denkentwicklung aufzuzeigen; beide Beschreibungsansätze werden somit als komplementär betrachtet. STERNBERGs Komponentenanalyse wird als ein mögliches Paradigma diskutiert, in dem die psychometrische Tradition und der qualitativ-strukturelle

1) Ursprünglich war dieser Beitrag nicht Bestandteil der Arbeitstagung in Kiel 1977. Der Grund dafür war, daß Hoben THOMAS aufgrund vorher eingegangener Verpflichtungen nicht in der Lage war, eine Einladung nach Kiel anzunehmen.

Ansatz integriert sind. Eine kritische Analyse dieses Ansatzes durch die Autoren führt jedoch zu einem verwandten Modell der Entwicklung geistiger Fähigkeiten, das bereits von SELZ (1935) diskutiert wurde. Dieses Intelligenzmodell und die von SELZ vorgeschlagene Methode des Trainings bestimmter kognitiver Prozesse werden als vielversprechende Möglichkeiten im Hinblick auf die Quantifizierung der intellektuellen Entwicklung betrachtet.

Dieser Gruppe von Beiträgen, die sich vorwiegend mit Fragen der quantitativen Beschreibung und der mathematischen Modellbildung kognitiver Entwicklung beschäftigen, folgt eine Arbeit von KLAHR (Kapitel VI), die einen Überblick über den Ansatz der Informationsverarbeitung zur Untersuchung der kognitiven Entwicklung gibt, wie er an der Carnegie-Mellon University verfolgt wird. KLAHR arbeitet an der Computersimulation verschiedener Stufen kognitiver Kompetenz bezüglich einzelner Aufgabenbereiche. Er sieht darin eine Methode der Konstruktion von Modellen der Denkentwicklung. KLAHRs grundlegendes Ziel sind aufgabenspezifische Modelle der Informationsverarbeitung, die die entsprechenden kognitiven Leistungen auf den einzelnen Entwicklungsstufen und den Übergang zwischen den Stufen beschreiben. Anhand einiger empirischer Beispiele wird aufgezeigt, wie mit Hilfe eines Systems von Produktionsregeln die Frage beantwortet werden kann, welches Wissen auf verschiedenen Altersstufen bezüglich verschiedener Aufgabenbereiche verfügbar ist. Abschließend diskutiert KLAHR die Vorteile von Modellen, die als selbstmodifizierende Produktionssysteme formuliert werden.

GRONER (Kapitel VII), der vor allem durch seine Arbeiten im Bereich mathematischer Denk- und Lerntheorien bekannt geworden ist, zeichnet sich sowohl als Experte mathematischer Psychologie als auch in Computersimulation aus. Er sowie seine Mitarbeiter, KELLER und MENZ, liefern eine detaillierte Kritik des Ansatzes der Computersimulation von Informationsverarbeitungstheorien der Denkentwicklung. Dieses Kapitel schließt direkt an den vorangehenden Beitrag von KLAHR an und relativiert manche der dort getroffenen Aussagen.

Die folgenden drei Kapitel von JOFFE-FALMAGNE, GREENO & RESNICK stellen verschiedene Beispiele des Ansatzes der Informationsverarbeitung zur Denkentwicklung dar.

Das Kapitel von JOFFE-FALMAGNE (Kapitel VIII) zielt auf einen theoretischen Rahmen zur Beschreibung schlußfolgernden Denkens und seiner Entwicklung in der Kindheit ab. Die Auseinandersetzung mit Unterschieden zwischen ihrem Ansatz und jenem von PIAGET führt die Autorin zu der Annahme, daß bereits jüngere Kinder zu Deduktionsschlüssen auf beträchtlichem Abstraktionsniveau in der Lage sind. JOFFE-FALMAGNE arbeitet einen theoretischen Rahmen aus, gemäß dem logische Kompetenz teilweise als Ergebnis eines Begriffsbildungsprozesses ausgebildet wird. Nach diesem Ansatz kommt der sich im Verlaufe der kognitiven Entwicklung ändernden Verfügbarkeit von verschiedenen Möglichkeiten, verbale Information intern zu repräsentieren, eine besondere Bedeutung zu.

Das grundlegende Problem, das im Kapitel IX von GREENO erörtert wird, hängt mit Fragen des Unterschieds zwischen dem Genfer und dem aussagenlogischen Ansatz von JOFFE-FALMAGNE zusammen: dem Verstehen von Problemsituationen. GREENOs Kapitel konzentriert sich auf zwei Formen begrifflichen Verstehens: semantische Interpretation von Arithmetik, und Arithmetik als semantisches Modell einer abstrakten, formalen Sprache. Bezüglich der ersten Form strebt GREENO eine detaillierte Beschreibung jener Denkvorgänge des Kindes an, die zu einer semantischen Interpretation einer gegebenen Aufgabe führen, und in denen die adäquaten Beziehungen in der formalen Sprache der Arithmetik identifiziert werden. Im Zusammenhang mit der zweiten Form begrifflichen Verstehens führt GREENO eine bedeutende Unterscheidung zwischen implizitem und explizitem Verstehen ein. Im Gegensatz zu explizitem Verstehen verlangt implizites begriffliches Verstehen von Arithmetik nicht die Kenntnis einer formalen Sprache. Die kognitiven Prozeduren jedoch, die zum Lösen von Problemen in einem bestimmten Bereich wie Arithmetik eingesetzt werden, sollten den Prinzipien folgen, die in der formalen Sprache spezifiziert werden. Diese Unterscheidung ist vor allem im Hinblick auf die Frage bedeutsam, was Kinder in der Entwicklung erwerben. Unter Bezug auf PIAGET und dessen Arbeiten zur Klasseninklusion verweist GREENO darauf, daß PIAGET kaum annahm, daß Kinder ein explizites Verständnis einer formalen Sprache der Logik und der Mengentheorie erwerben. GREENO ist überzeugt, daß eine Theorie kognitiver Prozeduren erforderlich ist, um den Erwerb allgemeiner, kognitiver Prozesse zu analysieren.

RESNICKs empirische und rationale Aufgabenanalyse (Kapitel X) stellt einen Weg zur Untersuchung der beiden eng zusammenhängenden Fragen dar, wie Kinder neue mathematische Kenntnisse erwerben und wie man ihnen dabei helfen kann. Die bekannte Autorin, derzeit Direktorin des Learning Research and Developement Centers in Pittsburgh, entwickelt in diesem Beitrag die Theorie, daß Kinder den größten Teil mathematischer Kenntnisse dadurch erwerben, daß sie selbst neue Begriffe und Verfahren zur Durchführung mathematischer Operationen konstruieren. Sie bezeichnet diese Konstruktion als "Erfindungen" (inventions). Viele Begriffe wie Struktur, Verstehen und eben Erfindung, die im allgemeinen eher mit der Gestaltpsychologie oder der Genfer Schule in Zusammenhang gebracht werden, werden mit Mitteln der Informationsverarbeitungstheorie interpretiert und präzisiert. Unter Hinweis auf die Notwendigkeit eines aktiven Einbaus mathematischer Repräsentationen und Routinen in die Kenntnisstruktur der Lernenden werden verschiedene Möglichkeiten zur Förderung eines so verstandenen Lernprozesses aufgezeigt. Theorie und didaktische Konsequenzen werden an verschiedenen empirischen Studien illustriert und belegt.

Die letzten beiden Kapitel beziehen sich vorwiegend auf Fragen und Probleme im Zusammenhang mit neueren Untersuchungen der Theorie von PIAGET. Im Kapitel XI wägt BEILIN die Alternative Verbesserung oder Verwerfung der Theorie von PIAGET ab. BEILIN, einer der amerikanischen Experten der Theorie von PIAGET, gibt einen integrativen Überblick über den gegenwärtigen Stand der Forschung in diesem Bereich und entscheidet sich für die Beibehaltung dieser allerdings in verschiedenen Punkten zu überarbeitenden Theorie. Er diskutiert die Rolle von Transformationen im Denken, das Problem der décalage und der Beziehungen zwischen Lernen und Entwicklung sowie zwischen Sprache und Denken.

PASCUAL-LEONE (Kapitel XII), einer der originellsten Denker in der Nachfolge von PIAGET, erörtert kritisch die Daten und Methoden der Genfer Schule, um die empirischen Invarianzen herauszuarbeiten, die den Begriffen der Stufen und der Äquilibration zugrunde liegen. Von besonderem Interesse ist sein Vergleich der Daten und Methodologie der Genfer Schule mit jenen des Ansatzes der Carnegie-Mellon University, also einem Ansatz im Rahmen der Computersimulation von Informationsverarbeitungstheorien. Einen wichtigen Platz in diesem Beitrag nimmt die Diskussion der Methode der "Metasubjektiven Aufgabenanalyse" und des Problems wirklich neuer kognitiver Leistungen ein.

Das zentrale Thema dieses Bandes ist die Frage, wie Modelle zur kognitiven Entwicklung beim Stand des heutigen Wissens zu konstruieren sind. Die Autoren, die in diesem Band zu Wort kommen, sind Vertreter von sehr verschiedenen Forschungsansätzen. Eine Folge davon ist, daß die Antworten auf diese Frage sehr unterschiedlich ausfallen, auch wenn ein gemeinsames Merkmal die Suche nach theoriegeleiteten und empirisch überprüfbaren Hypothesen über kognitive Entwicklung ist.

Der Band vermittelt einen umfassenden und integrativen Überblick über eine Vielzahl vorliegender theoretischer und empirischer Untersuchungen, deren Ziel die Konstruktion brauchbarer Modelle der Denkentwicklung ist. Er ist deshalb von allgemeinem Interesse für Psychologen in verschiedenen Forschungsbereichen, und zwar insbesondere für Entwicklungspsychologen, Denkpsychologen, Pädagogische

Psychologen und Mathematische Psychologen und wird auch das Interesse von Pädagogen finden.

Ein wichtiger Punkt jedes Vorworts ist der Dank an die vielen Personen, die die Realisierung der vorliegenden Publikation ermöglicht haben. Wir danken allen Autoren für ihre Bereitschaft, unsere Vorschläge zur Revision und Überarbeitung ihrer Beiträge aufzugreifen. Ohne diese Bereitschaft zur Zusammenarbeit wäre die Erstellung dieses umfangreichen Bandes nicht möglich gewesen. Darüber hinaus sind wir allen Teilnehmern der Arbeitstagung in Kiel im September 1977 für ihre Beiträge sehr zu Dank verpflichtet. Finanziell war die Arbeitstagung von der Stiftung Volkswagenwerk gefördert worden. Die Durchführung der Tagung wurde durch die freundliche Unterstützung unserer Kollegen und Kolleginnen des Instituts für Psychologie der Universität Kiel und des Instituts für die Pädagogik der Naturwissenschaften an der Universität Kiel sehr erleichtert. Unser Dank gilt insbesondere Urs Baumann und Hermann Wegener, Mitgliedern des Leitungskollegiums des Instituts für Psychologie, sowie Karl Frey, dem geschäftsführenden Direktor des IPN[2). Jutta Sinn leistete wertvolle Arbeit im Zusammenhang mit allen administrativen Problemen. Weiterhin möchten wir die Mitarbeit von Waltraud Herzog, Ute Kühl, Petra Möller, Aida Starke, Eva M. Vester und Monika Wenhart dankend erwähnen.

Die Übersetzungen der Beiträge der amerikanischen Autoren und des kanadischen Autors erfolgte durch Julia Andràs, Bettina Günthner und Verena Spada-Schweizer unter Mitarbeit der Herausgeber: Thomas (Kluwe), Bentler (Spada-Schweizer), Klahr (Andràs, Günthner und Kluwe),

2) Das IPN ist eine Forschungsanstalt des Landes Schleswig-Holstein und wird gemäß der "Rahmenvereinbarung Forschungsförderung zwischen Bund und Ländern" finanziert.
Seine Aufgabenstellung ist überregional und gesamtstaatlich. Es soll durch seine Forschungen die Pädagogik der Naturwissenschaften weiterentwickeln und fördern.
Das Institut gliedert sich in die Abteilungen Didaktik der Biologie, Didaktik der Chemie, Didaktik der Physik, Erziehungswissenschaften, Pädagogisch-Psychologische Methodenlehre (einschließlich Datenverarbeitung) und die Zentralabteilung.

Joffe-Falmagne (Günthner und Kluwe), Greeno (Andràs und Kluwe), Resnick (Spada-Schweizer), Beilin (Spada-Schweizer), Pascual-Leone (Spada-Schweizer). Die deutschsprachigen Fassungen wurden anschließend Experten zur Korrektur vorgelegt. Wir möchten in diesem Zusammenhang folgenden Kollegen für die erhaltenen Ratschläge danken: Rudolf Groner, Bern (Resnick); Hannelore Grimm, Heidelberg (Joffe-Falmagne); Fritz Kubli, Zürich (Beilin); Gerd Lüer, Aachen (Klahr); Hartmann Scheiblechner, Marburg (Bentler); Antonio Suarez, Zürich (Pascual-Leone); Franz Weinert, Heidelberg (Greeno).

Schließlich sind wir dem Verlag Huber zu großem Dank verpflichtet. Herr Heinz Weder und Frau Monic Hochreutener haben die Herausgabe in allen Stadien der Publikation freundlich und wirksam unterstützt.

Zwei Modelle der Denkentwicklung und ihr Bezug zur Theorie von Piaget

Hans Spada & Rainer H. Kluwe

1. Einleitung

1.1 Zusammenfassung

Mathematische Modelle, basierend auf
(a) Hypothesen über Denkoperationen, die von Kindern unterschiedlichen Alters angewandt werden, um verschiedene Aufgaben zu lösen, und auf
(b) testtheoretischen Annahmen,
stellen nach unserer Einschätzung einen interessanten Ansatz zur Analyse der Denkentwicklung dar. Mit ihrer Hilfe ist es möglich, Hypothesen über quantitative und strukturelle Veränderungen des Aufgabenlösungsverhaltens im Laufe der Entwicklung zu spezifizieren und präzise zu testen. Durch die Arbeit mit diesen Modellen versuchen wir, die Kluft zwischen Informationsverarbeitungstheorien der Denkentwicklung und psychometrischen Verfahren zur quantitativen Erfassung der intellektuellen Entwicklung ein wenig zu verkleinern.

In zwei empirischen Studien, in denen Schüler im Alter von 9 bis 16 Jahren Waagebalkenaufgaben zu bearbeiten hatten, wurden präexperimentelle Hypothesen über die Denkoperationen dieser Schüler teilweise auf der Grundlage der Arbeiten von INHELDER & PIAGET (1958) abgeleitet, teilweise aus der Beobachtung von Kindern bei solchen Aufgaben erschlossen. Diese Hypothesen wurden spezifiziert und im Zusammenhang mit zwei mathematischen Modellen des angeführten Typs getestet:

(a) einem deterministischen Modell der Denkentwicklung, das einen Spezialfall des Modells von SCANDURA (1973, 1977) darstellt und zugleich mit Annahmen über qualitative Entwicklungsveränderungen im Sinne von PIAGET (vgl. SPADA 1976, GRONER & SPADA 1977) korrespondiert und

(b) einem probabilistischen Modell, dem linearen logistischen Denkmodell (SCHEIBLECHNER 1972; FISCHER 1974, 1977; SPADA 1976, 1977), das eine Variante des Testmodells von RASCH (1966) darstellt. In diesem Modell wird die intellektuelle Entwicklung als quantitative Veränderung von Aufgabenlösungsfähigkeiten beschrieben. Aber es wäre auch möglich, restriktive Hypothesen über qualitative Veränderungen zu testen.

Mit Hilfe dieser Modelle ist es möglich, einige einander widersprechende Annahmen über die kognitive Entwicklung zu prüfen, wenn es gelingt, diese Annahmen in Bezug auf Komponenten der Denkprozesse im jeweils interessierenden Aufgabenprozeß zu spezifizieren und Hypothesen über das Resultat derartiger Denkprozesse bei Schülern unterschiedlichen Alters abzuleiten.

In diesem Beitrag erfolgt der Vergleich des deterministischen Modells qualitativer Entwicklungsveränderungen und des logistischen Modells eines quantitativen Wandels auf der Grundlage einer Überprüfung der Plausibilität, theoretischen Relevanz und empirischen Gültigkeit ihrer unterschiedlichen psychologischen Annahmen. Darüber hinaus ziehen wir aus den Ergebnissen einige diagnostische und pädagogische Konsequenzen.

1.2 Eine allgemeine Bemerkung

Arbeiten des vorgelegten Typs basieren auf der Überzeugung, daß viele Fragen der allgemeinen Psychologie, der Entwicklungspsychologie und der differentiellen Psychologie nur simultan lösbar sind. Die Entwicklungsgeschichte der Psychologie zeigt, daß die Formulierung allgemeinpsychologischer Theorien dann besonders erfolgversprechend ist, wenn der entwicklungspsychologische Aspekt mitberücksichtigt ist. Etwas Analoges läßt sich auch für die differentielle Psychologie sagen: Wenn es gelingt, zu beschreiben, wie bestimmte interindividuelle Differenzen in der Entwicklung der Individuen begründet sind, dann ist zugleich ein wesentlicher Schritt zur psychologischen Erklärung dieser Differenzen getan. Wir glauben, daß Verhaltensgesetzmäßigkeiten nur bei Berücksichtigung interindividueller Differenzen ableitbar sind und daß man am besten verstehen kann, was allgemein gültig und was interindividuell unterschiedlich ist, wenn man den Entwicklungsverlauf untersucht. Darüber hinaus gehen wir von der Annahme aus, daß die psychologische Theorienbildung sich möglichst umfassend des Mittels der Formalisierung bedienen sollte, um zu präzisen und testbaren Annahmen zu kommen.

1.3 Mängel einer ausschließlich qualitativen Analyse der Denkentwicklung

Man findet kaum eine Untersuchung über die kognitive Entwicklung, die nicht in der einen oder anderen Form Bezug auf die Theorie von PIAGET und seiner Genfer Mitarbeiter nimmt. Die empirischen Studien dieser Autoren sind unübertroffen, was den Reichtum an Details der Ergebnisse betrifft, und es gibt keine andere Theorie, die für sich in Anspruch nimmt, die kognitive Entwicklung so umfassend zu erklären (vgl. INHELDER & PIAGET 1958; PIAGET & INHELDER 1973; INHELDER, SINCLAIR & BOVET 1974). Trotzdem wurde gerade im letzten Jahrzehnt PIAGETs Stadientheorie der konkreten und formalen Denkoperationen vermehrt attackiert. Insbesondere wurde kritisiert:

(a) das logisch-mathematische Modell des Denkens (OSHERSON 1975; FLAVELL 1977; SUAREZ 1977)

(b) das Stadienkonzept selbst (FLAVELL 1973, 1977; SUPPES 1973) und

(c) die Schwierigkeit, die empirische Gültigkeit dieser Theorie zu prüfen, die in vielen Aspekten zu vage ist, um jene Vorhersagen zu ermöglichen, die für eine stringente Prüfung notwendig sind (OSHERSON 1974).

In Bezug auf das Stadienkonzept drückt beispielsweise KEATING (im Druck) seine Kritik in folgender Weise aus: "Discontinuous and/or abrupt changes in cognitive development, perhaps especially in late childhood and beyond, are difficult to demonstrate convincingly. The cumulative evidence to date on adolescent cognitive development leaves a strong impression of a continuous, quantitative and multidimensional growth in abilities" and "Separating the insightful descriptive components ... from the more central structural theory, we note that there appears to be no empirical test of crucial elements of the latter." FLAVELL (1977, S. 239) formuliert wie folgt: " ... the stage-to-stage developmental changes" sind vielleicht "not quite so exclusively qualitative if you look at underlying processes; the within-stage changes more gradual, important and long lasting than originally believed, and the same stage developments less concurrent than Piagetian theory seemed to require."

1.4 Mängel einer ausschließlich psychometrischen Analyse der Denkentwicklung

Bei psychometrischen Analysen von Entwicklungsdaten werden Veränderungen des Aufgabenlösungsverhaltens von Individuen häufig mit Hilfe der restriktiven Annahme einer quantitativen Veränderung einer oder mehrerer latenter Variablen beschrieben. In einer Untersuchung dieses Typs war es möglich, die Veränderung der Aufgabenlösungsfähigkeit bezüglich der untersuchten Aufgabengruppe als quantitativen Anstieg einer Fähigkeit (eines Fähigkeitsparameters) abzubilden, wobei als Modell das RASCH-Modell herangezogen wurde (SPADA 1969). Bei solchen Untersuchungen unter Verwendung entsprechender Modelle ist es zwar durchaus möglich, jene Schwierigkeiten zu vermeiden, die bei Anwendung der klassischen Testtheorie und von Faktorenanalysen auf Entwicklungsdaten immer wieder auftreten (SPADA 1970; FISCHER 1974). Andererseits ist dieser testtheoretische Ansatz mindestens hinsichtlich zweier Aspekte durchaus problematisch:

Ein erstes Problem ist das Fehlen einer psychologischen Analyse der Aufgaben. Es wird ja in keiner Weise theoretisch abgeklärt, warum verschiedene Schwierigkeitsparameter für die einzelnen Aufgaben resultieren. Die zentrale Frage, wie aus kognitiver und entwicklungspsychologischer Sicht unterschiedliche Aufgabenschwierigkeiten erklärt werden können, wird nicht beantwortet. Ebenso problematisch ist, daß keine Analyse durchgeführt wird, wie die Veränderung der Fähigkeit eines Schülers für einen bestimmten Aufgabenbereich entwicklungsmäßig erklärt werden kann. Bei einer ausschließlich psychometrischen Analyse fehlt somit eine Theorie der Aufgabenschwierigkeiten und der Fähigkeitsentwicklung, die über eine bloß beschreibende Quantifizierung von Aufgabenschwierigkeiten und Schülerfähigkeiten hinausgeht.

1.5 Testtheoretische Strukturmodelle der Denkentwicklung

Um das erstgenannte Problem, nämlich das Fehlen einer psychologischen Aufgabenanalyse, zu überwinden, wurden in den letzten Jahren testtheoretische Modelle entwickelt, die eine detaillierte Analyse der relevanten Komponenten von Aufgabenlösungsprozessen ermöglichen, und zwar unter Berücksichtigung interindividueller Differenzen (SCHEIBLECHNER 1972; FISCHER 1974; SPADA 1976, 1977). Diese Modelle basieren auf dem Modell von RASCH und berücksichtigen Hypothesen über die kognitive Aufgabenstruktur.

Unter der kognitiven Aufgabenstruktur verstehen wir den Typ und die Anzahl der Denkoperationen (über Regeln), die es Individuen einer bestimmten Population (z.B. Schülern eines bestimmten Alters, die einen bestimmten Schultyp besuchen) ermöglichen, eine Aufgabe zu lösen. (Der Begriff "Struktur" wird hier nicht im faktorenanalytischen Sinn verwendet!) Als "Lösungsalgorithmus" wird die Menge von Sequenzen von Denkoperationen, die die Lösung einer ganzen Klasse von Problemen ermöglichen, bezeichnet. Die Lernform, die mit der Lösung von Problemen korrespondiert, wird oft strukturelles Lernen genannt (vgl. SCANDURA 1973). Strukturelles Lernen charakterisiert einen Lernprozeß, der mit der Anwendung, Ableitung und dem Erwerb von Regeln oder - aus psychologischer Sicht formuliert - von Denkoperationen, die mit diesen Regeln zusammenhängen, einhergeht. Ein anderer theoretischer Rahmen, der in dieser Arbeit für die Formulierung von Aufgabenstrukturhypothesen und von Annahmen über interindividuelle Differenzen und Entwicklungsveränderungen verwendet werden wird, ist das deterministische Modell von SCANDURA (1973, 1977). Es ist im Hinblick auf eine Formalisierung und empirische Überprüfung einiger Hypothesen der Genfer Schule über den Zusammenhang zwischen Denkoperationen und Aufgabenlösungsverhalten von besonderem Interesse.

In diesem Beitrag behandeln wir die Anwendung dieser Modelle der Denkentwicklung nur bezüglich eines Aufgabenbereichs, nämlich der Waagebalkenaufgaben. Hypothesen, die die korrespondierende Entwicklung von Veränderungen bezüglich anderer Problemklassen betreffen, werden nicht diskutiert.

2. Der analysierte Aufgabentyp: Waagebalkenaufgaben

Die Waagebalkenaufgaben, die in den hier berichteten Untersuchungen verwendet wurden, sind in verschiedener Hinsicht denen ähnlich, die in den Experimenten von PIAGET und Mitarbeitern analysiert wurden. In der Theorie von PIAGET wird ja der Entwicklung des Proportionsbegriffs große Bedeutung zugemessen. Eine genaue Kenntnis dieser Entwicklung wäre von großer praktischer Relevanz, etwa für Fragen des Physikunterrichts in der Sekundarstufe I. Proportionalrelationen stellen einfache quantitative, funktionale Gesetzmäßigkeiten dar, die häufig im Physikunterricht der ersten Jahre der Sekundarstufe I behandelt werden. Auch für diagnostische Fragen (vgl. verschiedene Testinstrumente zur Erfassung des mechanisch-technischen Verständnisses) wäre eine brauchbare Theorie der Entwicklung des Verständnisses für proportionale Beziehungen von großem Wert.

Eine detaillierte Beschreibung der Veränderung des Aufgabenlösungsverhaltens bei Proportionalaufgaben im Laufe der Entwicklung stammt von INHELDER & PIAGET (1958). Ihre Ergebnisse stellen eine brauchbare Basis für die Formulierung von Aufgabenstrukturhypothesen dar. Das folgende Zitat ist einer Arbeit von PIAGET & INHELDER (1973, S. 142-143) entnommen, in der frühere Studien zusammenfassend dargestellt sind: "Der Proportionsbegriff tritt im Alter von 11-12 Jahren auf sehr verschiedenen Gebieten immer in derselben, ursprünglich qualitativen Form auf. Solche Bereiche sind u.a.: ... , die Beziehung zwischen Gewicht und Länge der Waagebalken, usw. Bei der Waage z.B. stellt der Prüfling zunächst auf ordinalem Wege fest, daß sich der Balken, je größer das Gewicht wird, um so stärker senkt und von der Gleichgewichtslinie entfernt ... . Ebenso entdeckt er auf ordinalem Wege, daß ein- und dasselbe Gewicht P den Balken um so mehr senkt, je mehr man es vom Mittelpunkt der Waage entfernt. ... Das Verständnis" (für die umgekehrte Proportionalität zwischen Gewicht und Länge) "setzt dann ein, wenn das Kind wahrnimmt, daß die Resultate immer dann äquivalent sind, wenn es auf der einen Seite das Gewicht vergrößert, ohne die Länge zu verändern, und auf der anderen Seite die Länge vergrößert, ohne das Gewicht zu verändern. Es leitet dann daraus die Hypothese ab, ..., daß das Gleichgewicht, ..., erhalten bleibt, falls man das Gewicht verringert, aber weiter von der Mitte entfernt, oder das Gewicht vergrößert, aber näher zur Mitte rückt. Dann, und erst dann, kommt das Kind auf die einfachen metrischen Proportionen ...". Anhand einer Analyse dieser Ergebnisse und der Beobachtung von Kindern, die derartige Aufgabenstellungen behandelten, wurden Hypothesen darüber abgeleitet, welche Denkoperationen Kinder zur richtigen Lösung anwenden. Das Ergebnis war eine Stichprobe von Waagebalkenaufgaben mit spezifizierten Aufgabenstrukturhypothesen. Abbildung 1 zeigt einige dieser Aufgaben.

Aufgabe a: Operation 1

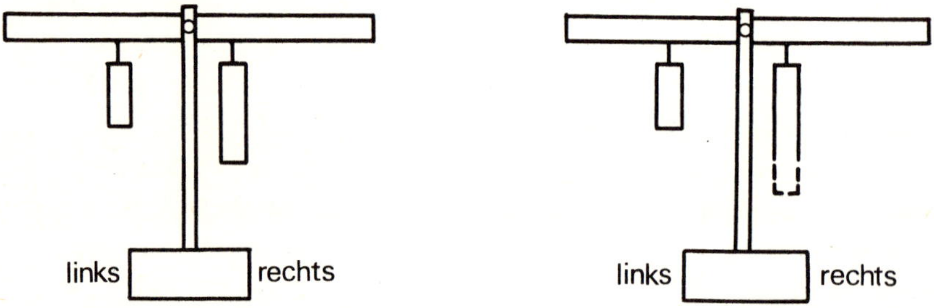

Die Zeichnung zeigt einen Waagebalken mit Gewichten. Die Gewichte sind so aufgehängt, daß der Balken im Gleichgewicht ist.

Nun wird das Gewicht auf der rechten Seite des Balkens erhöht.
Wird der Balken
im Gleichgewicht bleiben ☐
oder sich nach links unten neigen ☐
oder sich nach rechts unten neigen? ☐
Wenn Du die richtige Antwort nicht weißt, kreuze bitte an:
Ich weiß nicht ☐

Abb. 1: Einige Waagebalkenaufgaben und die als relevant für ihre Lösung vermuteten Denkoperationen

Aufgabe b: Operation 2

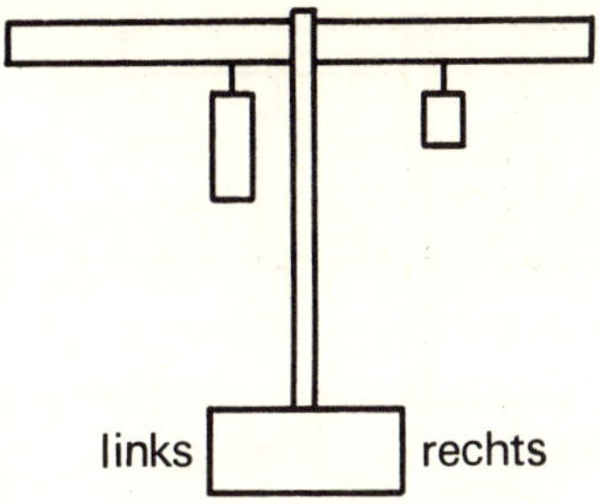

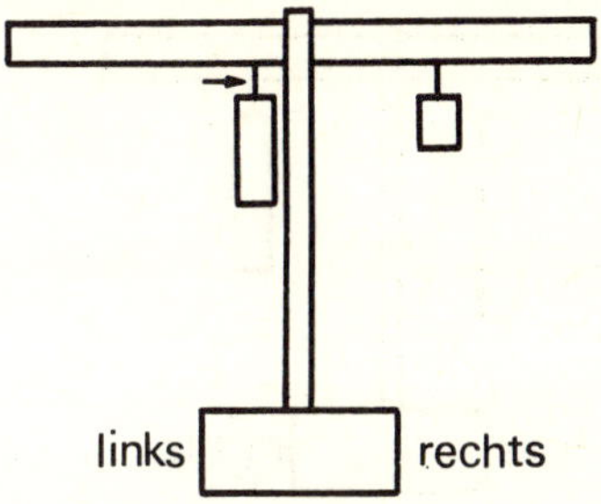

Die Zeichnung zeigt einen Waagebalken mit Gewichten. Die Gewichte sind so aufgehängt, daß der Balken im Gleichgewicht ist.

Nun wird das Gewicht auf der linken Seite des Balkens weiter drinnen aufgehängt.
Wird der Balken

- im Gleichgewicht bleiben ☐
- oder sich nach links unten neigen ☐
- oder sich nach rechts unten neigen? ☐

Wenn Du die richtige Antwort nicht weißt, kreuze bitte an:

- Ich weiß nicht ☐

Aufgabe c: Operationskombination 1,3

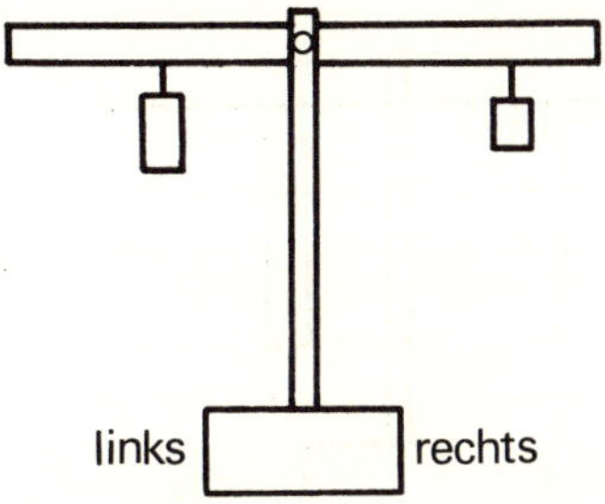

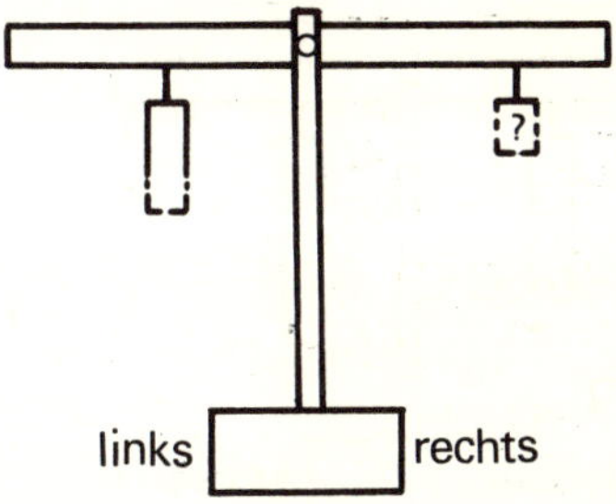

Die Zeichnung zeigt einen Waagebalken mit Gewichten. Die Gewichte sind so aufgehängt, daß der Balken im Gleichgewicht ist.

Nun wird das Gewicht auf der linken Seite des Balkens erhöht.
Damit der Balken im Gleichgewicht bleibt, muß man das Gewicht auf der rechten Seite

- gleich groß lassen ☐
- verkleinern ☐
- vergrößern ☐
- ich weiß nicht ☐

Aufgabe d: Operationskombination 1,4

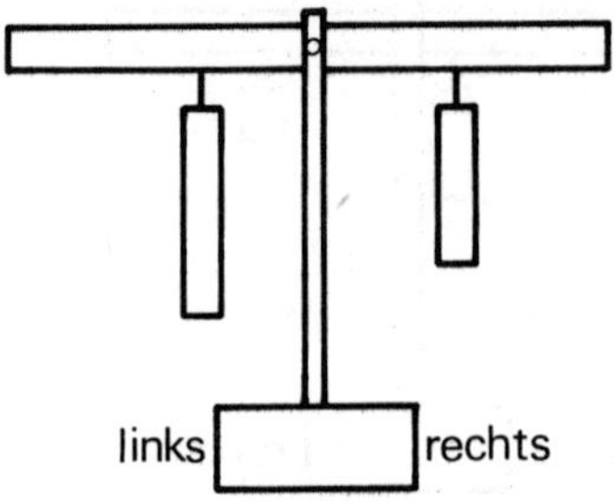

Die Zeichnung zeigt einen Waagebalken mit Gewichten. Die Gewichte sind so aufgehängt, daß der Balken im Gleichgewicht ist.

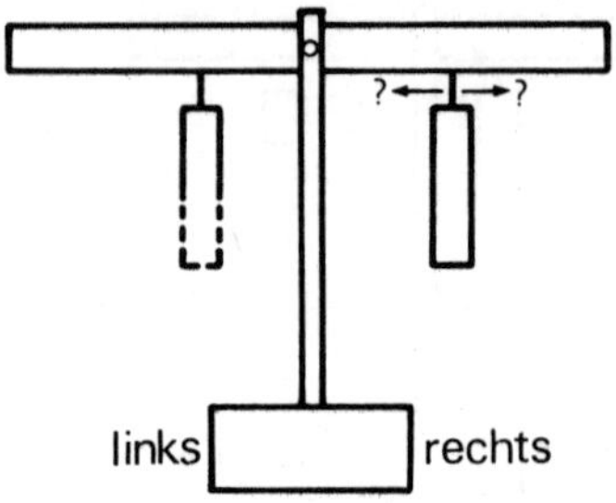

Nun wird das Gewicht auf der linken Seite des Balkens verringert. Damit der Balken im Gleichgewicht bleibt, muß man das Gewicht auf der rechten Seite des Balkens

- an derselben Stelle hängenlassen ☐
- weiter drinnen aufhängen ☐
- weiter draußen aufhängen ☐
- ich weiß nicht ☐

Aufgabe e: Operationskombination 1,5

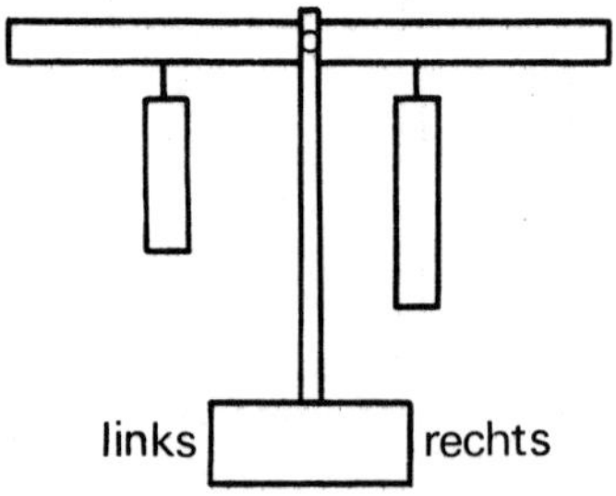

Die Zeichnung zeigt einen Waagebalken mit Gewichten. Die Gewichte sind so aufgehängt, daß der Balken im Gleichgewicht ist.

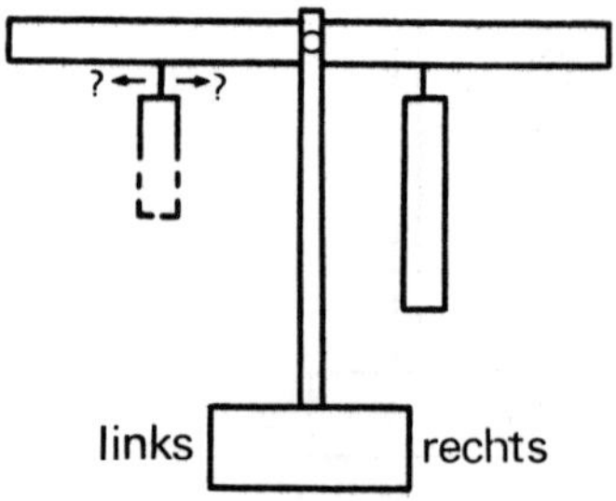

Nun wird das Gewicht auf der linken Seite des Balkens verringert. Damit der Balken im Gleichgewicht bleibt, muß man dieses Gewicht

- an derselben Stelle hängenlassen ☐
- weiter drinnen aufhängen ☐
- weiter draußen aufhängen ☐
- ich weiß nicht ☐

Aufgabe f: Operationskombination 1,5,6

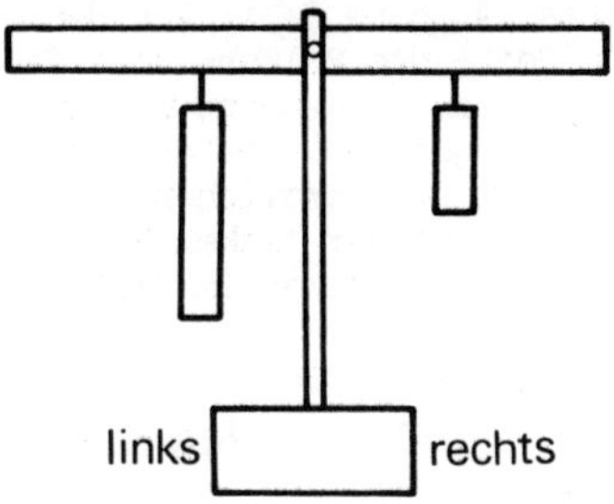

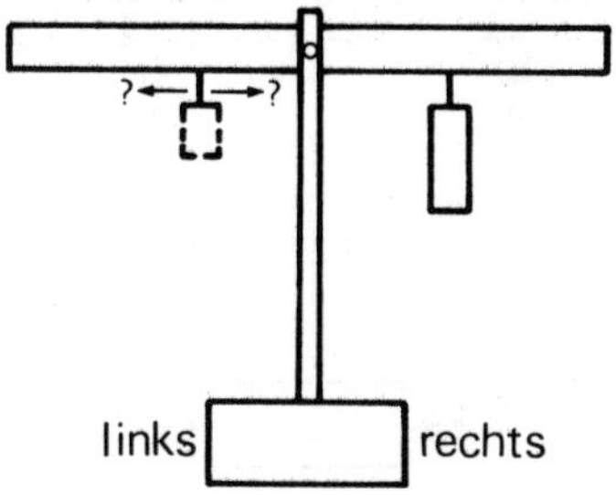

Die Zeichnung zeigt einen Waagebalken mit Gewichten. Die Gewichte sind so aufgehängt, daß der Balken im Gleichgewicht ist.

Nun wird das Gewicht auf der linken Seite des Balkens auf ein Viertel verringert.
Damit der Balken im Gleichgewicht bleibt, muß man dieses Gewicht - verglichen mit vorher -

viermal weiter draußen aufhängen ☐
dreimal weiter draußen aufhängen ☐
zweimal weiter draußen aufhängen ☐
gleich weit draußen aufhängen ☐
nur halb soweit draußen aufhängen ☐
nur ein Drittel soweit draußen ☐
nur ein Viertel soweit draußen ☐
ich weiß nicht

Aufgabe g: Operationskombination 1,5,7

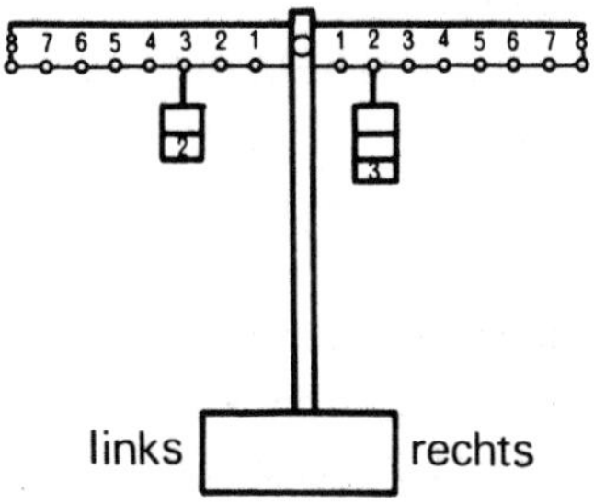

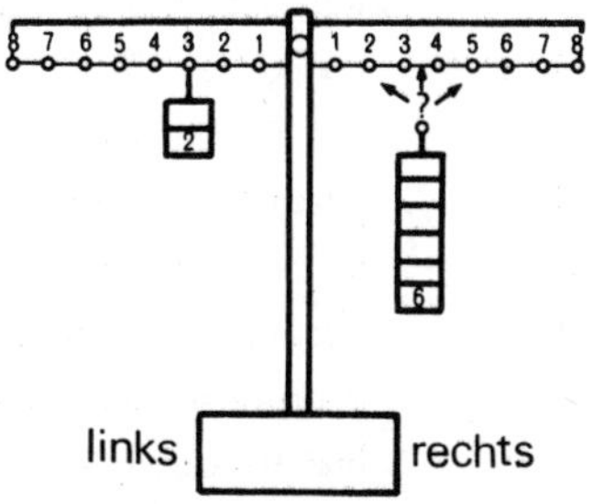

Die Zeichnung zeigt einen Waagebalken mit Gewichten. Die Gewichte sind so aufgehängt, daß der Balken im Gleichgewicht ist.

Nun wird das Gewicht auf der rechten Seite auf sechs Gewichtsstücke erhöht. An welcher Stelle muß dieses Gewicht aufgehängt werden, damit der Balken im Gleichgewicht bleibt?

1 ☐ 4 ☐ 7 ☐
2 ☐ 5 ☐ 8 ☐
3 ☐ 6 ☐ ich weiß nicht ☐

Aufgabe h: Operationskombination 2,8

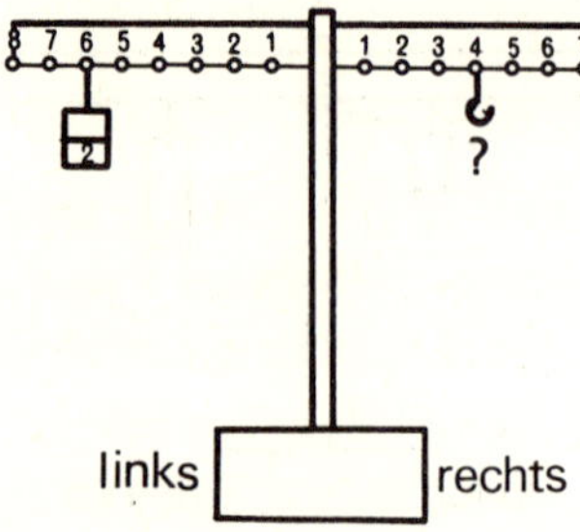

Bei dieser Aufgabe fehlt auf der rechten Seite des Balkens noch das Gewicht. Wo es aufgehängt werden soll, ist angegeben. Wie schwer muß das Gewicht (verglichen mit dem Gewicht auf der linken Seite) sein, damit der Balken im Gleichgewicht ist?

gleich schwer ☐
leichter ☐
schwerer ☐
ich weiß nicht ☐

Bei dieser Aufgabe handelt es sich um einen Itemtyp, der nur in der ersten Untersuchung verwendet wurde.

Tabelle 1: Die als Teile des Lösungsprozesses bei den Waagebalkenaufgaben des verwendeten Typs vermuteten 8 Denkoperationen

Operation	
1	Beachtung und Folgerung aus der Größe der Gewichte.
2	Beachtung und Folgerung aus den Hebelarmlängen.
3	Kompensation einer Veränderung der Größe eines Gewichts oder der Länge eines Hebelarms in derselben Modalität auf der anderen Seite des Waagebalkens.
4	Kompensation einer Veränderung in der anderen Modalität auf der anderen Seite des Waagebalkens.
5	Kompensation einer Veränderung in der anderen Modalität auf derselben Seite des Waagebalkens.
6	Zusätzliche Beachtung des zur Kompensation erforderlichen Veränderungsfaktors.
7	Zusätzliche Beachtung des für Waagebalken spezifizierten Hebelgesetzes, das besagt, daß das Produkt von Gewicht und Hebelarm auf beiden Seiten des Waagebalkens gleich groß sein muß.
8*	Kompensation einer Ungleichheit in einer Modalität durch eine reziproke Ungleichheit in der anderen Modalität auf derselben Seite des Waagebalkens.

*Operation 8 bezieht sich auf einen Aufgabentyp, der nur im ersten Experiment verwendet wurde (Aufgaben 1.5. bis 1.8. und 1.21. bis 1.24; vgl. Tab. 2).

Die Op. sind nicht unabhängig voneinander (bauen aufeinander auf (6,7!), überlappen sich

Tabelle 1 gibt eine kurze Beschreibung der Denkoperationen, die als Teile der Aufgabenlösungsprozesse angenommen wurden. Die Zahlen der Operationen 1 - 7 korrespondieren mit der im Rahmen des deterministischen Modells (vgl. Abschnitt 3.1) vermuteten Sequenz des Verfügbarwerdens der Operationen im Laufe der kindlichen Entwicklung. Operation 8 bezieht sich auf einen anderen Typ von Waagebalkenaufgaben, der nur in einem der beiden Experimente, über die in dieser Arbeit berichtet wird, verwendet wurde. Sie hängt eng mit Operation 5 zusammen. Die Sequenz des Verfügbarwerdens der Operationen stellt eine Hypothese dar, die aufgrund einer Analyse der Ergebnisse der Untersuchungen von INHELDER & PIAGET formuliert wurde.

Sehen wir uns kurz die Stichprobe der Aufgaben an, die in Abbildung 1 dargestellt sind. Es wird also angenommen, daß Aufgabe a durch Anwendung der Operation 1 gelöst wird, Aufgabe b durch Anwendung der Operation 2. Bei Aufgabe d beispielsweise wird angenommen, daß die Operationen 1 und 4 relevant für die Lösung sind und zu folgender Überlegung führen: Durch die Reduzierung des Gewichts auf der linken Seite würde der Balken aus dem Gleichgewicht kommen. Um diese Veränderung des Gewichts zu kompensieren, ist das Gewicht auf der linken Seite weiter außen aufzuhängen.

Für jede Aufgabe i wird ein Vektor der Aufgabenstruktur $\underline{f}_i$ definiert, der aus Einsen und Nullen besteht, wobei eine 1 in der Position j darauf hinweist, daß Operation j bei Lösung von Item i benötigt wird, und eine 0 den Fall charakterisiert, daß die entsprechende Operation j bei Aufgabe i nicht benötigt wird. Demzufolge ist die Struktur der Aufgabe d (1,0,0,1,0,0,0,0).

Es wurde versucht, nur solche Aufgaben zu konstruieren, deren Lösung ganz bestimmte Teilmengen der postulierten Denkoperationen benötigt. Aus diesem Grunde zeigen beispielsweise die Aufgaben a bis f Zahlen weder im Zusammenhang mit den Gewichten noch mit der Länge der Hebelarme. Damit sollte verhindert werden, daß die Produktregel - repräsentiert in Operation 7 - auch für die Lösung solcher

Aufgaben verwendet wird, die ohne diese Operation lösbar sind. Zahlenangaben wurden aber nicht nur aus experimentellen Gründen vermieden, um eine bessere Übereinstimmung zwischen richtigen Lösungen und den formulierten Aufgabenstrukturhypothesen wahrscheinlich zu machen. Ein zweiter Grund war unsere Vermutung, daß Zahlen Kinder - auch bei Aufgaben, die mit halb-quantitativen Überlegungen, also beispielsweise mit den Denkoperationen 3, 4 und 5, lösbar sind - oft dazu verleiten, willkürlich zu verfahren und dadurch den eigentlich interessierenden Denkprozeß verdecken (vgl. KARPLUS & KARPLUS 1973; SUAREZ 1977).

Zwei Experimente wurden mit Aufgaben dieses Typs durchgeführt. Im ersten Experiment wurden die Daten auf der Grundlage eines Papier-Bleistift-Tests erhoben, wobei die Schüler in Gruppenform getestet wurden. Im zweiten Experiment wurde das Aufgabenlösungsverhalten von Kindern in Einzeluntersuchungen erfaßt. Die Aufgaben wurden in diesem Fall mit Hilfe konkret vorgegebener Waagebalken gestellt. Die Reihenfolge der Aufgaben war in beiden Experimenten so angelegt, daß gemessen an der Aufgabenstruktur die einfachsten Aufgaben am Beginn und die komplexesten am Schluß zu bearbeiten waren.

Die hypothetische Struktur aller Aufgaben dieser Untersuchung kann in einer Aufgabenstrukturmatrix $F = ((f_{ij}))$ zusammengefaßt werden. Tabelle 2 zeigt die Strukturmatrix der Aufgaben beider Experimente.

Die Mehrzahl der Aufgaben des ersten Experiments, nämlich die Aufgaben 1.1 bis 1.4 und 1.9 bis 1.20 korrespondieren mit Aufgaben des zweiten Experiments in der Weise, daß jeweils Aufgabenpaare im Sinne der Strukturhypothesen parallel sind, d.h., sie sind in Bezug auf die Aufgabenstrukturhypothesen gleich. Die Aufgaben des Typs 1.5 bis 1.8 wurden nicht im zweiten Experiment verwendet, und die Aufgaben 1.21 bis 1.24 wurden durch die Aufgaben 2.15 bis 2.20 ersetzt, da diese 8 Aufgaben des ersten Experiments dem allgemeinen Rahmen der Aufgabenkonstruktion nicht voll entsprechen. Alle anderen Aufgaben bestehen aus (a) einem

Tabelle 2: Die Stichproben von Waagebalkenaufgaben, die in den beiden Experimenten vorgelegt wurden, und die damit korrespondierenden Aufgabenstrukturhypothesen (1 = Denkoperation erforderlich, 0 = Denkoperation nicht erforderlich). Die Buchstaben a, b, c, d, e, f, g und h beziehen sich auf Abbildung 1. In Experiment II wurden konkrete Waagebalken vorgegeben.

A. Aufgabenstrukturmatrix aus Experiment I

	Aufgaben	Operationen							
		1	2	3	4	5	6	7	8
	1.1	1	0	0	0	0	0	0	0
	1.2	0	1	0	0	0	0	0	0
	1.3	0	1	0	0	0	0	0	0
	1.4	1	0	0	0	0	0	0	0
	1.5	0	1	0	0	0	0	0	1
	1.6	1	0	0	0	0	0	0	1
	1.7	1	0	0	0	0	0	0	1
h)	1.8	0	1	0	0	0	0	0	1
c)	1.9	1	0	1	0	0	0	0	0
d)	1.10	1	0	0	1	0	0	0	0
	1.11	0	1	0	1	0	0	0	0
	1.12	0	1	1	0	0	0	0	0
e)	1.13	1	0	0	0	1	0	0	0
	1.14	0	1	0	0	1	0	0	0
	1.15	0	1	0	0	1	1	0	0
f)	1.16	1	0	0	0	1	1	0	0
	1.17	0	1	1	0	0	1	0	0
	1.18	0	1	0	1	0	1	0	0
	1.19	1	0	0	1	0	1	0	0
	1.20	1	0	1	0	0	1	0	0
	1.21	1	0	0	0	0	0	1	1
	1.22	0	1	0	0	0	0	1	1
	1.23	1	0	0	0	0	0	1	1
	1.24	0	1	0	0	0	0	1	1

Waagebalken, der sich im Gleichgewicht befindet, und (b) einem zweiten Waagebalken, bei dem eines der Gewichte oder eine der Hebelarmlängen verändert worden ist.

Es versteht sich von selbst, daß die formulierten Hypothesen über die psychologische Struktur der Aufgaben nicht alle Merkmale des Aufgabenlösungsprozesses erfassen. Aber

B. Aufgabenstrukturmatrix aus Experiment II

	Aufgaben	Operationen						
		1	2	3	4	5	6	7
a)	2.1	1	0	0	0	0	0	0
b)	2.2	0	1	0	0	0	0	0
c)	2.3	1	0	1	0	0	0	0
e)	2.4	1	0	0	0	1	0	0
d)	2.5	1	0	0	1	0	0	0
	2.6	0	1	0	1	0	0	0
	2.7	0	1	0	0	1	0	0
	2.8	0	1	1	0	0	0	0
	2.9	0	1	0	0	1	1	0
	2.10	0	1	1	0	0	1	0
	2.11	0	1	0	1	0	1	0
f)	2.12	1	0	0	0	1	1	0
	2.13	1	0	0	1	0	1	0
	2.14	1	0	1	0	0	1	0
	2.15	0	1	0	1	0	0	1
	2.16	0	1	0	0	1	0	1
	2.17	0	1	1	0	0	0	1
	2.18	1	0	1	0	0	0	1
g)	2.19	1	0	0	0	1	0	1
	2.20	1	0	0	1	0	0	1

wir hoffen, daß sie jene Merkmale betreffen, die besonders relevant für die Vorhersage der Lösungen durch die einzelnen Individuen bzw. der Lösungswahrscheinlichkeiten sind. Eine wichtige sehr restriktive Annahme, auf der solche Aufgabenstrukturhypothesen beruhen, ist, daß alle richtigen Problemlösungen der untersuchten Kinder aufgrund derselben Denkoperationen zustandekommen.

3. Ein deterministisches Modell der Entwicklung des Proportionsbegriffs auf der Grundlage von Aufgabenstrukturhypothesen

3.1 Die Annahmen des Modells

Das erste Modell, in das die im vorigen Abschnitt diskutierten Aufgabenstrukturhypothesen integriert wurden, beruht auf Annahmen, die aus den Ergebnissen von INHELDER & PIAGET (1958) über die Entwicklung des Denkens in bezug auf Waagebalken abgeleitet wurden. Wir haben aber versucht, diese Annahmen zu präzisieren. Nach Ansicht von INHELDER & PIAGET entwickelt sich der Proportionsbegriff schrittweise. Das Kind baut im Laufe dieser Entwicklung ein immer umfassenderes Verständnis für Proportionalaufgaben auf. Mit jedem Entwicklungsschritt werden weitere Denkoperationen für das Kind verfügbar, und die Menge der lösbaren Aufgaben wächst. Diese Beschreibung des Entwicklungsprozesses (vgl. für Details INHELDER & PIAGET 1958) liefert nicht nur Informationen für die Formulierung der Aufgabenstrukturhypothesen, sondern macht es auch möglich, Annahmen über entwicklungspsychologische Regelmäßigkeiten des Erwerbs der korrespondierenden Denkoperationen abzuleiten.

Das deterministische Modell der Denkentwicklung beruht auf zwei zentralen Annahmen:

(a) Die einzelnen Denkoperationen werden in einer bestimmten Sequenz im Laufe der Entwicklung verfügbar. Diese Sequenz ist für alle Kinder gleich. Für die Operationen 1 bis 7, die in Tabelle 1 angeführt sind, korrespondieren die gegebenen Zahlen mit der angenommenen Sequenz. Das für den entsprechenden Aufgabenbereich spezifische Entwicklungsniveau kann anhand der Operation bestimmt werden, die zuletzt erworben wurde.

(b) Es wird angenommen, daß die Operationen in deterministischer Weise angewandt werden. Ein Kind, das eine bestimmte Operation erlernt hat, ist in der Lage, diese Operation bei all jenen Aufgaben richtig anzuwenden, deren Lösung diese Operation erfordert. Das Aufgabenlösungsverhalten wird daher deterministisch in der folgenden Weise gesehen: ein Kind löst unter geeigneten Testbedingungen jene Aufgaben korrekt, für die es die entsprechenden Operationen schon erworben hat. Bei allen anderen Aufgaben ist das Kind jedoch nicht in der Lage, eine korrekte Lösung zu finden.

Abbildung 2 zeigt den funktionalen Zusammenhang, der auf der Basis dieser Annahmen zwischen den Aufgabenlösungswahrscheinlichkeiten und dem individuellen, im obigen Sinn aufgabenbereichsspezifischen Entwicklungsniveau zu erwarten ist. Funktionen, die die Beziehung zwischen Aufgabenlösungswahrscheinlichkeit und latenter Variable beschreiben, bezeichnet man in der Testtheorie als Itemcharakteristiken. Die Form der hier gegebenen Itemcharakteristik ist die, wie sie in der Skalogrammanalyse von GUTTMAN vorausgesetzt wird.

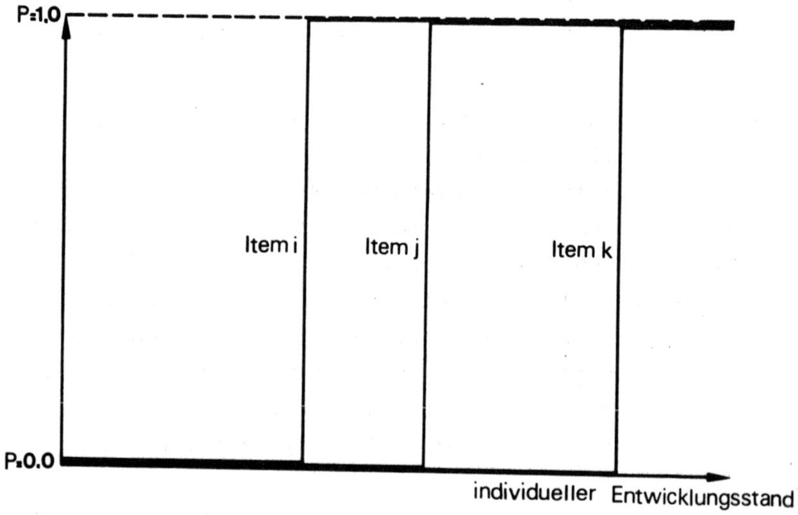

Abb. 2: Die funktionale Beziehung zwischen Aufgabenlösungswahrscheinlichkeit und Entwicklungsstand wie sie im deterministischen Modell postuliert wird. Die Itemcharakteristiken von drei Aufgaben mit den folgenden Aufgabenvektoren $\underline{f}_i$ = (01000000), $\underline{f}_j$ = (01100000) und $\underline{f}_k$ = (01100100) sind angegeben (vgl. auch Abbildung 4). Die Entfernungen entlang der Abszisse zwischen den Wendepunkten der drei Itemcharakteristiken sind willkürlich gewählt, da die latente Variable "Entwicklungsstand" im Rahmen der Annahmen dieses Modells nur auf Ordinalniveau erfaßt werden kann.

Ein Verfahren zur Prüfung der Gültigkeit des deterministischen Entwicklungsmodells, das in den hier berichteten Untersuchungen verwendet wurde, zeigt ebenfalls die Beziehung zur Skalogrammanalyse. Dieses Verfahren ist in Tabelle 3 für eine kleine Stichprobe von Aufgaben im Detail dargestellt. Es sollte noch erwähnt werden, daß sowohl die Modellannahmen a und b als auch die Aufgabenstrukturhypothesen mit diesem Ansatz simultan getestet werden. Abweichungen zeigen daher an, daß diese Annahmen <u>und/oder</u> die Aufgabenstrukturhypothesen falsch sind.

Tabelle 3: Geltungstest für das deterministische Entwicklungsmodell, illustriert anhand einer Teilstichprobe der Waagebalkenaufgaben aus Experiment II

A. Aufgabenstrukturmatrix

Aufgaben	Operationen					
	1	2	3	4	5	6
2.1	1	0	0	0	0	0
2.2	0	1	0	0	0	0
2.3	1	0	1	0	0	0
2.5	1	0	0	1	0	0
2.4	1	0	0	0	1	0
2.14	1	0	1	0	0	1
2.13	1	0	0	1	0	1
2.12	1	0	0	0	1	1

1 = Operation erforderlich

0 = Operation nicht erforderlich

B. Bei Geltung der Theorie mögliche Varianten einer Beherrschung und Nicht-Beherrschung der einzelnen Operationen.

Varianten	Operationen					
	1	2	3	4	5	6
1	0	0	0	0	0	0
2	1	0	0	0	0	0
3	1	1	0	0	0	0
4	1	1	1	0	0	0
5	1	1	1	1	0	0
6	1	1	1	1	1	0
7	1	1	1	1	1	1

1 = Operation beherrscht

0 = Operation nicht beherrscht

C. Bei Geltung der deterministischen Annahmen über das Aufgabenlösungsverhalten zulässige Antwortvektoren. Das Auftreten anderer Antwortvektoren falsifiziert das Modell.

Aufgaben							
2.1	2.2	2.3	2.5	2.4	2.14	2.13	2.12
0	0	0	0	0	0	0	0
1	0	0	0	0	0	0	0
1	1	0	0	0	0	0	0
1	1	1	0	0	0	0	0
1	1	1	1	0	0	0	0
1	1	1	1	1	0	0	0
1	1	1	1	1	1	1	1

1 = Aufgabe richtig gelöst

0 = Aufgabe nicht richtig gelöst

3.2 Ergebnisse von Geltungstests für das deterministische Modell: Experiment I

Im folgenden beziehen wir uns auf die im ersten Experiment erhobenen Daten, also auf den Papier-Bleistift-Test mit Aufgaben mit Mehrfachwahlantworten. (Bei den Antwortmöglichkeiten wurden im allgemeinen jeweils alle Möglichkeiten ausgeschöpft, die überhaupt von der Aufgabenstellung her möglich waren.) 24 Waagebalkenaufgaben wurden vorgelegt (vgl. Abbildung 1 und die entsprechende Aufgabenstrukturmatrix in Tabelle 2). 949 Schüler im Alter von 10 bis 16 Jahren beiderlei Geschlechts, die die Klassen 5, 6, 8 oder 9 der Realschule oder des Gymnasiums besuchten, nahmen an diesem Experiment teil. Es wurden also Querschnittsdaten über die Richtigkeit der Lösungen erhoben.

Tabelle 4: Ein Test zur Prüfung des deterministischen Entwicklungsmodells (vgl. die Erklärung zu diesem Aspekt der Tabelle in Abschnitt 3.2.) und einiger Annahmen des probabilistischen Testmodells (vgl. die Erklärung in Abschnitt 4.2.) illustriert anhand einer Teilstichprobe der Aufgaben aus Experiment I

Nicht gelöste Aufgaben

	1.2	1.3	1.5	1.8	1.22	1.24	Aufgabennummern
	(1,0,0)	(1,0,0)	(1,0,1)	(1,0,1)	(1,1,1)	(1,1,1)	Aufgabenstrukturen $\underline{f}_i$
	-.9	-1.3	-.9	-.3	-.9	.8	Schwierigkeitsparameter $\hat{\sigma}_i$
gelöste Aufgaben 1.2	x	26 2.38 1.49	88 .92 1.00	144 .44 .55	331 .15 .17	325 .18 .18	
1.3	62	x	98 .56 .67	169 .30 .37	355 .10 .11	352 .14 .12	
1.5	81	55	x	157 .53 .55	333 .17 .17	315 .18 .18	
1.8	63	52	83	x	291 .31 .30	280 .34 .33	
1.22	48	36	57	89	x	144 1.12 1.10	
1.24	59	50	56	95	161	x	

Die Häufigkeiten n_{iu} in der jeweils obersten Zeile jeder Zelle der Matrix zeigen, wieviele Schüler Aufgabe i richtig und Aufgabe u falsch gelöst haben. Die darunter stehenden Zahlen geben die Quotienten n_{ui}/n_{iu} an. Die Zahlen in der jeweils untersten Zeile zeigen die Quotienten $e^{(\hat{\sigma}_i)} / e^{(\hat{\sigma}_u)}$. Bezüglich der Aufgabenstruktur sind nur die Operationen 2, 7 und 8, die für diese Aufgaben relevant sind, angegeben.

Ausgehend von den Daten aller Schüler auf alle Aufgaben waren die Ergebnisse eines Geltungstests, wie er in Tabelle 3 für eine kleine Aufgabenstichprobe dargestellt ist, durchgehend negativ. Nahezu keiner der aufgetretenen 949 Antwortvektoren war im Hinblick auf die Modellannahmen zulässig. Ähnlich waren die Ergebnisse, wenn die Daten von Teilstichproben der Items analysiert wurden. Auch eine andere Datenanalyse, in der Paare von Aufgaben untersucht wurden, ergab eine gleichermaßen deutliche Falsifikation des Modells. Tabelle 4 illustriert das Verfahren für eine kleine Stichprobe von Items und gibt zugleich die Resultate für die anhand dieser Items gewonnenen Daten. Die Häufigkeiten n_{iu} in der obersten Zeile jeder Zelle der Matrix zeigen, wie viele Schüler Aufgabe i richtig und Aufgabe u falsch gelöst haben. Greifen wir einige der Resultate heraus:

Bei Geltung der Aufgabenstrukturhypothesen sollten beispielsweise die Aufgaben 1.22 und 1.24 mit Hilfe derselben Operationen lösbar sein. Wenn man darüber hinaus die Annahme eines deterministischen Aufgabenlösungsverhaltens berücksichtigt, dann sollten in den beiden korrespondierenden Zellen der Matrix anstatt der Häufigkeiten 161 und 144 Null-Häufigkeiten stehen. Vielleicht noch auffälliger im Widerspruch zu den Annahmen sind Abweichungen bei Aufgaben mit einer unterschiedlichen Aufgabenstruktur. So lösten beispielsweise 89 Kinder die strukturell einfachere Aufgabe 1.8 nicht korrekt, kamen aber bei der strukturell komplexeren Aufgabe 1.21 zu einer richtigen Lösung. Diese Daten zeigen, daß das deterministische Modell, das auf den weiter oben formulierten Annahmen und den diskutierten Aufgabenstrukturhypothesen beruht, zumindest in bezug auf die im ersten Experiment gewählte Testprozedur als falsifiziert anzusehen ist.

HOFER (1977, S. 39), der mit analogen Aufgaben gearbeitet hat, kommt zu einer ähnlichen Schlußfolgerung: "Auffallend ist, daß die Aufgaben mit großer Unregelmäßigkeit gelöst wurden. Die Annahme, daß einmal beherrschte Operationen im Prinzip immer erkannt und richtig angewendet werden, scheint nicht zuzutreffen."

Anhand dieser Ergebnisse läßt sich allerdings nicht ableiten, ob die Abweichungen auf eine Verletzung der Aufgabenstrukturhypothesen oder der beiden zentralen Annahmen des deterministischen Modells der Denkentwicklung zurückzuführen sind. Allerdings sind die Abweichungen (vgl. für eine umfassende Darstellung damit korrespondierender Ergebnisse WOHLWILL 1973) so deutlich, daß verschiedene weiterführende Arbeiten angezeigt waren:

(a) eine Revision des deterministischen Modells durch Berücksichtigung von Annahmen über einen Lernprozeß während der Aufgabenlösung,

(b) ein Vergleich der oben angeführten Ergebnisse, die ja auf einen Papier-Bleistift-Test zurückgehen, mit einer Analyse von Daten, die auf sorgfältig geplanten und ausgeführten Einzeluntersuchungen mit konkret vorgelegten Waagebalken beruhen, und

(c) die Beschreibung der erhobenen Daten im Rahmen eines probabilistischen testtheoretischen Modells, selbstverständlich unter Berücksichtigung derselben Aufgabenstrukturhypothesen.

3.3 Die Überführung des deterministischen Modells der Denkentwicklung in ein Markoff-Lernmodell

Wenden wir uns zuerst der Frage zu, wie Lernannahmen in das deterministische Entwicklungsmodell aufgenommen werden können. Ein entsprechendes Markoff-Modell für strukturelles Lernen wurde von GRONER & SPADA (1977) formuliert. Dabei wurde ein experimenteller Rahmen angenommen, bei dem jeder Schüler eine Reihe von Aufgaben des diskutierten Typs selbständig bearbeitet und nach jedem Item Rückmeldung über die richtige Lösung erhält, aber keine darüber hinausgehenden Erklärungen. Im folgenden Modell wird postuliert, daß die Denkoperationen nur in einer bestimmten Sequenz erlernbar sind. Es ist dieselbe Sequenz, die wir für den Operationserwerb im Laufe der Entwicklung angenommen haben. Diese Modellvariante beruht auf 6 Annahmen (vgl. für Details GRONER & SPADA 1977, S. 140-145):

(a) Für jede Operation j gibt es eine Wahrscheinlichkeit s_j, die die relative Häufigkeit der Kinder charakterisiert, die schon zu Beginn der Aufgabenserie in der Lage sind, Operation j und alle in der Sequenz tiefer stehenden Operationen richtig durchzuführen, aber nicht Operation j+1 oder eine der in der Sequenz höherstehenden Denkoperationen.

(b) Eine Operation j wird mit der Wahrscheinlichkeit γ_j in einem Versuchsdurchgang gelernt, wenn die dabei zu bearbeitende Aufgabe die entsprechende Denkoperation verlangt. Bei einem Versuchsdurchgang, also bei der Bearbeitung einer Aufgabe, wird höchstens eine Operation erlernt.

(c) Bezüglich jeder Operation j ist ein Kind entweder in der Lage, sie richtig anzuwenden, oder die Denkoperation kann von ihm nicht durchgeführt werden.

(d) Es wird angenommen, daß eine einmal erworbene Denkoperation bei allen folgenden Aufgaben richtig angewandt wird.

(e) Operation j kann nur dann erworben werden, wenn das Kind schon fähig ist, die in der Sequenz tieferstehende Operation j-1 korrekt anzuwenden. Für j=1 wird kein Wissen um eine vorangehende Operation angenommen.

(f) Eine Aufgabe wird dann und nur dann richtig gelöst, wenn das Kind in der Lage ist, alle für die Lösung relevanten Denkoperationen anzuwenden. Die erforderlichen Operationen sind durch den Aufgabenstrukturvektor $\underline{f}_i$ definiert.

Diese Annahmen führen zu einer Matrix von Übergangswahrscheinlichkeiten, wobei die Anzahl der Stadien gleich m+1 ist (m = Anzahl jener Denkoperationen, die für den analysierten Aufgabenbereich relevant sind). Es gibt Übergänge

d.i. keine Berücksichtigung des Integrationsgesichtspkts: mehrere Operationen müssen zur Aufgabenlösung verknüpft werden!

nur zu den in der Sequenz höherstehenden Operationen. Der höchsten Operation in der Sequenz entspricht ein absorbierendes Stadium.

Dieses Markoff-Modell wurde auf die Daten des Experiments I (GRONER & SPADA 1977) angewandt. Allerdings erlauben die Ergebnisse keine zwingende Entscheidung der Frage nach der Geltung des Modells, da die experimentellen Bedingungen dieses ersten Experiments kaum den Annahmen des Modells entsprechen. Andererseits wurden im zweiten Experiment - das im folgenden Abschnitt diskutiert wird - nicht hinreichend viele Daten erhoben, um dieses Modell stringent zu testen. Auch waren die Rückmeldungsbedingungen, die im zweiten Experiment benutzt wurden, ebenfalls nicht annahmenkonform. Ein wirklich überzeugender Test der Brauchbarkeit des Modells steht daher noch aus, auch wenn einige der für das deterministische Modell der Denkentwicklung durchgeführte Analysen durchaus auch auf Probleme des Markoff-Modells hinweisen.

3.4 Ergebnisse von Geltungstests für das deterministiche Modell: Experiment II

Die Vorlage der Aufgaben im ersten Experiment verlangt selbstverständlich anderes von den Schülern als die Testsituation, die von INHELDER & PIAGET gewählt wurde. Die Genfer Form der Testdurchführung gibt den Kindern die Möglichkeit, selbst mit den Waagebalken und den Gewichten zu experimentieren, und erlaubt ihnen darüber hinaus, ihre eigenen Annahmen direkt zu prüfen. Die Kinder sollen ja ein Urteil über Phänomene abgeben, die sie selbst an Objekten hervorrufen. "The child is given the opportunity of comparing what he has predicted will happen with what actually happens in certain situations" (INHELDER, SINCLAIR & BOVET 1974, S. 20).

Wir nehmen an, daß bei der Vorlage eines Papier-Bleistift-Tests, wie im ersten Experiment, die korrekte interne Repräsentation der Problemstellung und ihre Verknüpfung mit korrespondierendem Wissen schwierig ist. Auch die gedankliche Reflexion über die Adäquatheit der angewandten Denkoperationen dürfte erschwert sein. Vermutlich sind insbesondere die relativ einfachen Denkoperationen, die dem Verständnis halbquantitativer Relationen entsprechen, in der Papier- und Bleistift-Version etwas anders zu charakterisieren. Darüber hinaus besteht in einer experimentellen Anordnung, wie sie im ersten Fall gewählt wurde, trotz einer Kategorie: "Ich weiß nicht", die Gefahr, daß eine richtige Antwort durch Raten erzielt wird.

Um diesen Einwänden zu begegnen (vgl. beispielsweise AEBLI in LÜER & SPADA 1977), wurde im zweiten Experiment zwar eine analoge Stichprobe von Aufgaben wie im ersten Experiment vorgelegt; die Aufgaben wurden aber mithilfe konkreter Waagebalken in Einzeluntersuchungen mit Rückmeldung in der Hälfte der Fälle gestellt.

Wir baten die Kinder, eine der vorgegebenen Antwortalternativen zu wählen und uns die Gründe für ihre Wahl zu nennen und die experimentelle Situation sowie ihre Beobachtungen zu erklären.

Die Hauptfrage dieses zweiten Experiments war, ob der nun gewählte experimentelle Rahmen zu einer besseren Übereinstimmung der Daten mit den Annahmen des deterministischen Entwicklungsmodells führen würde. Eine zweite Frage war, ob die Rückmeldung über die Richtigkeit der gegebenen Antworten einen Effekt auf das Lösungsverhalten hat und ob dieser Effekt von der Aufgabenstruktur und dem für diesen Aufgabenbereich spezifischen Entwicklungsniveau der Kinder abhängt. Aus diesem Grund wurde die Konsequenz der vom Kind gewählten Antwortalternative am Waagebalken demonstriert, nachdem das Kind seine Antwort und die Erklärung seiner Antwort gegeben hatte. Diese Rückmeldungsbedingung wurde in der Hälfte der Untersuchungen der Kinder realisiert.

Ein zentrales Merkmal der "Methode der kritischen Exploration" der Genfer Schule von PIAGET ist: " ... the experimenters constantly formulate hypotheses about the children's reactions from the cognitive point of view, and then devise ways of immediately checking these suppositions in the experimentel situation" (INHELDER, SINCLAIR & BOVET 1974, S. 22). Im Gegensatz zu diesem Vorgehen wurden im Experiment II unserer Untersuchung die Aufgabenstrukturhypothesen und Modellannahmen vor der Durchführung des Experiments formuliert. Ihre Überprüfung im Experiment erfolgte mithilfe einer vorher festgelegten Sequenz von Aufgaben.

Die Versuchspersonen waren 32 Schüler einer Primar- (Klassen 3 und 4) und einer Sekundarschule (Klassen 5 und 7) im Alter von 8 bis 13 Jahren (16 davon männlich und 16 weiblich; 8 dritte Klasse: mittleres Alter = 113 Monate, 8 vierte Klasse: mittleres Alter = 124 Monate, 8 fünfte Klasse: mittleres Alter = 138 Monate, 8 siebente Klasse: mittleres Alter = 157 Monate).

Die Einzeluntersuchungen[1] dauerten jeweils etwa 60 Minuten. Es wurden 20 Waagebalkenaufgaben vorgelegt. Tabelle 2, die wir ja schon im Zusammenhang mit einem vorangehenden Abschnitt diskutiert haben, enthält die Strukturmatrix dieser Aufgaben. Die Aufgaben mußten entsprechend der vorgegebenen Abfolge bearbeitet werden.

Zur Darstellung jeder Aufgabe wurden ähnlich wie bei der Mehrzahl der Aufgaben des ersten Experiments 2 Waagebalken verwendet. Wir arbeiteten mit Waagebalken, wie sie in Lehrmittelgeschäften angeboten werden. Für die Aufgaben 2.1 bis 2.14 verwendeten wir Gewichte aus Holz. Sie unterschieden sich in ihrer Größe und zwar analog zu den Gewichtsverhältnissen. Die Waagebalken hatten keine Einteilung, so daß ein numerisches Ablesen der Entfernung der Aufhängung der Gewichte vom Aufhängungspunkt des Waa-

1) Die Autoren danken Frau Lilli Maass für ihre Hilfe bei der Planung, Durchführung und Auswertung der Einzeluntersuchungen

gebalkens nicht möglich war. Nur für die Aufgaben 2.15 bis 2.20 verwendeten wir Scheibchen aus Messing, über deren Anzahl die verschiedenen erforderlichen Gewichte realisiert werden konnten. Außerdem verwendeten wir in diesen Fällen Waagebalken mit einer Einheiteneinteilung.

Zwei Datenmatrizen wurden ausführlich analysiert:

- Eine 20 x 32-Datenmatrix A (1=richtig, 0=falsch) auf der Basis der Wahl einer der vorgegebenen Antwortmöglichkeiten (vgl. Abb. 1), und
- eine 20 x 32-Datenmatrix B (1=richtig, 0=falsch) auf der Basis der gegebenen Erklärungen und Begründungen.

Ein Vergleich der beiden Datenmatrizen zeigte, daß in der Mehrzahl der Fälle sowohl die gewählte Antwortmöglichkeit als auch die gegebene Erklärung korrekt (961 Fälle) oder falsch (198 Fälle) waren. In 60 Fällen wurde zwar die richtige Antwortmöglichkeit gewählt, es wurde aber dann eine falsche Erklärung gegeben. Die relative Häufigkeit solcher Reaktionen ist den vier Klassenstufen sehr unterschiedlich: 3. Klasse: 14 %, 4. Klasse: 16 %, 5. Klasse: 5 %, 7. Klasse: 2 %. Dies könnte teilweise durch Unterschiede in der Verbalisierungsfähigkeit bedingt sein. Auch unter Bezug auf die Aufgaben findet man solche Unterschiede, wenn man die Aufgaben gleicher Struktur betrachtet: Aufgaben 2.1 bis 2.2: 2 %, Aufgaben 2.3 bis 2.8: 2 %, Aufgaben 2.9 bis 2.20: 17 %. (Die Aufgabenstruktur der letzten Gruppe ist durch die "quantitativen Operationen" 6 und 7 charakterisiert.) In 21 Fällen korrigierte das Kind selbst eine falsche Antwortwahl in Verbindung mit einer richtigen Erklärung. In Bezug auf diese Fälle haben wir keine systematischen Differenzen zwischen verschiedenen Gruppen von Kindern bzw. Aufgaben gefunden.

Die Ergebnisse weisen daraufhin, daß der Fehler in der im ersten Experiment gewählten Testprozedur, also dem weitaus weniger zeitaufwendigen Papier-Bleistift-Test, relativ klein ist. Dabei ist allerdings zu bedenken, daß die Aufgaben derart konstruiert waren, daß die gegebene Menge von Antwortmöglichkeiten in jedem Fall alle überhaupt möglichen Antworten enthielt.

Bei den weiteren Datenanalysen, die im Zusammenhang mit Experiment II durchgeführt wurden, gehen wir trotzdem von der Datenmatrix B aus, also von den Daten über die Richtigkeit der vom Kind gegegebenen Erklärungen und Begründungen.

Eine Analyse der Daten dieser Matrix bei Anwendung des Modellgeltungstests, der in Tabelle 3 dargestellt ist, ergab Abweichungen in nahezu allen Fällen, auch bei Untersuchung kleinerer Aufgabenstichproben. Sogar dann, wenn man die Annahme fallenläßt, daß die Denkoperationen in einer bestimmten Abfolge erworben werden, sind Abweichungen hinsichtlich der übrigen Annahmen zu beobachten. Die Ergebnisse stimmen mit den Befunden überein, die anhand der Papier-Bleistift-Test-Daten abgeleitet wurden, auch wenn die relative Häufigkeit von Abweichungen im Falle der Daten aus den Einzeluntersuchungen etwas kleiner ist.

Es ist interessant, daß die Anzahl der Abweichungen im Zusammenhang mit Datenmatrix B kleiner ist, als auf der Grundlage der Datenmatrix A. Die Variable "Richtigkeit der gegebenen Erklärungen" entspricht also den Annahmen des deterministischen Entwicklungsmodells etwas besser als die Variable "Richtigkeit der gewählten Antwortmöglichkeit", auch wenn die Anpassung in beiden Fällen nicht hinreichend ist.

Im folgenden sind einige Beobachtungen aufgeführt, die auf einzelne Ursachen von Abweichungen hinweisen:

(a) Es war beispielsweise möglich, Aufgabe 2.15 mit einer sehr einfachen halbquantitativen Überlegung richtig zu beantworten, was den von uns formulierten Aufgabenstrukturhypothesen nicht entspricht. Das Gewicht auf der rechten Seite des zweiten Waagebalkens war weiter draußen aufgehängt als das Gewicht auf der linken Seite. Das Gewicht auf der linken Seite bestand aus zwei Messingscheibchen. Wenn man überlegt, daß das Gewicht auf der rechten Seite kleiner sein muß, bleibt nur das Gewicht 1 als mögliche Reaktion.

(b) Die Operation 6 "Beachtung des zur Kompensation erforderlichen Veränderungsfaktors" ist in Abhängigkeit von der Art des Faktors, der zu berücksichtigen ist (2x, 4x, 1/3, usw.) von unterschiedlicher Schwierigkeit. Auch das ist in den Aufgabenstrukturhypothesen nicht berücksichtigt.

(c) Bei den Aufgaben 2.15 bis 2.20 konnte Operation 7 durch Operation 6 im Lösungsprozeß ersetzt werden. Auch dies war in den Aufgabenstrukturhypothesen nicht vorgesehen.

Diese wenigen Beispiele zeigen, daß zumindestens einige der Aufgabenstrukturhypothesen den Aufgabenlösungsprozeß nicht hinreichend genau beschreiben. Wir werden dies auch bei der Überprüfung der Geltung des probabilistischen psychometrischen Entwicklungsmodells berücksichtigen müssen. Aber werfen wir zuerst einen Blick auf die Ergebnisse der Rückmeldungsbedingungen im zweiten Experiment.

3.5 Die Effekte der Rückmeldungen im Experiment II

Wie angeführt, wurde die Hälfte der Kinder in jeder Altersgruppe unter der Rückmeldungsbedingung getestet, d.h. die Konsequenz der vom Kind gewählten und begründeten Antwortmöglichkeit wurde am Waagebalken demonstriert. In der anderen Hälfte der Einzeluntersuchungen wurde keine Rückmeldung gegeben.

Um die statistische Signifikanz der Effekte der verschiedenen interessierenden Faktoren (Faktor A: Klassenstufen, Faktor B: Rückmeldungsbedingungen, Faktor C: Gruppen mit ähnlicher Aufgabenstruktur) zu prüfen, wurde eine Varianzanalyse auf der Grundlage der Daten von Matrix B (Richtigkeit der gegebenen Erklärungen und Begründungen) durchgeführt. Die abhängige Variable war die Anzahl richtiger Antworten pro Kind und Aufgabengruppe. Bezüglich des Faktors C lagen Meßwiederholungen vor. Es ergaben sich statistisch signifikante Effekte für die

Faktoren A: Klassenstufen und C: Gruppen von Aufgaben mit ähnlicher Struktur und für die Wechselwirkung A x C zwischen diesen beiden Faktoren. Diese Ergebnisse sind graphisch in Abbildung 5 dargestellt (für Abbildung 5 siehe Abschnitt 4.3, in dem diese Ergebnisse in Verbindung mit den Annahmen des probabilistischen Entwicklungsmodells diskutiert werden).

Überraschenderweise ergaben sich keine statistisch signifikanten Effekte für den Rückmeldungsfaktor und alle Wechselwirkungen, die mit ihm zusammenhängen. Noch relativ deutlich - wenn auch nicht statistisch signifikant - ist die Wechselwirkung zwischen den Rückmeldungsbedingungen und den Klassenstufen. Dieses Ergebnis, das man natürlich nur sehr zurückhaltend interpretieren sollte, ist in Abb. 3 dargestellt. Diese Abbildung zeigt, daß die älteren Kinder stärker von der Form der Rückmeldungsbe-

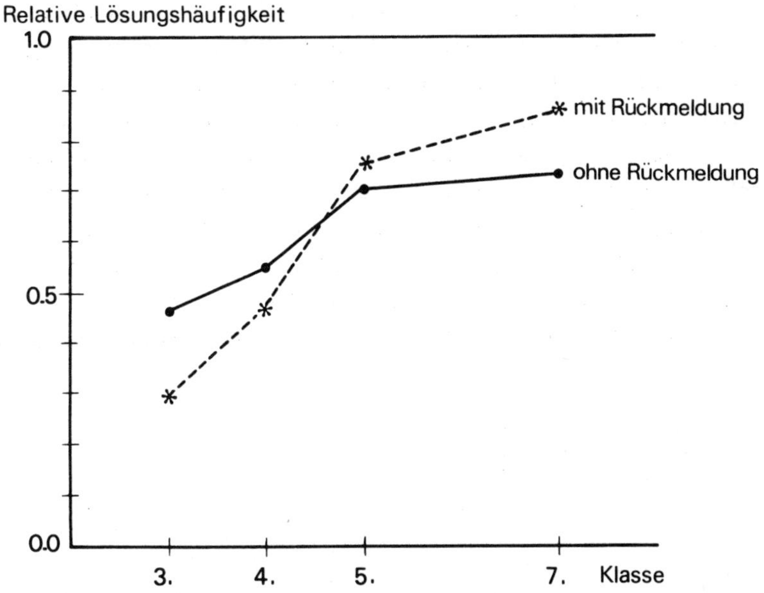

Abb. 3: Relative Häufigkeiten richtiger Lösungen unter unterschiedlichen Rückmeldungsbedingungen bei den verschiedenen Altersstufen. Die Ergebnisse basieren auf Datenmatrix B (Erklärungen) des Experiments II.

dingung, die für dieses Experiment ausgewählt wurde, profitierten als die jüngeren Kinder. (Die gewählte Rückmeldungsbedingung bestand in der Demonstration der Konsequenz der vom Kind gewählten Antwortmöglichkeit.) Man könnte dies u.a. darauf zurückführen, daß die Anzahl richtiger und damit im Rahmen dieser Rückmeldungsbedingung verstärkter Antworten für ältere Kinder höher war.

4. Ein probabilistisches Testmodell der Entwicklung der Lösungsfähigkeit bei Proportionalaufgaben

4.1 Die Annahmen des Modells

Das deterministische Modell einer qualitativen Veränderung im Laufe der Entwicklung wurde durch Daten beider Experimente falsifiziert. Im folgenden diskutieren wir ein Modell, in dem die intellektuelle Entwicklung als quantitative Veränderung von Aufgabenlösungsfähigkeiten beschrieben wird. Es ist das lineare logistische Testmodell (SCHEIBLECHNER 1972; FISCHER 1974, 1977), welches eine Variante des Modells von RASCH (1966) ist (vgl. auch den Abschnitt über "latent trait" Modelle in BENTLER, in diesem Band). Die in dieser Arbeit verwendete Modellversion wurde von SPADA (1976, 1977) in Verbindung mit anderen logistischen Denk- und Lernmodellen diskutiert.

Das Modell ist durch folgende Gleichung charakterisiert:

(1) $$P\left\{\begin{array}{l}\text{Schüler } v\\ \text{löst}\\ \text{Aufgabe } i\\ \text{richtig}\end{array}\right\} =$$

$$P_{vi} = \frac{e^{(\xi_v - \sigma_i)}}{1 + e^{(\xi_v - \sigma_i)}} = \frac{e^{(\xi_v - \sum_{j=1}^{m} f_{ij}\eta_j + c)}}{1 + e^{(\xi_v - \sum_{j=1}^{m} f_{ij}\eta_j + c)}}$$

RASCH-Modell — lineares logistisches Modell

Die Wahrscheinlichkeit, daß Schüler v Aufgabe i richtig löst, wird - entsprechend dem Modell von RASCH - als logistische Funktion zweier Parameter verstanden, nämlich, eines Parameters ξ_v, der die Fähigkeit dieses Schülers charakterisiert, Aufgaben dieses Typs zu lösen, und eines Parameters σ_i, der die Schwierigkeit der Aufgabe beschreibt. Bezüglich des Aufgabenparameters σ_i wird angenommen, daß er eine lineare Funktion der Anzahl und Schwierigkeit der zur Lösung dieser Aufgabe herangezogenen Denkoperationen ist. f_{ij} bezeichnet die hypothetische Häufigkeit, mit der Operation j angewandt wird (f_{ij} = Element der Aufgabenstrukturmatrix; für die Aufgabenstichproben der Experimente I und II, vgl. Tab. 2). Der Parameter η_j bezeichnet die Schwierigkeit der Operation j. c ist eine Normalisierungskonstante. Das resultierende Modell ist ein RASCH-Modell mit einer linearen Nebenbedingung (für eine Einführung in einige Merkmale des Modells von RASCH vgl. ROST & SPADA 1978).

Auf der Basis dieses Modells kann die Entwicklung der Fähigkeit zur Lösung von Proportionalaufgaben wie folgt beschrieben werden:

(a) Entwicklungsbedingte Veränderungen des Aufgabenlösungsverhaltens können in Veränderungen der Personenparameter ξ ausgedrückt werden. Diese Parameter bilden die Fähigkeit der Kinder zur Lösung von Aufgaben dieses Typs ab.

(b) Für alle Kinder in einem bestimmten Altersbereich (in Bezug auf diese Untersuchung für den Bereich zwischen 8 und 16 Jahren) ist die Rangordnung der Schwierigkeiten der Denkoperationen, die für Proportionalaufgaben benötigt werden, dieselbe; oder, um es präziser zu formulieren: für alle Kinder dieses Altersbereichs sind die Relationen der Operationsschwierigkeiten konstant, d.h. die Denkoperationsparameter - skaliert auf der Grundlage des logistischen Modells - sind (bezogen auf diese Altersspanne) invariant in Bezug auf das Alter. Während

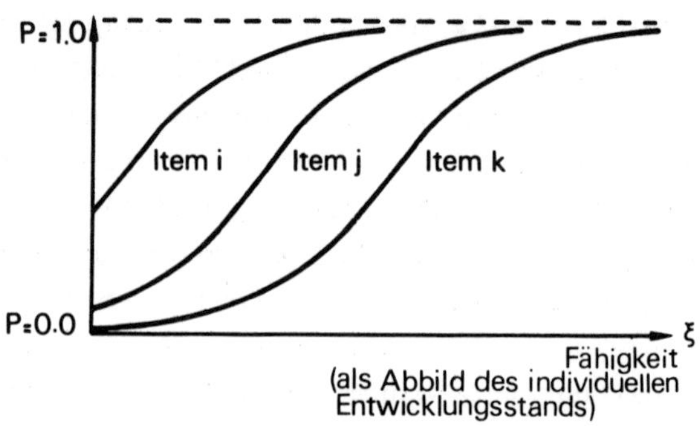

Abb. 4: Die funktionale Beziehung, die im Rahmen des linearen logistischen Modells zwischen Aufgabenlösungswahrscheinlichkeiten und der Fähigkeitsvariable postuliert wird. Letztere hängt mit dem Entwicklungsstand zusammen. Die Itemcharakteristiken von drei Aufgaben mit den folgenden Aufgabenstrukturvektoren $\underline{f}_i$ = (01000000), $\underline{f}_j$ = (01100000) und $\underline{f}_k$ = (01100100) sind angegeben. Die Entfernungen entlang der Abszisse zwischen den drei zueinander parallelen Itemcharakteristiken wurden anhand der Daten des Experiments I berechnet und reflektieren die unterschiedlichen Aufgabenschwierigkeiten.

einer relativ großen Phase der Entwicklung der Kinder und Jugendlichen bleibt die kognitive Aufgabenstruktur gleich, d.h. richtige Lösungen gehen auf dieselben Denkoperationen zurück.

Abb. 4 zeigt die funktionale Beziehung, die auf der Basis der Modellgleichung zwischen Aufgabenlösungswahrscheinlichkeiten und der Aufgabenlösungsfähigkeit der Kinder vermutet wird. Letzere korrespondiert mit dem Entwicklungsstand. Die Abbildung zeigt, daß die angenommene Beziehung den intuitiven Erwartungen durchaus innerhalb des Bereichs eines mittleren und höheren Entwicklungsniveaus entspricht. Bei einer mittleren Personenfähigkeit ist die Wahrscheinlichkeit einer richtigen Lösung der strukturell komplexesten der Aufgaben sehr klein. Mit zunehmender Personenfähigkeit nähern sich die Lösungswahrscheinlichkeiten der drei Aufgaben und gehen für sehr hohe Werte gegen 1. Im mittleren und oberen Bereich der latenten Variable kann die in Abbildung 4 dargestellte funktionale Beziehung als eine präzise Version eines Modells verstanden werden, das von FLAVELL (1971, S. 426, Modell 1c) formuliert wurde, um die Entwicklung intellektueller Fähigkeiten zu beschreiben. Für den unteren Bereich der Fähigkeitsskala, d.h. vor allem für jüngere Kinder als sie in den hier berichteten Untersuchungen getestet wurden, erscheint die angenommene Relation nicht sehr plausibel. Es ist dies jener Bereich der latenten Variable, für den wir aus beiden Experimenten keine Daten erhalten haben. Modellgeltungstests waren deshalb nur für den mittleren und höheren Fähigkeitenbereich möglich.

Aus Gründen einer einfacheren Sprechweise wurden in diesem Abschnitt die Begriffe Fähigkeit und Entwicklungsstand weitgehend synonym verwendet. Keiner der beiden B egriffe sollte allerdings die Tatsache verschleiern, daß die durch sie bezeichnete Variable von einer Vielzahl von Faktoren beeinflußt wird, wobei selbstverständlich Sozialisationsbedingungen eine wichtige Rolle spielen.

4.2 Ergebnisse von Geltungstests für das probabilistische Modell: Experimente I und II

Das lineare logistische Modell ist ein RASCH-Modell mit einer linearen Nebenbedingung. Diese Bedingung erlaubt die Abbildung der Aufgabenstrukturhypothesen. Das Modell ist deshalb nur dann anwendbar, wenn die Annahmen des RASCH-Modells durch die Daten nicht verletzt werden.

Die Geltung des RASCH-Modells kann auf verschiedene Weise getestet werden (vgl. FISCHER 1974). Eine Möglichkeit sind bedingte Likelihood-Quotiententests (ANDERSEN 1973). Mit Hilfe dieser Tests kann eine zentrale Annahme des Modells von RASCH, die Annahme stichprobenunabhängiger Parameterschätzungen, geprüft werden. Diese Tests - angewandt auf Daten von verschiedenen Stichproben von Versuchspersonen des ersten Experiments - zeigten eine hinreichende Übereinstimmung der Daten mit den Annahmen (vgl. für Details SPADA 1976). Allerdings waren in einigen Fällen die numerisch nicht sehr großen Abweichungen statistisch signifikant. Dies ist eine Konsequenz der sehr großen Datenmenge (949 Versuchspersonen). In Bezug auf Experiment II ergaben analoge Tests keine signifikanten Ergebnisse. In diesem Fall ist allerdings die Anzahl der Versuchspersonen für derartige Tests zu klein.

Mit Hilfe einer anderen Modellkontrolle kann der "probabilistische" Aspekt dieses Entwicklungsmodells direkter gegen die Annahmen des deterministischen Modells getestet werden. Tab. 4, die im Abschnitt 3.2 im Zusammenhang mit einem Test des deterministischen Modells diskutiert wurde und auf einige Daten des Experiments I zurückgeht, kann auch für diesen Test des probabilistischen Modells verwendet werden. Die Häufigkeiten n_{iu} in der jeweils obersten Zeile der Matrix zeigen, wieviele Schüler Aufgabe i richtig gelöst haben, Aufgabe u aber falsch. Aufgrund der Annahmen des deterministischen Modells sollte ein Teil der Zellen dieser Matrix Null-Häufigkeiten aufweisen. Bei Geltung des Modells von RASCH beschreibt folgende Gleichung die Daten:

$$(2) \qquad n_{ui}/n_{ij} \approx e^{(\hat{\sigma}_i)} / e^{(\hat{\sigma}_u)}$$

Diese Gleichung kann zur Durchführung eines Modellgeltungstests herangezogen werden, indem man die Itemparameter σ_i mit Hilfe eines Verfahrens schätzt, bei dem nicht die n_{ui}-Häufigkeiten benötigt werden, sondern die Itemscores (= Anzahl von Versuchspersonen, die die einzelnen Aufgaben richtig gelöst haben). Ein derartiges Verfahren ist die bedingte Maximum Likelihood-Parameterschätzmethode, die von den Item- und Personenscores ausgeht und sehr häufig im Zusammenhang mit dem RASCH-Modell verwendet wird (FISCHER 1974, S. 230-239).

Eine in dieser Weise durchgeführte Kontrolle der Geltung der Gleichung 2 zeigt, daß in vielen Fällen die entsprechenden Quotienten (linke und rechte Seite der Gleichung) nahezu gleich groß sind (man vergleiche dazu jeweils die 2. und 3. Zahl in den Zellen der Matrix in Tabelle 4). Kleinere Abweichungen zeigen sich bei einer Gegenüberstellung der Aufgaben 1.2 oder 1.3 und 1.5 oder 1.8. In diesen Fällen wurde die Schwierigkeit der strukturell komplexeren Aufgaben überschätzt, wenn die Berechnung auf den n_{ui}-Häufigkeiten beruhte. Das bedeutet, daß die Abweichungen in die Richtung gehen, die man aufgrund der Annahmen des deterministischen Modells erwarten würde. In nur einem Fall - Aufgaben 1.2 und 1.3 - unterscheiden sich die Quotienten erheblich.

Tabelle 5: Ein Geltungstest für das Rasch-Modell, mit dessen Hilfe insbesondere der probabilistische Aspekt dieses Modells getestet wird und zwar auf der Grundlage der Datenmatrix B (Erklärungen) des Experiments II

Aufgaben		2.1	2.2	2.3	2.4	2.5	2.6	2.7	2.8	2.9	2.10
Aufgaben-schwierigkeits-parameter-schätzungen	${}_1\hat{\sigma}_i$	-3.5	-1.8	.3	-1.9	-1.6	-.5	-1.7	-.9	.5	1.5
	${}_2\hat{\sigma}_i$	-3.5	-1.9	.3	-1.9	-1.9	-.5	-2.3	-1.1	.7	1.6

Aufgaben		2.11	2.12	2.13	2.14	2.15	2.16	2.17	2.18	2.19	2.20
Aufgaben-schwierigkeits-parameter-schätzungen	${}_1\hat{\sigma}_i$	1.7	.5	0	1.5	-.4	1.3	1.0	.6	.8	2.8
	${}_2\hat{\sigma}_i$	1.8	.7	.1	1.6	-.7	1.3	1.1	.7	.9	3.3

${}_1\hat{\sigma}_i$ ... Schätzungen, die auf den n_{iu}-Häufigkeiten basieren (Anzahl der Versuchspersonen, die Aufgabe i richtig, aber Aufgabe u falsch gelöst haben)

${}_2\hat{\sigma}_i$ ... Schätzungen auf der Grundlage der Itemscores (Anzahl der Versuchsperosnen, die die einzelnen Aufgaben korrekt gelöst haben

Ein analoger Test wurde auch für das zweite Experiment durchgeführt. Die Analyse beruhte auf den Daten aller Kinder und Aufgaben. Die Ergebnisse sind in Tabelle 5 dargestellt. Ein Vergleich der Aufgabenparameterschätzungen, in einem Fall anhand der n_{iu}-Häufigkeiten berechnet, im anderen Fall auf der Grundlage der Itemscores, zeigt eine sehr gute Anpassung.

Abbildung 5 bezieht sich auf Daten des Experiments II. Sie zeigt, wie die relative Häufigkeit richtiger Lösungen von der Klassenstufe und der strukturellen Komplexität der Aufgaben abhängt. Auch wenn natürlich die Abbildungen 5 und 4 nicht direkt vergleichbar sind, da ja Abbildung 5 die Beziehung zwischen relativer Lösungshäufigkeit, Klassenstufe und Aufgabenkomplexität und Abbildung 4 die Beziehung zwischen Lösungswahrscheinlichkeit, RASCH-skalierter Fähigkeit und Aufgabenschwierigkeit darstellt, ist die Ähnlichkeit trotzdem auffällig.

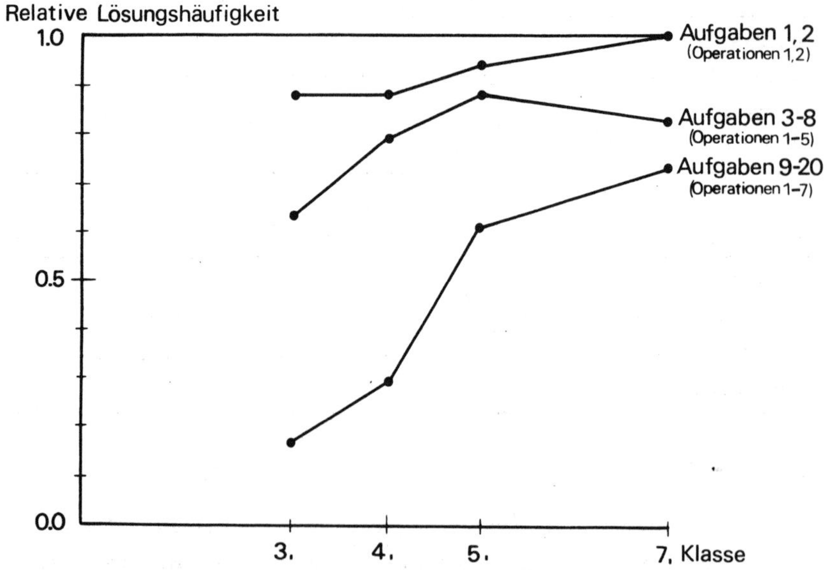

Abb. 5: Relative Häufigkeit richtiger Lösungen in Abhängigkeit von der Aufgabengruppe und der Klassenstufe. Die Ergebnisse wurden anhand der Daten der Matrix B (Erklärungen) des Experiments II berechnet.

Auf der Grundlage dieser verschiedenen Ergebnisse ziehen wir den Schluß, daß das probabilistische Testmodell den Anstieg der Lösungswahrscheinlichkeit bei Aufgaben unterschiedlicher struktureller Komplexität relativ gut zumindestens im Bereich höherer Altersstufen beschreibt.

Geltungstests der Aufgabenstrukturhypothesen, die auf der Grundlage des linearen logistischen Modells mit Daten von beiden Experimenten durchgeführt wurden, lieferten unterschiedliche Ergebnisse. Es ergaben sich statistisch signifikante Abweichungen zwischen den folgenden Schätzungen der Itemschwierigkeitsparameter σ_i:

(a) Schätzungen, die anhand der linearen Nebenbedingung des Modells berechnet wurden, also auf der Grundlage der Aufgabenstrukturhypothesen und der Schätzungen der Operationsschwierigkeitsparameter η_j. Letztere wurden mit Hilfe eines Algorithmus für das lineare logistische Modell ermittelt (vgl. FISCHER 1974, S. 348-359).

(b) Schätzungen, die mit Hilfe eines Algorithmus für das RASCH-Modell berechnet wurden, ohne die lineare Nebenbedingung zu berücksichtigen.

Diese beiden unterschiedlichen Schätzungen der Parameter differieren dann, wenn es nicht möglich ist, die Schwierigkeit der einzelnen Aufgaben mit Hilfe der Aufgabenstrukturhypothesen im Rahmen des linearen logistischen Modells zu beschreiben. Zum Zwecke der statistischen Kontrolle wurden bedingte Likelihood-Quotienten-Tests verwendet (vgl. FISCHER 1974, S. 359-360).

Graphische Modellkontrollen wiesen hingegen daraufhin, daß die Übereinstimmung der Ergebnisse dieser beiden Formen der Parameterschätzung gar nicht so schlecht ist. Dementsprechend hoch waren auch die Korrelationen, die zwischen den beiden Vektoren von Parameterschätzungen berechnet wurden. Für Experiment I ergab sich r = .94, für Experiment II r = .85. (Die Genauigkeit der Schätzungen ist in Experiment II wesentlich geringer).

Neben der statistischen Signifikanz der Unterschiede mahnt uns ein weiteres Ergebnis zu großer Vorsicht gegenüber einer zu optimistischen Bewertung und umfassenden Interpretation der Schwierigkeitsparameter der verschiedenen Denkoperationen. Die Schätzungen der Parameter unterscheiden sich in den beiden Experimenten recht deutlich (hohe Parameterwerte stehen für hohe Operationsschwierigkeiten; für eine Beschreibung der Operation 8 vgl. Tabelle 1; für eine Interpretation der Ergebnisse in Bezug auf Experiment I vgl. SPADA 1976):

(a) Experiment I (Daten über die Richtigkeit der Lösung):

$\hat{\eta}_2-\hat{\eta}_1=.4$, $\hat{\eta}_3=.6$, $\hat{\eta}_4=1.4$, $\hat{\eta}_5=1.2$, $\hat{\eta}_6=1.6$, $\hat{\eta}_7=1.4$, $\hat{\eta}_8=.6$

(b) Experiment II (Daten über die Richtigkeit der gegebenen Erklärungen):

$\hat{\eta}_2-\hat{\eta}_1=.8$, $\hat{\eta}_3=1.7$, $\hat{\eta}_4=1.3$, $\hat{\eta}_5=1.0$, $\hat{\eta}_6=2.1$, $\hat{\eta}_7=2.0$

Auch wenn aufgrund der in beiden Experimenten unterschiedlichen Aufgabendarbietung gewisse Differenzen in den relativen Operationsschwierigkeiten zu erwarten sind, folgern wir aus diesen Ergebnissen, daß die Gültigkeit der Aufgabenstrukturhypothesen auch im Rahmen des probabilistischen Testmodells nicht als hinreichend bestätigt gelten kann.

5. Konsequenzen für diagnostische und unterrichtspsychologische Fragen

Nehmen wir an, daß eines der beiden Modelle für eine bestimmte Aufgabenklasse hinreichend gilt. (Genau genommen ist das in unserer Untersuchung für das deterministische Modell nicht der Fall; für das probabilistische Modell ist es zumindestens zweifelhaft.) Welches wären die Schlußfolgerungen hinsichtlich der folgenden beiden Bereiche?

(a) für diagnostische Probleme und
(b) für Fragen des Unterrichts über den untersuchten Inhaltsbereich.

5.1 Diagnostische Fragen

Die unterschiedlichen theoretischen Annahmen über die intellektuelle Entwicklung, auf denen das deterministische Entwicklungsmodell und das probabilistische Testmodell beruhen, implizieren auch ein unterschiedliches Konzept bezüglich der diagnostischen Erfassung dieses Entwicklungsprozesses. Das deterministische Modell erfordert zur Erfassung des intellektuellen Entwicklungsstandes die Bestimmung jener Operation, die zuletzt erworben wurde. Diese ist bei Geltung des Modells und einer geeigneten Auswahl der vorgelegten Items einfach anhand des Antwortvektors des Kindes feststellbar.

Andererseits interessiert im Zusammenhang mit dem probabilistischen Modell, das die intellektuelle Entwicklung als quantitative Veränderung von aufgabenbereichsspezifischen Fähigkeiten beschreibt, die Erfassung des Ausmaßes der gerade analysierten Fähigkeit, das zu bestimmten Zeitpunkten der Entwicklung gegeben ist. Sowohl inter- als auch intraindividuelle Unterschiede im Entwicklungsstand können erfaßt werden, wenn sie sich im Ausmaß der Aufgabenlösungsfähigkeit niederschlagen. Vielleicht sollte man darauf hinweisen, daß die Gültigkeit der Aufgabenstrukturhypothesen keine Vorbedingung für die diagnostische Erfassung des auf diese Weise definierten Entwicklungsstandes mit Hilfe des probabilistischen Modells ist. Es genügt, wenn die Annahmen des RASCH-Modells erfüllt sind (vgl. FISCHER 1974; WRIGHT 1977). Vom Standpunkt der Informationsverarbeitungstheorien kann man fragen, ob ein Ansatz, bei dem die intellektuelle Entwicklung dadurch gemessen wird, daß Fähigkeiten, die sich in quantitativen Personenparametern niederschlagen, erfaßt werden, nicht völlig unbefriedigend ist, da die Frage nicht beantwortet wird, was sich entwickelt. Zwar könnte man das Konstrukt "Fähigkeit" mit dem Ausmaß der Beherrschung eines bestimmten Lösungsalgorithmus mit definierten Denkoperationen in Beziehung setzen. Trotzdem bleiben bei diesem Ansatz viele Fragen offen. Auch kann man das Problem aufwerfen, ob es sinnvoll ist, mit Hilfe des Modells beispielsweise die verschiedenen Effekte von Sozialisationsbedingungen zu erfassen, wenn auf der Grundlage dieses Ansatzes modellimmanente Erklärungen für Unterschiede kaum möglich sind.

5.2 Unterrichtsfragen

Bezüglich des deterministischen Entwicklungsmodells bietet das Markoff-Lernmodell, das in Abschnitt 3.3 diskutiert wurde, eine Grundlage, um einige Konsequenzen für Unterrichtsfragen zu ziehen (vgl. GRONER & SPADA 1977). Der Lernprozeß bezüglich eines bestimmten Inhaltsbereichs kann durch eine geeignete Abfolge der Aufgaben, die vom Schüler zu lösen sind, optimiert werden. Wenn das Modell gilt, dann sollte als optimaler nächster Unterrichtsschritt in einer Abfolge von Übungsaufgaben eine Aufgabe mit genau einer zusätzlichen Operation vorgelegt werden; und zwar die nächste in der Abfolge der Operationen, die noch nicht vom lernenden Schüler beherrscht werden. Aufgrund des Modells ist vorherzusagen, daß Aufgaben, die ausschließlich schon gelernte Operationen oder Operationen weiter oben in der Abfolge der noch nicht erworbenen Operationen ansprechen, vollkommen wirkungslos in Bezug auf den Lernprozeß sind. Es wäre auf der Basis dieses Modells möglich, verschiedene Optimierungsprobleme zu analysieren, z.B. das Problem der Minimierung der Anzahl von Instruktionsschritten, die zur Erreichung eines spezifizierten Lernkriteriums benötigt werden.

Überlegen wir uns nun, welche Folgerungen für eine Verbesserung der für einen bestimmten Aufgabenbereich spezifischen Aufgabenlösungsfähigkeit von Kindern anhand des probabilistischen Modells resultieren. Unter der Bedingung, daß sowohl das Modell als auch die Aufgabenstrukturhypothesen gültig sind, kann die Schwierigkeit der Operationen mit Hilfe der Parameter η_j gemessen werden. Ausgehend von der Aufgabenstrukturmatrix, mit deren Hilfe bestimmt werden kann, welche Operationen zur Lösung welcher Aufgaben benötigt werden, und von den Schätzungen der Operationsschwierigkeitsparameter ist es wiederum möglich, Konsequenzen für die Auswahl und Sequenzierung der Aufgaben des entsprechenden Inhaltsbereichs zu ziehen. Die Reihenfolge der Lehre der Denkoperationen kann sich an einer Operationshierarchie orientieren. Unter einer Hierarchie von Operationen (vgl. SPADA 1976, S. 173) wird in diesem Zusammenhang ihre stufenweise Anordnung nach dem Gesichtspunkt verstanden, welche Operationen (auch) allein und welche ausschließlich gekoppelt mit einer oder mit mehreren anderen Operationen in den Aufgabenlösungsprozessen auftreten. Ausgehend von den einfachen und an der Basis der Hierarchie stehenden Operationen kann einerseits zu den schwierigen und andererseits zu den nur in Kombination mit anderen Operationen auftretenden Komponenten der Aufgabenlösungsprozesse übergegangen werden. Eine in der Hierarchie höherstehende Operation würde also erst dann behandelt werden, wenn die Operationen, mit denen sie gemeinsam auftritt, schon unterrichtet und geübt wurden. Die Aufgabenstrukturmatrix zeigt, welche Aufgaben zur Übung der relevanten Operationen und Operationskombinationen herangezogen werden können.

Neben solchen von der Operationsstruktur ausgehenden Überlegungen, die naturgemäß für die beiden betrachteten Modelle, das deterministische und das probabilistische, nicht allzu unterschiedlich ausfallen, ist es im Rahmen des Testmodells möglich, die Effektivität bestimmter Unterrichtsvarianten abzuschätzen, indem die Veränderung der Personenparameter analysiert wird. Eine Voraussetzung dafür ist, daß die Effekte quantitativ und nicht qualitativ sind.

HÄUSSLER (1978) hat sich im Rahmen einer physikdidaktischen Untersuchung beide Möglichkeiten zunutze gemacht: den strukturellen Aspekt der Heranziehung der Aufgabenstrukturhypothesen zur Unterrichtsentwicklung und den quantitativen diagnostischen Aspekt. Er entwickelte und analysierte zwei unterschiedliche Lehrstrategien, die dazu dienen sollten, die Fähigkeit von Jugendlichen zu verbessern, Aufgaben des Typs "Erkennen funktionaler Beziehungen" zu lösen. Die Versuchspersonen seiner Untersuchung waren 1037 Schüler im Alter von 12 bis 16 Jahren.

HÄUSSLER arbeitete also mit dem linearen logistischen Modell, um

(a) unter Hinzuziehung von Aufgabenstrukturhypothesen die Komponenten der Lösungsalgorithmen zu beschreiben, die von Schülern verwendet werden, die Aufgaben dieses Typs lösen. Diese Beschreibung bildete die Basis für eine sehr kreative Entwicklung zweier Lehrstrategien. Außerdem verwendete er das Modell, um

(b) die Effekte der beiden Lehrstrategien zu messen.

Eine der beiden Lehrstrategien beruht auf sogenannten "spontanen" Algorithmen; das sind jene Algorithmen, die von Schülern schon angewandt werden, bevor sie in diesem Inhaltsbereich unterrichtet werden. Als Teil der zweiten Lehrstrategie wurde ein "synthetischer" Algorithmus unterrichtet; das ist ein umfassenderer, zumindest theoretisch überlegener Algorithmus höherer Ordnung. Die empirische Untersuchung zeigte, daß beide Strategien statistisch signifikante, substantielle und relativ langandauernde positive Effekte haben. Allerdings ergab sich hinsichtlich des Transfer zu neuen Aufgaben - also zu Aufgaben, die nicht direkt mit Hilfe der gelernten Algorithmen lösbar sind - daß die Lehre der spontanen Algorithmen effektiver ist. Vermutlich hat diese Lehrstrategie die Schüler dazu gezwungen, von Beginn an die Möglichkeit ins Auge zu fassen, daß es neue Aufgaben aus diesem Bereich gibt, die mit Hilfe der gelernten Algorithmen nicht lösbar sind. Die Schüler wurden eher dazu angeregt, selbständig Lösungsalgorithmen zu entwickeln, und zwar anhand der Merkmale der gelernten, bzw. in einigen Fällen schon vor dem Unterricht korrekt angewandter spontaner Algorithmen.

6. Eine Zusammenfassung und einige kritische Schlußfolgerungen

Der hier dargestellte Forschungszweig ist eines der nicht gerade häufigen Beispiele eines numerischen, mathematischen Ansatzes zur Formulierung und empirischen Prüfung von Theorien im Bereich der kognitiven Entwicklung.

Kindern verschiedenen Alters werden Aufgaben eines bestimmten Aufgabenbereichs in einer präexperimentell festgelegten Abfolge vorgelegt. Die Testdurchführung erfolgt in Gruppenform oder in Einzeluntersuchungen. Die Aufgaben werden in Papier-Bleistift-Form oder mit Hilfe konkreter experimenteller Anordnungen präsentiert. Sie werden von den Kindern mit oder ohne Rückmeldung über die richtige Lösung bearbeitet. Daten zu den Variablen "Richtigkeit der Lösung" und/oder "Richtigkeit der gegebenen Erklärungen und Begründungen" werden erfaßt.

Charakteristischer für diesen Ansatz als die verschiedenen experimentellen Vorgehensweisen ist die Notwendigkeit zur präexperimentellen Formulierung von Hypothesen über die Schritte des Lösungsprozesses, die es Kindern unterschiedlichen Alters und unterschiedlicher Sozialisation ermöglichen, einzelne Aufgaben zu lösen. Diese Annahmen über die Denkprozesse von Kindern bei der Lösung von Aufgaben (wir bezeichnen sie als Aufgabenstrukturhypothesen) werden dadurch einer empirischen Überprüfung zugänglich, daß sie im Rahmen eines numerischen, mathematischen Modells formuliert werden. Konkret geschah dies im Rahmen dieser Untersuchung dadurch, daß sie in das

Modell von SCANDURA bzw. in das Modell von RASCH integriert wurden. Das jeweils resultierende Modell beschreibt die Abhängigkeit des Aufgabenlösungsverhaltens eines Kindes von der Aufgabenschwierigkeit, die selbst wieder mit den Aufgabenstrukturhypothesen zusammenhängt, und der Fähigkeit des Individuums, Aufgaben dieses Typs zu lösen.

Die Formulierung eines derartigen Modells setzt Invarianzannahmen voraus, d.h. restriktive Annahmen über die Determinanten der beobachteten Phänomene. Eine derartige (häufig nicht sehr plausible) Annahme über das kindliche Denken ist beispielsweise, daß der Problemlösungsprozeß für alle Kinder einer bestimmten Population bei einer bestimmten Aufgabe aus denselben kognitiven Operationen besteht, wenn die Aufgabe richtig gelöst wird. Typisch für diesen Forschungsansatz ist auch, daß mit Hilfe der empirischen Anwendung der Modelle neben einer Überprüfung der einzelnen Annahmen die quantitative Erfassung von Merkmalen der Aufgaben und/oder der Denkoperationen und von Merkmalen der einzelnen Individuen möglich ist.

Wenn wir uns nochmals die Ergebnisse beider Experimente mit Waagebalkenaufgaben vergegenwärtigen, dann läßt sich generell sagen, daß weder das deterministische Entwicklungsmodell, noch das probabilistische lineare logistische Modell in der Lage ist, alle Daten in wirklich befriedigender Weise zu beschreiben:

(a) die Annahmen über ein deterministisches Aufgabelösungsverhalten und über eine bestimmte Sequenz, in der die Denkoperationen im Verlaufe der Entwicklung verfügbar werden sollen - wobei noch zusätzlich angenommen wird, daß diese Sequenz für alle Kinder dieselbe ist - sind mit hoher Sicherheit zu restriktiv.

(b) Das RASCH-Modell beschreibt den unterschiedlichen Anstieg der Lösungswahrscheinlichkeiten der Aufgaben mit differierender Komplexität gut im höheren Entwicklungsbereich. Es werden hingegen aus entwicklungspsychologischer Sicht eher unplausible Annahmen im unteren Bereich getroffen. Nichtsdestotrotz stellt dieses Modell im Moment einen der wenigen brauchbaren Ansätze dar, um intellektuelle Entwicklung zu quantifizieren.

(c) Das lineare logistische Modell bietet zwar die Möglichkeit, psychologische Aufgabenstrukturhypothesen abzubilden und zu prüfen; es ist aber aus verschiedenen Gesichtspunkten der Kritik unterworfen. Einige der Ergebnisse der Gültigkeitstests zeigen, daß die Anpassung an die Daten nicht wirklich befriedigen kann. Außerdem ist es mit Hilfe dieses Modelltyps sehr schwierig, vielleicht sogar unmöglich - und das trifft auch für das Modell von RASCH zu - dynamische qualitative Veränderungen zu beschreiben. Diese sind aber ein zentrales und intuitiv überzeugendes Element in vielen psychologischen Theorien der Dententwicklung und des Lernens (vgl. KLUWE 1979).

(d) Die Aufgabenstrukturhypothesen, die für Waagebalkenaufgaben im Rahmen des deterministischen bzw. probablistischen Modells formuliert wurden, sind nicht völlig hinreichend, um die unterschiedliche Schwierigkeit der einzelnen Waagebalkenaufgaben zu erklären. Sie erfassen nicht alle Faktoren, die bezüglich der Schwierigkeit und psychologischen Komplexität der einzelnen Aufgaben relevant sind.

Eine generelle Frage, die sich in diesem Zusammenhang stellt, ist, ob der inhaltlich-psychologische Beitrag von Untersuchungen dieses Typs beim jetzigen Stand der Entwicklung dieser Untersuchungsmethoden unser Verständnis der kognitiven Entwicklung schon wirklich vertieft hat. Was die Untersuchungen, die wir durchgeführt haben, betrifft, so scheint uns ein wesentlicher Grund für eine negative Antwort zu sein, daß wir den Methoden für die Ableitung der Aufgabenstrukturhypothesen bisher viel weniger Aufmerksamkeit geschenkt haben, als der Frage eines Tests derartiger Hypothesen. Man könnte also fragen: Wie sinnvoll ist überhaupt eine methodisch befriedigende Überprüfung von vielleicht schwachen Hypothesen? Wir ziehen aus dieser möglichen Kritik die Schlußfolgerung, daß

(e) in Zukunft wesentlich mehr Aufmerksamkeit den Methoden der Generierung besserer und differenzierterer Hypothesen über die Aufgabenlösungsprozesse gewidmet werden muß.

Solche Hypothesen sollten sich sowohl auf Kodierungs- und Dekodierungsoperationen beziehen, die bisher nicht berücksichtigt wurden. Sie sollten auch die Differenz zwischen "utilization" und "evocation" berücksichtigen, die von FLAVELL (1971) diskutiert wurde, um nur zwei Richtungen zu nennen, in denen die Hypothesen auszuweiten sind.

Die detaillierten Protokolle der Erklärungen, die die Kinder im zweiten Experiment gegeben haben, könnten eine Quelle zur Modifikation und Erweiterung der Aufgabenstrukturhypothesen sein. Allerdings bezweifeln wir, ob diese Erklärungen direkt Komponenten der Aufgabenlösungsprozesse reflektieren. Die Aufnahme von Augenbewegungen könnte eine andere interessante Datenbasis sein, da wir sehr deutliche Unterschiede bezüglich dieses Aspekts im zweiten Experiment mit den beiden konkret gegebenen Waagebalken festgestellt haben. Aufgabenstellungen mit Wippen, um einen ganz anderen experimentellen Rahmen für Waagebalkenaufgaben anzusprechen, wären ein weiteres interessantes Beispiel, um die Datenbasis in einer anderen Richtung zu erweitern.

Wir fassen zusammen, indem wir den ersten Satz dieses Beitrags ein wenig modifizieren: Mathematische Modelle auf der Grundlage von Aufgabenstrukturhypothesen sind ein sehr interessantes Mittel, um die kognitive Entwicklung zu analysieren. Sie werden dann wirklich wertvoll sein, wenn es gelungen ist, die Aufgabenstrukturhypothesen zu verbessern und weniger restriktive Modelle zu ihrer Spezifizierung und Überprüfung zu entwickeln.

Literaturverzeichnis:

ANDERSEN, E.B.: A goodness of fit test for the Rasch model. Psychometrica, 1973, 38, 123-140.

FISCHER, G.H.: Einführung in die Theorie psychologischer Tests. Bern: Huber, 1974.

FISCHER, G.H.: Linear logistic test models: Theory and application. In: SPADA, H. & KEMPF, W.F. (Eds.): Structural models of thinking and learning. Bern: Huber, 1977, 203-225.

FLAVELL, J.: Stage-related properties of cognitive development. Cognitive Psychology, 1971, 2, 421-453.

FLAVELL, J.: Cognitive development. Englewood Cliffs, N.J.: Prentice Hall, 1977.

GRONER, R. & SPADA, H.: Some markovian models for structural learning. In: SPADA, H. & KEMPF, W.F. (Eds.): Structural models of thinking and learning. Bern: Huber, 1977, 131-159.

GUTTMAN, L.: The basis of scalogram analysis. In: STOUFFER, S.A. et al. (Eds.): Measurement and prediction. Princeton, N.J.: University Press, 1950, 60-90.

HÄUSSLER, P.: Evaluation of two teaching programs based on structural learning principles. Studies in Educational Evaluation, 1978, 4 (3), 145-161.

HOFER, A.: Die Auswirkungen des Feedback und der Reihenfolge der Aufgabenverteilung auf das Problemlösungsverhalten von Kindern bei Proportionalitätsaufgaben. Unveröffentlichtes Manuskript. Psychologisches Institut der Universität Bern, 1977.

INHELDER, B. & PIAGET, J.: The growth of logical thinking from childhood to adolescence. New York: Basic Books, 1958.

INHELDER, B., SINCLAIR, H. & BOVET, M.: Learning and the development of cognition. London: Routledge & Kegan, 1974.

KARPLUS, R. & KARPLUS, E.F.: Ratio: A longitudinal study. In: FREY, K. & LANG, M. (Hrsg.): Kognitionspsychologie und naturwissenschaftlicher Unterricht - Cognitive processes and science instruction. Bern: Huber, 1973, 305-313.

KEATING, D.P.: Adolescent thinking. In: ADELSON, J.P. (Ed.): Handbook of Adolescence. New York: Wiley, im Druck.

KLUWE, R.: Wissen und Denken. Stuttgart: Kohlhammer, 1979.

LÜER, G. & SPADA, H.: Denken lernen. In: TACK, W. (Hrsg.): Bericht über den 30. Kongreß der Deutschen Gesellschaft für Psychologie in Regensburg 1976. Bd. 1. Göttingen: Hogrefe, 1976, 131-154.

OSHERSON, D.: Logical Abilities in children. Vol. 1: Organization of length class concepts: Empirical consequences of a Piagetian formalism. New York: Wiley, 1974.

OSHERSON, D.: Logical Abilities in children. Vol. 3: Reasoning in adolescence: Deductive inference. New York: Wiley, 1975.

PIAGET, J. & INHELDER, B.: Die Psychologie des Kindes. Olten: Walter, 1973.

RASCH, G.: An item analysis which takes individual differences into account. Brit. J. math. statist. Psychol., 1966, 19, 49-57.

ROST, J. & SPADA, H.: Probabilistische Testtheorie. In: KLAUER, K.J. (Hrsg.): Handbuch der Pädagogischen Diagnostik, Bd. 1. Düsseldorf: Schwann, 1978, 59-97.

SCANDURA, J.M.: Structural learning I. Theory and research. New York: Grodon & Breach, 1973.

SCANDURA, J.M.: A deterministic theory of learning and teaching. In: SPADA, H. & KEMPF, W.F. (Eds.): Structural models of thinking and learning. Bern: Huber, 1977, 345-382.

SCHEIBLECHNER, H.: Das Lernen und Lösen komplexer Denkaufgaben. Z.f.exp. u.angew. Psychol., 1972, 19, 476-505.

SPADA, H.: Invariante Intelligenzdimensionen als Basis für Selektion und Klassifikation. In: IRLE, M. (Hrsg.): Bericht über den 26. Kongreß der Deutschen Gesellschaft für Psychologie in Tübingen 1968. Göttingen: Hogrefe, 1969, 166-175.

SPADA, H.: Intelligenztheorie und Intelligenzmessung. Psychol. Beiträge, 1970, 12, 83-96.

SPADA, H.: Modelle des Denkens und Lernens. Bern: Huber, 1976.

SPADA, H.: Logistic models of learning and thought. In: SPADA, H. & KEMPF, W.F. (Eds.): Structural models of thinking and learning. Bern: Huber, 1977, 227-262.

SUAREZ, A.: Formales Denken und Funktionsbegriff bei Jugendlichen. Bern: Huber, 1977.

SUPPES, P.: Facts and fantasies of education. In: WITTROCK, M.C. (Ed.): Changing education: Alternatives from educational research. Englewood Cliffs, N.J.: Prentice Hall, 1973, 6-45.

WOHLWILL, J.: The study of behavioral development. New York: Academic Press, 1973.

WRIGHT, B.D.: Solving measurement problems with the Rasch model. Journal of Educational Measurement, 1977, 14, 97-116.

Bemerkungen zu mathematischen und psychometrischen Modellen der kognitiven Entwicklung aus der Sicht von Theorien der Informationsverarbeitung

Gerd Lüer

1. Einleitung

Der Titel dieses Beitrages beschreibt meine Aufgabe: Es wird eine Kritik zu jener Denkpsychologie erwartet, die sich psychometrischer Modelle als Forschungsmethoden bedient. Übertragen worden ist diese Kommentierung einem Denkpsychologen, der als "Informationsverarbeiter" etikettiert wird.

Es wird mein Ziel sein zu zeigen, daß ein Vergleich unter dem Motto "Psychometrische Denkforschung versus Denkforschung auf Grund von Informationsverarbeitung" nicht sinnvoll ist. Vielmehr bin ich der Meinung, daß diese Gegenüberstellung nicht gerechtfertigt ist, da es sich um keine vergleichbaren oder gar miteinander rivalisierenden Forschungsansätze handelt. Dazu bedarf es jedoch zunächst einiger Klärungen.

2. Klärung einiger methodischer Mißverständnisse

Nicht selten begegnet man folgenden Meinungen: Die mit psychometrischen Modellen arbeitenden kognitiven Psychologen wenden mathematisch anspruchsvolle Methoden der Datenbeschreibung und Datenanalyse an. "Informationsverarbeiter" hingegen sind Denkpsychologen, die lautes Denken oder gar Introspektion als geeignete Methode der Denkforschung ansehen oder, falls ihnen noch ein Rest eines Gewissens für Formalisierungen verblieben ist, Computersimulationen betreiben. Ein solcher Vergleich ist natürlich unsinnig. Er vermengt zu trennende methodische Sachverhalte miteinander und vergleicht Unvergleichliches: nämlich Vorgehensweisen bei der Datenerhebung und bei der Datenanalyse. Aus diesem Mißverständnis leitet sich wahrscheinlich auch das Urteil ab, daß die einen die exakten Experimentatoren mit raffinierten Versuchsplänen sind und für den mathematischen Laien mit bestaunenswerten Formelapparaturen umgehen, hingegen die anderen im strengen Sinne gar keine experimentelle Wissenschaft betreiben. Sie werten lediglich "weiche" Daten mit "weichen" Analysemethoden aus. - Obwohl solche Zuordnungen offensichtlich falsch sind, konnte nicht verhindert werden, daß sie in Meinungen umso hartnäckiger verankert geblieben sind.

Wer das Denken als einen Prozeß versteht, bei dem die Lösung eines Probanden schrittweise aus der Aufnahme, Codierung, Verarbeitung und Neuordnung von Informationen entsteht, bemüht sich herauszufinden, was geschieht, wenn Menschen denken. Dieses Geschehen kann auf ganz verschiedenen Stufen nacheinander oder gleichzeitig stattfinden: bei der Aufnahme und Codierung von Informationen, beim Aufbau einer inneren Repräsentation des Problems, bei Klassifikations- und Benennungsvorgängen wahrgenommener Daten über den Problemzustand, bei der Suche und Durchführung geeigneter Transformationsschritte usw.

Für alle diese genannten "Stationen" sind über die Analyse von empirischen Daten Ergebnisse zu gewinnen, die Prinzipien erkennen lassen, nach denen Menschen Lösungen für gestellte Probleme finden. Niemand wird der Meinung sein, daß dieses durch den Einsatz einer einzigen Methode (dazu noch mit einer Datenbeschreibungs- und -analysemethode) geleistet werden kann. Was bedeutet das für unsere Diskussion um die Angemessenheit der angewendeten Methoden?

Es müßte ein Vergleich vorgenommen werden zwischen einer Art und Weise, wie man das Geschehen beim Problemlösen verstehen kann (nämlich als Prozeß der Informationsverarbeitung über viele einzelne Subprozesse) einerseits und einer bestimmten Klasse von mathematischen Modellen zur Datenbeschreibung und Datenanalyse, wie z.B. deterministischen und probabilistischen Ansätzen, andererseits. Dabei handelt es sich beim Verständnis des Problemlösens als Informationsverarbeitung aber wohl eher um eine wissenschaftliche Grundposition, mit der man glaubt, den untersuchten psychischen Prozeß am besten verstehen und klären zu können. Folglich kann auch noch in keiner Weise eine Festlegung getroffen worden sein, mit welchen Methoden der Datenerhebung, Datenbeschreibung und Datenanalyse derartige Fragestellungen am besten untersucht und ausgewertet werden. Prinzipiell ist hier das gesamte Spektrum uns bekannter methodischer Vorgehensweisen einsetzbar. Dieses gilt auf der Datenerhebungsseite für die Introspektion genauso wie für psychophysiologische Messungen, und betrifft auf der Datenanalyseseite das Spektrum vom Vierfelder-Chiquadrat-Test bis zu mathematisch hochkomplexen Modellen. Einziges Kriterium ihres (natürlich immer sachgemäßen) Einsatzes sollte es sein, zu der Frage Erkenntnisse beizusteuern, was geschieht, wenn Menschen denken.

Möglicherweise hat der Verzicht der "Informationsverarbeiter", für sich eine einzige Methode zu reklamieren und damit das Wohl und Wehe ihrer gesamten Forschungsrichtung zu verbinden, dazu geführt, als methodisch Anspruchslose zu gelten. Wie wenig haltbar eine derartige Meinung ist, braucht wegen der Last publizierter Gegenbeispiele nicht ausführlich erörtert zu werden.

Es muß nicht betont werden, daß die in diesem Buch von SPADA & KLUWE (in diesem Band) reklamierten Forschungsziele ebenso für Informationsverarbeitungsansätze gelten: Formalisierung, Exaktheit und rigorose Überprüfbarkeit sind allgemeine wissenschaftliche Prinzipien, deren Einhaltung nicht nur von Psychometrikern angestrebt wird. Zuzugeben ist jedoch, daß wir heute für manche Fragestellungen nicht über ausreichend geeignete Methoden verfügen, um sie unter den genannten Anforderungen erforschen zu können (Beispiel: Entstehung und Verwendung wechselnder und oft starken Veränderungen unterworfener Lösungsheuristiken). Daraus zu schließen, daß solche Fragestellungen nicht existieren, halte ich für genauso falsch wie den Verzicht darauf, solche Probleme mit "weichen" Methoden zu bearbeiten (allerdings in dem Bewußtsein, damit auch "weiche" Ergebnisse zu erlangen).

Zur Untermauerung dieser ersten Überlegung seien wenige Beispiele als Illustration angeführt. - Psychometrische Untersuchungsmethoden haben schon seit längerer Zeit Eingang in die Erforschung des Problemlöseprozesses auch unter dem Aspekt der Informationsverarbeitung gefunden. SYDOWs (1970) Untersuchungen zum Zielabstand stellen geradezu klassische Beispiele dafür dar, daß hier ohne Zwang Ergebnisse psychologischer Skalierungen das Verständnis für bestimmte Teilbereiche des Denkprozesses erheblich vorangebracht haben. Auf der anderen Seite berichten SPADA & KLUWE über ihr Vorgehen bei der Aufstellung der Hypothesen zur untersuchten Aufgabenstruktur "... aus der Beobachtung von Kindern bei solchen Aufgaben erschlossen". Später machen sie den Vorschlag, einige durch ihre Daten nicht verifizierten Strukturhypothesen auf Grund von genaueren Protokollanalysen zu revidieren.

Das Beispiel SYDOW (1970) zeigt den Weg, spezifische Hypothesen über den Informationsverarbeitungsprozeß psychometrisch zu untersuchen und zu formalisieren. Das Beispiel SPADA & KLUWE (in diesem Band) zeigt, wie hier umgekehrt über Vorstellungen der Informationsverarbeitung überhaupt erst die Vorbedingungen geschaffen werden müssen, um die ausgewählten mathematischen Modelle sinnvoll anwenden zu können. Beiden Zugängen ist eine enge Verzahnung der hier diskutierten Forschungsansätze zu eigen, obwohl natürlich nicht übersehen werden darf, daß die Schwerpunktsetzungen beider Arbeiten sehr verschieden sind. Manifestieren sich in ihnen aber Unterschiede, die eine Einteilung der Welt der Forscher in Informationsverarbeiter und Psychometriker rechtfertigen? Meine Antwort ist ein klares Nein und veranlaßt mich, eine "versus-Diskussion" als gänzlich ungerechtfertigt anzusehen.

3. Diskussion der vorgestellten psychometrischen Modelle

Es wäre falsch, aus den vorangegangenen Überlegungen zu entnehmen, die Frage der Auswahl und Anwendung von Erhebungs- und Analysemethoden in der Denkpsychologie sei gänzlich belanglos, da sie alle gleich gut oder gleich schlecht geeignet sind. Es könnte sich herausstellen, daß einige Forschungsansätze von Voraussetzungen ausgehen, die für das Modell gefordert werden, für die Untersuchung des Denkprozesses aber als nicht gegeben angesehen werden müssen. Einer solchen Diskussion sollen die von SPADA & KLUWE (in diesem Band) vorgestellten psychometrischen Modelle unterzogen werden. Dazu seien einige mir wichtig erscheinende Aspekte herausgegriffen.

3.1. Datenerhebungsmethoden

Einem "Informationsverarbeiter" fällt die Einsicht schwer, man könne allein aus der Tatsache, ob jemand eine Aufgabe gelöst hat oder nicht, prüfen, wie und mit welchen Prinzipien er diese Lösung gefunden hat. Diese Skepsis wird durch Daten über ausführliche Lösungsverläufe genährt, die immer wieder voller Überraschungen stecken und zeigen, daß das Lösungsverhalten außerordentlich variabel und flexibel ist (SIMON 1975). Schließlich tragen auch Erfahrungen mit faktoriellen Analysen von Intelligenztests nicht dazu bei, diese Skepsis zu überwinden. Man kann heute bezweifeln, ob faktorenanalytisch gewonnene Dimensionen intelligenten Verhaltens überhaupt dazu beigetragen haben, unser Verständnis von Intelligenzleistungen zu fördern.

Ein weiterer Punkt: Der aufmerksame Leser beobachtet mit Interesse, welche Entwicklung die Datenaufnahme in den beiden berichteten Experimenten von SPADA & KLUWE genommen hat:

Experiment I: Daten aus paper-pencil-Tests in der Form von Mehrfachantworten; Gruppenversuch.

Experiment II: Daten aus individuellen Untersuchungen; Aufgabenlösungen wurden ausführlicher (nicht nur in der Richtig-Falsch-Form) protokolliert.

Hier hat ganz offensichtlich die Erwartung Platz gegriffen, daß von Probanden mehr zu erfahren ist als nur die Tatsache, ob sie die Aufgabe richtig oder falsch lösen.

Schließlich zur angebotenen Auswahl der richtigen Antworten aus der vollständigen Anzahl möglicher Alternativantworten: Schon in der alten deutschen Gedächtnispsychologie kannte man den Unterschied zwischen Reproduktion und Wiedererkennen. Es mag deshalb mit Recht die Frage gestellt werden, ob eine mögliche Wiedererkennensleistung mit dem Problemlösen überhaupt noch irgendwelche Gemeinsamkeiten aufweist.

3.2. Aufgabenstruktur

Positiv war vermerkt worden, daß die Analyse der Aufgabenstruktur (hier allerdings nur im Sinne der Abfolge notwendiger Operationen, die zur Lösung notwendig sind), aus eigenen Beobachtungen der Autoren und aus Ergebnissen von INHELDER & PIAGET (1958) entstanden ist. Streng genommen handelt es sich also um die Überprüfung bekannter Zusammenhänge, soweit es die Hypothesen von INHELDER & PIAGET betrifft. Dagegen ist nichts einzuwenden, nur zeigt sich gleichzeitig, wie angewiesen man hier auf bereits bekanntes bzw. aus anderen Datenquellen hervorgegangenes Wissen ist.

Schwerwiegender erscheint mir der Vorbehalt gegenüber der Vollständigkeit einer derart beschriebenen Aufgabenstruktur. Daß Aufgaben oder gar Probleme allein durch die Anwendung von Regeln gelöst werden und daß dazu eine starre Hierarchie von Operationen allein verantwortlich ist, widerspricht den Analysen längerer Lösungsprozesse. Daß Denken bei komplexen Problemen einem starren Algorithmus folgt, wie möglicherweise einfaches Kopfrechnen einer bekannten Sequenz von Operationen, erscheint wenig plausibel.

Wenn tatsächlich die geäußerten Vorbehalte unzutreffend sind, bleiben immer noch Fragen unbeantwortet, wie: Benutzen die Probanden in dem untersuchten Problembereich keine übergreifenden Operationen (Metaoperatoren, Heuristiken), so wie sie bei sehr vielen anderen Problemen beobachtet worden sind? Welche anderen kognitiven Prozesse sind am Lösen der Aufgaben beteiligt als die Anwendung von Operationen?

3.3. Voraussetzungen der psychometrischen Modelle

Unter diesem Punkt sollen nur einige logische Voraussetzungen aufgegriffen werden, auf die bei Anwendung der verwendeten Verfahren nicht verzichtet werden kann.

Zuerst wäre die beim deterministischen Modell zu fordernde Eigenschaft einer Quasi-GUTTMAN-Skala, nach der die Operationen zu hierarchisieren sind, zu diskutieren. Danach muß ein Proband alle Operationen durchführen können, die vor der Regelanwendung in der Rangfolge angeordnet sind. Daraus resultiert z.B. eine vollständige Beherrschung physikalischer Probleme eines Sachbereiches bis zu einem bestimmten Punkt, von dem an keine Lösungen mehr produziert werden können. Dieser Punkt wird gleichzeitig als Entwicklungsniveau interpretiert, auf dem ein Proband sich befindet. Aus bekannten Schwierigkeiten mit der GUTTMAN-Skalierung kann es eigentlich nicht verwundern, daß derartig harte Voraussetzungen nicht erfüllt werden können. Da auch nicht aufklärbar ist, ob die Auswahl der Operationen oder ihre Anordnung in einer Hierarchie oder beide Gründe für das Scheitern bei der Auswertung verantwortlich sind, bleiben eigentlich alle Fragen der Brauchbarkeit des Modells offen - allerdings unter Beibehaltung des Mißtrauens, ob ein derartiger Ansatz überhaupt kognitive Prozesse aufzuklären in der Lage ist.

Ähnliche, wenn auch nicht identische Vorbehalte sind der Anwendung des RASCH-Modells bei der Analyse geistiger Prozesse entgegenzubringen. Auch hier werden allein Sequenzen von Operationen in Form eines Lösungsalgorithmus zum Gegenstand der Untersuchung gemacht. Dieses führt zu der problematischen Interpretation von inter- und intraindividuellen Entwicklungsunterschieden als unterschiedliche Grade der Beherrschung des Lösungsalgorithmus.

4. Überlegungen zu einer Forschungsstrategie im Bereich der Entwicklung kognitiver Prozesse

Es wird nicht bezweifelt, daß menschlichem Denken ein außerordentlich komplexes psychisches Geschehen zugrundeliegt. Daraus folgt, daß wir es beim Problemlösen mit einer großen Anzahl von Variablen zu tun haben, die diesen kognitiven Prozeß bestimmen. Es ist deshalb nicht sinnvoll, aus dieser überaus großen Menge von Variablen nur wenige herauszugreifen, um sie einzeln zu analysieren. Hinzu kommt die durch viele empirische Ergebnisse gestützte Tatsache, daß wir es beim Problemlösen mit einem teilweise instabilen Geschehen zu tun haben, das zwischen Individuen und Situationen stark variiert. Damit müssen wir von der Vorstellung Abschied nehmen, Denken als Produkt eines psychischen Apparates zu verstehen, der mit einer überschaubaren Menge von Variablen in jeder Situation gleich funktioniert.

Es ist notwendig, den Problemlöseprozeß auf mehreren Ebenen zu beschreiben. Mit dem Postulat einer epistemischen und einer heuristischen Struktur haben McCARTHY & HAYES (1969; vergleiche auch DÖRNER (1976)) dieser Tatsache Rechnung getragen. Während wir es im Bereich der epistemischen Struktur mit experimentell gut untersuchbaren Gefügen von Variablen zu tun haben, so wie sie beispielsweise beim Konzepterwerb vorliegen, herrschen in der für das Denken wohl wichtigeren heuristischen Struktur primär außerordentlich variable und flexible Verbindungen in Form von Organisationsprinzipien vor.

Um zu einer Vorstellung zu kommen, wie Menschen ihr Wissen beim Problemlösen organisieren, muß beschrieben werden, wie sie dabei vorgehen. Hier ist es nicht sinnvoll, Probanden dabei zu kontrollieren, wie sie logischerweise vorgehen sollten. Wichtiger erscheint die Beantwortung der Frage, mit welchen Mitteln sie wahrscheinlich die Lösung zu erreichen versuchen. Problemlösungspsychologie betreiben heißt deshalb, den Lösungsweg möglichst genau zu verfolgen und ihn so zu beschreiben, wie er tatsächlich abgelaufen ist - nicht wie er ablaufen sollte oder ablaufen könnte. Damit kommen wir zu zwei wesentlichen Forderungen an eine Forschungsstrategie für Problemlöseprozesse:

1) Die Untersuchung des Problemlösens kann sich nicht in dem Nachweis erschöpfen, daß Probanden Regeln richtig oder falsch angewendet haben. Wichtig ist vielmehr, welche einzelnen Transformationsschritte im Problemlösungsprozeß tatsächlich unternommen worden sind. So haben wir in eigenen Untersuchungen erfahren müssen, daß richtige Lösungen unter Anwendung falscher Regeln produziert worden sind und umgekehrt.
2) Es ist herauszufinden, welche neuen Kombinationen von Lösungsschritten zu neuen Regelbildungen führen. Hier spielen Organisationsprinzipien eine wichtige Rolle. Sie finden statt zwischen dem vorhandenen Wissen und Heuristiken, mit denen Lösungen gefunden werden sollen. In ihnen spiegeln sich Vereinfachungen und abstraktive Verkürzungen von Eigenschaf-

ten der Problemstruktur wider, die aus logischen Analysen allein nicht gefunden werden können.

Aus den vorangegangenen Überlegungen lassen sich Anforderungen an die Daten ableiten, die aus empirischen Untersuchungen über den Problemlösungsprozeß gewonnen werden müssen. Daraus ergeben sich auch Konsequenzen für die experimentellen Anordnungen.

Es reicht nicht aus, allein Produkte und Ergebnisse des Denkvorganges zu analysieren, ohne dabei Informationen darüber zu berücksichtigen, wie diese zustande gekommen sind. Die jahrzehntelange faktorenanalytische Intelligenzforschung hat uns deutlich gezeigt, wohin ein derartiger Weg führt. Daß es dabei sogar zu krassen Fehldeutungen kommen kann, ist in den Arbeiten von PUTZ-OSTERLOH & LÜER (1975) und PUTZ-OSTERLOH (1977) im Bereich des Faktors "Raumwahrnehmung" nachgewiesen worden. Nimmt man den Aspekt der entwicklungspsychologischen Veränderungen intelligenter Leistungen noch hinzu, so muß man einem derartigen Ansatz noch viel pessimistischer gegenübertreten.

Zu den Schwierigkeiten der inhaltlichen Bestimmung und dem mangelnden Erklärungswert von grundlegenden Dimensionen der Intelligenz kommen in der Regel noch Probleme hinzu, die sich aus der Anwendung mathematischer Analysemethoden ergeben.

Damit soll keinesfalls die Möglichkeit der adäquaten Abbildung psychologischer Daten in mathematischen Modellen in Zweifel gezogen werden. Im Bereich der Denkpsychologie und besonders im Bereich der Entwicklung solcher kognitiven Prozesse scheint mir allerdings eine noch nicht überwundene Lücke zu klaffen zwischen den psychologischen Sachverhalten, die erforscht werden sollen, und den mathematischen Modellen, die diese abbilden können. Es müssen oft viele Einschränkungen und Vereinfachungen in Kauf genommen werden, so daß ein umfassendes Verständnis kognitiver Prozesse eher erschwert als erleichtert wird.

Es könnte der Eindruck entstehen, als sollte von allen Experimenten im Bereich der Problemlösepsychologie abgesehen werden. Das entspricht ganz und gar nicht der hier vertretenen Auffassung. Vielmehr wird für eine möglichst umfassende Sammlung von Daten über Problemlöseprozesse plädiert, um unseren Wissensstand über diese kognitiven Geschehen zu vergrößern. Solche Daten können aus Beobachtungen hervorgegangen sein, durch lautes Denken oder Filmaufzeichnungen gewonnen worden sein oder aber auch aus Blickbewegungsregistrierungen stammen. Aus ihnen können Hinweise gewonnen werden, wie tatsächlich Lösungen erreicht worden sind - unvoreingenommen und möglicherweise voller Überraschungen.

Es ist sehr aufwendig, Daten von der beschriebenen Art über Problemlösungsprozesse zu gewinnen, und häufig noch viel mühsamer, sie zu analysieren. Notwendigerweise müssen deshalb auch die Stichproben, an denen solche Versuche durchgeführt werden, kleiner sein als diejenigen, bei denen nur Daten in der Form von 0 oder 1 verarbeitet werden. Auch sind solche Daten nicht so leicht zu handhaben wie Antworten, die in Multiple-Choice-Form vorliegen. Gleichzeitig werden aber Einschränkungen und Vereinfachungen vermieden, die wegen der Komplexität der Sachverhalte im Bereich der kognitiven Psychologie unter allen Umständen zu vermeiden sind. Der mögliche Verlust an Präzision bei der Erfassung und Erklärung von Informationsverarbeitungsprozessen ist solange in Kauf zu nehmen, wie die Beschreibungsweisen inhaltlich differenziert und sachlich angemessen sind und von präziser arbeitenden Methoden nicht erreicht werden können.

5. Schlußfolgerungen

Die prinzipielle Frage, ob bei der Erforschung kognitiver Prozesse psychometrische Messungen erreicht werden sollen oder nicht, muß eindeutig zugunsten solcher Forschungsstrategien beantwortet werden. Wann immer wir in der Lage sind, Vorgänge so eindeutig zu präzisieren und zu definieren, daß wir sie in zuverlässig beschreibbare Variablen fassen können, sollte das Ziel präziser Messungen und Veränderungen unter der Voraussetzung eines vertretbaren Aufwandes verfolgt werden. Dabei muß allerdings immer berücksichtigt werden, welchen Stellenwert eine einzige oder einige wenige Variablen im Gesamtgefüge eines komplexen Geschehens haben.

Ich hoffe sehr, daß SPADA (1977) mit seiner Äußerung Recht bekommt, nach der die Psychologie, die das Problemlösen als Informationsverarbeitungsprozeß versteht, viele theoretische Ansätze und Hypothesen produziert, die mit mathematischen Modellen präzise überprüft werden können. Vermieden werden sollte unter allen Umständen, sich von mathematischen Modellen vorschreiben zu lassen, was gemessen werden soll und was nicht. Die Forschungsmethoden haben sich den untersuchten Gegenständen anzupassen und nicht umgekehrt.

Der Mathematiker und Physiker LICHTENBERG (1742-1799) äußerte einmal, daß es viele Phänomene zwischen Himmel und Erde gibt, für die es keine Theorie oder Erklärung in unseren Lehrbüchern gäbe. Ebenso gibt es viele Theorien und Erklärungen in Lehrbüchern, für die es keine Phänomene zwischen Himmel und Erde gibt. Vor der letztgenannten Gefahr sollten wir uns in der kognitiven Psychologie sehr nachhaltig schützen.

Literaturverzeichnis:

DÖRNER, D.: Problemlösen als Informationsverarbeitung. Stuttgart: Kohlhammer, 1976.

INHELDER, B. & PIAGET, J.: The growth of logical thinking from childhood to adolescence. New York: Basic Books, 1958.

McCARTHY, J. & HAYES, P.J.: Some philosophical problems from the standpoint of artificial intelligence.

In: MELTZER, B. & MICHIE, D. (Eds.): Machine intelligence 4, Edinburgh: University Press, 1969, 463-502.

PUTZ-OSTERLOH, W.: Über Problemlöseprozesse bei dem Test Würfelaufgaben aus dem Intelligenztest IST und IST-70 von AMTHAUER. Diagnostica, 1977, 23, 252-265.

PUTZ-OSTERLOH, W. & LÜER, G.: Informationsverarbeitung bei einem Test zur Erfassung der Raumvorstellung. Diagnostica, 1975, 21, 166-181.

SIMON, H.A.: The functional equivalence of problem solving skills. Cognitive psychology, 1975, 7, 268-288.

SPADA, H.: Die Förderung strukturellen Lernens anhand formalisierter Theorien. In: TACK, W.H. (Hrsg.): Ber. 30. Kongr. DGP in Regensburg 1976, Göttingen: Hogrefe, 1977, 135-138.

SYDOW, H.: Zur metrischen Erfassung von subjektiven Problemzuständen und zu deren Veränderung im Denkprozeß (I + II). Zeitschrift für Psychologie, 1970, 177, 145-198 (I), 1970, 178, 1-50 (II).

Eine Wachstumstheorie der Entwicklung

Hoben Thomas

1. Einführung

Selbst unsere frühesten Vorfahren müssen einige einfache Beobachtungen hinsichtlich entwicklungsbedingten Wachstums gemacht haben. Zweifellos gehörten dazu auch die folgenden zwei Feststellungen: Erstens, daß ältere Personen im Durchschnitt größer sind als Kinder, zweitens, daß die Variabilität bezüglich psychischer Merkmale bei älteren Personen größer ist als bei jüngeren. Diese zweite Beobachtung ist für die Entwicklung so grundlegend, daß THORNDIKE sie als das Wesen von Entwicklung selbst bezeichnet hat.

"Man stelle sich eine Gruppe erwachsener Personen vor", gibt THORNDIKE zu bedenken, "die bezüglich Größe und Gewicht keine größere Standardabweichung als neugeborene Babys haben". (THORNDIKE 1966, S. 126; Übers.d. Hrsg.).

Im Mittelpunkt dieses Beitrages steht der Zusammenhang zwischen Mittelwerten und Standardabweichungen unter entwicklungspsychologischen Gesichtspunkten. Wahrscheinlich hat schon jeder Entwicklungspsychologe einmal Daten erhoben, bei denen zwischen den für verschiedene Altersstufen berechneten Mittelwerten und Standardabweichungen regelhafte Zusammenhänge bestanden. Tatsächlich gibt es für solche Zusammenhänge sehr frühe Belege. 1835 berichtet QUETELET erstmals Mittelwerte und Variationsweite bezüglich der Größe belgischer Mädchen und Jungen von der Geburt bis zum Alter von 17 Jahren (QUETELET 1835). (Es vergingen fast 60 Jahre, bis PEARSON 1894 ein Maß für die Standardabweichung entwickelte; vgl. WALKER 1931). In Ab-

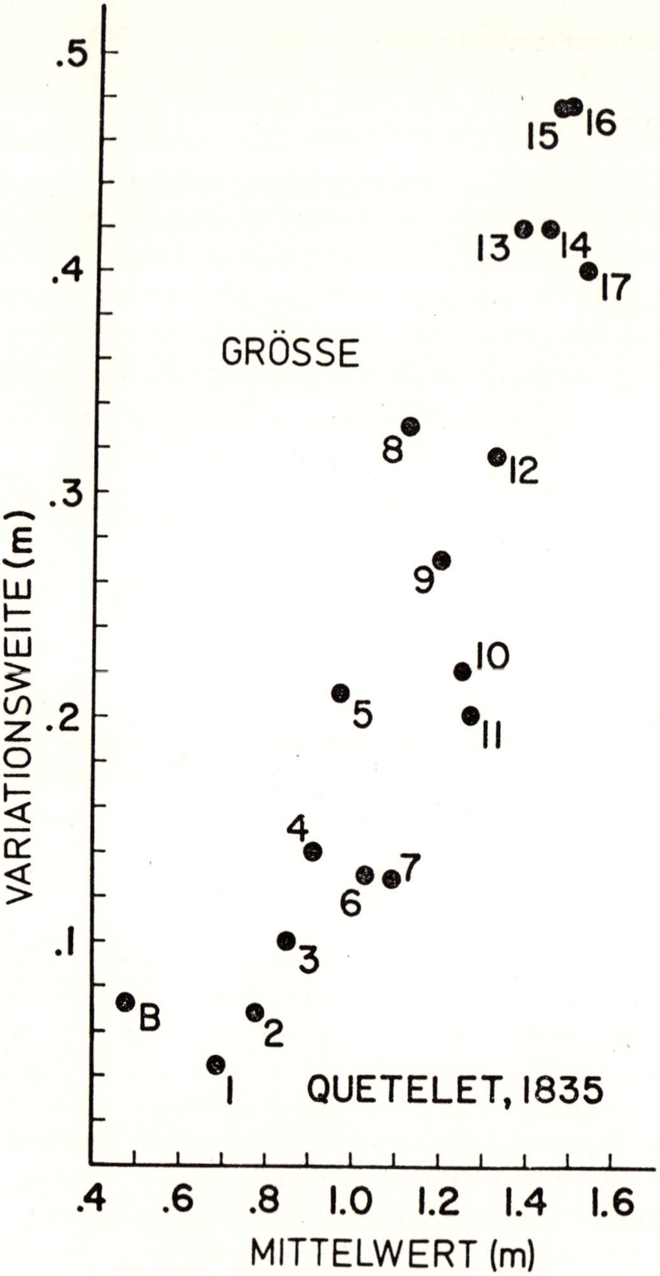

Abb. 1: Stichprobenmittelwerte und Variationsweite der Größe in Meter (m) für jedes Jahr von der Geburt bis zum Alter von 16 Jahren bei belgischen Mädchen.

bildung 1 sind QUETELETs Daten für die Mädchen dargestellt. Es ergibt sich ein streng linearer Verlauf, der auch durch die Korrelation von .90 zwischen den 18 Mittelwerten und 18 Variationsweiten wiedergegeben wird. Der entsprechende Koeffizient für die Jungen beträgt .86. Neunzig Jahre später wies THURSTONE (1925) darauf hin, daß die absolut skalierten Mittelwerte und Standardabweichungen von Intelligenztests bei Kindern verschiedener Altersstufen hoch korrelieren und beide mit dem Alter zunehmen. Dies führte zu der Arbeit von 1928, in der er annahm, daß zwischen den absolut skalierten Mittelwerten und Standardabweichungen ein linearer Zusammenhang bestehe. Diese Annahme ermöglichte THURSTONE eine Schätzung jenes Alters, in dem seiner Überzeugung nach der Intelligenzwert gleich Null sein sollte. Das Interessante dabei ist vielleicht weniger THURSTONEs Behauptung, der Intelligenzwert des Fötus betrage Null. Vielmehr fällt auf, daß im Gegensatz zu seinen Arbeiten in zahlreichen Problembereichen der Psychologie in diesem Fall sein Vorgehen ausschließlich empirisch war: THURSTONE hatte keine Theorie, die den beobachteten Zusammenhängen Rechnung tragen konnte.

Die zentrale These dieses Beitrages lautet, daß die funktionale Beziehung zwischen Mittelwert und Standardabweichung, die vielfach sowohl bei physischen als auch bei psychischen Daten hinsichtlich entwicklungsbedingten Wachstums gefunden wird, bedeutende theoretische und methodische Implikationen hat. Es gibt offenkundig keine Theorie, die den empirischen Befunden angemessen ist. Wir werden zeigen, daß eine Reihe von Modellen, die zur Datenanalyse verwendet sowie als Modelle der Entwicklung betrachtet werden, falsifiziert werden können.

Es wird eine alternative Theorie vorgeschlagen, die den empirischen Befunden besser gerecht wird. Einige theoretische und methodische Implikationen dieses Ansatzes werden erörtert. Das Problem der Parameterschätzung bedarf erst noch der genaueren Ausarbeitung, wird jedoch in einigen Fällen diskutiert.[1)]

2. Daten mit korrelierenden Mittelwerten und Standardabweichungen

Man braucht in der entwicklungspsychologischen Literatur nicht lange zu suchen, um Fälle zu finden, in denen Mittelwerte und Standardabweichungen korrelieren. DENNEY & MOULTON's (1976) Daten sind dafür ein gutes Beispiel. Sie untersuchten die Gründe, die Kinder zu dem Urteil führen, Objekte als ähnlich zu beurteilen. Das Alter der Kinder betrugt drei, vier, fünf und neun Jahre. Die Stichprobengröße lag zwischen N = 22 und N = 49. Für sechs der acht erhobenen Variablen liegen die Mittelwerte und Standardabweichungen auf jeder der vier Altersstufen vor. Vier der Korrelationen zwischen Mittelwerten und Standardabweichungen lagen bei .78 oder höher, ein Koeffizient betrug -.828, ein anderer -.0244.[2,3)]

Gerade in Arbeiten zur kognitiven Entwicklung, wie z.B. bei DENNEY und MOUNTON, werden solche Zusammenhänge besonders häufig gefunden. Wenn innerhalb einer Arbeit,

1) Ein großer Teil der Arbeiten zu diesem Beitrag wurde am Institut für Psychologie der Universität Kiel von 1975 - 1976 mit finanzieller Unterstützung durch ein Fulbright-Hays Stipendium und durch den Kultusminister des Landes Schleswig-Holstein durchgeführt. Diese Unterstützung wird dankbar verzeichnet. Für kritische Anmerkungen zu einer früheren Version dieses Beitrages danke ich einer Reihe von Kollegen. Besonderen Dank schulde ich jedoch G. POLLICELLO II und T.P. HETTMANSPERGER.

2) Herkömmliche Prüfverfahren sind zur Beurteilung der beobachteten Korrelationen in dieser Situation nutzlos, wie im folgenden gezeigt werden wird. So man will, kann die Standardabweichung von r durch $(m-1)^{-\frac{1}{2}}$ angegeben werden. Der Ausdruck wird erläutert werden.

3) Die Daten legen einen nicht monotonen Verlauf zwischen 5 und 9 Jahren nahe. Ohne die älteste Gruppe sind diese Korrelationen nicht geringer als |.97|; dieses Ergebnis erhält man nicht, wenn irgendeine der anderen Altersgruppen ausgeschlossen wird.

besser noch in verschiedenen Arbeit en zum selben allgemeinen Sachverhalt ähnliche Verläufe der statistischen Kennwerte gefunden werden, muß angenommen werden, daß dies nicht mehr durch Zufall erklärt werden kann. ELKIND (1964) untersuchte die Fähigkeit von Kindern, mehrdeutige Abbildungen zu erkennen; als Maß galt die Zahl richtig identifizierter Vorlagen. Für die sechs Altersgruppen zwischen 6;6 und 12 Jahren sowie bei zwei verschiedenen Reizmengen betrugen die Korrelationskoeffizienten zwischen den Mittelwerten und Standardabweichungen bei den zwei Reizmengen jeweils .85 und .89. SANTOSTEFANO & PALEY (1964) untersuchten kognitive Kontrolle an Aufgaben, die denen von ELKIND ähnlich waren. Für die drei Altersstufen (6, 9, 12 Jahre) ergaben sich Korrelationen zwischen den Mittelwerten und Standardabweichungen der kognitiven Kontrollvariablen in Höhe von .81, .86 und .98. THOMAS & JAMISON (1975) untersuchten die Voraussagen von Kindern hinsichtlich der Oberflächenneigung ruhigen Wassers in einem Gefäß, das in unterschiedliche Winkelpositionen gedreht wurde. Die abhängige Variable war der vom Kind eingestellte Winkel, der von der Wasseroberfläche in dem geneigten Gefäß eingenommen werden sollte. Bei einmal 9 und dann 12 Altersgruppen, mit sechsjährigen Kindern bis hin zu College-Schülern, und für jedes Geschlecht getrennt korrelieren die Mittelwerte und Standardabweichungen von .72 bis zu .97.

WOHLWILL (1973, S. 338), einer der wenigen Autoren, der überhaupt auf dieses Problem eingeht, analysierte Daten von WITKIN et al. (1954). WOHLWILL bezieht sich auf drei Maße für Feldabhängigkeit bei fünf Altersgruppen von Kindern zwischen acht und siebzehn Jahren sowie einer Erwachsenengruppe.

Getrennt nach Geschlecht und für jedes Maß liegen die insgesamt sechs Korrelationskoeffizienten, für jeweils sechs Paare aus Mittelwerten und Standardabweichungen, zwischen .66 und .96. Es ist wichtig, dabei zu beachten, daß die bloße Kenntnis der Zusammenhänge zwischen Mittelwerten und Standardabweichungen nichts darüber aussagt, wie deren Beziehungen mit dem Alter oder mit der Entwicklung aussieht. In ELKINDs Untersuchung erkannten ältere Kinder erwartungsgemäß mehr Bilder als jüngere Kinder. Höhere Rohwerte entsprachen also besseren Leistungen. Sowohl die Mittelwerte als auch die Standardabweichungen nahmen mit dem Alter zu. Umgekehrtes gilt für die Arbeiten von WITKIN et al. sowie von THOMAS & JAMISON. WITKIN et al. erfaßten z.B. Fehlerwerte. Beim Rod-and-Frame-Test war die Leistung umso besser, je kleiner der Winkel hinsichtlich der Abweichung von der richtigen vertikalen Position war. Also nahmen die mittleren Fehlerwerte und die Standardabweichungen mit zunehmendem Alter gegen Null ab. Ob Mittelwerte und Standardabweichungen mit dem Alter zu- oder abnehmen, ist von der Definition der abhängigen Variablen abhängig. Wie wir jedoch sehen, ist, unabhängig davon, wie die statistischen Kennwerte mit dem Alter variieren, der Zusammenhang zwischen Mittelwerten und Standardabweichungen ähnlich.

Denkt man an die Willkür, mit der abhängige Variablen manchmal in der Psychologie definiert werden, dann können negative Korrelationen zwischen Mittelwerten und Standardabweichungen gefunden werden, die durch eine geringfügige Änderung der abhängigen Variablen positiv werden. Zum Beispiel wurde in den Aufgaben von WITKIN et al. (1954) die Abweichung von der Vertikale in Grad als Fehlerwert definiert, wobei die Vertikale selbst mit 0 Grad definiert wurde. Je besser die Leistung, desto geringer war also der Abweichungswinkel. Eine perfekte Leistung würde 0 Grad entsprechen. Hätten WITKIN et al. hingegen die Fehlerwerte unter Bezug auf die horizontale Achse definiert, dann würden einer fehlerlosen Leistung 90 Grad entsprechen (von der horizontalen Achse aus); schlechtere Leistungen würden zu Werten unter 90 Grad führen. In diesem Fall würden bessere Leistungen auch höheren Werten entsprechen. Die Änderung der Bezugsachse hätte folglich eine Änderung des Vorzeichens der Korrelation zwischen

Tabelle 1: Korrelationen zwischen Stichprobenmittelwerten und Standardabweichungen in verschiedenen Untersuchungen

Variable	r(m)[1]	SD(r)[2]	Vpn und Alter	Bereich von n	Methode[3]	Literatur
Bayley Point Scale	.92(13)	.30	Jungen & Mädchen, 9-36 Monate	46-71	LS	Bayley, 1933
Bayley Point Scale	.94(4)	.57	Zwillinge, Jungen & Mädchen, 9-24 Monate	298-400	LS	Wilson, 1972
Bayley Point Scale	.42(7)	.41	Mädchen, 9-15 Monate	39-53	QS	Bayley, 1965
Bayley Point Scale	.88(7)	.41	Jungen, 9-15 Monate	41-53	QS	Bayley, 1965
Army Alpha Raw Scores	.87(18)	.24	Jungen & Mädchen, 10-59 Jahre	34-106	QS	Jones & Conrad, 1933
Army Alpha Raw Scores	.95(10)	.33	Jungen & Mädchen, 10-21 Jahre	34-87	QS	Jones & Conrad, 1933
'37 Binet MA	.93(10)	.33	Mädchen, 6-15 Jahre	13-165	QS	Ebert & Simmons, 1943
'37 Binet MA	.78(10)	.33	Jungen, 6-15 Jahre	27-134	QS	Ebert & Simmons, 1943
'16 & '37 Binet MA	.97(10)	.33	Mädchen, 3-10 Jahre	100	LS	Ebert & Simmons, 1943
'16 & '37 Binet MA	.97(10)	.33	Jungen, 3-10 Jahre	81	LS	Ebert & Simmons, 1943
Versch. Tests, MA	.91(10)	.33	Mädchen, 7-16 Jahre	130	LS	Anderson, 1939
Versch. Tests, MA	.88(10)	.33	Jungen, 7-16 Jahre	135	LS	Anderson, 1939
Goodenough IQ	.95(6)	.45	Schwarze Kinder, Klasse 1-6	30	QS	Kennedy & Lindner, 1964

[1] r(m) m bezeichnet die Anzahl der Paare aus Mittelwerten und Standardabweichungen, auf denen r beruht.

[2] SD(r) bezeichnet die Standardabweichungen $(m-1)^{-1/2}$; der Berechnung liegen Modellannahmen zugrunde, die im Text erörtert werden.

[3] LS bezeichnet Längsschnitt- und QS Querschnittuntersuchungen.

Mittelwerten und Standardabweichungen bewirkt. Am auffallendsten sind die Korrelationen zwischen Mittelwerten und Standardabweichungen im dem Problembereich, der vor mehr als fünfzig Jahren von THURSTONE untersucht worden ist. THURSTONE prüfte sechs Querschnittuntersuchungen an Kindern im Alter zwischen 21 Monaten und 15;6 Jahren. Die Korrelationen zwischen den absolut skalierten Mittelwerten und Standardabweichungen waren niemals kleiner als .97. Jeder Koeffizient basiert auf Daten von sechs bis zwölf Altersgruppen. Natürlich sind absolut skalierte Mittelwerte und Standardabweichungen nicht das gleiche wie Stichprobenmittelwerte und Standardabweichungen, die für jede Altersgruppe berechnet werden. Es liegen jedoch seit der Veröffentlichung von THURSTONE eine Fülle von Daten vor, denen man entnehmen kann, daß die Korrelationen zwischen Stichprobenmittelwerten und Standardabweichungen fast genauso hoch ausfallen wie jene, die auf den absolut skalierten Werten von THURSTONE basieren. In Tabelle 1 sind beispielhaft und sicher nicht erschöpfend Daten aus vielen bekannten entwicklungspsychologischen Arbeiten zusammengestellt, in denen die abhängige Variable (ausgenommen in einer Arbeit) das Intelligenzalter oder Intelligenzwerte waren. Es geht aus Tabelle 1 hervor, daß ungeachtet des methodischen Ansatzes, sei es eine Querschnitts- oder eine Längsschnittuntersuchung, von ungefähr 1 Jahr bis hin zum Erwachsenenalter die Korrelationen zwischen Mittelwerten und Standardabweichungen durchgängig hoch ausfallen. Die meisten Koeffizienten liegen um .90; in Längsschnittuntersuchungen werden die höheren Koeffizienten gefunden. Da ungeachtet der Methode die Koeffizienten gleichermaßen hoch ausfallen, kann angenommen werden, daß die Ergebnisse nicht kohortenspezifisch sind, sondern vielmehr ein allgemeines Merkmal der intellektuellen Entwicklung wiedergeben.

Selbst bei groben Indikatoren, wie etwa dem Draw-a-Person-Test von GOODENOUGH, sind die Korrelationen noch hoch (siehe auch LAOSA, SWARTZ & HOLTZMAN 1973). Korrela-

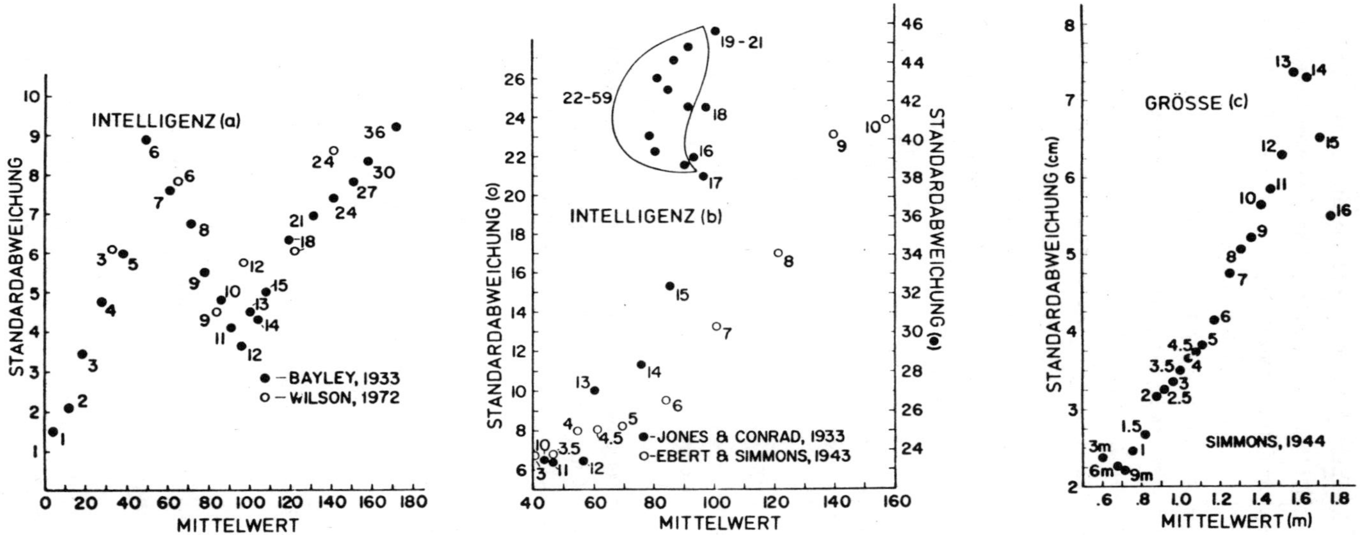

Abb. 2: Mittelwerte und Standardabweichungen für Intelligenz und Größe für verschiedene Altersstufen.
(a) Längsschnittdaten für Jungen und Mädchen; Alter in Monaten;
(b) Querschnittdaten für Jungen und Mädchen aus Jones & Conrad (1933); Querschnittdaten aus Ebert & Simmons (1943) für Jungen;
(c) Drei aufeinanderfolgende Sequenzen von Längsschnittdaten zur Größe bei Jungen 3 Monate – 7 Jahre, 6 – 12 Jahre, 11 – 16 Jahre.

tionskoeffizienten können jedoch irreführend sein. In Abbildung 2 sind die Mittelwerte und Standardabweichungen der Berkeley-Längsschnittuntersuchungen von BAYLEY (1933) eingetragen. Es ergibt sich ein N-förmiger Verlauf mit zwei Wendepunkten, einem bei 6 Monaten und einem bei 1 Jahr. Dieser Verlauf ist kein Stichprobenartefakt. Er findet sich auch in der großen Längsschnittuntersuchung an Zwillingen von WILSON (1972), die ebenfalls in Abbildung 2a eingetragen ist. Die gleiche Feststellung, jedoch weniger deutlich, gilt auch für die Querschnittsuntersuchung von BAYLEY (1965). Wegen dieser beiden Bereiche mit nicht monotonem Verlauf haben wir die bis zum Alter von 9 Monaten erhaltenen Mittelwerte und Standardabweichungen der Punktwerte aus der Untersuchung von BAYLEY nicht in die Korrelationsberechnungen der Tabelle 1 einbezogen.

Abbildung 2b verdeutlicht, daß Mittelwerte und Standardabweichungen nicht über die gesamte Spanne von 10 bis 59 Jahren korrelieren, die von JONES & CONRAD (1933) untersucht worden ist. Der Korrelationskoeffizient von .86 in Tabelle 1 könnte dies eventuell nahelegen. Linearität ist nur im Bereich von 10 bis 21 Jahren gegeben; für diese Altersgruppe beträgt die Korrelation .95. Man beachte, daß in Abbildung 2b die Standardabweichungen positiv beschleunigt mit dem Alter zunehmen. Der Befund ist nicht auf diese Querschnittsuntersuchung beschränkt, man erhält ihn auch in Längsschnittuntersuchungen. Ein Beispiel dafür ist die Längsschnittuntersuchung von EBERT & SIMMONS (1943). Die Daten für Jungen sind parallel zu denen von JONES & CONRAD in Abbildung 2b eingetragen. Wir werden auf diesen nicht-linearen Verlauf noch zurückkommen.

Gibt es Daten hinsichtlich der physischen Entwicklung, die ähnliche Beziehungen zeigen? Eine erste Bestätigung dafür liefern die Daten zum Größenwachstum von QUETELET in Abbildung 1. Es gibt Gründe für eine genauere Prüfung:
(1) Ein ähnlicher Befund hinsichtlich der physischen

Entwicklung würde für ein Modell sprechen, das sowohl Daten zur physischen als auch zur psychischen Entwicklung gerecht wird. Das heißt nicht, daß Prozesse der physischen und psychischen Entwicklung auf gemeinsame kausale Faktoren zurückführbar sein müssen. Solch eine Annahme wäre aber nicht neu. So ist zum Beispiel das allgemeine Anlage-Umwelt-Modell von GALTON (1889) zum Größenwachstum im wesentlichen das gleiche, das der gegenwärtigen Anlage-Umwelt-Diskussion zugrunde liegt (obgleich es in einer neuen Sprache formuliert wird).

(2) Bedeutsamer ist, daß es bei der Erfassung von physicher Entwicklung, wie etwa Größe und Gewicht, keine ernsthaften meßtheoretischen Probleme gibt. Das Meßmodell, daß der Erfassung physischer Sachverhalte zugrunde liegt, ist bekannt und wurde schon 1901 von HÖLDER formuliert. Die Messung des Größenwachstums erfolgt auf einer Verhältnisskala, und solche Skalen haben bestimmte, uns bekannte Eigenschaften. In der Psychologie ist die Situation meistens weniger befriedigend. Dies gilt vor allem für Intelligenztestwerte. Es gibt dafür kein befriedigendes Meßmodell (siehe zum Beispiel SUPPES & ZINNES 1963), so daß Unklarheit über die Eigenschaften von Intelligenztestwerten bestehen. Obwohl es ausreichend Daten gibt, die als Beleg gelten könnten, wäre es möglich, die gefundenen statistischen Zusammenhänge einfach als Artefakte des psychologischen Meßvorganges aufzufassen. Ähnliche Befunde hinsichtlich physischer Entwicklung würden jedoch gegen eine solche Argumentation sprechen.

In Tabelle 2 sind repräsentative Befunde zu fünf verschiedenen physischen Variablen zusammengefaßt: Atemkapazität, Größe, "Ramus-Height" (ein Maß für die Entwicklung des Gebisses), Gewicht und Kraft. Die Größe ist ausgiebig untersucht worden. Wie Tabelle 2 zeigt, betragen in einigen Längsschnittuntersuchungen die Korrelationen zwischen Mittelwerten und Standardabweichungen nahezu 1. Ähnlich wie auch bei psychologischen Daten sind diese Koeffizienten aus Längsschnittuntersuchungen etwas höher

Tabelle 2: Korrelationen zwischen Stichprobenmittelwerten und Standardabweichungen bei einigen ausgewählten physischen Maßen

Variable	r(m)[1]	SD(r)[2]	Vpn und Alter	Bereich von n	Methode[3]	Literatur
Atemkapazität	.97(14)	.27	Jungen, 6-18 Jahre	64-410	QS	Meredith, 1935
Größe	.99(14)	.27	Mädchen, 3 Monate bis 7 Jahre	85	L	Simmons, 1944
Größe	.98(14)	.27	Jungen, 3 Monate bis 7 Jahre	81	L	Simmons, 1944
Größe[4]	.90(18)	.24	Mädchen, Geburt bis 17 Jahre	?	QS	Quetelet, 1969
Größe[4]	.86(18)	.24	Jungen, Geburt bis 17 Jahre	?	QS	Quetelet, 1969
Ramus Height	.96(4)	.57	Jungen, 8-9 1/2 Jahre	20	L	Grizzle & Allen, 1969
Gewicht	.83(11)	.32	Ghanesische Mädchen, 5-15 Jahre	25-272	QS	Fiawoo, 1976
Gewicht	.92(11)	.32	Ghanesische Jungen, 5-15 Jahre	27-261	QS	Fiawoo, 1976
Kraft	.95(9)	.35	Jungen, 7-15 Jahre	19-109	QS	Cureton, 1964

[1] r(m) m ist die Zahl der Paare aus Mittelwerten und Standardabweichungen, auf denen r basiert.

[2] SD(r) ist die Standardabweichung $(m-1)^{-1/2}$; die der Berechnung zugrundeliegenden Modellannahmen werden im Text erläutert.

[3] LS sind Längsschnitt-, QS Querschnittuntersuchungen.

[4] Variationsweite als Maß für Streuung.

als jene aus Querschnittsuntersuchungen. In Abbildung 2c sind Zusammenhänge dargestellt, die von den Korrelationskoeffizienten der Tabelle 2 nicht erfaßt werden. Aus der Studie von SIMMONS (1964) wurden drei Längsschnittsequenzen entnommen und in Abbildung 2c zusammengefaßt, um die Veränderungen von Mittelwerten und Standardabweichungen vom Kindesalter bis zum Jugendalter bezüglich der Größe von Jungen darzustellen.

Bei Intelligenztestwerten kann ein linearer Verlauf für die Beziehung zwischen Mittelwerten und Standardabweichungen über die Altersstufen hinweg nicht angenommen werden. Das ist allenfalls für die Zeit des frühen Jugendalters möglich. Offenkundig gilt dies auch für einige der physischen Variablen. In Abbildung 2c fällt auf, daß die Mittelwerte mit dem Alter monoton zunehmen, nicht aber die Standardabweichungen. Sie erreichen ein Minimum im Bereich von neun Monaten, danach nehmen sie bis zum Jugendalter zu. Selbst QUETELETs Daten in Abbildung 1 legen ein Minimum im Bereich von einem Jahr nahe. Dieser auffällige kurvilineare Verlauf ist auch bei anderen Daten zum Größenwachstum vorfindbar (zum Beispiel bei MEREDITH 1935). Es ist interessant, daß ein ähnliches Minimum auch bei Daten aus Kinder-Intelligenztests zu finden ist, so wie bei BAYLEY (1933) und WILSON (1972); vgl. Abb. 2a).

In Abbildung 2c ist weiter ein konkaver Kurvenverlauf der Standardabweichung von etwa einem Jahr bis zum Jugendalter zu beobachten. Die Standardabweichungen nehmen jedoch nicht kontinuierlich zu; im Jugendalter ist an einem Punkt der leichte Anstieg der Mittelwerte mit einer Abnahme der Standardabweichungen verbunden, was zu dem auffallenden Abfall in der Graphik von Abbildung 2c führt.

Es gibt eine Reihe physischer Variablen, bei denen hohe positive Korrelationen zwischen Mittelwerten und Standardabweichungen nachweisbar sind. So berichtet zum Beispiel CURETON (1964) über die Mittelwerte und Standardabweichungen von 36 verschiedenen physischen Variablen, die an Jungen im Alter zwischen 6 und 15 Jahren erfaßt wurden. Der Median der 36 Korrelationskoeffizienten beträgt .60. Bis auf 8 sind alle anderen Koeffizienten positiv.

Zusammenfassend läßt sich sagen, daß eine Reihe von Ergebnissen zur physischen und zur psychischen Entwicklung aus Längsschnitt- und Querschnittuntersuchungen bei einer Vielzahl von Variablen zu ähnlichen Beziehungen zwischen Mittelwerten und Standardabweichungen der Altersgruppen führen. Besonders für die Zeit nach dem Kleinkindalter bis zum frühen Jugendalter lassen sich oft hohe, positive Korrelationen zwischen Mittelwerten und Standardabweichungen finden. Es ist offenkundig nicht abwegig, ein gemeinsames Modell vorzuschlagen, daß sowohl den Daten zur physischen Entwicklung als auch jenen zur psychischen Entwicklung gerecht wird. Im folgenden werden wir jedoch erst einmal gängige Modelle unter Bezug auf diese Korrelationen erörtern.

3. Varianzanalytische Modelle als Modell der Entwicklung

Will man die theoretische Bedeutung der beobachteten Korrelationen zwischen Mittelwerten und Standardabweichungen beurteilen, dann muß man die erwarteten Werte für Mittelwerte und Standardabweichungen und ihrer Korrelation, hier mit R $(\overline{X};S_i)$ bezeichnet, unter Bezug auf statistische Modelle prüfen, die als mögliche Modelle der entwicklungsbedingten Veränderung gelten können. Die erwarteten Werte können dann mit den beobachteten Werten r $(\overline{x};s_i)$ der oben genannten Art verglichen werden.

Es ist aus zwei Gründen angebracht, mit varianzanalytischen Modellen zu beginnen. Erstens ist die Varianzanalyse in der Psychologie weit verbreitet und hat die Theorienbildung sowie die psychologische Methodik beeinflußt.

Zweitens steht die Varianzanalyse in enger Beziehung zu einer großen Klasse statistischer Modelle, die zum Beispiel Regressionsanalyse und Faktorenanalyse umfaßt. Ein bedeutsames gemeinsames Merkmal dieser Verfahren ist die Annahme einer additiven Beziehung zwischen den hypothetischen Komponenten. Eine Reihe entscheidender und wichtiger Gründe, jedoch nicht psychologische, waren dafür ausschlaggebend, daß man sich in der Statistik fast ausschließlich auf additive Beziehungen konzentrierte. Eine Folge war die Tendenz, solche additiven Modelle als Modelle psychologischer Sachverhalte aufzufassen. Dieser Punkt wird gleich ausführlicher erörtert werden. Natürlich sind die meisten der erörterten Daten zur physischen und psychischen Entwicklung niemals unter dem Gesichtspunkt von Annahmen über die Ursachen der beobachteten Veränderungen analysiert worden. Die meisten klassischen Entwicklungsstudien sind deskriptiv. Dieser Umstand verhindert jedoch nicht, daß die Daten verwendet werden, um statistische Modelle zu evaluieren, die zugleich als Modelle der Entwicklung aufgefaßt werden. Die Varianzanalyse wird in entwicklungspsychologischen Untersuchungen aus verschiedenen Gründen eingesetzt, und folglich sind wahrscheinlich die aus der Verwendung abgeleiteten Implikationen auch unterschiedlich. Als ein Beispiel mag die Frage von DENNEY & MOULTON (1976) nach den sich verändernden Grundlagen von Ähnlichkeitsurteilen bei Kindern gelten. Unter varianzanalytischem Gesichtspunkt müssen die Unterschiede zwischen den Altersgruppen als Mittelwertunterschiede betrachtet werden. Altersunterschiede können so als additive konstante Unterschiede ausgedrückt werden, die Mittelwerte beeinflussen und sonst nichts. So wie DENNEY & MOULTON die Varianzanalyse verwenden, ist sie eine implizite Entwicklungstheorie. Die Verwendung erfolgt ohne Begründungszusammenhang mit Erklärungen bezüglich des Zustandekommens der beobachteten entwicklungsbedingten Veränderungen.

Es gibt keine klaren psychologischen Gründe, und die Autoren nennen auch keine, die Altersunterschiede so aufzufassen, daß sie durch additive Mittelwertunterschiede repräsentiert werden. Es sei denn, daß es üblich ist, so etwas zu tun. Sie hätten, was möglich und plausibel wäre, Veränderungen der Varianzen oder der Schiefe betrachten können. Vielleicht war es auch nicht ihr primäres Interesse, durchschnittliche Altersdifferenzen zu erfassen, sondern vielmehr zu zeigen, daß bezüglich der abhängigen Variablen irgendwelche Veränderungen eintreten. Eine derartige Absicht wäre aber mit Hilfe statistischer Tests zu realisieren, die eine Prüfung verschiedener Aspekte ermöglichen. LEHMANN (1975) spricht in diesem Zusammenhang von Tests von "omnibus alternatives" und denkt dabei an Prozeduren wie den Kolmogorov-Smirnov-Test, die speziell zur Prüfung von verschiedenen Veränderungen von Verteilungen angewendet werden. Sie zielen nicht, wie die Varianzanalyse auf ganz spezifische Parameterdifferenzen ab.

In jenen Fällen, in denen eine Veränderung der abhängigen Varible n offenkundig ist, wie etwa in der Studie von DENNEY & MOULTON, sind vermutlich weder die Datenanalyse noch die dem Analyseverfahren implizite Theorie besonders wichtig. Wenn eine Untersuchung Einfluß gewinnt, dann wahrscheinlich ohnedies nicht wegen der speziellen Datenanalyse, die angewendet wurde.

Es liegt jedoch eine andere Situation vor, wenn die Varianzanalyse das wird, was ich als explizite Entwicklungstheorie bezeichnen möchte. Die Modellstruktur, die der Varianzanalyse zugrunde liegt, erhält dann zusätzlich psychologische Bedeutung. Es besteht ein enger Zusammenhang zwischen der Varianzanalyse als einem Modell statistischer Inferenz und als einem Modell psychologischer Inferenz. Wichtige derartige Verwendungen der Varianzanalyse sind zum Beispiel die funktionale Meßtheorie von ANDERSON (1962) und das Gedächtnismodell von STERNBERG (1969). In der Entwicklungspsychologie ist SCHAIEs (1965) allgemeines Modell der Entwicklung ein gutes Beispiel. SCHAIE stellte fest, daß in entwicklungspsychologischen Untersuchungen aus den beobachteten Veränderungen der Daten nicht immer klar hervorging, welche Bedingungen zu den Veränderungen führten. Ein bekanntes Problem ist zum Beispiel der Abfall von Intelligenztestwerten mit dem Alter in Querschnittuntersuchungen (siehe z.B. JONES & CONRAD 1933), während in Längsschnittuntersuchungen manchmal ein Anstieg der Intelligenztestwerte gefunden wurde (siehe z.B. BAYLEY 1955). SCHAIE schlug vor, für beobachtete oder phänotypische Meßwerte drei latente Komponenten anzunehmen: 1. Einen Kohorteneffekt, der auf das Geburtsjahr oder die Geburtsgeneration zurückgeht; 2. einen Alterseffekt, der den Einfluß des Alters auf die Testwerte betrifft und 3., Einflüsse zum Zeiptunkt der Testdurchführung. Auch wenn Modifikationen des ursprünglichen Modells von SCHAIE vorgeschlagen worden sind (z.B. BALTES 1968), sind diese bezüglich des hier diskutierten Zusammenhanges ohne Bedeutung. Entscheidend für das Modell von SCHAIE und dessen Modifikationen ist, daß Bedingungs-Effekte als additive konstante Effekte aufgefaßt werden. Wichtig ist weiter, daß Aussagen über die relative Bedeutung dieser Effekte Schlüsse darstellen, die auf varianzanalytischer Grundlage getroffen werden. Im Mittelpunkt des Ganzen steht eindeutig die Betrachtung des varianzanalytischen Modells als einem angemessenen Strukturmodell zur Beschreibung von Entwicklung.

Die meisten Wachstumsstudien passen jedoch nicht so einfach in diese implizit-explizit Unterscheidung. Es gibt allerdings klare Anhaltspunkte dafür, die Verwendung der Varianzanalyse am besten unter dem Aspekt einer expliziten Entwicklungstheorie zu betrachten.

Wenn zum Beispiel die Analyse komplex wird, wenn Interaktionen erforderlich sind, um die Daten zu beschreiben und wenn vor allem die statistische Signifikanz bestimmter Effekte die weitere psychologische Diskussion beeinflußt, dann sollten solche Analysen als expliziter Rahmen einer Wachstumstheorie gesehen werden.

Es ist für die folgende Erörterung nützlich, drei Klassen von Annahmen zu unterscheiden, wenn wir Modelle, die varianzanalytischen Modelle eingeschlossen, betrachten. Als erstes sind operationale Annahmen zu nennen: Sie beziehen sich darauf, wie die Komponenten, seien es Zufallsvariable oder Konstante, kombiniert werden. Bei allen in der Regel benutzten varianzanalytischen Modellen wird angenommen, daß die Komponenten additiv verknüpft sind. Zweitens gibt es Annahmen über die Parameterwerte. Je nach Modell sind die Parameter durch Hypothesen festgelegt (z.B. der Mittelwert der Fehlervariablen sei Null), oder es wird angenommen, daß man sie aus den Daten schätzen könne (z.B. Schätzung eines Bedingungs-Effekts). Schließlich gibt es Annahmen bezüglich der Verteilung der Zufallsvariablen.

Diese verschiedenen Klassen von Annahmen sind nicht gleich wichtig. Den Kern der meisten Modelle bilden die operationalen Annahmen, die Varianzanalyse eingeschlossen. R.A. FISHER beschäftigte sich vorwiegend damit. Sein erstes Modell verlangte feste Konstanten mit einer additiven Struktur. Es ist bemerkenswert, daß FISHER vermutlich aus Unbehagen an einer additiven Struktur es zuerst mit einer multiplikativen Struktur versuchte (PLACKETT 1960, S. 212).

4. Erwartete Werte R $(\overline{X}, S_i)$ in varianzanalytischen Modellen

Es genügt die Betrachtung des einfachsten varianzanalytischen Modells, daß durch die rechte Seite der Gleichung 1 formuliert wird:

$$X_i = \mu + \alpha_i + E_i \qquad (1)$$

Das ist eine vertraute Gleichung.[4] Betrachten wir dazu wieder die Untersuchung von DENNEY & MOULTON (1976). Mit $i = 1,2,3$ und 4 werden die 3,4,5 und 9-jährigen Kinder bezeichnet. Beobachtungen an den 3-jährigen Kindern würden zum Beispiel Beobachtungen bezüglich der Zufallsvariablen X_i sein. In (1) stellt μ den Gesamtmittelwert dar. Er ist so bestimmt, daß $\Sigma\alpha_i = 0$, wobei die α_i die altersspezifischen (Bedingungs-)Konstanten darstellen. Das Modell enthält eine Zufallsvariable E_i, die die Variation innerhalb einer Altersgruppe wiedergibt, einschließlich der wahren individuellen Unterschiede sowie der Erfassungs- und Meßfehler.[5]

Gilt das Interesse der Schätzung der unbekannten Parameter, dann genügt die Annahme, daß der Mittelwert von E_i Null und die Varianz σ_i^2 ist. Zur Prüfung von Hypothesen wird gewöhnlich angenommen, daß E_i normal verteilt ist und daß alle $\sigma_i^2 = \sigma^2$ sind (siehe zum Beispiel GAITO & WILEY 1963).

Betrachten wir die Standardabweichung und den erwarteten Wert von X_i. $Var(X_i) = \sigma_i^2 = \sigma^2$; die Standardabweichung von X_i ist dann $(Var(X_i))^{\frac{1}{2}} = \sigma$. In ähnlicher Weise gilt $E(X_i) = \mu_i = \mu + \alpha_i$.

In einer graphischen Darstellung der Modellparameterpaare (σ_i, μ_i) ergibt sich eine horizontale Linie mit der Steigung 0, wenn die μ_i auf der Abszisse, und die σ_i auf der Ordinate abgetragen werden.

Es stellt sich nun sofort die Frage, wie der Graph der Schätzungen dieser Parameter aussieht, oder anders, wie

4) Großbuchstaben bezeichnen durchgängig Zufallsvariablen; Kleinbuchstaben bezeichnen die Werte, die sie annehmen können; griechische Buchstaben bezeichnen feste Konstanten.

5) DENNEY & MOULTON (1976) nahmen ursprünglich ein Modell an, in dem als ein weiterer Bedingungsfaktor das Geschlecht und außerdem die entsprechende Wechselwirkung berücksichtigt war. Da beide nicht signifikant waren, kann das Modell auf Gleichung (1) reduziert werden.

hoch die Korrelation zwischen den Parameterschätzungen ist.

Zum Beispiel waren bei DENNEY & MOULTON in der Kategorie des funktionalen Gebrauchs von Konzepten die Stichprobenschätzungen für die 3-jährigen Kinder

$$\bar{x}_1 = \hat{\mu}_1 = \hat{\mu} + \hat{\alpha}_1 = 2.65 - 2.42 = .23,$$

wobei $\hat{\mu} = 2.65$ und $\hat{\sigma}_1 = s_1 = .75$. Die Paare $(\bar{x}i's_i)$ für die 4 Altersgruppen waren (.23, .75), (.81, 1.47), (2.54, 3.40) und (7.02, 3.56).

Während r für diese Paare .83 beträgt, ist der erwartete Wert von R auf der Grundlage des varianzanalytischen Modells gänzlich verschieden: R beträgt Null.

$(\bar{X},S_i)$, $i = 1,\ldots,m$ seien Stichprobenmittelwerte und -standardabweichungen von m Zufallsstichproben aus Grundgesamtheiten mit Normalverteilung, Mittelwert μ_i, Varianz σ^2, das heißt $n(\mu_i,\sigma^2)$. Wenn die Beobachtungen der Stichprobe i von den Beobachtungen der Stichprobe j nicht unabhängig sind, wie im Fall von Längsschnittstudien, dann wird angenommen, daß $n(\mu_i,\sigma^2)$ und $n(\mu_j,\sigma^2)$ bivariat normalverteilt seien. Die aus den m Paaren errechnete Korrelation R hat als Erwartungswert Null und die Varianz $(m-1)^{-1}$.

Dieses Ergebnis kann als ein direkter Test dafür aufgefaßt werden, ob die Betrachtung entwicklungspsychologischer Phänomene auf der Grundlage additiver Strukturen, wie der Varianzanalyse, angemessen ist. Denkt man an die Größe der häufig ermittelten Korrelationen zwischen Mittelwerten und Standardabweichungen, dann liegt es nahe zu folgern, daß die Varianzanalyse ein unangemessenes Modell für entwicklungspsychologische Phänomene ist.

Dieses Problem mag dann nicht so schwerwiegend sein, wenn die Varianzanalyse, wie im Fall von DENNEY & MOULTON eher im Sinne eines impliziten Modells verwendet wird. Aber es ist sehr schwerwiegend, wenn die Varianzanalyse als explizites Entwicklungsmodell aufgefaßt wird, wie das SCHAIE (1972) in einer Untersuchung tut, in der er

Kohorten-, Alters- und Testzeiteffekte auf Veränderungen der intellektuellen Leistungsfähigkeit in der Harvard-Studie erfassen will. SCHAIE gibt jedoch keine Auskunft über die Mittelwerte und Standardabweichungen der Daten der Kinder, die er für die Analyse auswählte. ANDERSON (1939) verwendete ebenfalls Daten aus der Harvard-Studie. Die Korrelationskoeffizienten zwischen Mittelwerten und Standardabweichungen aus dieser Untersuchung sind in Tabelle 1 angegeben. Diese Koeffizienten, .91 und .88, stellen die Bedeutung der Schlußfolgerungen von SCHAIE in Frage.

Die oben genannten Ergebnisse legen nahe, daß Schlußfolgerungen auf der Grundlage von Modellen getroffen wurden, die vermutlich falsch sind. Diese Interpretation regt eine Reihe von Fragen an, unter anderem, wie man Wachstum beschreiben sollte. Diese Frage wird im nächsten Abschnitt erörtert werden.

5. Eine mögliche Modellstruktur zur Beschreibung von Wachstum

Man betrachte das Modell

$$X_i = \upsilon_i G_i + I \qquad (2)$$

dabei sind X_i, G_i und I Zufallsvariablen und $\upsilon_i < 0$ ist ein fester Parameter.

Allein die Werte von X_i sind beobachtbar, so daß die Elemente auf der rechten Seite die angenommene zugrunde liegende Modellstruktur darstellen. Obwohl es nicht erforderlich ist, halten wir es für vorteilhaft, mit wachsendem Index i Stichproben mit zunehmendem Alter zu kennzeichnen, die in der Regel auch zunehmend größere Mittelwerte und Standardabweichungen haben. Betrachten wir nun den Kern des Modells $\upsilon_i G_i$ und vernachlässigen wir einen

Augenblick I. $\upsilon_i G_i$ wird als alters- oder reifungsspezifische Entwicklungsvariable aufgefaßt. Für jedes Alter gibt es eine identisch verteilte Zufallsvariable G_i mit

$$E(G_i) = \mu > 0, \ Var(G_i) = \sigma^2.$$

Bei Querschnittsuntersuchungen mit Altersgruppen i und j sind G_i und G_j unabhängig voneinander. Bei Längsschnittuntersuchungen sind G_i und G_j korreliert. Jedes $\upsilon_i < 0$ kann als Parameter des entwicklungsbedingten Wachstums betracht et werden; dabei gilt bei Altersstufen $i < j$ gewöhnlich $\upsilon_i < \upsilon_j$.

Nehmen wir einmal an, es ginge um die Größe. Für die Zeit des Wachstums gilt sicherlich

$$o < E(X_1) < E(X_1) < E(X_2) < \ldots < E(X_m);$$

dadurch wird einfach die Beobachtung wiedergegeben, daß die durchschnittliche Größe zunimmt. Diesem Sachverhalt wird durch die Annahme Rechnung getragen, daß $\upsilon_i < T_j$, wenn $i < j$, so daß

$$o < E(\upsilon_i G_i) < E(\upsilon_j G_j)$$

oder

$$o < \upsilon_i \mu < \upsilon_j \mu.$$

Da $\upsilon_i < \upsilon_j$, gilt $Var\ (\upsilon_i G_i) = \upsilon_i^2 \sigma^2 < Var\ (\upsilon_j G_j) =$

$$= \upsilon_j^2 \sigma^2;$$

das impliziert $\upsilon_i \sigma < \upsilon_j \sigma$ und so fort, wenn $i < j$.
Den entwicklungsbedingten Zunahmen von Mittelwerten und den entsprechenden Zunahmen der Standardabweichungen wird durch die altersspezifische multiplikative Konstante υ_i Rechnung getragen. Es ist dabei gleichgültig, ob es sich um Querschnitts- oder Längsschnittuntersuchungen handelt. Abbildung 3 stellt den Sachverhalt graphisch dar. Für G_i wird jeweils Normalverteilung mit n (6, 1) angenommen.

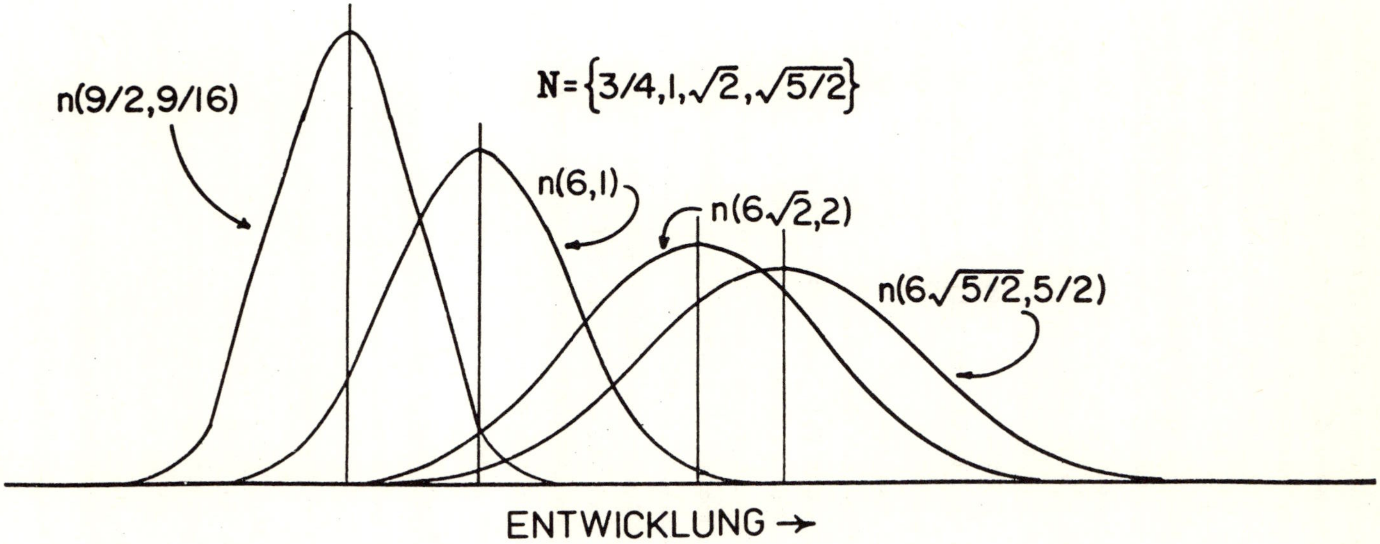

Abb. 3: Veranschaulichung des Entwicklungsmodells $X_i = \upsilon_i G_i$, wobei X_i normalverteilt ist. Die zunehmenden Entwicklungsparameter υ_i sind durch die Menge N gegeben. $n(6\upsilon_i, 1\upsilon_i^2)$ bezeichnet eine Normalverteilung mit Mittelwert $6\upsilon_i$ und Varianz $1\upsilon_i^2$. Deshalb ist $n(9/2, 9/16) \equiv n(6\upsilon_i, \upsilon_i^2)$, wobei $\upsilon_i = 3/4$ ist.

Die variierenden Werte von υ_i sind durch N gegeben. In der Abbildung ist jedes $\upsilon_i G_i$ normal verteilt, da G_i normal verteilt ist. Die entsprechenden Parameter für jede Verteilung sind ebenfalls in der Abbildung angegeben. Anders betrachtet, stelle man sich drei Personen mit den Werten 4, 5 und 6 auf G_i vor. Nehmen wir an, daß $\upsilon_i = 2$ sei. Die beobachteten Werte auf X_i wären dann 8, 10 und 12, wenn man die Effekte von I vernachlässigt. υ_i beeinflußt also jeden Wert hinsichtlich des Wachstums unterschiedlich. $\upsilon_i G_i$ könnte als eine Art individueller spezifischer Interaktion betrachtet werden, nicht jedoch als Interaktion im herkömmlichen varianzanalytischen Sinne. Selbstverständlich ist $\upsilon_i G_i$ ein multiplikativer Effekt. Jedoch soll dadurch eher eine Interaktion im biologischen Sinne formuliert werden.

Wir wenden uns nun der Zufallsvariablen I zu. Die Variable I steht für jene Merkmale bei der Geburt und in der frühkindlichen Entwicklung, die zu einem großen Teil von angeborenen biologischen Faktoren bestimmt sind. Physikalische Merkmale, einschließlich der Länge der Geburt, währen solche Beispiele. Verhaltensmerkmale wären etwa die komplexen und koordinierten, reflexartigen Schwimmreaktionen (McGRAW 1943). Mit der Gehirnentwicklung und zunehmender Erfahrung bereiten diese Reflexe im Laufe des ersten Lebensjahres erlernte Schwimmreaktionen vor. Für PIAGET stellen frühkindliche Reflexe Varianten intelligenten Verhaltens dar. Die Veränderung dieser Reflexe durch Lernen und Reifung indiziert für PIAGET die Ausbildung senso-motorischer Intelligenz.

Im Zusammenhang mit dem Modell in Gleichung (2) wird angenommen, daß diese Änderungen auf die zunehmend wichtigere Rolle von $\upsilon_i G_i$, verglichen mit I, hinweisen. Mit der Geburt und in den ersten Lebensmonaten der Entwicklung ist I bedeutsamer als $\upsilon_i G_i$; später gilt jedoch das Umgekehrte. Die individuelle Ausprägung bezüglich I soll also überwiegend biologisch determinierte Komponenten indizieren. Die Variabilität σ_I^2 von I gibt diese individuelle Variation wieder. Wenn zum Beispiel i den ersten Monat und j das zehnte Jahr indizieren, dann ist die Variabilität im ersten Monat bezüglich der Größe überwiegend durch die Variabilität bezüglich σ_I^2 determiniert. Es wird angenommen, daß $\upsilon_i^2\sigma^2$ gering ist. In ähnlicher Weise wird angenommen, daß die Variabilität bezüglich der senso-motorischen Intelligenz im wesentlichen auf σ_I^2 zurückgeführt werden kann. Die Variabilität bezüglich konkret-operationaler Intelligenz und bezüglich der Größe im Alter von zehn Jahren wird jedoch kaum durch die Variabilität von I beeinflußt. Deshalb dominiert $\upsilon_j^2\sigma^2$ gegenüber σ_I^2.

In der früheren Kindheit ist also σ_I^2 sehr viel größer als $\upsilon_i^2\sigma^2$, jedoch danach wird $\upsilon_j^2\sigma^2$ vermutlich sehr viel größer als σ_I^2.

Der erwartete Wert von I, E (I) = τ, stellt eine positive Konstante dar, da er eine wes entliche Komponente zum Beispiel der durchschnittlichen Länge bei der Geburt darstellt.[6)]

Die empirischen Belege für diese Erörterungen werden deutlicher werden, wenn wir (2) einer mehr formalen Betrachtung unterziehen.

Der Erwartungswert von Gleichung (2) ist

$$\mu_{x_i} = \upsilon_i\mu + \tau \; , \qquad (3)$$

wobei in der Regel alle Parameter von (3) positiv sind.

Die Standardabweichung von Gleichung (2) ist

$$\sigma_{x_i} = (\upsilon_i^2\sigma^2 + 2\rho\upsilon_i\sigma\sigma_I + \sigma_I^2)^{\frac{1}{2}} \qquad (4)$$

6) Da unsere Bemühungen auf die substantiellen Komponenten von Gleichung (2) abzielen, wurde eine Zufallsfehlervariable nicht parametrisiert. Eine Erörterung darüber, wie Fehler betrachtet werden könnten, folgt unten.

Dabei bezeichnet ρ die Korrelation zwischen G_i und I. Die entscheidende Komponente der Gleichungen (3) und (4) ist υ_i. Ungeachtet der Werte, die die anderen Parameter annehmen, erhalten die Komponenten $\upsilon_i\mu$ und $\upsilon_i^2\sigma^2$ zunehmendes Gewicht, wenn υ_i zunimmt. Mittelwert und Standardabweichung sind nun in Gleichung (2) durch den Entwicklungsparameter υ_i verknüpft. Löst man (3) nach υ_i auf, dann erhält man $\upsilon_i = (\mu_{x_i} - \tau)/\mu$; setzt man in (4) ein und formuliert $d = (\sigma/\mu)^1(\mu_{x_i} - \tau)$, dann kann man die Standardabweichung von X_i folgendermaßen angeben:

$$\sigma_{x_i} = (d^2 + 2d\rho\sigma_I + \sigma_I^2)^{\frac{1}{2}} . \qquad (5)$$

Man beachte, daß $\sigma_{x_i}^2$ in d quadratisch ist.

Gleichung (5), so wird vorgeschlagen, sei nun jene Gleichung, durch die Mittelwerte μ_{x_i} und Standardabweichungen σ_{x_i} funktional verknüpft werden, und die den vielen beobachteten Korrelationen zwischen Mittelwerten und Standardabweichungen zugrunde liegt.

Nehmen wir an, daß σ_{x_i} und μ_{x_i} in (5) in der Realität als stetige Variable aufgefaßt werden können. Dies ist gleichbedeutend mit einer Betrachtung des Entwicklungsprozesse als einem kontinuierlichen Prozeß, wobei die Parameter der Punktwerte auf jeder Altersstufe als Annäherungen an die wahren Werte gesehen werden können. Wir nehmen weiter an, daß die zwei ersten Ableitungen von σ_x bezüglich μ_x existieren (der Index i wird weggelassen, um die Kontinuität hervorzuheben). Eine Analyse dieser Ableitungen wird dann zusammen mit Abbildung 4 zeigen, wie der Funktionsverlauf aussieht. Damit ist ein Vergleich zwischen Modell und Daten möglich. Man beachte, daß σ_x und μ_x die einzigen Komponenten in (5) sind, die sich mit dem Alter verändern.

Die erste Ableitungsprüfung impliziert:

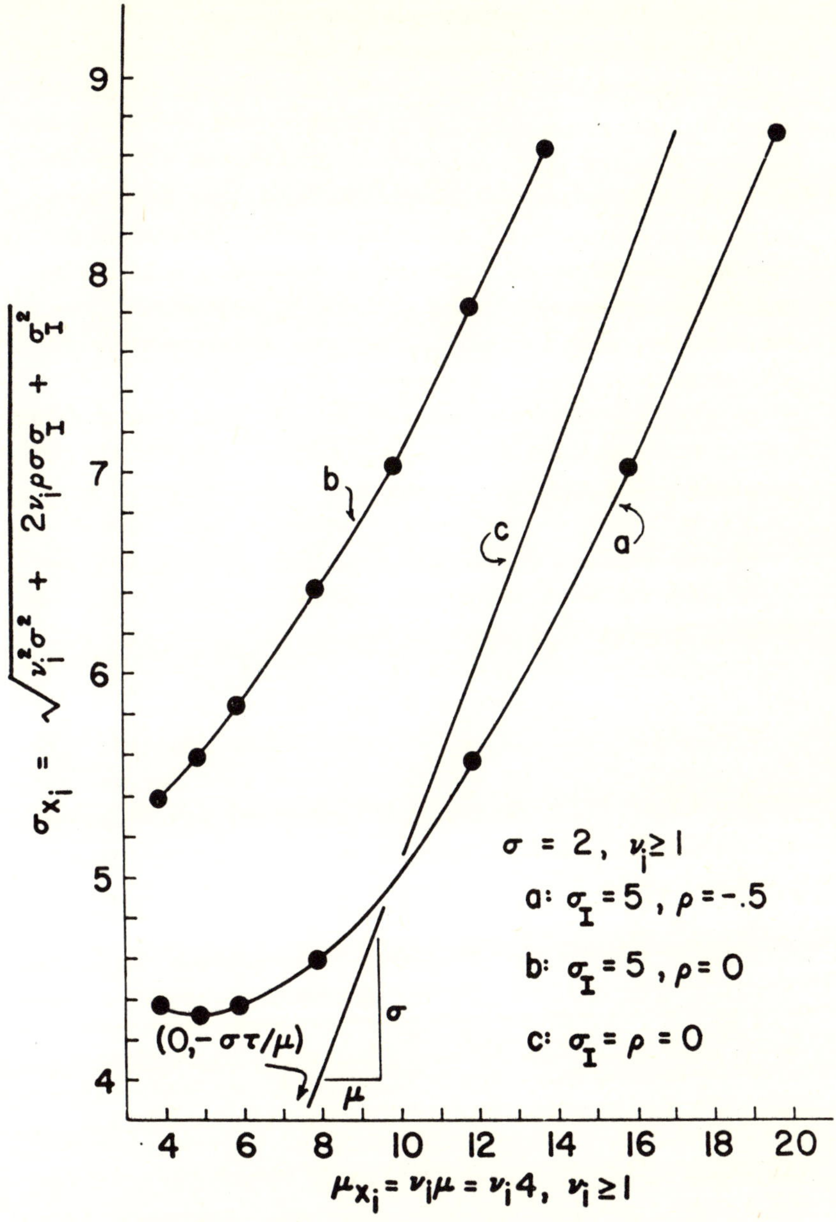

Abb. 4: Graphische Darstellung hypothetischer Parameter für Standardabweichung und Mittelwert in drei Fällen auf der Grundlage von Modell (2). Die abgebildete Funktion ist Gleichung (5); τ soll Null sein.

$$\text{wenn } \rho \begin{cases} > -d/\sigma_I, & \text{dann nimmt } \sigma_x \text{ zu, wenn } \mu_x \text{ zunimmt} \\ < -d/\sigma_I, & \text{dann nimmt } \sigma_x \text{ ab, wenn } \mu_x \text{ zunimmt} \end{cases} \qquad (6)$$

Wir nehmen hier an, daß $\tau \geq o$, und daß alle anderen Parameter positiv sind. σ_x in (5) nimmt also für einen bestimmten Wertebereich von ρ zu, wenn μ_x zunimmt. σ_x ist ein Minimum, wenn $\rho = -d/\sigma_I$ oder, was gleichbedeutend ist, wenn $d + \rho\sigma_I = 0$. Die zweite Ableitung von Gleichung (5) ist positiv, wenn $|\rho| < 1$; dies gilt nur, wenn I und G_i nicht perfekt korrelieren. Dieser Sachverhalt verdeutlicht, daß σ_x einen konkav nach oben führenden Verlauf nimmt, wenn man es gegen μ_x abträgt. Aus (6) ist klar, daß es einen Punkt für Gleichung (5) gibt, an dem σ_x ein Minimum wird. Sehen wir uns an, wo dieses Minimum vermutlich liegt. Es sei angenommen, daß ρ negativ ist, und zwar derart, daß $p < -d/\sigma_I < o$. Da $\mu_x - \tau = \upsilon\mu > o$, ist $\mu_x - \tau$ stets positiv. Mit der Entwicklung wird $\mu_x - \tau$ größer. Nun kann $\mu_x - \tau$ eine kleine positive Zahl sein, jedoch nur, wenn μ_x klein ist. Im Fall der Variable Größe ist μ_x zum Beispiel am geringsten zum Zeitpunkt der Geburt. Wenn $\rho < -d/\sigma_I < o$, dann wird σ_x anfänglich geringer werden, bei zunehmenden μ_x, bis ein Minimum erreicht ist. Ein weiterer Zuwachs von μ_x kehrt das Verhältnis um und bewirkt $\rho > -d/\sigma_I$; σ_x nimmt dann mit einem weiteren Anwachsen von μ_x zu. Abbildung 4 (Kurve a) veranschaulicht diesen Trend.

Die obige Diskussion liefert also eine mögliche Erklärung für die anfängliche Abnahme der Standardabweichungen, die man bei Daten aus Intelligenztests und Größenmessungen beobachten kann (Abbildung 2b und 2c). Das Modell wird aber nicht dem komplizierteren N-förmigen Verlauf in Abbildung 2a gerecht. Es erfaßt auch nicht die Abnahme der Standardabweichungen im Jugendalter, wie wir sie bei Intelligenz- und Größenmessungen finden. Es ist aber für die Einschätzung dieses Modells nicht entscheidend, daß $\rho < -d/\sigma_I$; es sollte damit nur darauf hingewiesen werden, daß Modell (2) auf diese Weise einer interessanten Besonderheit der Daten gerecht wird.

Es sollte hervorgehoben werden, daß trotz $\rho < -d/\sigma_I$ in der Theorie nicht gesagt wird, daß die Korrelationen bei den gleichen, auf verschiedenen Altersstufen erfaßten Personen negativ sein werden.

Ein durchgängiges Merkmal von Entwicklungsdaten ist der konkav aufwärts führende Verlauf der Standardabweichungen im Verlauf der Entwicklung, wenn man sie gegen die Mittelwerte abträgt. Die Daten von QUETELET in Abbildung 1 zum Größenwachstum (in der die Variationsweite als Streuungsmaß eingetragen ist) sowie die anderen Daten zur physischen und geistigen Entwicklung in Abbildung 2b und 2c zeigen diesen Verlauf. Es ist deshalb wichtig, daß das Modell mit diesem Sachverhalt übereinstimmt. Wie wir oben bereits ausführten, erhält man diesen Verlauf für alle $|\rho|<1$. Das Modell erfaßt also diesen Sachverhalt gut.

Die Kurven a und b in Abbildung 4 stellen Verläufe für hypothetische Werte der Modellparameter dar. Weiter wird in Abbildung 4 durch Kurve c dargestellt, daß zwischen σ_x und μ_x ein linearer Zusammenhang besteht, wenn die Varianz von I Null ist und I daher einen konstanten Effekt τ hat.

Die graphische Darstellung legt einen regressionsanalytischen Ansatz zur Parameterschätzung nahe. Diese Möglichkeit wird hier kurz erörtert, da sich zugleich Wege zur Vereinfachung des Modells zeigen.

Betrachtet man nur die Jahre der Entwicklung nach der Kindheit, dann kann in erster Annäherung ein linearer Zusammenhang zwischen Mittelwerten und Standardabweichungen angenommen werden. Für viele der erörterten Datensätze sind die Korrelationskoeffizienten nahe 1, wie aus Abbildung 2 hervorgeht. Eine gerade Linie könnte einen Teil der Daten wenigstens in einigen Bereichen der Entwicklung somit recht gut beschreiben.

Die Komponente aus (5), die zur Nicht-Linearität beiträgt, ist vor allem σ_I^2. Wenn zum Beispiel σ_I^2 groß ist, dann wird s_i, abgetragen gegen $\bar{x}_i$, einen positiv beschleunigten Verlauf haben. Wenn s_I^2 vernachlässigt und gleich Null gesetzt werden kann, dann gilt p = o, und zwischen den Mittelwerten und Standardabweichungen besteht ein linearer Zusammenhang. Wenn $\sigma_I^2 = o$, kann Modell (2) reduziert werden zu

$$X_i = \upsilon_i G_i + \tau. \qquad (7)$$

Dabei wird bezüglich I angenommen, daß es einen konstanten Einfluß τ gibt. In ähnlicher Weise wird (5) zu

$$\sigma_{x_i} = d = (\sigma/\mu)\ \mu_{x_i} - \sigma\tau/\mu\ . \qquad (8)$$

Setzt man die Richtigkeit von (7) voraus, dann könnte man versuchen, σ/μ und τ über die Regression von s_i auf $\bar{x}_i$ zu schätzen. Der Steigungskoeffizient schätzt σ/μ; τ wird durch den Quotienten aus Ordinantenschnittpunkt und Steigung geschätzt. Allerdings versagt hier der übliche Regressionsansatz, weshalb Vorsicht geboten ist. Zum ersten sind die Prädiktorvariablen in den Standardmodellen der Regression feste Konstanten. Hier jedoch sind sie Beobachtungen bezüglich Zufallsvariablen. Zum anderen ist die gemeinsame Verteilung der Menge der Paare $(\bar{X}_i, S_i)$ unbekannt.

Betrachten wir wieder den Wachstumsparameter υ_i, der in (5) buchstäblich "weg-parametrisiert" wurde, und analysieren wir wieder das vollständige Modell in Gleichung (2). Kehren wir weiterhin zu der Betrachtung von Entwicklung zurück, gemäß der υ_i für jedes Alter als fester Parameter aufgefaßt werden kann. Das Ziel ist, den Erwartungswert für R $(\bar{X}_i, S_i)$ unter Bezug auf das Modell in Gleichung (2) zu ermitteln. Nehmen wir an

$$\mu x_i < \mu_{x_j}\ ;$$

diese Bedingung impliziert

$$\upsilon_i < \upsilon_j ;$$

es kann gezeigt werden, daß dies wiederum impliziert, daß $(\mathrm{Var}(X_i))^{\frac{1}{2}} < (\mathrm{Var}(X_j))^{\frac{1}{2}}$, wenn

$$\rho \gtreqless 0 > - \sigma(\upsilon_i + \upsilon_j)\ (2\sigma_I)^{-1}.$$

Es ist nicht überraschend, daß Mittelwerte und Standardabweichungen unter einer Bedingung systematisch mit dem Alter variieren, die durch ρ definiert werden kann und die auch durch die Bedingung $\rho > -d/\sigma_I$ aus (6) impliziert ist. Eine perfekte Spearman-Rangkorrelation bezüglich der Paare $(\mu_{x_i}, \sigma_{x_i})$ ist dann gegeben, wenn die für ρ definierte Bedingung für alle Paare von i und j gilt.

Ersetzen wir nun die Parameterwerte durch die Stichprobenpaare $(\bar{x}_i, s_i)$. Gemäß dem Theorem von CHEBYSCHEV (siehe CRAMER 1946, S. 253) nähert sich bei zunehmender Stichprobengröße jede Stichprobencharakteristik mit bestimmter Wahrscheinlichkeit ihrem Parameterwert. Die Rangkorrelation zwischen Stichprobenmittelwerten und Stichprobenstandardabweichungen werden dann im Grenzfall gemäß Modell (2) eins sein, vorausgesetzt, die oben erwähnte Bedingung bezüglich ρ trifft zu.

Die Kurvenverläufe a und b aus Abbildung 4 legen nahe, daß selbst bei perfekter Rangordnung der Parameterpaare μ_{x_i} und σ_{x_i} die Produkt-Moment-Korrelation zwischen den Parameterpaaren nicht ganz 1 ist. Die Höhe der Korrelation hängt von der Größe von σ_I^2 ab, da σ_I^2 die Nichtlinearität bewirkt.

Im Modell mit Gleichung (2) ist $E(R(\bar{X}_i, S_i)) > 0$, wenn bestimmte Normalverteilungsannahmen erfüllt sind und wenn die durch ρ definierte Bedingung zutrifft.

Ein bestimmter Erwartungswert kann nicht angegeben werden, solange nicht die unbekannten Parameter spezifiziert sind. Es ist jedoch wichtig, daß $R(\bar{X}_i, S_i)$ mit bestimmter Wahrscheinlichkeit gegen 1 geht, wenn die Stichprobengröße auf jeder Altersstufe zunimmt und wenn σ_I^2 gegen Null geht.

Diese Ergebnisse haben einige praktische Konsequenzen für die empirische Evaluation von Modellen: a) Wenn die Stichprobengröpe für jedes Alter genügend groß ist, sollte jede Rangkorrelation zwischen Stichprobenmittelwerten und Standardabweichungen hoch sein. Ist dies nicht der Fall, dann trifft Modell (2) nicht zu. b) Wenn die Produkt-Moment-Korrelation zwischen den Stichprobenpaaren hoch ist und wenn vor allem in einem Intervall um $r(\overline{x}_i, s_i)$ mit $\pm\, 2(m-1)^{\frac{1}{2}}$ Null nicht enthalten ist, dann müssen varianzanalytische Modelle zurückgewiesen werden. c) Eine positive Korrelation, die zu hoch ist, um mit varianzanalytischen Modellen verträglich zu sein, jedoch beträchtlich von 1 abweicht, führt zu der Annahme, daß bei Geltung von Gleichung (2) eine konstante Varianzkomponente σ_I^2 (die auch eine Fehlerkomponente indizieren könnte) groß ist und nicht vernachlässigt werden sollte.

6. Parameterschätzung

Es sei $\beta = \sigma/\mu$. Unter Bezug auf das einfache Modell $x_i = \upsilon_i G_i$ kann dann formuliert werden

$$\beta\mu_{x_i} = \sigma_{x_i} \quad ;$$

β wird hier als Variationskoeffizient bezeichnet.

Eine Reihe von Arbeiten haben sich mit dem Problem der Schätzung von σ und μ bei ähnlichen Modellen beschäftigt. Eine der jüngsten Arbeiten stammt von GLESER & HEALY (1976). Man sollte annehmen können, daß die einschlägige Literatur eine Lösung zum Problem der Schätzung der unbekannten Parameter in Gleichung (2) anbieten würde. Aber unglücklicherweise ist dies offenkundig nicht der Fall. Will man innerhalb dieses Rahmens vorankommen, dann muß β bekannt sein (siehe auch KHAN 1968). Es gibt weiterhin kaum Hinweise für die Schätzung von υ, dem interessantesten Parameter.

Es ist nicht überraschend, daß die Parameterschätzung für Modelle der Form von Gleichung (2) nicht leicht ist. Selbst in "einfachen" Fällen, in denen drei unabhängige gleichgroße Stichproben bezüglich Zufallsvariablen mit der Verteilung $n(\upsilon_i\mu,\ \upsilon_i^2\sigma^2)$, $i = 1, 2, 3$,

vorliegen und alle Parameter unbekannt sind, führt offenkundig die übliche Maximum-Likelihood-Schätzung zu keiner einfachen Lösung.

Die generelle Strategie der Parameterschätzung war unterschiedlich. Dabei wird die Methode der kleinsten Quadrate verwendet, um die verbleibenden Parameter zu schätzen. Um das Vorgehen zu verdeutlichen, nehme man das Modell mit Gleichung (7) mit $X_i = \upsilon_i G_i + \tau$; es hat eine Zufallsvariable G_i. Die zu schätzenden Paramter sind υ_i, μ , τ und σ. x_i sei normal verteilt; es sollen n_i Beobachtungen bezüglich Verteilungen $i = 1,2,3,\ldots,m$ der Form $n(\upsilon_i\mu + \tau,\ \upsilon_i^2\sigma^2)$ vorliegen. Aus der allgemeinen statistischen Theorie folgt, daß die Maximum-Likelihood-Schätzungen für $\upsilon_i\ \mu + \tau$ und für $\upsilon_i\sigma$ in jeder Stichprobe $\overline{x}_i$ beziehungsweise s_i sind. Die angestrebten Schätzungen sind Funktionen dieser Statistiken.

Intuitiv könnte man glauben, daß der Quotient s_1/s_2 eine Schätzung für υ_1/υ_2 darstellt, da $\upsilon_1\sigma/\upsilon_2\sigma = \upsilon_1/\upsilon_2$. In der Tat ist dieser Quotient eine Lösung der Likelihood-Gleichungen von Stichproben aus $n(\mu_i,\upsilon_i^2\sigma^2)$, $i = 1, 2$ und in gleicher Weise für den allgemeineren Fall. Da für jedes Paar der Quotient s_i/s_j eine Schätzung von υ_i/υ_j darstellt, ist es von Vorteil, die interessierenden Quotienten auf einen gemeinsamen Wert zu beziehen. Eine Möglichkeit besteht darin, die kleinste Stichproben-Standardabweichung auszuwählen.

Es sei $\min(s_i,\ i = 1,\ldots,m) = \text{mins}$. Oft ist $s_1 = \text{mins}$. Dann definiere man

$$r_i = s_i/\text{mins},\ i = 1,2,\ldots,m \qquad (9).$$

$r_i \gtrsim 1$ ist also eine Schätzung von υ_i, gewichtet durch eine positive multiplikative Konstante. Nehmen wir an, mins = s_k ; s_k sei eine Schätzung von σ; der Schätzwert soll durch σ^* bezeichnet werden, wenn $\upsilon_k = 1$. Als nächstes sei definiert

$$O = \Sigma(\bar{x}_i - \upsilon_i\mu - \tau)^2.$$

Schließlich seien $\delta Q/\delta\mu, \delta Q/\delta\tau$ ausgedrückt durch $\bar{x}_i$ und s_i. Dann sind

$$\hat{\tau} = \frac{(\Sigma\upsilon_i)\ (\Sigma\upsilon_i\bar{x}_i) - (\Sigma\upsilon_i^2)\ (\Sigma\bar{x}_i)}{(\Sigma\upsilon_i)^2 - m\Sigma\upsilon_i^2}, \qquad (10)$$

und

$$\hat{\mu} = (\Sigma\bar{x}_i - m\hat{\tau})/\Sigma\upsilon_i, \qquad (11)$$

least-square-Schätzungen von τ und μ bei bekanntem υ_i. Schätzen wir also $\hat{\tau}$ über Gleichung (10), wobei wir allerdings υ_i durch r_i ersetzen müssen. Ebenso soll μ^* mit Hilfe von Gleichung (11) geschätzt werden, wobei aber $\hat{\tau}$ durch $\tilde{\tau}$ und υ_i durch r_i ersetzt sind.

Die Schätzwerte von σ^* und μ^* sind unter Bezug auf eine multiplikative Konstante eindeutig; beide hängen von der Wahl von mins ab. Eine andere Betrachtungsweise von σ^* und $^*\mu$ wäre zu sagen, daß für einige $\upsilon_k\sigma$ und $\upsilon_k\mu$ $v_k = 1$, so daß die Populationsparameter σ und μ als diese Schätzwerte aufgefaßt werden können. Dann werden die Populationsparameter $\upsilon_i\sigma$ und $\upsilon_i\mu$ auf jeder der verschiedenen Altersstufen als Produkte aufgefaßt, die die Konstanten der Altersstufe k enthalten. Mangelnde Eindeutigkeit, den Fall einer multiplikativen Konstanten ausgenommen, ist keine glückliche Situation. Es ist offenkundig so, daß man bei multiplikativen Modellen der Art (2) und (7) Verhältnisschätzungen erhält, die nicht eindeutig sind.

In praktischen Anwendungen mag dieses Problem nicht allzu ernst sein, da alle Schätzungen leicht neu skaliert werden können, sonfern es erforderlich ist. Man beachte, daß jedoch τ nicht von der Wahl der minimalen Standardabweichung abhängig ist. Dies kann man leicht sehen, wenn man in (10) jedes υ_i durch r_i ersetzt.

Dieses einfache Schätzverfahren führt in Simulationsstudien zu recht befriedigenden Ergebnissen, wenn die Stichprobengröße für jedes Alter ungefähr 30 beträgt. Da das Verfahren Stichprobenmittelwerte und Standardabweichungen verwendet, können die Schätzungen auf der Grundlage von Modell (7) mit wenig zusätzlicher Rechenarbeit anhand von veröffentlichten Statistiken errechnet werden. Weiter ist eine teilweise Prüfung der Angemessenheit des Modells möglich, in dem man

$$m^{-1} \Sigma(\bar{x}_i - r_i\mu^* - \tau)^2 \qquad (12)$$

berechnet.

Damit werden die durchschnittlichen quadratischen Abweichungen der geschätzten von den beobachteten Werten errechnet. Dieser Durchschnittswert ist von der Wahl der Skalierungskonstante, mins, in Gleichung (9) unabhängig. Wenn das Modell aus (7) angemessen ist, sollte der Wert aus (12) klein sein.

Um das Verfahren zu verdeutlichen, ziehen wir die Altersgruppen der 3-, 4- und 5-jährigen aus der Untersuchung von DENNEY & MOULTON (1976) heran. Für die oben berichteten Daten der von ihnen verwendeten Variablen "funktionale Konzepte" ist $r_3 = 1$, $r_4 = 1.96$, $r_5 = 5.43$, $\tilde{\tau} = -.449$, $\mu^* = .65$, $\sigma^* = .75 = s_3$.
(Die Indizes bezeichnen Altersgruppen).

Der nach (12) errechnete Mittelwert der aufsummierten Residuen ist .0014, was auf eine gute Übereinstimmung des Modells mit den Daten hinweist. Das Modell aus (7) erbrachte auch recht akzeptable Übereinstimmungen mit den weiteren fünf Datensätzen. Die r_i-Werte können als geschätzte Werte der Rate des entwicklungsbedingten

Wachstums betrachtet werden. Danach ist das Ausmaß des Wachstums hinsichtlich der Leistung in der Variable "funktionale Konzepte" zwischen 4 und 5 Jahren sehr viel größer als zwischen 3 und 4. Die Rate der entwicklungsbedingten Zunahme für andere Variablen ist recht unterschiedlich. Zum Beispiel erhält man für die Variable der Wahrnehmungskonzepte $r_3 = 1.06$, $r_4 = 1$ und $r_5 = 1.40$. Die Schätzung von τ faßt man bei diesen Daten am besten als eine Meßkonstante auf. In vieler Hinsicht kann der Gesamtmittelwert bei der Varianzanalyse ebenso gesehen werden.

Bei Daten bezüglich der Modelle (2) und (7) kann es sein, daß aufgrund der Variabilität der zur Schätzung verwendeten Werte die Stichprobenmittelwerte und Standardabweichungen keine perfekte Rangordnung ergeben. Da die Schätzwerte von r_i allein durch die Stichprobenstandardabweichungen definiert sind, liefert in erster Linie die Ordnung der Standardabweichungen Informationen über die Entwicklungszunahme und nicht, wie gewöhnlich, die der Stichprobemittelwerte. Dies ist ein sicheres Vorgehen. Es ist nämlich bemerkenswert, daß die Konfidenzintervalle von σ_{x_i} auf dem 5 %-Niveau kleiner sind als die Konfidenzintervalle von μ_{x_i} im Falle von Normalverteilung bei $n \geq 4$. Dies kann mathematisch belegt werden.[7)] Für eine Erörterung dieser Überlegungen siehe JOHNSON & KOTZ (1970, S. 66).

7. Allgemeine Diskussion

Kürzlich hat BOX (1976) daraufhin gewiesen, daß unsere begrifflichen Modelle bestensfalls Annäherungen an Phä-

7) $L(\mu)$ und $L'(\sigma)$ sollen den Umfang der 95 %-Konfidenzintervalle für μ und σ bezeichnen. Dann ist $L(\mu) = 2st\ (n-1, .025)/(n-1)^{\frac{1}{2}}$ und $L'(\sigma) = n^{\frac{1}{2}} s\ ((\chi^2(n-1, .975))^{-\frac{1}{2}} - (\chi^2\ (n-1, .025))^{-\frac{1}{2}}$; $t(\cdot)$ und $\chi^2(\cdot)$ sind die entsprechenden t und χ^2 Verteilungsschnittpunkte. Dann ist $L(\mu) > L'(\sigma)$, wenn $n \geq 4$.

nomene der Realität darstellen. So wie die Dinge liegen, ist das Beste, auf das wir hoffen können, daß die Modelle uns nicht zu weit vom Wege abbringen. Ein Grund für den recht befriedigenden Zustand der Entwicklungspsychologie ist, daß unsere Daten Fragen betreffen, die zu einem großen Teil Rangordnungsproblemen gelten. Zum Beispiel wird gefragt, ob die Operationen zur Erhaltung der Masse denen zur Erhaltung des Gewichts vorausgehen. Oder, ob die linke Seite des kleinkindlichen Gehirns sensitiver für Töne ist als die rechte Seite. DENNEY & MOULTON (1976) fragen, ob die funktionale Verwendung von Kategorien bei 5-jährigen Kindern häufiger ist als bei 3-jährigen Kindern. Wenn wir gewillt sind, das frühere Auftreten (die Dominanz, die größere Nützlichkeit) von A gegenüber von B gleichbedeutend mit einer Ordnung der Mittelwerte der Art $\mu_A < \mu_B$ zu betrachten, dann ist es wenig bedeutsam, wie unsere Entwicklungstheorie das Entstehen dieser Ordnung beschreibt.

So kann es sein, daß $\mu_A + \alpha = \mu_B$ oder $2\log\mu_A = \log\mu_B$. Da für jede Verteilung der Stichprobenmittelwert eine Schätzung ohne Bias ist, kann unser Test lauten

$$\text{A geht B voraus, wenn und nur wenn } \bar{x}_A < \bar{x}_B \;.$$

Wenn die Zahl der Beobachtungen mittlerer Größe ist, dann wird unsere einfache Entscheidungsregel meistens zutreffen. Obwohl sie nicht in dieser Form formuliert worden waren, können viele der früheren Untersuchungsprobleme darauf reduziert werden (zum Beispiel BARKER, KOUNIN & WRIGHT 1943).

Die Rangordnungsproblematik durchzieht die Theorie von PIAGET, und dies ist zum Teil der Grund dafür, daß wir uns damit in letzter Zeit so häufig beschäftigt haben. Für viele der Rangordnungsfragen gibt es wenig Anlaß, damit anders zu verfahren als in all den Jahren bisher.

Anders ist jedoch der Fall, wenn das Ziel darin besteht, Theorien zu konstruieren, die auf die strukturelle Grundlage des Entwicklungsprozesses abzielen und die uns ein wenig der Frage von ANASTASI (1958) nahebringen, "wie" bestimmte Faktoren entwicklungsbedingtes Wachstum beeinflussen. Die Modellstruktur, durch die wir unsere Vermutungen gewinnen, wird in diesem Falle sorgfältig zu analysieren sein, wenn wir solche Schlußfolgerungen ableiten wollen. Wir müssen uns deshalb in größerem Maße der Schwierigkeiten bestimmter Modelle bewußt werden.

Die vorgeschlagene Theorie legt eine neue Sichtweise entwicklungsbedingter Zunahmen nahe. Sie kann auch eine andersartige und vielleicht nützliche Orientierung in bestimmten Situationen geben, wie die folgenden drei Beispiele zeigen sollen.

7.1 Interaktion

Man betrachte Kindergruppen c_p, P = 1,2 und Bedingungen d_q, q = 1,2. Die Gruppenunterschiede könnten Geschlechtsunterschiede und die Bedingungen experimentelle Manipulationen oder Messungen auf zwei Altersstufen sein. Nehmen wir an, die erhaltenen Mittelwerte sind

	d_1	d_2
c_1	2	4
c_2	3	6

Zur Vereinfachung nehmen wir an, daß die Stichprobenwerte mit ihren Parametern zusammenfallen. Es ist naheliegend, an Interaktion zu denken, wenn man die obigen Werte sieht, da weder die Zeilen noch die Spalten sich bezüglich einer additiven Konstanten unterscheiden. Wir nehmen eine konventionelle lineare varianzanalytische Modellstruktur an, mit normal verteilten Fehlern und Mittelwerten von Null. Der Erwartungswert für dieses Modell wäre

$$\mu_{pq} = \mu + \alpha_p + \beta_q + \gamma_{pq} , \qquad (13)$$

wobei α_p, β_q und γ_{pq} die Zeilen-, Spalten- und Zellen-Interaktions-Effekte bezeichnen; μ ist der Gesamtmittelwert. Die zugehörigen Schätzwerte sind entsprechend für eine Zelle $\mu_{11} = 2 = 3.75 - .75 - 1.25 + .25$. Der Schätzwert von μ wird so gewählt, daß die Schätzwerte von $\Sigma\alpha_p = \Sigma\beta_q = \Sigma\gamma_{pq} = 0$.

Gewöhnlich wird den korrespondierenden Zellen-Standardabweichungen wenig Beachtung geschenkt. Wenn $r(s_i, \bar{x}_i)$ für die vier Paare vernachlässigt werden kann, dann würde das additive Modell beibehalten werden und vermutlich eine recht plausible Beschreibung liefern. Nehmen wir zur Vereinfachung an, daß sich die Stichproben-Standardabweichungen mit den korrespondierenden Mittelwerten dekken. Dann ist $r(s_i, \bar{x}_i) = 1$, was darauf verweist, daß die konventionelle Modellstruktur, die (13) zugrunde liegt, falsch ist.

Betrachtet man diese Daten unter Zugrundelegung von Modell (7), dann gibt es eine Alternative. Wenn es sinnvoll scheint, aus den vier Stichproben ein einziges μ^* und $\tilde{\tau}$ zu erhalten, dann ist das auf der Grundlage dieses Modells möglich. Wenn andererseits c_1 Jungen und c_2 Mädchen sind, die auf zwei verschiedenen Altersstufen d_1 und d_2 untersucht worden sind, könnte es sinnvoller sein, Geschlechtsdifferenzen im μ-Parameter zu berücksichtigen.
μ^* für die Jungen wäre dann 2 und für die Mädchen 3. Der Parameter für die Rate der entwicklungsbedingten Zunahme, ausgedrückt durch r, wäre 1 für das Alter d_1 und 2 für die Altersgruppe d_2 und $\tau = 0$.

Dieser Ansatz liefert eine andere Sichtweise der Gruppen- und Bedingungseffekte. Es gibt keine Interaktion im herkömmlichen Sinne, da man nicht nach der Additivität der Gruppen- und Bedingungseffekte fragt.

Selbstverständlich gibt es eine Reihe von Fällen, in denen Additivität eine vernünftige Betrachtungsweise ist. Prüft man jedoch $r(\bar{x}_i, s_i)$, dann erfährt man etwas über die Betrechtigung dieser Betrachtung.

Nehmen wir zum Beispiel an, daß es darum geht, den Korrelationskoeffizienten bezüglich der Größe von Zwillingen zu schätzen. Das ist offenbar ein einfaches Problem. Zwillingspaare werden gemessen; man berechnet entweder Pearson- oder Intraclass-Korrelationskoeffizienten, um eine Schätzung des unbekannten Korrelationsparameters zu erhalten. KOWALSKI (1972) zeigte die Wichtigkeit der Annahme, daß die Stichprobe der Beobachtungen aus einer bivariat normal-verteilten Grundgesamtheit stammt. Es gibt dabei jedoch eine Schwierigkeit: Die paarweisen Beobachtungen sollen eine Zufallsstichprobe sein, d.h. die Beobachtungen müssen alle der gleichen bivariat normalverteilten Grundgesamtheit entstammen.

Nehmen wir an, daß es nicht möglich ist, in ausreichender Zahl gleichaltrige Zwillingspaare zu finden. Statt dessen bildet man eine Stichprobe mit $\frac{n}{2}$ fünfjährigen und $\frac{n}{2}$ zehnjährigen Zwillingspaaren. Es ist offenkundig, daß weder die Größenmittelwerte noch die Größenvarianzen für diese beiden Altersgruppen gleich sind. Das impliziert, daß die n Paare nicht eine Zufallsstichprobe der gleichen bivariat normalverteilten Grundgesamtheit sind. Was bedeutet dann ein Korrelationskoeffizient, der auf allen n Paaren basiert? Es gibt dafür keine einfache Antwort, wie man aus der Prüfung des Erwartungswertes der Stichprobenkovarianz, dem Zähler des Stichprobenkorrelationskoeffizienten bei diesen Daten, sehen kann. Er ist:

$$[(n-1)\,(\rho_{(X_1,Y_1)}\,\sigma_{X_1}\,{}_{Y_1} + \rho_{(X_2,Y_2)}\,\sigma_{X_2}\,\sigma_{Y_2})$$

$$+ (n/2)\,(\mu_{X_1}\mu_{Y_1} + \mu_{X_2}\mu_{Y_2} - \mu_{X_2}\mu_{Y_1} - \mu_{X_1}\mu_{Y_2})]/2$$

X_1, Y_1 und Y_2, Y_2 bezeichnen die Paare der normal verteilten Zufallsvariablen für jede der beiden Altersgruppen, die Indizes der Parameter stehen für die entsprechenden Mittelwerte und Varianzen. Dies ist nicht, was wir unbedingt erwarten: Zum Beispiel können in Abhängigkeit von den Mittelwerten und Standardabweichungen die beiden Korrelationen $\rho_{(.)}$ der Teilstichproben Null sein, und trotzdem kann der Erwartungswert der Kovarianz beträchtlich von Null abweichen; dies bedeutet, daß der Erwartungswert des Korrelationskoeffizienten ebenfalls von Null verschieden sein kann!

Bei realen Daten mag die Situation noch wesentlich schwieriger sein als bei diesem hypothetischen Beispiel. Die Implikationen für die Theorie, zum Beispiel für die Theorie der Erblichkeit, können ausgesprochen störend sein.

Es ist zum Beispiel üblich, Intelligenztests von eineiigen Zwillingen zu verwenden, um die Erblichkeit der Intelligenz unter bestimmten Anlage-Umwelt-Annahmen abzuschätzen (THOMAS 1975). Solche Analysen setzen voraus, daß die untersuchten Zwillinge als Stichproben ein und derselben bivariaten normalverteilten Grundgesamtheit betrachtet werden können. Das bedeutet, daß die Zwillinge ungefähr das gleiche Alter haben sollten, da die IQ-Mittelwerte und -Standardabweichungen ebenso wie die des Intelligenzalters mit dem Alter zunehmen können. Eine Prüfung der bekannten Zwillingsstudien zeigt, daß die untersuchten Zwillinge oft nicht das gleiche Alter hatten. Man denke zum Beispiel an die Arbeit von NEWMAN, FREEMAN und HOLZINGER (1937). Ist die Annahme vernünftig, nach der die zwölfeinhalbjährigen Zwillige Ruth und Betty derselben bivariat normalverteilten Grundgesamtheit entstammen, wie die 35-jährigen Zwillinge Gladys und Helen?

Ausgenommen die Antwort ist ja, und das für alle Zwillingspaare, deren Alter zwischen elfeinhalb und neunundfünfzig Jahren variiert, ist nicht klar, wie die berechneten Korrelationen interpretiert werden sollten.

In der statistischen Literatur ist das dargestellte Problem ein Fall der Stichprobenziehung aus kontaminierten Verteilungen oder aus gemischten Populationen. Generell handelt es sich dabei um einen schwierigen Sachverhalt.

Wie schwerwiegend dieses Problem für die entwicklungspsychologische Forschung ist, läßt sich derzeit ohne weitere Untersuchungen nur schwer abschätzen. Mit Sicherheit ist es allgemein üblich, Kinder verschiedenen Alters zusammenzufassen, um Korrelationskoeffizienten zu berechnen. Das vorgeschlagene Modell, daß als υ-Modell bezeichnet werden könnte, liefert zu diesem Problem keine Lösung.

7.3 Rassenunterschiede hinsichtlich Intelligenz

Vergleiche zwischen schwarzen und weißen Kindern bezüglich ihrer Ergebnisse in Intelligenztests haben manchmal erbracht, daß Stichprobenmittelwerte und Standardabweichungen bei Schwarzen geringer sind als bei Weißen (KENNEDY, VAN DE RIET & WHITE 1963). Es sind für solche Unterschiede zahlreiche Erklärungen angeboten worden, die sich in der Regel auf Mittelwerte, selten jedoch auf Standardabweichungen bezogen. Bislang gibt es keine Erklärung, die sowohl die Unterschiede der Mittelwerte als auch die der Standardabweichungen berücksichtigt. Im υ-Modell ist dies der Fall. Nehmen wir zum Beispiel einen Mittelwert von 80 bei einer Standardabweichung von 12 bei den schwarzen Versuchspersonen und einen Mittelwert von 100 bei einer Standardabweichung von 16 bei den weißen Versuchspersonen an. Das sind gerundet die von KENNEDY et al. (1963) berichteten Daten. Nach Modell (7) erhält man $\mu^* = 60$, $\tilde{\tau} = 20$, $r_{schwarz} = 1$, $r_{weiß} = 1 - 1/3$ und $\sigma^* = 12$.

Es werden damit Unterschiede der υ_i-Parameter nahegelegt. Zwar ist die Quelle der möglichen Unterschiede zwischen den Gruppen nicht klar, jedoch mag diese Interpretation helfen, das Problem neu zu sehen. Es ist bemerkenswert, daß herkömmliche Anlage-Umwelt-Modelle (JENSEN 1969), die zur Analyse von IQ-Unterschieden bei schwarzen und weißen Personen herangezogen werden, Entwicklungsprozesse nicht explizit berücksichtigen. Es kann gut möglich sein, daß das Verständnis jener Faktoren, die zur geistigen Entwicklung beitragen, nur dann erleichtert wird, wenn die vorliegende statischen Anlage-Umwelt-Modelle durch solche Modelle ersetzt werden, die Entwicklung explizit einbeziehen.

7.4 Individuelle Entwicklungsmuster und Korrelationen zwischen Altersstufen

Die Korrelationen zwischen verschiedenen Altersstufen bezüglich verschiedener Variablen, Größe und Intelligenz eingeschlossen, liefern in Längsschnittuntersuchungen ein Bild, das jedem Entwicklungspsychologen vertraut ist. Je näher die Altersstufen beieinanderliegen, auf denen die Variablen erfaßt werden, desto höher sind die Korrelationen; bei älteren Kindern fallen die Korrelationen verschiedener Altersstufen höher aus als bei jüngeren Kindern und bei gleichem Abstand zwischen den Altersstufen (zum Beispiel BLOOM 1964). GUTTMAN (1954) hat solche Konfigurationen als "Simplex" bezeichnet. Unseres Wissens ist bislang keine befriedigende Erklärung für diese Konfigurationen geliefert worden.

Die bekannteste Erklärung ist vermutlich noch immer die Überlappungshypothese von ANDERSON (1939). Jedoch trifft die Überlappungshypothese zum Beispiel bei Größenwachstumsdaten nur schlecht zu, was ANDERSON selbst als erster erkannte (siehe BLOOM 1964, S. 28).

Innerhalb des υ-Modells kann diesen Korrelationen dadurch Rechnung getragen werden, daß man die Korrelationen zwischen G_i und G_j aus Modell (7) auf Altersstufen i und j betrachtet. Jedoch bietet dieser Weg nur wenig relevante Information und bleibt ohne Beachtung weiterer Einflußgrößen uninteressant. Wir nehmen an, daß diese Korrelationen zwischen Altersstufen nur dann befriedigend verstanden werden können, wenn man den Entwicklungsverlauf für verschiedene Individuen ausreichend verstanden hat.

Wir nehmen deshalb eine etwas andere Betrachtungsweise vor und wenden uns dazu einem anderen, damit verknüpften Sachverhalt zu.

$x' = \upsilon_i g' + \tau$ und $x = \upsilon_i g + \tau$ sollen gemäß Modell (7) zwei Beobachtungen bezüglich X_i sein. $g' \neq g$ bezeichnen die entsprechenden Werte auf G_i für die beiden Beobachtungen. Diese sind zum Beispiel Größen oder Intelligenztestwerte zweier Kinder des gleichen Alters i. Ohne dadurch die Generalität einzuschränken, nehmen wir an, $\tau = 0$, da diese Konstante bei dieser Betrachtung keine Bedeutung hat.

Man betrachte den Erwartungswert eines Kindes mit Alter j bei gegebenem Meßwert im Alter i und $i < j$. Nehmen wir an, daß X_i und X_j und somit G_i und G_j bivariat normalverteilt seien. Der Erwartungswert im Alter j ist dann

$$E(\upsilon_j G_j / \upsilon_i g) = \upsilon_j \mu + \rho_{G_{ij}} \upsilon_j (g-\mu) . \qquad (14)$$

Das gilt auch für das zweite Kind. $\rho_{G_{ij}}$ gibt die Korrelation zwischen G_i und G_j an und ist unabhängig von υ_i und υ_j. Man beachte, daß in (14) der entwicklungsbedingte Zuwachs von i nach j vom anfänglichen Wert von g oder g' für jede Person abhängig ist, vorausgesetzt

$$\rho_{G_{ij}} \neq 0 .$$

Der Zuwachs von einer Altersstufe zur nächsten ist also gemäß Modell (7) nicht für alle Individuen konstant. Wann ist der Erwartungswert für ein Kind im Alter j größer als im Alter i? Dies ist sicher dann der Fall, wenn $\rho_{G_{ij}} = 1$; und da $\upsilon_i < \upsilon_j$, ist dann $\upsilon_i g < \upsilon_j g$.

Weniger offensichtlich ist vermutlich, daß der Erwartungswert einer Person mit Alter j größer als der Wert im Alter i sein wird, wenn

$$\rho_{G_{ij}} > \upsilon_i / \upsilon_j > 0 ,$$

vorausgesetzt, g ist positiv.[8)]

Das heißt

$$\upsilon_i g < \upsilon_j \mu + \rho_{G_{ij}} \upsilon_j (g-\mu) = E(\upsilon_j G_j / \upsilon_i g) \quad . \qquad (15)$$

Schließlich denke man daran, wie Längsschnitt-Entwicklungsverläufe für verschiedene Personen gemäß dem Modell (7) aussehen müßten. In der Regel findet man, daß die Kurven des Entwicklungsverlaufs verschiedener Individuen "auseinanderstreben". Nehmen wir für unsere zwei Kinder im Alter i an, daß $0 < x' < x$ oder, was gleichbedeutend ist, $0 < g' < g$, und $\rho_{G_{ij}} > \upsilon_i/\upsilon_j > 0$, so daß der Erwartungswert für jedes Kind im Alter j größer als der Wert im Alter i sein wird. Unter diesen Bedingungen gilt

$$\upsilon_i g - \upsilon_i g' < E(\upsilon_j G_j | \upsilon_i g) = E(\upsilon_j G_j | \upsilon_i g') \quad . \qquad (16)$$

Es ist deshalb zu erwarten, daß die Werte auseinanderstreben. Gleichung (16) folgt direkt aus (14) und (15). Folglich sind die Bedingungen für (15) auch für die in (16) formulierte Annahme des Auseinanderstrebens der erwarteten Werte hinreichend. Diese Modellimplikation kann leicht an Daten geprüft werden, wobei $\rho_{G_{ij}}$ aus den Korrelationen zwischen den Altersstufen geschätzt werden kann. Die Vorhersage basiert auf Modell (7); wenn die Vorhersage falsifiziert wird, kann es erforderlich sein, wie in Modell (2) eine zweite Zufallsvariable einzuführen.

8) (a) $0 < \nu_i/\nu_j < \rho_{G_{ij}} \Rightarrow \nu_i - \nu_j \rho_{G_{ij}} < 0 \Rightarrow$

$g\,(\nu_i - \nu_j \rho_{G_{ij}}) < 0,\ g > 0.$

(b) $0 \leq \nu_j \mu (1 - \rho_{G_{ij}}),\ \nu_j,\ \mu > 0.$

(c) aus (a) und (b) $g(\nu_i - \nu_j \rho_{G_{ij}}) < \nu_j \mu (1 - \rho_{G_{ij}})$

was zur Gleichung (15) führt.

7.5 Einige ungelöste Probleme

Es bleiben viele Probleme. Hier werden wir nur jene kurz erörtern, die wir für die wichtigsten halten.

Damit das Modell in einem breiteren Kontext nützlich sein kann, müßte es so ausgearbeitet werden, daß mehr Parameter einbezogen werden. Es könnte dann eine größere Vielfalt von Situationen berücksichtigt werden.

Tut man das jedoch, dann wird die Schwierigkeit der Parameterschätzung größer; jedoch halten wir das Problem nicht für unlösbar. Auch das Problem der Hypothesenprüfung und der Formulierung von Konfidenzintervallen ist lösbar, vorausgesetzt, man bleibt im Rahmen der Normalverteilung.

Vermutlich ist die realistischere Struktur der Messung eher ordinal als additiv. Prozeduren, die auf Ordinalniveau basieren, sind deshalb vielleicht auch von diesem Standpunkt aus angemessener.

In konventionellen Modellen der Varianzanalyse, wie (1), könnten die Zufallskomponenten E_i unter entwicklungspsychologischem Aspekt eher als Zufallsvariable individueller Unterschiede betrachtet werden. In vielen Arbeiten reflektieren sie vermutlich eher Unterschiede zwischen Personen als Beobachtungs- oder Meßfehler. Wir haben nicht ausdrücklich erörtert, wie man im vorgestellten Modell den Zufallsfehler (was hier Meß- oder Beobachtungsfehler bedeutet) betrachten sollte, da wir die Bedeutung der grundlegenderen Modellkomponenten zeigen wollten. Einige Leser könnten es vorziehen, G_i in (7) als Fehlervariable aufzufassen, da G_i bei realen Daten sowohl Meß- und Beobachtungsfehler als auch wirkliche individuelle Unterschiede wiedergibt.

Würde man einen zusätzlichen Parameter für eine Zufallsvariable einführen, die Beobachtungs- und Meßfehler wiedergeben soll, dann wäre interessant, wie dieser gekennzeichnet werden sollte. In vielen entwicklungspsychologischen Studien zur Denentwicklung lösen ältere Kinder mehr Items als jüngere Kinder. Sie liefern also mehr Gelegenheit für Meß- und Beobachtungsfehler. Die Implikation ist, daß die auf Beobachtungsfehler zurückgehende Varianz ebenso wie die organismische Varianz mit dem Alter zunehmen kann. Selbst im einfachen Fall der Größenmessung kann die Variabilität der Messung mit dem Alter zunehmen. Mein Sohn, der mehrere Jahre älter und sehr viel größer als seine jüngere Schwester ist, zeigt beträchtlich größere Variabilität bezüglich seiner Größe, gemessen zu verschiedenen Zeitpunkten während des Tages. Ein Grund kann dafür sein, daß sich der menschliche Körper während des Schlafens ausdehnt und während körperlicher Aktivität etwas kürzer wird. In jedem Fall scheint die typische Annahme, daß Meßfehler über das Alter hinweg konstant sind, nicht immer angemessen zu sein.[9)]

Obwohl die bisherige Diskussion Wachstum als eher graduellen und kontinuierlichen Vorgang aufgefaßt hat, gibt es keinen Anlaß, die Erörterungen auf kontinuierliche Vorgänge zu beschränken. Die Schätzprozeduren zum Beispiel sollten durchaus auch bei bestimmten diskreten Prozessen anwendbar sein. Vom psychologischen Standpunkt aus ist entscheidend, ob der jeweilige betrachtete Entwicklungsprozeß sich qualitativ so sehr ändert, daß ein sinnvoller Vergleich der Meßwerte auf verschiedenen Entwicklungsstufen oder Altersstufen nicht mehr möglich ist. Ist dies der Fall, dann ist das υ-Modell ohne Zweifel das falsche Modell.

9) Eine interessante historische Diskussion zur Interpretation von Beobachtungsfehlern findet sich bei ADAMS (1974).

Literaturverzeichnis:

ADAMS, W.J.: The life and times of the central limit theorem. New York: Kaedmon, 1974.

ANASTASI, A.: Heredity, environment, and the question "How?" Psychological Review, 1958, 65, 197-208.

ANDERSON, J.E.: The limitations of infant and preschool tests in the measurement of intelligence. Journal of Psychology, 1939, 8, 351-379.

ANDERSON, N.H.: On the quantification of Miller's conflict theory. Psychological Review, 1962, 69, 400-414.

ANDERSON, T.W.: An introduction to multivariate statistical analysis. New York: Wiley, 1958.

BALTES, P.B.: Longitudinal and cross-sectional sequences in the study of age and generation effects. Human Development, 1968, 11, 145-171.

BARKER, R.G., KOUNIN, J.S. & WRIGHT, H.F. (Eds.): Child bevhavior and development: A course of representative studies. New York: McGraw-Hill, 1943.

BAYLEY, N.: Mental growth during the first three years. Genetic Psychology Monographs, 1933, 14, 1-92.

BAYLEY, N.: On the growth of intelligence. American Psychologist, 1955, 10, 805-818.

BAYLEY, N.: Comparisons of mental and motor test scores for ages 1-15 months by sex, birth order, race, geographical location, and education of parents. Child Development, 1965, 36, 379-411.

BLOOM, B.S.: Stability and change in human characteristics. New York: Wiley, 1964.

BOX, G.E.P.: Science and statistics. Journal of the American Statistical Association, 1976, 71, 791-799.

CRAMÉR, H.: Mathematical methods of statistics. Princeton, N.J.: Princeton University Press, 1946.

CURETON, T.K.: Improving the physical fitness of youth. Monographs of the Society for Research in Child Development, 1964, 29 (4, Serial No. 95).

DENNEY, D.R. & MOULTON, P.A.: Conceptual preferences among preschoool children. Developmental Psychology, 1976, 12, 509-513.

EBERT, E. & SIMMONS, K.: The Brush Foundation Study of child growth and development I. Psychometric tests. Monographs of the Society for Research in Child Development, 1943, 8 (2, Serial No. 35).

ELKIND, D.: Ambiguous pictures for study of perceptual development and learning. Child Development, 1964, 35, 1391-1396.

FIAWOO, D.K.: Physical growth and social environment: A West African example. In: FUCHS, E. (Ed.): Youth in a changing world: Cross-cultural perspectives on adolescence. The Hague: Mouton, 1976.

GAITO, J. & WILEY, D.E.: Univariate analysis of variance procedures in the measurement of change. In: HARRIS, C.W. (Ed.): Problems in measuring change. Madison, Wisconsin: University of Wisconsin Press, 1963.

GALTON, F.: Natural inheritance. New York: Macmillan, 1889.

GLESER, L.J. & HEALY, J.D.: Estimating the mean of a normal distribution with know coefficient of variation. Journal of the American Statistical Association, 1976, 71, 977-981.

GRIZZLE, J.E. & ALLEN, D.M.: Analysis of growth and dose response curves. Biometrics, 1969, 25, 357-381.

GUTTMAN, L.: A new approach to factor analysis: The radex. In: LAZARSFELD, P.F. (Ed.): Mathematical thinking in the social sciences. Glencoe, Ill.: Free Press, 1954.

HÖLDER, O.: Die Axiome der Quantität und die Lehre vom Maß. Berichte über Verhandlungen der Königlich Sächsischen Gesellschaft der Wissenschaften zu Leipzig, Mathematisch-Physische Classe, 1901, 53, 1-64.

HUBER, P.J.: Robust statistical procedures. Philadelphia: SIAM, 1977.

JENSEN, A.R.: How much can we boost IQ and scholastic achievement? Harvard Education Review, 1969, 39, 1-123.

JENSEN, A.R.: Educability and group differences. New York: Harper & Row, 1973.

JOHNSON, N.L. & KOTZ, S.: Distributions in statistics: Continuous univariate distributions-1. Boston: Houghton Mifflin, 1970.

JONES, H.E. & CONRAD, H.S.: The growth and decline of intelligence: A study of a homogeneous group between the ages of ten and sixty. Genetic Psychology Monographs, 1933, 13, 223-298.

KENNEDY, W.A. & LINDER, R.S.: A normative study of the Goodenough Draw-A-Man Test on Southeastern Negro elementary school children. Child Development, 1964, 35, 33-62.

KENNEDY, W.A., VAN DE RIET & WHITE, J.C., Jr.: A normative example sample of intelligence and achievement of Negro elementary school children in the Southeastern United States. Monographs of the Society for Research in Child Development, 1963, 28 (6, Serial No. 90).

KHAN, R.A.: A note on estimating the mean of a normal distribution with know coefficient of variation. Journal of the American Statistical Association, 1968, 63, 1039-1041.

KOWALSKI, C.J.: On the effects of non-normality on the distribution of the sample product-moment correlation coefficient. Journal of the Royal Statistical Society (Series C (Applied Statistics)), 1972, 21, 1-12.

LAOSA, L.M., SWARTZ, J.D. & HOLTZMAN, W.H.: Human figure drawings by normal children: A longitudinal study of perceptual-cognitive and personality development. Developmental Psychology, 1973, 8, 350-356.

LEHMANN, E.I.: Nonparametrics: Statistical methods based on ranks. San Francisco: Holden-Day, 1975.

McGRAW, M.B.: The neuromuscular maturation of the human infant. New York: Columbia University Press, 1943.

MEREDITH, H.V.: The rhythm of physical growth: A study of eighteen anthropometric measurements on Iowa City white males ranging in age between birth and eigtheen years. University of Iowa Studies in Child Welfare, 1935, 11, No. 3.

MORRISON, D.F.: Multivariate statistical methods. New York: McGraw Hill, 1967.

NEWMAN, H.H., FREEMAN, F.N. & HOLZINGER, K.J.: Twins: A study of heredity and environment. Chicago: University of Chicago Press, 1937.

PLACKETT, R.L.: Models in the analysis of variance (with discussion). Journal of the Royal Statistical Society (Series B), 1960, 22, 195-215.

QUETELET, L.A.J.: A treatise on man and the development of his faculties. Gainesville, Fla.: Scholars Facsimiles & Reprints, 1969. (Originally published in French in 1835 and in English in 1842.).

SANTOSTEFANO, S. & PALEY, E.: Development of cognitive controls in children. Child Development, 1964, 35, 939-949.

SCHAIE, K.W.: A general model for the study of developmental problems. Psychological Bulletin, 1965, 64, 92-107.

SCHAIE, K.W.: Limitations on the generalizability of growth curves of intelligence. A reanalysis of some data from the Harvard Growth Sutdy. Human Development, 1972, 15, 141-152.

SIMMONS, K.: The Brush Foundation study of child growth and development II. Physical growth and development. Monographs of the Society for Research in Child Development, 1944, 9 (1, Serial No. 37).

SONTAG, L.W., BAKER, C.T. & NELSON, V.L.: Mental growth and personality development: A longitudinal study. Monographs of the Society for Research in Child Development, 1958, 23 (2, Serial No. 68).

STERNBERG, S.: Memory-scanning: Mental processes revealed by reaction-time experiments. American Scientist, 1969, 57, 421-457.

SUPPES, P. & ZINNES, J.L.: Basic measurement theory. In: LUCE, R.D., BUSH, R.R. & GALANTER, E. (Eds.): Handbook of mathematical psychology (Vol. 1). New York: Wiley, 1963.

THOMAS, H. & JAMISON, W.: On the acquisition of understanding that still water is horizontal. Merrill-Palmer Quarterly, 1975, 21, 31-44.

THOMAS, H.: A model for interpreting genetic correlations with estimates of parameters. Psychological Bulletin, 1975, 82, 711-719.

THORNDIKE, R.L.: Intellectual status and intellectual growth. Journal Educational Psychology, 1966, 57, 121-127.

THURSTONE, L.L.: A method of scaling psychological and educational tests. The Journal of Educational Psychology, 1925, 26, 433-451.

THURSTONE, L.L.: The absolute zero in intelligence measurement. Psychological Review, 1928, 35, 175-197.

TUKEY, J.W.: Exploratory data analysis. Reading, Mass.: Addison-Wesley, 1977.

WALKER, H.J.: Studies in the history of statistical method. Baltimore: Williams & Wilkins, 1931.

WILSON, R.S.: Twins: Early mental development. Science, 1972, 175, 914-917.

WITKIN, H.A., LEWIS, H.B., HARTZMAN, M., MACHOVER, K., MEISSNER, P.B. & WAPNER, S.: Personality through perception. New York: Harper, 1954.

WOHLWILL, J.F.: The study of behavioral development. New York: Academic Press, 1973.

Die Untersuchung der kognitiven Entwicklung mit Hilfe kausaler Modelle für qualitative Daten[1]

Peter M. Bentler

1. Einleitung

In diesem Beitrag werden einige neue Entwicklungen von Methoden zur Analyse qualitativer Daten besprochen, die bei der Untersuchung der kognitiven Entwicklung zur Anwendung kommen. Natürlich kann die kognitive Entwicklung mit einer Vielzahl methodischer Ansätze untersucht werden: aus der Sicht des Schlußfolgerns ist der sicherste Weg der des reinen Experimentierens; das Testen von Hypothesen mit Hilfe qualitativer und quantitativer Verfahren, angewandt bei nichtexperimentellen Daten stellt den zweitbesten, aber immer noch nützlichen Ansatz zur Überprüfung einer Theorie dar; eine exploratorische Datenanalyse von Reaktions-Reaktions-Beziehungen stellt den schwächsten Forschungsansatz dar. Obwohl wir die Bedeutung von Experimenten klar erkennen, konzentrieren wir uns nun insbesondere auf die häufiger anzutreffende Situation nichtexperimenteller Daten. Und auch in diesem Bereich, in dem sich quantitative Methoden besonders schnell entwickelt haben, werden wir die Diskussion auf neue Ansätze für die Analyse nichtquantitativer Daten begrenzen, die für die Erforschung der kognitiven Entwicklung vielversprechend zu sein scheinen. Da die Methoden nicht ohne Bezug zu psychologischen Theorien zu diskutieren sind, werden wir diese neueren Ansätze im Rahmen von Konstruktvalidierung und einer sozialwissenschaftlichen Theorie darzustellen versuchen. Ohne einen

1) Die Untersuchung wurde zum Teil durch einen Preis für die Weiterbildung von Wissenschaftlern (K01-DA00017) und ein Forschungsstipendium (DA01070) des U.S. Public Health Service unterstützt.

solchen Bezugsrahmen wären sie für die Entwicklungspsychologie und insbesondere für die Untersuchung der kognitiven Entwicklung nicht weiterführend. Gibt es doch eine fundamentale Interdependenz zwischen einer inhaltlichen sozialwissenschaftlichen Theorie, der Methodologie und statistischen Theorie und empirischen Daten: jede dieser Komponenten kommt nur dann voll zur Geltung, wenn sie das Beste aus den anderen macht. Eine inhaltliche Theorie bleibt fast nur Spekulation, wenn keine brauchbaren Daten vorliegen, die mit Hilfe eines geeigneten methodischen Ansatzes sowohl zur Überprüfung der Theorie als auch zur Auswertung der Daten erhoben wurden. Eine theoretische Weiterentwicklung im Bereich der Methodologie, der mathematischen Modelle oder der Statistik ist nichts anderes als eine rein formale Entwicklung, wie elegant sie auch immer sein mag, und behandelt kein wichtiges Problem, wenn nicht zugleich eine inhaltliche Theorie die Analyse brauchbarer empirischer Daten leitet. Denn sogar die besten empirischen Daten führen nicht zu Erkenntnissen, ohne daß der Wissenschaftler die methodischen und theoretischen Mängel sowie Stärken beachtet, die ihnen innewohnen.

Auf die Wechselbeziehungen zwischen Theorie, Methode und Daten wurde schon häufig hingewiesen. In diesem Beitrag diskutieren wir das Thema im Kontext der Konstruktvalidierung, ein Gedanke, der von CRONBACH und MEEHL (1955) entwickelt wurde. Konstruktvalidierung bezieht sich auf die wissenschaftliche Überprüfung der Frage, ob Tests und Quantifizierungen wirklich Messungen von den postulierten Merkmalen liefern. Im folgenden wird vorgeschlagen, die Konstruktvalidierung durch einige der neueren Entwicklungen kausaler Modelle zu operationalisieren und weiterzuentwickeln. Diese neu entwickelten methodischen Ansätze können dann zum Aufbau und zur Evaluation einer inhaltlichen Theorie dienen, wenn sie bei Daten angewandt werden, die in geeigneter Weise erhoben wurden.

Konstruktvalidierung mit Hilfe kausaler Modelle stellt ein potentiell fruchtbares Verfahren zur Behandlung einer Vielzahl empirischer Daten dar und ist auch für die Analyse von Meßwiederholungs-Daten, wie sie bei der Untersuchung der kognitiven Entwicklung auftreten, relevant. In diesem Forschungsbereich befaßt man sich typischerweise mit mehreren Indikatoren für verschiedene wichtige Konstrukte, die sequentiell erfaßt wurden und die im Rahmen verschiedener Hintergrunds- oder Kontrollvariablen verstanden werden müssen. Eine sinnvolle Analyse der Untersuchungsdaten verlangt, daß folgende Effekte evaluiert werden: die Kausalwirkungen der Hintergrundsvariablen auf die Konstrukte zu verschiedenen Zeitpunkten, die Effekte verschiedener Konstrukte aufeinander, die Effekte eines Konstrukts auf dieses selbst im Verlauf der Zeit, sowie solche potentielle Effekte wie die über die Zeit korrelierten Indikatorfehler. Bisher konnten nicht alle diese Effekte mit qualitativen Daten untersucht werden. Meßwiederholungen führen automatisch zu nichtexperimentellen Daten. Daher sind Methoden, die Kausalschlüsse aus solchen Daten ermöglichen, unmittelbar für die Untersuchung der kognitiven Entwicklung relevant. Zwar kann eine Vielzahl analytischer Strategien angewandt werden, um verschiedene Aspekte solcher Längsschnittdaten zu behandeln, aber nur der Ansatz der kausalen Modelle erlaubt eine Simultananalyse des ganzen Systems im Rahmen einer Theorie.

Bevor wir mit der Erklärung der Konstruktvalidierung und ihrer Operationalisierung fortfahren, soll noch die Rolle von Beschreibung und Erklärung bei der Erforschung von Entwicklungsprozessen behandelt werden. Anschließend besprechen wir das Konzept der Konstruktvalidität und schlagen vor, für die Verwirklichung dieses Konzepts einen Ansatz zur Bildung kausaler Modelle anzuwenden. Danach beschreiben wir einige neue Entwicklungen bei der Analyse von Modellen latenter Eigenschaften (latent attribute models), von Vorhersagemodellen (prediction models) und von polychotomen Antwort-Modellen (multinomial response models). Abschließend befassen wir uns mit der Anwendbarkeit und dem Geltungsbereich mathematischer Modelle in den Fällen, in denen sie in Wechselwirkung mit einer sozialwissenschaftlichen Theorie und den Daten stehen.

Ein kurzer Überblick über das traditionelle Denken rückt ins Licht, was man vernünftigerweise von den neueren Methoden erwarten kann, und hebt andererseits auch die Vorzüge einiger älterer Verfahren für bestimmte Untersuchungsziele hervor. Der Glaube, daß ein neues Konzept oder eine neue Vorgehensweise eine so große Wirkung haben wird, daß die sozial- und verhaltenswissenschaftliche Forschung letztlich in eine wirklich wissenschaftliche Form gebracht wird, die von Wissenschaftstheoretikern oder Praktikern der erfolgreichen Naturwissenschaften gutgeheißen wird, muß zurückgewiesen werden. Selten treffen solche Erwartungen ein. Das Konzept der Konstruktvalidierung zum Beispiel wurde zunächst als ein brauchbarer Fortschritt gegenüber früheren Konzepten der Validität (APA, 1954) dargestellt, aber seine Neuheit, Brauchbarkeit und Klarheit wurde bald bestritten (z. B. BECHTOLD, 1959; CRONBACH, 1971, 480 - 484) und seine möglichen Leistungen wurden neu formuliert (z. B. CAMPBELL, 1960; LOEVINGER, 1957). Daher wird in diesem Beitrag kein revolutionäres methodisches Allheilmittel für die Sozialwissenschaften vorgeschlagen; es wird vielmehr auf die Bedeutung einer auf die Untersuchungsziele abgestimmten Kombination erprobter und neuartiger Methoden hingewiesen.

2. Die Rolle von Beschreibung und Erklärung bei der Erforschung von Entwicklungsprozessen

Die Beschreibung eines Phänomens oder eines Effekts ist eine Aufgabe, die im allgemeinen dem theoretischen Verständnis oder der theoretischen Erklärung des Phänomens oder Effekts vorhergeht. In den frühesten Stadien einer

Untersuchung kann die Beschreibung selbst ziemlich grob und naiv sein, indem weder elegante Forschungsmethoden noch Konstrukte zur Behandlung des Problems herangezogen werden. Die klinische Beobachtung könnte ein wichtiges Beispiel für die Anfangsstadien einer Beschreibung liefern. Eine angemessene Beschreibung, die unter gebührender Beachtung der methodischen Probleme wie Zusammenstellung der Stichprobe, Quantifizierung, Artefakte und ähnlichem erfolgt, wird im allgemeinen die unsystematische Beschreibung ersetzen, aber auch schon in diesem Stadium muß inhaltliches Wissen zur Bildung von Hypothesen oder Teiltheorien über das Phänomen herangezogen werden. Dies ist zum allermindesten notwendig für die Definition des Relevanzbereichs des Phänomens und für die Feststellung von Variablen, die erfaßt werden könnten, oder von Umweltbedingungen, die zur Beobachtung des Phänomens nötig sein könnten. Die statistischen Methoden, die man heranziehen könnte, sind beschreibender Natur und statistische Inferenz ist beschränkt auf spezielle parametrische Inferenzen über eine Population bei der gegebenen Stichprobe.

Die Erklärung eines Phänomens bedeutet einen Schritt über die Beschreibung hinaus. Gewiß geht eine angemessene Beschreibung notwendigerweise der Entwicklung wirkungsvoller oder nützlicher Erklärungen des Phänomens voraus. Eine Erklärung macht es im allgemeinen notwendig, über die Daten dahingehend hinauszugehen, daß Modellableitungen erfolgen, daß Vorhersagen auf Grund früherer Erfahrung und einer Theorie getroffen werden und daß Hypothesen getestet werden. Während Gründe dafür angeführt werden können, daß eine vollständige und sorgfältige Beschreibung in einigen Bereichen der Forschung (z. B. Geschichte, Anatomie) genügen mag, macht es die Formulierung von Gesetzen, die unter verschiedenen Bedingungen angewandt werden können sollen, notwendig, über die Daten hinauszugehen. Ähnliche Betrachtungen machen auch deutlich, daß es unterschiedliche Ebenen der Erklärungen gibt: von einfachen, höchst spezifischen

Hypothesen, die empirisch vollständig abgestützt sein mögen, bis hin zu komplexen und sorgfältig herausgearbeiteten theoretischen Systemen, die untereinander verbunden sind und zahlreiche spezifische Phänomene in verschiedenen Zusammenhängen erklären. Natürlich stellt eine Erklärung, auf welcher Ebene auch immer, ein wichtiges wissenschaftliches Ziel dar.

2.1 Die Rolle des Experimentierens

Eine gute Methode, um von der Beschreibung zur Erklärung zu gelangen, beinhaltet das Durchführen von Experimenten mit unabhängigen Variablen, das Zuweisen von Vpn zu verschiedenen Bedingungskombinationen nach dem Zufallsprinzip und das Beobachten der Ergebnisse an Hand von univariaten oder multivariaten abhängigen Variablen. Experimente liefern den sichersten Weg zur Entwicklung einer Theorie durch Bestätigung und Verwerfung von Hypothesen, da potentiell verwirrende und unwesentliche Variablen wegen der Randomisierung in großen Stichproben nicht mit dem Untersuchungsergebnis korrelieren (z. B. FISHER, 1935). Klarerweise muß es zwischen einer inhaltlichen Theorie und dem Planen und Durchführen von Experimenten einen kontinuierlichen Austausch geben, da die Wahl der unabhängigen Variablen, die untersucht werden sollen, auf Grund inhaltlicher Kenntnisse erfolgen soll; in gleicher Weise ist auch die Wahl geeigneter abhänger Variablen von der inhaltlichen Theorie und früheren empirischen Resultaten abhängig. Und ebenso wie die Modellentwicklung auf Grund einer Vielzahl von experimentellen Untersuchungen und Beobachtungen der Effekte voranschreitet, kann die inhaltliche Theorie an Wirksamkeit und Reichweite gewinnen.

Es ist möglich, daß eine inhaltliche Theorie eine relativ geringe Rolle beim Planen und Durchführen von Experimenten spielt, wenn ziemlich willkürliche Werte hinsichtlich der unabhängigen Variablen gewählt wurden und wenn nur einzelne abhängige Variablen gemessen werden. In den Fällen, die nach dem Schema einer einfachen univariaten Varianzanalyse aufgebaut sind, kann die Rolle der Theorie darauf beschränkt sein, die Art der experimentellen Variation und die Bedeutung einer bestimmten, beobachteten abhängigen Variablen unter Bedingung dieser Variation festzulegen. Auf Grund der besonderen Vorzüge der experimentellen Methode kann jede Beziehung zwischen unabhängigen und abhängigen Variablen empirisch verifiziert oder falsifiziert werden. Dies gibt einen Anstoß zur Verbesserung oder auch Bestätigung einer inhaltlichen Theorie, je nachdem, ob diese falsch oder richtig ist. Wenn mehrere unabhängige Variablen gleichzeitig experimentell variiert wurden, kann ihre Interaktion explorativ auch ohne eine Theorie erforscht werden. Aber nur mit Hilfe einer Theorie kann das Augenmerk auf die relevanten Analysen gerichtet und können die irrelevanten Analysen als solche erkannt werden.

Wenn man sich in einem Experiment mit Variablen beschäftigt, die selbst parametrisiert und theoretisch untermauert sind, oder mit der Messung mehrerer abhängiger Variablen befaßt, ist eine stärkere Wechselbeziehung zwischen Theorie und empirischen Daten mit Hilfe quantitativer Verfahren nötig. In solchen Fällen muß man sich verstärkt auf die Theorie stützen, um eine entsprechende Strategie der Datenanalyse entwickeln zu können. Die Daten liefern ein Feedback für die Modifikation und weitere Entwicklung der Theorie. Daher ist es in einem Experiment mit einer Vielzahl abhängiger Variablen wünschenswert, ein Modell zu entwickeln, das die Beziehung zwischen diesen Variablen und den Konstrukten, die im Experiment variiert werden, abbildet, da es unwahrscheinlich ist, daß jede einzelne Variable den experimentellen Einfluß in gleicher Weise reflektiert.

Im Bereich der kognitiven Entwicklung können Experimente im eigentlichen Sinn leider nicht immer realisiert werden. Folglich ist der Weg von der Beschreibung zur

Erklärung hier sehr dornig. Eine große Zahl der erhobenen Daten ist von ihrer Natur her nicht experimentell, sie wurden vielleicht auch unter einer Reihe verschiedener nichtexperimenteller Bedingungen erhoben.

2.2. Kausalschlüsse bei nichtexperimentellen Daten

Jeder, der sich einmal mit Wissenschaftstheorie oder statistischen Methoden befaßt hat, hat gelernt, daß eine Korrelation nicht unbedingt auf einen kausalen Zusammenhang hinweist. Gibt es überhaupt Methoden, um Kausalaussagen auf Grund von Korrelationsdaten abzusichern? Die Idee, kausale Zusammenhänge mit Hilfe einer Analyse der Korrelationen aufzudecken, wurde schon vor vielen Jahren in Zusammenhang mit der Pfadanalyse angesprochen (WRIGHT, 1921). Aber die beste und zugleich einzige allgemeine Grundlage für Inferenzen im nichtexperimentellen Forschungsbereich bleibt das Werk von CAMPBELL und STANLEY (1963), die sowohl eine Reihe alternativer quasi-experimenteller Designs zur Datenerhebung als auch deren Vorteile und Nachteile diskutieren. Natürlich liefern unterschiedliche Methoden bei der Datenerhebung Resultate mit unterschiedlichen Merkmalen, aber keine dieser Methoden weist auch nur annähernd die Vorzüge eines wirklichen Experiments auf. Die Möglichkeiten für alternative Erklärungen für Resultate aus Untersuchungen unter natürlichen Bedingungen sind immens, da Konfundierungen nicht durch Kontrollvariablen geklärt werden können, wenn weder Theorie noch Kenntnisse über die Bedingungen der Stichprobenzusammenstellung vorhanden sind. Die CAMPBELL-STANLEY-Diskussion soll hier nicht wiederholt werden, aber es kann darauf hingewiesen werden, daß die Literatur über nichtexperimentelle Designs stark im Anwachsen ist (z. B. COOK & CAMPBELL, 1976; KENNY, 1975; LINN & WERTS, 1977).

Es wird oft gesagt, daß der entscheidende Mangel von Korrelationsdaten darin besteht, daß sie meist Antwort-Antwort-Beziehungen und kaum Reiz-Antwort-Beziehungen (BERGMANN & SPENCE, 1944) reflektieren. Man kann jedoch behaupten, daß es ein anderes, leider aber ebenso schwerwiegendes Problem mit nichtexperimentellen Techniken gibt, wie sie traditionellerweise entwickelt wurden: sie sind eben nur deskriptiv und exploratorisch, und eignen sich nicht zur Falsifikation oder Verifikation von Hypothesen. Es ist zwar zum Beispiel möglich, Hypothesen über Populationswerte von beobachteten Korrelationen oder von ganzen Sätzen solcher Korrelationen mit Hilfe quantitativer Daten zu testen (z. B. LARZELERE & MULAIK, 1977). Solche Tests stehen aber nur selten in einem überzeugenden theoretischen Rahmen, und die Informationen, die von solchen einfachen Tests stammen, stellen kaum einen über die Daten selbst hinausgehenden Erkenntnisfortschritt dar. Korrelationsergebnisse werden kaum als Instrumente einer sozialwissenschaftlichen Theorie benutzt (z. B. LOEVINGER, 1957; UNDERWOOD, 1975). Dies muß allerdings nicht so sein und ändert sich auch bereits.

Vor kurzem haben Methodologen mathematische Modelle und Methoden der statistischen Analyse, zu denen auch die Entwicklung kausaler Modelle gehört, eingeführt, mit deren Hilfe relativ komplexe Theorien getestet werden können, die sich auf nichtexperimentelle Daten beziehen (vgl. für eine einführende Diskussion über die Entwicklung kausaler Modelle DUNCAN, 1975 oder HEISE, 1975). Das bekannteste Modell zur Hypothesenprüfung bei quantitativen Daten ist das LISREL-Modell von JÖRESKOG (1977), welches ein Spezialfall von BENTLERs allgemeinem Strukturmodell (1976a) ist (siehe BENTLER & WOODWARD, 1978). Wie weiter unten gezeigt werden soll, sind ganz andere Modelle zur Hypothesenprüfung bei qualitativen Daten entwickelt worden. Nichtexperimentelle Daten können mit Hilfe dieser Techniken daraufhin geprüft werden, ob die Daten mit einer gegebenen Theorie übereinstimmen, oder ob die Theorie bei den gegebenen Daten als ungeeignet angesehen werden muß. Während es keine Methode gibt, um generell zu prüfen, ob eine Theorie richtig ist und auch der Fall denkbar ist, daß mehrere Theorien die Daten gleich gut beschreiben, kann eine falsche Theorie dann verworfen werden, wenn die erhobenen Daten einen brauchbaren Test der Theorie ermöglichen.

Im Idealfall sind sowohl Korrelationsdaten als auch experimentelle Daten für die Entwicklung und die Überprüfung einer inhaltlichen Theorie relevant. Aber trotz CRONBACHs zwei Jahrzehnte alter und bereits klassisch gewordener Befürwortung der Integration dieser zwei "Disziplinen" (CRONBACH, 1957) bleibt ihre Integration eine Aufgabe für die Zukunft (CRONBACH, 1975). Es scheint, daß die Methodologie für diese Integration letztlich über die Erweiterung von nichtexperimentellen Verfahren der Hypothesenprüfung entwickelt wird.

2.3. Die Rolle von Längsschnittsmethoden

Da Experimente im eigentlichen Sinn fehlen, haben sich Forscher bei dem Versuch, bestimmte Erklärungen für gegebene Daten zurückweisen zu können, den Längsschnittsmethoden zugewandt. Im Gegensatz zu Querschnittsuntersuchungen wird in Längsschnittsuntersuchungen der Zeitfaktor berücksichtigt, und zeitabhängige Ereignisse können helfen, ansonsten plausible Erklärungen der Daten zu falsifizieren, weil die westliche Philosophie beinahe allgemein darin übereinstimmt, daß kausale Prozesse in der Zeit vorwärts, nicht rückwärts, ablaufen müssen. Natürlich sind Längsschnittsuntersuchungen ein Bestandteil der entwicklungspsychologischen Forschung.

Häufig liefern Meßwiederholungen bei einer Stichprobe von Personen wichtige Informationen, die kaum auf eine andere Art erhoben werden können, nämlich Informationen über intraindividuelle Veränderungen und über individuelle Unterschiede bei diesen Veränderungen oder über die Stabilität von Eigenschaften. Außerdem fallen auch eventuelle Bias-Probleme weg, wie wir sie von Daten kennen, die retrospektiv erhoben wurden. Trotzdem lassen einfache Designs für Längsschnittsuntersuchungen ohne geeignete Kontrollgruppen in bezug auf interne und externe Validität viel zu wünschen übrig (z. B. LABOUVIE, 1976; LABOUVIE, BARTSCH, NESSELROADE & BALTES, 1974). Aber auch bei Einführung derartiger Kontrollen kommt man nicht ohne implizite Annahmen bezüglich relevanter, inhaltlicher Fragen aus. Und bei Verwendung derartiger Annahmen basiert die kausale Interpretation auf einer unsicheren Grundlage. So muß man zum Beispiel, um ein vernünftiges kausales Modell zu erhalten, das mit der Längsschnittsmethode getestet werden kann, alle relevanten kausalen Variablen messen und ihre Effekte zu den relevanten und nicht bloß zu willkürlichen Zeitpunkten bestimmen (z. B. HEISE, 1975). Man muß den kausalen Zeitfaktor, das heißt, die Zeit, die zur Auswirkung eines Effektes nötig ist, ganz genau kennen. DAVIS (1976) stellt fest: "If weather influences one's mood, the influence probably occurs the same day; but if a college degree influences income, the effect cannot be detected the evening of Commencement." (S. 3). Zweifellos wird nach einer inhaltlichen Theorie verlangt, aber auch eine ziemlich gut entwickelte Theorie vermag alternative Erklärungen nicht auszuschließen, wenn sie vernünftig sind. Natürlich kann es sein, daß Längsschnittsuntersuchungen selbst nötig sind, um den tatsächlich wirksamen Zeitfaktor zu ermitteln, und um damit die Voraussetzung für eine noch erfolgreichere Anwendung von Längsschnittsmethoden zu schaffen. Das wäre eine Anwendung, die den Geltungsbereich und die Wirksamkeit einer inhaltlichen Theorie vergrößert.

2.4. Die Rolle der Entwicklung kausaler Modelle

Da wir im folgenden häufig die Wendung "Entwicklung kausaler Modelle" verwenden, soll sie nun definiert werden. Wir verwenden sie einfachheitshalber als Abkürzung für eine Hypothesenprüfung im Rahmen der Analyse eines ganzen Systems nichtexperimenteller Daten. Der Ausdruck "Modellentwicklung" bezieht sich auf die Tatsache, daß sich die Datenanalyse an einer genauen theoretischen Spezifizierung zu orientieren hat, und der Ausdruck "kausal" bedeutet, daß eine solche genaue Spezifizierung im allgemeinen eher zur Erklärung der Daten als zu ihrer Beschreibung gewünscht wird. Das kausale Modell dient im Grunde als ein Leitfaden für eine ziemlich vollständige Datenanalyse. So werden beispielsweise die Wechselbeziehungen zwischen allen Variablen beschrieben (und das ist mehr, als wenn nach wenigen signifikanten Zusammenhängen gesucht wird, wie dies bei vielen Datenanalysen der Fall ist). In diesem Rahmen kann natürlich das Fehlen eines Zusammenhangs genauso bedeutungsvoll sein wie das Auftreten eines solchen.

Die Entwicklung kausaler Modelle ist allerdings kaum in Forschungsbereichen möglich, die noch rein deskriptiver Natur sind und deren Erforschung noch keinen Fortschritt über die Datenexploration hinaus gemacht hat. Eine vorläufige Theorieentwicklung, die zu ersten überprüfbaren "Aussagen" führt, ist aber auch in diesen Fällen möglich.

Wenn eine inhaltliche Theorie in ein passendes mathematisches Modell übersetzt werden kann, und vernünftige Annahmen bezüglich des Skalenniveaus der Variablenmessung und der Verteilungen getroffen werden können, sind die Möglichkeiten für eine strenge Modellevaluation durch hypothesenprüfende statistische Methoden gegeben. Eine inhaltliche Theorie oder eine vorhergehende Modellentwicklung muß bis zu einem Punkt entwickelt sein, bei dem klare Erwartungen bezüglich der Daten formuliert werden und die Nullhypothesen überprüft werden können. Im Idealfall werden konkurrierende Modelle und Erklärungen gegeneinander ausgespielt, indem ihr Erklärungswert für dieselben Daten überprüft wird. Die Idee des "kritischen Experiments" repräsentiert dieses Konzept: eine Theorie wird abgestützt, die anderen werden verworfen. Die Sozialwissenschaften scheinen jedoch große Schwierigkeiten zu haben, Theorien zu formulieren, die genügend klar sind, um widersprüchliche Vorhersagen zu liefern, die an gegebenen Daten getestet werden können.

Wenn keine konkurrierenden Modelle vorliegen, kann die Adäquatheit eines bestimmten Modells daran gemessen werden, inwieweit es einen bedeutsamen Anteil der Varianz einer abhängigen Variable zu beschreiben imstande ist. Dies könnte zum Beispiel durch einen signifikant von Null verschiedenen multiplen Korrelationskoeffizienten oder eine Diskriminanzfunktion dargestellt werden. Ein strengerer Modelltest wäre bei Anwendung spezifischer Koeffizienten gegeben, wie beispielsweise Betagewichten, im Rahmen einer statistischen Prüfung der Zuverlässigkeit von Vorhersagen. Ein noch strengerer Modelltest bestünde darin, festzustellen, inwieweit das Modell in der Lage ist, nahezu alle relevanten Daten zu beschreiben. Dies ist auch die Zielsetzung der Entwicklung kausaler Modelle. Es sollte festgehalten werden, daß das Ziel dabei zumeist nicht die Verwerfung einer Nullhypothese ist, sondern eher das Beibehalten einer solchen: denn ein Modell ist plausibel, wenn es nicht verworfen werden muß. Natürlich würde das gegebene Modell, wie bei den traditionellen Methoden der statistischen Hypothesenprüfung, als inadäquat verworfen werden, wenn es nicht den Daten entspricht.

2.5. Konstruktvalidierung mit Hilfe eines Ansatzes zur Entwicklung kausaler Modelle

Die von CRONBACH und MEEHL (1955) eingeführte Konstruktvalidierung stellt einen Versuch dar, das Konzept der Validierung psychologischer Tests und Quantifizierungen zu erweitern. CRONBACH und MEEHL machten den Vorschlag, daß Meßinstrumente anhand folgender Daten evaluiert werden sollten: Gruppenunterschiede, Ergebnisse von Korrelationsstudien, Kennwerte zur internen Struktur der Messungen, Ergebnisse von Studien zur Veränderung der Meßwerte unter verschiedenen Bedingungen und von Verlaufsuntersuchungen. Da Meßinstrumente typischerweise so angelegt sind, daß sie ein gegebenes Konstrukt oder ein postuliertes Merkmal widerspiegeln, dessen Bedeutung auf Grund seines Zusammenhangs mit anderen theoretischen Konstrukten und beobachtbaren Variablen bestimmt werden muß, wurde die Konstruktvalidierung außerdem als Prozeß verstanden, der das gegebene Konstrukt letztlich in einem umfassenderen "nomologischen Netzwerk" verankern sollte. Das Konzept der Konstruktvalidierung liefert ein gutes Gegenstück zu der naiven Auffassung von Validierung, die sich in der Ermittlung eines Korrelationskoeffizienten niederschlägt. Es zeigt, wie wichtig es ist, Aussagen über theoretische Zusammenhänge von Aussagen über Meßoperationen zu unterscheiden. Genau diese Unterscheidung wurde Jahre später in der Literatur über die Entwicklung kausaler Modelle wieder diskutiert, allerdings ohne jeden Bezug zu der bedeutungsvollen Geschichte dieser Idee.

CRONBACH und MEEHL gaben keine formale Definition von Konstruktvalidierung. Folglich haben wir etwas Freiheit, um unsere eigene Definition vorzuschlagen. Wir werden versuchen, die einzelnen Begriffe zu klären, schlagen aber vor, daß die Bezeichnung "inhaltliche Theorie" undefiniert bleibt, damit sie durch den jeweiligen Forscher selbst ergänzt werden kann.

- Die Konstruktvalidität einer inhaltlichen Theorie bezieht sich auf die empirische Adäquatheit eines kausalen Modells, das an relevanten Daten mit Hilfe geeigneter statistischer Methoden evaluiert wurde.
- Ein kausales Modell stellt eine inhaltliche Theorie mit Hilfe eines strukturellen Modells und eines Meßmodells dar.
- Ein strukturelles Modell ist eine Darstellung der Wechselbeziehungen zwischen den Konstrukten mit Hilfe mathematischer Gleichungen.
- Ein Meßmodell ist eine Darstellung der Wechselbeziehungen zwischen Konstrukten und Variablen mit Hilfe mathematischer Gleichungen.
- Ein Konstrukt ist eine postulierte Eigenschaft eines gemessenen Objekts.

Diese Definitionen wurden absichtlich so formuliert, daß sie sowohl mit früheren Artikeln über Konstruktvalidität als auch mit der zunehmend wachsenden Literatur über Modelle quantitativer struktureller Gleichungen in den Sozialwissenschaften ausreichend übereinstimmen. Sie sind auch im Zusammenhang mit qualitativen Daten anwendbar, aber es muß eingestanden werden, daß Meßfehlertheorien für quantitative Daten viel weiter entwickelt sind. Daraus resultiert, daß die Unterscheidung zwischen einem strukturellen Modell und einem Meßmodell mit Hilfe analytischer Methoden für qualitative Daten viel schwieriger zu realisieren ist. Nichtsdestoweniger stellen unsere Definitionen eine Brücke zwischen traditionellen und modernen methodologischen Ansätzen dar. Ein Konstrukt kann im allgemeinen mathematisch als eine latente (nicht beobachtete) Zufallsvariable dargestellt werden, während die manifesten Daten des gemessenen Objekts als beobachtete Zufallsvariablen dargestellt werden können. Es wird angenommen, daß die latenten Variablen in quantitativen Modellen kontinuierlich und in qualitativen Modellen diskret sind. Dann bezieht sich die Konstruktvalidität einer inhaltlichen Theorie auf die Adäquatheit des Modells, das mehrere latente Zufallsvariablen sowohl untereinander als auch mit den beobachteten Zufallsvariablen in Beziehung setzt, wobei die vollständige Abbildung der Population durch statistische Mittel evaluiert wird. Bei einer bestimmten Anwendung muß der Forscher fähig sein, das kausale Modell zu spezifizieren und festzulegen, welche mathematischen Aspekte des Modells anhand der Daten zu bestimmen sind (Parameterschätzung) und welche Aspekte durch die inhaltliche Theorie in mathematischer Form gegeben sein sollten (festgelegte, bekannte Parameter).

In einer Hinsicht unterscheidet sich der hier dargestellte Ansatz der Konstruktvaliditát von jenem von CRONBACH-MEEHL. Wir befassen uns mit der Konstruktvalidität einer inhaltlichen Theorie, indem wir unsere unmittelbare Aufmerksamkeit auf das ganze nomologische Netzwerk der Beziehungen von einem gegebenen Konstrukt zu anderen Konstrukten und manifesten Variablen konzentrieren. Das Ziel liegt in der Evaluierung einer Theorie. Auf der anderen Seite richtet der CRONBACH-MEEHL-Ansatz größte Aufmerksamkeit auf das Problem der Interpretation eines bestimmten Tests oder einer Quantifizierung. Das vorrangige Ziel liegt dort in der Evaluierung der Konstruktvalidität eines Tests.

Die Literatur über die Entwicklung kausaler Modelle ist vor allem auf die statistische Prüfung der Adäquatheit eines vorgeschlagenen Modells ausgerichtet. Kann der Ansatz der Konstruktvalidierung mit Hilfe der Entwicklung kausaler Modelle bei der Verbesserung inadäquater Theorien helfen? Wir meinen, daß er bei der Entwicklung einer Theorie wirklich in einer Weise weiterhelfen kann, die nicht aus der früheren Diskussion über Konstruktvalidität abgeleitet werden kann: nämlich durch eine Analyse des "Identifikations-Problems", durch Zurücknahme und alternative Setzung von parametrischen Bedingungen und durch eine Analyse der Gründe für die Inadäquatheit des Modells. Es ist nicht einfach, das Identifikationsproblem in nichttechnischen Ausdrücken zu erklären, und es ist auch schwierig, allgemeine technische Darstellungen zu finden, die für eine Vielzahl von Bedingungen und Modellen zutreffen. Der Grundgedanke ist der folgende: Ein bestimmtes kausales Modell enthält als einen integralen Teil seiner Definition eine Parametermenge, die das strukturelle und das Meßmodell bestimmt. Diese Parameter können bekannt oder nicht bekannt sein, wobei sie im zweiten Fall auf Grund der Daten zu schätzen sind. Bei einer bestimmten Modellspezifizierung ergeben die Parameter - zusammen mit den Zufallsvariablen - eine und nur eine beobachtete Datenstruktur, z. B. Mittelwerte und Kovarianzmatrizen im Fall von quantitativen Daten, oder Häufigkeiten in Kontingenztabellen im Fall von qualitativen Daten. Wenn zwei oder mehr unterschiedliche Strukturen dieselbe Datenstruktur ergeben, sind die Strukturen äquivalent. Wenn ein Parameter in allen äquivalenten Strukturen denselben Wert hat, ist der Parameter identifiziert, und wenn alle Parameter identifiziert sind, wird gesagt, daß das ganze Modell identifiziert ist. Nur in diesem Fall können die statistischen Schätzungen erfolgreich durchgeführt werden.

Wenn bei einem kausalen Modell bei der Identifikation Probleme auftreten, kann es nicht empirisch evaluiert werden. Die Möglichkeiten und Probleme bei der empirischen Evaluierung einer Theorie wurden von CRONBACH und MEEHL (1955) diskutiert, und TORGERSON (1958) betonte die Tatsache, daß eine ausreichende Zahl von Konstrukten in passender Weise operational definiert werden muß, damit eine Theorie eine empirische Bedeutung hat. Die Abschätzung des Identifikationsproblems bei einem bestimmten kausalen Modell liefert somit zugleich Hinweise für das Ausmaß seiner empirischen Prüfbarkeit. Wenn das Modell "überbestimmt" ist, bedeutet dies, grob gesprochen, daß es weniger Parameter als Daten (z. B. Mittelwerte und Kovarianzen) gibt. Das Modell ist wissenschaftlich brauchbar, weil es durch die Daten verworfen werden kann. Wenn das Modell "gerade bestimmt" ist, bedeutet dies in etwa, daß eine eins-zu-eins-Transformation zwischen den

Daten und den Parametern gegeben ist. Das Modell ist dann wissenschaftlich uninteressant, da es nicht verworfen werden kann (welche Daten auch immer vorliegen mögen). Wenn einige Parameter des Modells "unteridentifiziert" sind, bedeutet dies, grob gesprochen, daß es nicht möglich ist, sie eindeutig zu bestimmen; sie können viele Werte annehmen. Das Modell ist nicht statistisch prüfbar; es ist unbrauchbar. Eine technische Analyse des Problems der Unteridentifikation kann Anhaltspunkte für mehrere Methoden zur Verbesserung des Modells liefern, damit es testbar wird. Manchmal ist eine solche Analyse praktisch nicht durchführbar, aber einige Methoden der Entwicklung kausaler Modelle liefern als Ergebnis einer Computeranalyse einen Index, der den Benutzer informiert, ob das Modell tatsächlich statistisch prüfbar ist. Somit liefert das Konzept der Identifikation und dessen Anwendung in einer bestimmten Situation Einsichten in die Konstruktvalidität, die zuvor nicht zugänglich waren.

Die verschiedenen Vorgehensweisen bei der Entwicklung kausaler Modelle, die weiter unten beschrieben werden, erlauben eine relativ freie Wahl, welche Parameter des Modells als bekannt vorausgesetzt werden und welche auf Grund der Daten geschätzt werden sollen. Eine solche Entscheidung kann in Abhängigkeit von den Resultaten der Datenanalyse modifiziert werden. Zur Illustration: Parameter, die man für (ganz) verschieden hielt, erweisen sich als beinahe identisch; in diesem Fall kann das Modell bei einer neuerlichen Datenanalyse unter der Bedingung angewandt werden, daß diese Parameter identisch sind. In einem anderen Fall kann das nomologische Netzwerk selbst modifiziert werden, d. h. es werden einige Parameter auf eine festgelegte Größe wie Null gesetzt und es wird die Adäquatheit einer solchen Einschränkung geprüft. Offensichtlich macht die Entwicklung kausaler Modelle eine Verbesserung von Theorien durch den Vergleich von Alternativen möglich. In einigen Fällen sind derartige Modellvergleiche durchaus legitim und sind mit

Hilfe eines statistischen Tests möglich, der zu einem Chi-Quadrat-Wert führt. In anderen Fällen kann es sein, daß die statistischen Annahmen nicht mehr erfüllt sind, so daß eine Kreuzvalidierung nötig wird.

Wenn ein vorgeschlagenes kausales Modell nicht mit den Daten übereinstimmt, kann man alternative Wege der Modellmodifizierung evaluieren. Zum Beispiel könnte eine Weiterentwicklung des Meßmodells erforderlich sein, oder der Fehler mag am strukturellen Modell liegen. Es ist möglich, Anhaltspunkte für den Mangel an Übereinstimmung durch Überprüfung der Residuen zu erhalten. Natürlich bedeutet jede Erkenntnis, wie das ursprünglich kausale Modell vorteilhaft modifiziert werden kann, eine Verbesserung gegenüber vorhergehenden Ansätzen zur Konstruktvalidierung.

Im folgenden soll nun ein kurzer, nichttechnischer Überblick über einige neuere Entwicklungen zur Analyse nichtexperimenteller qualitativer Daten gegeben werden. Wir werden dabei sehr selektiv vorgehen und die folgenden Methoden nicht berücksichtigen: sehr alte Methoden, die kürzlich wiederentdeckt wurden (z. B. 16-Felder-Tafel: KENNY, 1976; KESSLER, 1977), neuere Methoden, die bis jetzt noch keine solide statistische Grundlage haben (z. B. Graphentheorie: ROBERTS, 1976) und hochspezialisierte Modelle (z. B. strukturelle Modelle der Organisation des freien Reproduzierens: ROTONDO, 1977).

3. Kausale Modelle für qualitative Daten

Es gibt eine Vielzahl von Modellen, die für hypothesenprüfende Analysen bei kognitiven Daten und bei Daten von Entwicklungsprozessen zur Verfügung stehen. Leider gibt es keine allgemein anerkannte Klassifikation der Methoden zur Analyse qualitativer Daten. Auch liegt wegen der relativen Neuheit der Verfahren noch wenig Erfahrung bezüglich der spezifischen Methoden vor, die für die Datenanalyse im Bereich der kognitiven Entwicklung besonders brauchbar sein könnten. Daher werden wir eine eigene Typologie der Methoden entwickeln und innerhalb jedes Typs einige statistische Techniken auswählen, die für die Erforschung von Entwicklungsprozessen vielversprechend zu sein scheinen; der eine oder andere gut eingedachte Methodologe wird vielleicht die hier getroffene Auswahl der Bereiche nicht billigen. Im speziellen werden wir Modelle latenter Eigenschaften, Vorhersagemodelle und polychotome Antwortmodelle diskutieren. Auch wenn wir diese Modelle einzeln und nacheinander behandeln, sollte nicht angenommen werden, daß ihre statistischen und mathematischen Grundlagen völlig verschieden sind. In einem Übersichtsartikel wie diesem können technische Details nicht behandelt werden - es ist nur wichtig, daß der an Inhalten interessierte Forscher ein Verständnis für Zweck und Anwendungsmöglichkeit einer bestimmten Methode gewinnt. Wenn eine Technik für ein Untersuchungsproblem relevant zu sein scheint, muß sich der Forscher um spezifischere Informationen aus der zitierten Literatur bemühen, damit er die Technik anwenden kann.

Es muß ausdrücklich erwähnt werden, daß die Anwendung der diskutierten Methoden den Einsatz von elektronischer Datenverarbeitung erfordert. Die Parameterschätzmethoden sind so kompliziert, daß es unpraktisch wäre, diese Techniken ohne computerisierte Standardprogramme zu verwenden. In den meisten Fällen liefern die im Literaturverzeichnis zitierten Quellen Hinweise auf Computerprogramme zur Durchführung der Analysen und geben an, wo solche Programme erhältlich sind.

3.1. Modelle latenter Eigenschaften (latent attribute models)

Eine der häufigsten Fragen, die hinsichtlich eines Satzes von qualitativen Daten, insbesondere beim Vorliegen dichotomer Variablen, gestellt wird, betrifft die Meßstruktur solcher Daten. Gibt es einige zugrundeliegende Eigenschaften, die die beobachteten Daten erklären könnten? Wenn es sie gäbe, würde die Eliminierung solcher latenter Eigenschaften die Wechselbeziehungen zwischen den Daten drastisch ändern, und zwar typischerweise in einem solchen Ausmaß, daß die Variablen dann unabhängig voneinander wären. Wenn solche latenten Eigenschaften existieren, ist es wichtig, ihr Zusammenwirken zu verstehen, vor allem auf der Grundlage der Parameter, die die latenten Daten mit den manifesten, beobachteten Daten in Beziehung setzen. Es mag sogar wichtig sein, verschiedene Aspekte dieser latenten Eigenschaften wie z. B. den Wert einer latenten Eigenschaft für eine einzelne Person zu schätzen.

Es gibt eine große Anzahl von Modellen latenter Eigenschaften. Sie unterscheiden sich in der Art der Annahmen, die sie bezüglich der manifesten Daten treffen, in den Annahmen, die sie bezüglich der latenten Eigenschaften machen, und in den Annahmen, die sie über die Beziehung zwischen diesen zwei Aspekten der Daten treffen. Einige Modelle machen sehr schwache, andere sehr strenge Annahmen. Wenn die strengen Annahmen überprüft werden können, sind Modelle mit solchen Annahmen zu bevorzugen. Diese Aussage bleibt auch für den Fall richtig, daß Modelle gegenüber der Verletzung solcher Annahmen ziemlich robust sind. Wir werden die folgenden vier Modelle latenter Eigenschaften beschreiben: Modelle latenter Strukturen (latent structure models), die Skalogrammanalyse (scalability model), Modelle latenter Variablen (latent trait models) und faktorenanalytische Modelle (factor analysis models).

3.1.1. Modelle latenter Strukturen (latent structure models)

Die Methoden zur Analyse latenter Strukturen, die von LAZARSFELD eingeführt und sehr ausführlich von LAZARS-

FELD und HENRY (1968) untersucht wurden, stellen eine sehr umfangreiche Modellgruppe dar. Ein spezifisches Modell, von dem wir glauben, daß es für Entwicklungspsychologen von Interesse sein könnte, ist das Modell latenter Klassen, in der von GOODMAN (1974) entwickelten Form. Es kann auf gemeinsam erhobene polychotome Variablen angewandt werden, also auf Daten wie wir sie von multidimensionalen Kontingenztafeln kennen. Für jedes Individuum in einer Stichprobe wird festgestellt, in welche gegebene manifeste Klasse jeder Variablen es fällt. Die Frage, die sich bei der Analyse latenter Strukturen stellt, lautet, ob es eine latente, nichtbeobachtete Variable gibt, die selbst aus einer Anzahl latenter Klassen besteht. Präziser gesagt heißt das, daß das Modell die Wahrscheinlichkeit eines Individuums, in eine bestimmte Kombination manifester Klassen zu fallen, als Summe von Wahrscheinlichkeiten beschreibt, daß sich das Individuum in jeder der gegebenen latenten Klassen befindet. Innerhalb einer gegebenen latenten Klasse sind die manifesten Variablen gegenseitig unabhängig. Daher ist jede Verbindung zwischen den manifesten Variablen auf die Verteilung der Individuen über die latenten Klassen zurückzuführen. Eine Möglichkeit, ein erstes Verständnis für dieses Modell zu gewinnen - ohne mathematische Gleichungen zu analysieren - besteht darin, es als eine Art Faktorenanalyse zu betrachten. Die manifesten Daten bestehen aus Variablen, die im allgemeinen nicht kontinuierlich, sondern vielmehr dichotom oder polychotom sind, wobei die Klassen jeder Variable keine besondere Anordnung aufweisen. Das Problem bei der Analyse der Daten ist das Finden eines latenten "Faktors", der die beobachteten Daten erklärt. Der Faktor ist jedoch im Unterschied zur traditionellen Faktorenanalyse keine kontinuierliche Variable: Er ist vielmehr eine Nominalvariable, die aus einer Anzahl von Klassen besteht. Die Klassen sind latent, da sie aus den Daten abgeleitet werden müssen.

Auch wenn sich die statistische Entwicklung des Modells auf eine einzelne latente Variable stützt, die aus einer Anzahl latenter Klassen besteht, die zur Erklärung der beobachteten Daten abgeleitet wurden, kann die latente Variable tatsächlich als Kreuzklassifikation mehrerer latenter Variablen (und nicht bloß einer einzelnen) gelten. Das Modell ist also flexibel genug, um die Existenz einer komplizierten latenten Struktur zu berücksichtigen, die auf Grund einer Analyse erhalten werden kann, bei der die einschränkenden Bedingungen für die Parameter passend gewählt werden. Man sollte aber die resultierenden latenten Klassen nicht als Darstellung von Kontinua und den latenten Raum nicht als Raum mit Dimensionen interpretieren. Es handelt sich vielmehr um einen nur auf Nominalskalenebene erfaßten Raum.

Die Parameter des Modells werden mit Hilfe der Maximum-Likelihood-Methode geschätzt und ein Chi-Quadrat-Test erlaubt die Kontrolle, wie gut das Modell auf die Daten paßt. Ein Chi-Quadrat-Wert, der relativ zu der Anzahl der Freiheitsgrade zu groß ist, zeigt an, daß ein gegebenes Modell mit den Daten nicht übereinstimmt. Es kann notwendig werden, das Modell zu modifizieren, zum Beispiel durch eine Vergrößerung der Anzahl latenter Klassen oder durch das Setzen restriktiver Bedingungen für verschiedene Parameter. Es wird im allgemeinen bei entsprechender Mühe möglich sein, ein Modell zu finden, das den Daten adäquat ist. Wie zuvor erwähnt gibt es allerdings keine Garantie, daß ein passendes Modell auch tatsächlich "die kausale Struktur" der Daten aufzeigt; es kann mehrere alternative Modelle geben, die gleich gut passen.

Dieses Modell latenter Strukturen ist deshalb besonders interessant, weil es sehr wenige Annahmen bezüglich der Daten trifft. Andererseits liefert es gerade aus diesem Grund nur wenig aussagekräftige Schlußfolgerungen. In der Entwicklungspsychologie zum Beispiel mag man nach den latenten Klassen fragen, die den Prozeß der kognitiven Entwicklung, sagen wir, im Bereich der Erhaltung der Mengen, abbilden. Auch wenn die latenten Klassen, die man an Hand einer Analyse richtiger und falscher Lösungen bei einem Satz von Testitems aufdecken kann, die Daten wirklich abbilden können, mag es wünschenswert sein, mehr Informationen aus den Daten zu erhalten als nur die Anzahl latenter Klassen und die Verteilung der Vpn über diese Klassen. Es mag wünschenswert sein, die latenten Klassen im Rahmen eines Kontinuums zu sehen, das die kognitive Entwicklung abbildet. Eine solche Analyse ist mit der im folgenden beschriebenen Methode möglich.

3.1.2. Skalogrammanalyse (scalability model)

Das Skalierungsmodell von GUTTMAN (1950) ist sehr bekannt und wurde in vielen verschiedenen Zusammenhängen untersucht (z. B. BENTLER, 1971; MOKKEN, 1971; PROCTOR, 1970; WOHLWILL, 1973). Es ist bekannt, daß dieses Modell den qualitativen Prototyp für quantitative Messungen darstellt, selbst aber Messungen nur auf Ordinalskalenniveau ermöglicht. Im Vergleich zu ungeordneten latenten Klassen stellt aber die Rangordnung von Klassen von Vpn durchaus einen Informationsgewinn dar.

GOODMANs grundlegender Beitrag (1975a) zur Analyse der Skalen von GUTTMAN liegt in einer probabilistischen Formulierung des Ansatzes, wodurch das Problem von Irrtümern beim Antworten entschärft wird, indem es in das Skalierungsverfahren selbst eingebaut wird. Entweder ist ein Individuum im Sinne des Modells wirklich oder gar nicht skalierbar. Das Problem der Analyse ist es, sowohl den Anteil der wirklich skalierbaren Individuen als auch den Anteil der nichtskalierbaren Individuen zu bestimmen. Für die nichtskalierbaren Individuen kann keine kontinuierliche latente Variable abgeleitet werden. Bei den skalierbaren Individuen gibt es aber eine Verteilung von Klassen, die in der allgemein bekannten

Art nach GUTTMAN geordnet werden können. Unter Voraussetzung einer bestimmten Verteilung kann man die erwarteten Häufigkeiten für die einzelnen Antwortvektoren schätzen. Die beobachteten Werte werden mit den erwarteten mit Hilfe eines Chi-Quadrat-Tests verglichen, wobei die Annahmen des Modells zugrunde gelegt werden. Man wünscht ein Modell zu finden, das bei einem nichtsignifikanten Chi-Quadrat-Wert auf die Daten paßt.

Zusätzlich zu dem eben beschriebenen Grundmodell erlaubt das Analysesystem von GOODMAN eine Variation der Anzahl von Klassen in einer bestimmten Analyse. Im Zusammenhang mit entwicklungspsychologischen Untersuchungen mag diese Variation der Frage entsprechen, ob es, bei einem bestimmten Typ von Aufgaben nach PIAGET, nur Kinder "mit Erhaltungsbegriff" und solche "ohne Erhaltungsbegriff" gibt, oder ob es auch Kinder "im Übergangsstadium" gibt. Wie schon erwähnt wird bei Anwendung des Ansatzes zusätzlich der Anteil an Individuen bestimmt, bei denen diese Skalierungsmethode nicht angewandt werden kann. Im Idealfall wird diese Anzahl sehr klein sein. Die Methode erlaubt auch einige Flexibilität in der Anzahl latenter Dimensionen. Man kann also nicht nur von skalierbaren und nichtskalierbaren Individuen sprechen, sondern man kann beispielsweise zwei unterschiedliche Anordnungen der Individuen und Variablen postulieren. Solche Skalen, die von GOODMAN "zweifach" ("biform") genannt werden, stellen Erweiterungen der einfachen GUTTMAN-Skalen dar. Ohne angemessene Theorie wäre es allerdings nicht sinnvoll, in einem konkreten Anwendungsfall zweifache Skalen zu postulieren.

GOODMANs Methode zur Skalierung von Antwortvektoren ist nahe verwandt mit der oben beschriebenen Methode der Analyse latenter Strukturen. Tatsächlich ist es ohne Schwierigkeiten möglich, die einfachen Skalen über ein Modell latenter Strukturen mit einschränkenden Annahmen zu erhalten.

3.1.3. Modelle latenter Variablen (latent trait models)

Modelle latenter Variablen behandeln die Umformung von Information, die auf Nominalskalenebene gewonnen wurde, in eine Information auf einer latenten Skala mit Intervallskaleneigenschaften (das heißt, die Meßwerte sind bis auf eine lineare Skalentransformation bestimmt) (LORD, 1975). Während prinzipiell auch mehrdimensionale latente Variablen betrachtet werden können, wurden bisher Untersuchungsmethoden praktisch nur für den Fall einer einzigen latenten Dimension entwickelt, das heißt, für ein eindimensionales latentes Kontinuum. Um zwingende Schlußfolgerungen über eine kontinuierliche latente Variable zu ziehen, müssen entweder strengere Annahmen oder ein komplizierteres Modell, als zuvor beschrieben, herangezogen werden. Der grundlegende Ansatz zur Definition einer starken Skala liegt in der Itemcharakteristik, die eine mathematische Funktion darstellt. Diese verbindet die Wahrscheinlichkeit einer bestimmten Antwort auf ein Item (z. B. einer korrekten Antwort bei einer kognitiven Aufgabe) mit der Fähigkeit oder einer anderen charakteristischen Eigenschaft der Vpn, die von allen Items gemessen wird. Diese Kurve stellt die Regression der bei einem Item gegebenen Antworten auf die latente Variable dar. Im allgemeinen wird angenommen, daß diese Regressionsfunktion nicht linear ist. Zur Zeit gibt es eine Vielzahl spezifischer Modelle, die unterschiedliche Annahmen über diese Regression treffen. Bei der reinen GUTTMAN-Skala ohne Meßfehler wird angenommen, daß diese Regression eine Treppenfunktion ist; das heißt, sie springt von null auf eins (von einer falschen zur richtigen Lösung) bei einem bestimmten Ausprägungsgrad der latenten Variable. Bei unterschiedlichen Items tritt dieser Übergang natürlich bei verschiedenen Werten des latenten Kontinuums auf. Eine solche Treppenfunktion erscheint aber vielen Psychometrikern unrealistisch, und die Linearitätsannahme, auf die sich ein anderes einfaches Modell stützt, scheint ebenfalls nicht plausibel.

Das am meisten untersuchte und erfolgreich weiterentwickelte Modell latenter Variablen ist im Moment das RASCH (1966) Modell (z. B. ANDERSEN, 1973; FISCHER, 1976; HAMBLETON & COOK, 1977; WHITELY & DAWIS, 1974; WRIGHT, 1977). Dieses Modell trifft die Annahme, daß jedes Item durch einen Parameter charakterisiert ist, der die nichtlineare Itemcharakteristik beschreibt. Ähnlich wie bei einem Ein-Faktorenmodell in der Faktorenanalyse wird bezüglich jedes Individuums angenommen, daß es einen bestimmten Parameter gibt, der seinen Ausprägungsgrad der latenten Variable widerspiegelt. Die Relation der beobachteten Antwort zur latenten Variable ist jedoch nicht durch das einfache lineare Modell der Faktorenanalyse beschreibbar, sondern vielmehr durch eine nichtlineare Funktion, die als einparametrige logistische Funktion bekannt ist. Die logistische Funktion ist der Normalverteilung ziemlich ähnlich, sodaß die Itemcharakteristik für jedes Item der "S"-förmigen Kurve einer kumulativen Normalverteilung sehr ähnlich sieht. Die Items unterscheiden sich hinsichtlich der Abschnitte des latenten Kontinuums, die sie am adäquatesten abdecken, d. h. hinsichtlich ihrer Trennschärfe bei unterschiedlichen Ausprägungsgraden der latenten Variable. Das RASCH Modell ist besonders vorteilhaft, da das Problem der Parameterschätzung im wesentlichen gelöst ist, so daß eine Anwendung in sehr vielen Fällen möglich ist. Wenn die Parameter geschätzt sind, ist es möglich, zu überprüfen, wie gut das Modell auf die Daten paßt (z. B. ANDERSEN, 1973).

Die RASCH-Version des logistischen Modells weist einige interessante Eigenschaften auf, die sie besonders attraktiv für Untersuchungen in der Entwicklungspsychologie machen (siehe z. B. die Darstellung der Bedeutung des RASCH Modells bei der Modellbildung in der intellektuellen Entwicklung im Kapitel von SPADA und KLUWE in diesem Band). An erster Stelle ist zu erwähnen, daß es möglich ist, Schätzungen für die latente Variable durchzuführen, die in gewisser Weise unabhängig von jeder spezifischen Auswahl von Items (Variablen, Aufgaben) sind, die den Vpn vorgelegt werden, vorausgesetzt, die Items wurden entsprechend normiert. Das macht es zum Beispiel möglich, daß ältere Vpn bei einem Vergleich mit jüngeren mit ganz unterschiedlichen Items oder Aufgaben getestet werden können, ohne daß dadurch der Bezug aller Antworten zum einen zugrundeliegenden Kontinuum verlorengeht. Es ist möglich, zwei unterschiedliche Tests so zu konstruieren, daß sie Messungen derselben latenten Variable liefern. Die Frage der Item-Normierung wurde mit Hilfe des RASCH-Modells ebenfalls verallgemeinert, da die Itemparameter zwischen Untergruppen, wie z. B. Altersgruppen, invariant sein sollen. Dieses Modell setzt auch nicht voraus, daß die Meßgenauigkeit bei allen Punkten des latenten Kontinuum gleich ist, und es liefert Meßwerte zur Abschätzung der Genauigkeit der Parameterschätzungen für die Vpn. Aus vorwiegend technischen Gründen ist aber die Tatsache am wichtigsten, daß die Gesamtscores der Vpn, die in Form einfacher ungewichteter Summen der Anzahl richtig gelöster Items ermittelt werden, adäquate Ausgangsgrößen zur Messung der unbekannten latenten Variable darstellen. (Dies beruht darauf, daß diese Scores erschöpfende Statistiken der latenten Variable sind).

Wie auf Grund der verschiedenen, erwähnten, positiven Charakteristika des RASCH-Modells nicht anders zu erwarten, wird dieses Modell in der Erziehungsforschung immer beliebter, die oft mit denselben Problemen konfrontiert wird, wie sie bei der Erforschung von Entwicklungsprozessen auftreten (große Altersdifferenzen innerhalb einer Untersuchung, dichotome Indikatoren, relevante latente Variablen). Eine Einführung in die Anwendung dieses Modells im pädagogischen Bereich, bei der Tests entwickelt wurden, die dasselbe Merkmal erfassen, kann in RENTZ und BASHAW (1977) gefunden werden. Im Rahmen von Itembanken wird das Modell von WOOD (1976) diskutiert.

Es muß darauf hingewiesen werden, daß auch die RASCH-Skala ebenso wie die GUTTMAN-Skala nur ein Spezialfall eines Modells mit Itemcharakteristiken ist. Wie weiter oben ausgeführt wurde, handelt es sich um ein ein-parametriges logistisches Modell. Es gibt auch zwei- und drei-parametrige[2] logistische Modelle (z. B. BIRNBAUM, 1968; LORD, 1977; MARCO, 1977). In diesen Modellen sind die Items nicht äquivalent, mit Ausnahme der Tatsache, daß sie sich alle auf dasselbe latente Kontinuum beziehen. In den zwei-parametrigen Modellen haben verschiedene Items im allgemeinen unterschiedliche Kurvenformen hinsichtlich ihrer Itemcharakteristiken, aber es wird auch hier angenommen, daß Reaktionswahrscheinlichkeiten im gesamten Kontinuum von null bis eins auftreten. Im dreiparametrigen logistischen Modell wird auch zugelassen, daß ein Item mit einer Wahrscheinlichkeit von nicht null bei allen Ausprägungsgraden der Fähigkeit korrekt beantwortet werden kann. Leider sind viele Fragen der statistischen Schätzung bei diesen komplexeren (und daher realistischeren) Modellen bis jetzt noch nicht beantwortet; in der Praxis kann man sich nicht immer darauf verlassen, daß eine Schätzung möglich ist. Wenn die Modelle allerdings anwendbar sind, sind sie extrem aussagekräftig. Das dreiparametrige Modell scheint beispielsweise bei der Anwendung des maßgeschneiderten Testens wesentlich zu sein, einer Methode, bei der mit Hilfe des Computers den Vpn gerade jene Aufgaben vorgelegt werden, die optimal dazu geeignet sind, den Ausprägungsgrad der latenten Variable zu bestimmen (z. B. URRY, 1977).

Es gibt noch kompliziertere Modellvarianten als die verschiedenen eben erwähnten logistischen Modelle. Ins-

2) Hinweis der Herausgeber: Beim ein-parametrigen logistischen Modell wird bezüglich der Items nur nach dem Merkmal Schwierigkeit differenziert, beim zwei-parametrigen Modell im allgemeinen auch nach der Trennschärfe, beim drei-parametrigen zusätzlich nach der Ratewahrscheinlichkeit (insbesondere bei Mehrfachwahlaufgaben).

besondere gilt, daß diese Modelle nur in den Fällen angewandt werden können, in denen die Items dichotom sind. Wenn bei einem Item oder einer Variable mehrere Antwortkategorien gegeben sind, ist es möglich, für jede Antwortalternative eine Itemcharakteristik zu postulieren, wobei die korrekte Alternative durch eine monoton ansteigende Funktion der Fähigkeit repräsentiert wird (z. B. BOCK, 1972; FISCHER, 1977; SAMEJIMA, 1972). Wenn die Antwortkategorien in bezug auf die latente Variable geordnet sind, kann ein wieder etwas anderes Modell verwendet werden (SAMEJIMA, 1969, 1977a, 1977b). Die zuletzt genannten Modelle scheinen jedoch zur Zeit für Testspezialisten im pädagogischen und psychologischen Bereich interessanter zu sein als für Entwicklungspsychologen, deren primäres Interesse im Studium der kognitiven Entwicklung liegt. Ein Modell latenter Variablen, das von Bedeutung für die Analyse individueller Entwicklung ist, kann bei BOCK (1976) nachgelesen werden.

3.1.4. Faktorenanalytische Modelle (factor analysis models)

Eine Verallgemeinerung der Modelle latenter Variablen findet man in den neueren Entwicklungen faktorenanalytischer Modelle für dichotome Variablen (CHRISTOFFERSSON, 1975; MUTHÉN, 1978). Die Modelle von CHRISTOFFERSSON und MUTHÉN sind weitgehend identisch, aber MUTHÉN hat eine effizientere Schätzmethode für die Parameter des Modells entwickelt. In diesen Modellen wird angenommen, daß jede beobachtete dichotome Variable einfach das manifeste Gegenstück einer zugrundeliegenden, latenten kontinuierlichen Variablen ist, wobei diese beiden Variablen über einen Schwellenparameter zusammenhängen, der die beobachtete dichotome Reaktion auf der korrespondierenden latenten Variablen stufenförmig abbildet. Wenn der Ausprägungsgrad einer latenten Variablen für eine richtige Antwort über einem bestimmten

Wert liegt, gibt die Vp eine korrekte Antwort, andernfalls gibt sie eine falsche Antwort. Es wird angenommen, daß sich die latente kontinuierliche Variable in der üblichen faktorenanalytischen Form darstellen läßt. Das heißt, sie stellt eine gewichtete Kombination von gemeinsamen latenten Faktoren und einer spezifischen Komponente dar. Dadurch wird das gewöhnliche faktorenanalytische Modell auch für die Analyse binärer Daten relevant. Das Modell wird den Daten mit Hilfe einer verallgemeinerten kleinsten Quadrat-Methode angepaßt, indem Informationen bezüglich der relativen Häufigkeiten erster und zweiter Ordnung herangezogen werden. Anhand eines Chi-Quadrat-Tests kann überprüft werden, wie gut das Modell auf die Daten paßt.

Das Faktoren-Modell ist auf Grund seiner Mehrdimensionalität in einer größeren Zahl von Fällen anwendbar als die Modelle eindimensionaler latenter Variablen. Andererseits trifft das Modell die ziemlich strenge Annahme einer multivariaten Normalverteilung der zugrundeliegenden latenten Variablen. Diese Annahme stellt kein Hindernis für die Analyse dar, wenn das Modell tatsächlich auf einen bestimmten Datensatz paßt. Wenn aber keine adäquate Übereinstimmung zwischen Modell und Daten vorliegt, weiß man nicht, ob der Fehler beim Faktorenmodell selbst liegt, oder vielmehr in der Verteilung zu suchen ist, die für die Variablen angenommen wurde. In der Entwicklungspsychologie scheint die Annahme einer Normalverteilung für viele Variablen vernünftig zu sein, wenn man Daten innerhalb enger Altersbereiche erhebt. Es gibt aber natürlich auch Situationen, in denen eine solche Annahme fraglich zu sein scheint. Bei einer Untersuchung von PIAGETs Konzept der Erhaltung wäre es beispielsweise ganz unvernünftig, Normalverteilung hinsichtlich der latenten Variable "Erhaltung" anzunehmen, wenn nicht eine entsprechende Kombination von Altersstufen berücksichtigt wurde. Weil offensichtlich die Möglichkeit besteht, daß es mindestens zwei Dimensionen der Erhaltung gibt (z. B. GOLDSCHMID &

BENTLER, 1968; GOLDSCHMID u. a., 1973), könnte eine Methode, wie die soeben beschriebene, die Evaluierung einer solchen Hypothese mit geeigneten statistischen Mitteln ermöglichen. Die "Monotonicity"-Analyse (BENTLER, 1970a), die wir in den letzten Jahren in großem Umfang angewendet haben, besitzt diese statistischen Vorzüge sicherlich nicht.

Das Faktoren-Modell für dichotome Variablen kann sowohl in exploratorischen wie in verifizierenden Untersuchungen, wie es auch für die anderen üblichen Faktoren-Modelle der Fall ist, angewandt werden (z. B. BENTLER, 1976b). Das heißt, es ist beispielsweise möglich, nur die Dimensionalität des latenten Raums zu bestimmen;die Zahl der Faktoren wird verändert, bis das Modell auf einen bestimmten Datensatz paßt (z. B. ZELNIKER, BENTLER & RENAN, 1977). Andererseits kann das Modell auch angewandt werden, wenn eine gegebene Theorie verifiziert werden soll. Eine solche Theorie kann verlangen, daß gewisse Parameter gleich sind, oder daß einige Parameter gleich null gesetzt werden. Auf diese Weise können sehr komplizierte Modelle in Erwägung gezogen werden. Die Möglichkeit, konkurrierende Modelle zu evaluieren, wäre ja eine notwendige Bedingung für eine nützliche Verwendung kausaler Modelle.

3.2. Vorhersage-Modelle (prediction models)

Bei den qualitativen Modellen ist das vorrangige Ziel der Analyse, die beobachteten Daten mit zugrundeliegenden, und wie vermutet wird, wichtigen Eigenschaften in einen Zusammenhang zu bringen, da die manifesten Variablen bloß als Realisierungen der latenten Variablen aufgefaßt werden. Bei anderen Ansätzen wird der Struktur, die den Daten zugrundeliegt, nicht so viel Beachtung geschenkt, sondern vielmehr der Aspekt der Vorhersage in den Vordergrund gerückt. Im Zusammenhang mit quantitativen kontinuierlichen Variablen ist das Problem der Vorhersage mit Hilfe der multiplen Regression oder der kanonischen Korrelation lösbar, während die Frage nach der Struktur ein Problem der Faktorenanalyse ist. Bei der Analyse dichotomer Variablen gibt es ein recht brauchbares Regressionsmodell, um eine einzelne abhängige Variable aus einem Satz unabhängiger Variablen vorherzusagen; außerdem existiert ein komplizierteres Modell, das den Zusammenhang von dichotomen abhängigen Variablen mit quantitativen und qualitativen unabhängigen Variablen mit Hilfe eines der oben beschriebenen strukturellen Meßmodelle darstellt.

3.2.1. Dichotomes Regressions-Modell (dichotomous regression model)

Wenn alle Variablen einer Regressionsanalyse, auch die Vorhersage- und Kriteriumsvariablen, dichotom sind, dann ist das übliche lineare kleinste-Quadrate-Modell für die Analyse nicht geeignet. Wenn dieses Modell in einem statistischen Rahmen verwendet wird, verlangt es, daß die Kriteriumsvariable normal verteilt und daß Homoskedaszidität gegeben ist. Diese Voraussetzungen sind bei binären Variablen nicht erfüllt, und außerdem können die unter Zugrundelegung des Modells vorhergesagten Werte außerhalb des 0-1 Bereichs fallen. Folglich ist es wünschenswert, eine andere Methode heranzuziehen. Eine solche Alternative stellt das Logit-Modell dar, wie es zum Beispiel von GRIZZLE, STARMER und KOCH (1969), THEIL (1970), GOODMAN (1972a, 1975b) und anderen entwickelt wurde. Dieses Modell kann in einer sehr allgemeinen Form dargestellt werden, die es ermöglicht, daß die Vorhersage- und Kriteriumsvariablen, zusätzlich zu den einfachen Haupteffekten der Vorhersagevariablen durch "Wechselwirkungen" höherer Ordnung miteinander verbunden werden.

Im Logit-Modell wird eine multiplikative Variante des "loglinearen" Modells verwendet, um die Wahrscheinlichkeit einer Beobachtung, die sich auf eine bestimmte Antwortmöglichkeit bei der Kriteriumsvariablen (wie "ja", "richtig" usw.) und auf ein bestimmtes Antwortenmuster bei allen anderen Variablen bezieht, zu beschreiben. Diese Wahrscheinlichkeit ist natürlich eine bestimmte Größe in der mehrdimensionalen Kontingenztabelle, die alle Variablen miteinander verbindet; die Größe, die mit einer bestimmten Antwortmöglichkeit im Rahmen der Kriteriumsvariablen korrespondiert, wird analysiert. Das Modell, das zur Beschreibung dieser Wahrscheinlichkeit oder Häufigkeit herangezogen wird, entspricht einer multiplikativen Variante eines varianzanalytischen Modells. Das heißt, das Modell enthält die Produkte (nicht die Summen) der Werte, welche die Randverteilungen (Haupteffekte) aller Variablen und die Wechselwirkungen auf verschiedenen Ebenen, von zweifachen Wechselwirkungen bis zu Wechselwirkungen sehr hoher Ordnung,repräsentieren. (In der Praxis, wie auch bei sehr komplexen varianzanalytischen Versuchsplänen, werden zumeist nur die einfachen Wechselwirkungen benötigt; zur Anpassung der Mehrzahl der Modelle sind aber doch häufig weit mehr als nur die Haupteffekte nötig). Eine zweite, ähnliche multiplikative Gleichung wird für die andere Antwortmöglichkeit innerhalb der Kriteriumsvariablen ("nein","falsch", usw.) verwendet. Der Quotient der beiden Kriteriumswahrscheinlichkeiten kann dann als Quotient nur einiger bestimmter Größen des zuvor vollständig formulierten multiplikativen Modells ausgedrückt werden; die anderen Größen fallen einfach weg. Dieser Quotient von Kriteriumswahrscheinlichkeiten wird somit als ein Produkt von Größen ausgedrückt, die ähnlich wie Haupteffekte und Interaktionen interpretiert werden können. Wenn nun die Logarithmen dieses Quotienten von Wahrscheinlichkeiten gebildet werden, erhalten wir ein Logit. Da das Logit gleich dem Logarithmus des Produkts verschiedener multiplikativer Parameter ist, ist das Logit gleich der einfachen Summe der Logarithmen solcher Parameter. Es resultiert somit ein additives Modell mit dem Logit als abhängiger Variable. Die Abhängigkeit dieser Variable von den verschiedenen Vorhersagegrößen kann nun ermittelt werden. Wie zu erwarten, sind in vielen Fällen nur einige Vorhersagegrößen oder Parameter erforderlich, um die beobachteten Daten mit hinreichender statistischer Genauigkeit zu beschreiben, und verschiedene Größen können weggelassen werden. GOODMAN (1972a) ist der Meinung, daß die gesamte Logit-Regressionsgleichung für die Daten geschätzt werden sollte (aber nicht ihre Geltung überprüft, da keine Freiheitsgrade übrigbleiben) und daß die Größe der Parameter einen Anhaltspunkt dafür liefern kann, welche Variablen keinen signifikanten Beitrag zu liefern scheinen und in den folgenden Analysen weggelassen werden können, ohne daß ein statistisch bedeutsamer Verlust an Vorhersagegenauigkeit eintritt. Es gibt einen umfassenden Signifikanztest für ein Logit-Modell, der auf dem Chi-Quadrat-Test aufbaut; verschiedene konkurrierende Modelle, die jeweils nur bestimmte Wechselwirkungsausdrücke enthalten, können bezüglich ihrer Anpassungsgenauigkeit verglichen werden.

Es gibt eine Vielzahl von Ansätzen, um Schätzungen für die Parameter dieser Modelle zu erhalten. GRIZZLE u. a. (1969) zum Beispiel bevorzugen die Methode der gewichteten kleinsten Quadrate, während GOODMAN (1972a) einer Methode den Vorzug gibt, die auf Maximum Likelihood Schätzungen beruht. GOODMAN nimmt an, daß seine Methoden asymptotisch effizienter sind; dies ist aber kein gut abgesichertes Ergebnis. Die computerisierte Durchführung seiner Methode scheint aber schneller und folglich weniger kostspielig zu sein.

Wie GOODMAN (1975b) gezeigt hat, gibt es auch einen alternativen Ansatz zur Regression mit dichotomen Variablen. Es handelt sich um ein additives (und nicht um ein multiplikatives)Modell für die Wahrscheinlichkeiten der Kriteriumsklasse im Bezug zu den Antwortvektoren. Dieser Ansatz wird nicht besonders empfohlen, obwohl im Hinblick auf Anwendungen kaum Unterschiede gegeben sind, wenn alle Variablen Randwahrscheinlichkeiten im Bereich von .25 - .75 aufweisen.

Aufgrund der verwirrenden Vielzahl möglicher Effekte höherer Ordnung bei einer großen Anzahl von Variablen (die Anzahl dieser Effekte wächst exponentiell mit der Anzahl der Variablen) ist es nötig, bei diesen Modellen einerseits mit einer relativ geringen Anzahl von Variablen und andererseits mit relativ expliziten kausalen Modellen zu arbeiten. Je expliziter die verschiedenen möglichen kausalen Modelle sind, umso größer ist im Prinzip die Anzahl der Variablen, die angepaßt werden kann. Dies ist darauf zurückzuführen, daß jeweils nur eine gewisse Menge von Modellen statistisch evaluiert werden kann. Es gibt einfach keinen brauchbaren Weg, diese Regressionsmodelle im Rahmen eines exploratorischen Vorgehens anzuwenden, bei dem das Ziel im Auffinden eines optimalen Regressionsmodells liegt, das die geringste Anzahl von Parametern aufweist und die besten Erklärungsmöglichkeiten liefert. Wenn nur 3, 4 oder vielleicht 5 Variablen betrachtet werden, ist hingegen eine solche exploratorische Methode möglich. GOODMAN liefert einige Richtlinien für einen solchen Fall.

3.2.2. Strukturgleichungsmodell (structural equation model)

In einem früheren Abschnitt (vgl. 3.1.4.) haben wir das dichotome faktorenanalytische Modell von CHRISTOFFERSSON (1975) und MUTHÉN (1978) diskutiert. In diesem Modell werden manifeste binäre Variablen mit latenten kontinuierlichen Faktoren in Beziehung gesetzt. MUTHÉN (1976) hat dieses allgemeine Modell ausgeweitet, indem er eine Strukturgleichungskomponente einbaute. Diese ist ein zusätzlicher Satz von Gleichungen, durch den die latente quantitative Variable als abhängige Variable auf einen Satz von bekannten, manifesten Variablen zurückgeführt wird. Diese manifesten unabhängigen Variablen können qualitativer oder quantitativer Natur sein. Das kombinierte Modell führt also dazu, daß die dichotomen abhängigen Variablen mit mehreren unabhängigen Vorhersagevariablen (durch die latente Variable als eine vermittelnde Größe in der Regression) in Zusammenhang gebracht werden. In diesem Sinn kann das Modell als eine interessante Verallgemeinerung eines Regressionsmodells mit mehrfach abhängigen Variablen betrachtet werden.

Wie schon früher betont, erlaubt das faktorenanalytische Modell für dichotome Daten natürlich die Berücksichtigung von multiplen, quantitativen latenten Variablen. Dementsprechend berücksichtigt das Strukturgleichungsmodell nicht nur eine latente Variable als eine vermittelnde Größe in der Regression, sondern vielmehr alle jene latenten Variablen, die gleichzeitig von Bedeutung sein könnten. Zusätzlich ist es möglich, die verschiedenen Kausaleffekte der einzelnen latenten Variablen aufeinander zu untersuchen. Es muß aber wiederholt werden, daß es erfolgversprechender ist, ein explizites kausales Modell zu überprüfen, als von der Hoffnung auszugehen, daß diese Methode auf explorativem Weg "die" kausale Struktur finden wird. Im günstigsten Fall stimmen die Daten mit einer kausalen Hypothese überein; sie stellen aber keinen Beweis dafür dar. Hypothesen, die bei gegebenen Daten unplausibel sind, können auf Grund eines statistischen Tests verworfen werden.

3.3. Polychotome Antwort-Modelle (multinomial response models)

Eine der am häufigsten verwendeten Methoden bei der Analyse von Daten, die in nichtgeordneten Kategorien klassifiziert sind, ist das log-lineare Modell. Eine ganze Klasse von Verfahren wurde auf der Grundlage dieses und ähnlicher Modelle entwickelt (z. B. BISHOP, FIENBERG & HOLLAND, 1975; DAVIS, 1975; GOODMAN, 1972b; HABERMAN, 1974; NERLOVE & PRESS, 1973; PLACKETT, 1974). Eine der relevanten Techniken behandelt die Anpassung von Daten an mehrfache Kontingenztabellen. BOCK (1975) verweist auf das damit verbundene statistische Problem der Schätzung polychotomer Antwort-Muster anhand einer Stichprobenverteilung; ein Problem, das für solche Tabellen und für andere, allgemeinere Fälle mit qualitativen Daten sehr relevant ist. Ein spezielleres Problem bei Kontingenztabellen ist die Analyse einer einzelnen Kreuzklassifizierung, bei der die Beobachtungen falsch kategorisiert sein können. Ein solches Modell wird von THOMAS (1977) dargestellt.

3.3.1. Log-lineares Modell (log-linear-model)

In einem früheren Abschnitt (vgl. 3.2.1.) haben wir das dichotome Regressionsmodell diskutiert, das sich ergibt, wenn man die Wahrscheinlichkeiten der beiden Reaktionsmöglichkeiten (z. B. "richtig", "falsch") als eine multiplikative Funktion von Haupteffekten und Wechselwirkungen verschiedener Ordnung darstellt, ihren Quotienten bildet und die Logarithmen nimmt (es resultiert ein lineares Vorhersagemodell). Bei der Analyse von Daten, die generell in verschiedene Kategorien eingeordnet sind und kreuzklassifiziert werden können, macht die Unterscheidung zwischen Vorhersage- und Kriteriumsvariablen oft keinen Sinn. Es ist aber dennoch möglich, die Wahrscheinlichkeit oder Häufigkeit in einem bestimmten Feld einer mehrfachen Kontingenztabelle als eine multiplikative Funktion von verschiedenen Parametertypen darzustellen. Wenn man die natürlichen Logarithmen dieser Häufigkeiten bildet, erfolgt eine Zerlegung in lineare additive Komponenten (daher die Bezeichnung: loglineares Modell). Das Problem bei der Analyse solcher Daten liegt darin, ein Modell zu erhalten, das die beobachteten Wahrscheinlichkeiten oder Häufigkeiten mit hinreichender statistischer Genauigkeit beschreibt.
Wenn zum Beispiel die Kategorisierungen bezüglich verschiedener Variablen ganz unabhängig wären, dann würde die Kenntnis der Randwahrscheinlichkeiten aller Nominalvariablen ausreichen, die Wahrscheinlichkeit für ein be-

stimmtes Feld in der Tabelle als einfaches Produkt der Randwahrscheinlichkeiten zu schätzen. Dies ergibt sich aus dem bekannten Prinzip der statistischen Unabhängigkeit, das beispielsweise bei der Analyse von 4-Felder-Tafeln herangezogen wird. Bei solchen Tafeln kann die Hypothese der Unabhängigkeit durch ein Chi-Quadrat überprüft werden, welches die Übereinstimmung der beobachteten Häufigkeiten mit denen, die man bei Geltung der Annahme der Unabhängigkeit erhalten würde, anzeigt. Das log-lineare Modell übernimmt die einfache Idee dieser Hypothesenprüfung und verallgemeinert sie für den Fall mehrfacher, umfassenderer Tabellen.

Wenn die Wahrscheinlichkeit, in ein bestimmtes Feld einer mehrfachen Kontingenztabelle zu fallen, nicht einfach auf Grund der Randhäufigkeiten der Tabelle vorhergesagt werden kann, wird das Auffinden eines Modells, das diese Wahrscheinlichkeit für die einzelnen Felder der Tabelle vorherzusagen vermag, sehr kompliziert. Wie wir früher schon ausgeführt haben, gibt es eine sehr große Klasse von Modellen, die überdies exponentiell mit der Anzahl der Variablen und Kategorien pro Variable anwächst. GOODMAN (1972b) schlägt bei kleinen Tabellen vor, ein "saturiertes Modell" anzupassen, das heißt ein Modell, das nicht prüfbar ist,da es alle möglichen Parameter niedrigster bis höchster Ordnung einschließt. Das Vorhandensein von offensichtlich starken und trivialen Effekten in einer solchen Analyse kann einen Anhaltspunkt dafür liefern, welche mit bestimmten Effekten verknüpften Parameter eliminiert werden sollten und welche anderen Parameter besonderes Augenmerk verdienen. Wie ebenfalls schon betont wurde, ist es aber in solchen Fällen wesentlich besser, von der Überprüfung eines kausalen Modells auszugehen, da die Anzahl der konkurrierenden exploratorischen Modelle schnell sehr groß wird, wenn die Anzahl der Variablen zunimmt,und der Überblick verlorengeht. Man stelle sich nur z. B. zwei-mal-zwei und zwei-mal-zwei-mal-zwei faktorielle varianzanalytische Versuchspläne vor (z. B. THOMPSON & BENTLER, 1971). Wenn die Anzahl binärer kreuzklassifizierter Variablen nur von zwei auf drei ansteigt, wächst die Zahl der zu interpretierenden Parameter und Effekte wesentlich an. Und betrachten wir dann den Fall einer 2^{10} Kontingenztabelle. Daten einer solchen Tabelle werden total uninterpretierbar, wenn nicht die Effekte höherer Ordnung außer acht gelassen werden können; zugleich werden auch die Berechnungen unerschwinglich teuer.

3.3.2. Ein Modell für die Kreuzklassifizierung mit Fehlern (cross classification with errors model)

Allgemeine Modelle für die Analyse von Kontingenztabellen liefern manchmal nicht dieselbe Einsicht in einen Forschungsbereich, wie sie bei der Analyse eines spezifischen Modells gewonnen werden kann. Dies ist beispielsweise bei dem eng begrenzten Problem der Fall, das kürzlich von THOMAS (1977) aufgegriffen wurde, und das die Frage der Stufen in der kognitiven Entwicklung betrifft (z. B. BENTLER, 1970b.). THOMAS betrachtet den Fall einer einzelnen Kreuzklassifizierung, bei welcher die Vpn zwei Arten von Verhalten zeigten, von denen beide in geordnete Kategorien klassifiziert wurden. Denken wir beispielsweise an zwei Aufgaben, die das Vorhandensein des Erhaltungsbegriffs prüfen. Bei jeder Aufgabe kann ein Kind als "früh" im Besitz des Erhaltungsbegriffs, "zu einem mittleren Zeitpunkt" oder "spät" eingestuft werden. Nach WOHLWILLs (1973) Terminologie könnten drei plausible Modelle die beobachteten Daten in einem solchen entwicklungspsychologischen Fall erklären. Im Modell I, einem Modell für eine synchron verlaufende Entwicklung, wird beispielsweise angenommen, daß jedes Kind für jede der beiden Variablen in derselben Kategorie eingestuft werden kann; so sollte es zum Beispiel bei beiden Aufgaben Antworten geben, die zeigen, daß es den Erhaltungsbegriff "früh" erworben hat. In Modell II, einem Modell, in dem eine gewisse Zeitverschiebung ("decalage") berücksichtigt wird, wird angenommen, daß die eine Form des Erhaltungsbegriffs der Entwicklung der anderen Formen zwingend vorhergeht. Folglich sollten nur gewisse Antwortmuster in den Daten aufscheinen; zum Beispiel kann das Kind bezüglich der einen Aufgabe den entsprechenden Erhaltungsbegriff "früh" erworben haben, mag aber bezüglich der anderen Aufgabe irgendwo in der Entwicklung stehen; oder aber das Kind gibt bei der einen Aufgabe eine Antwort, die zeigt, daß es den Erhaltungsbegriff "zu einem mittleren Zeitpunkt" erworben hat und bei der anderen Aufgabe eine Antwort, die zeigt, daß es entweder "zu einem mittleren" oder "zu einem späten Zeitpunkt" den Erhaltungsbegriff erworben hat. WOHLWILL diskutierte auch ein "reziprokes Interaktions"-Modell, ein Modell III, das einen gewissermaßen zyklischen Prozeß beschreibt, bei dem zuerst die eine Aufgabe entwicklungsmäßig gesehen auf einer weiter fortgeschrittenen Stufe beantwortet wird und in einer späteren Phase die andere. Das statistische Problem besteht in der Entscheidung zwischen diesen Modellen bei einem gegebenen Datensatz, wenn theoretisch für gewisse Felder der Kreuzklassifizierung anzunehmen ist, daß sie leer sind, und wenn eine gewisse Fehlerwahrscheinlichkeit bei der Klassifizierung der Vpn zu berücksichtigen ist.

THOMAS beschreibt eine Methode zur Durchführung dieser Analyse und zum Entscheidungsverfahren bei der Auswahl eines der Modelle. Obwohl es keine spezielle Regel bei der Auswahl "des" korrekten Modells bei einem solchen Vergleich gibt, kann es mit Hilfe eines Chi-Quadrat-Tests durchaus klarer werden, welche Modelle verworfen werden müssen und welche plausibel scheinen. THOMAS bezieht sich auf zwei Beispiele aus der entwicklungspsychologischen Literatur, die zeigen, daß seine Techniken im Rahmen praktischer entwicklungspsychologischer Probleme anwendbar sind.

4. Allgemeingültigkeit und Anwendungsmöglichkeiten von Theorie, Methoden und Daten

Wir beschließen nun unsere Übersicht über die beschreibende, exploratorische und hypothesenprüfende Analyse von Daten, wie sie zur Entwicklung inhaltlicher Theorien und kausaler Modelle im Rahmen eines Ansatzes zur Konstruktvalidität herangezogen werden. Die im Überblick dargestellten Methoden zur Analyse qualitativer Daten nehmen zahlenmäßig offensichtlich sehr schnell zu, und zumindestens potentiell haben sie auch der sozialwissenschaftlichen Forschung einiges zu bieten. Wir möchten den Leser jedoch daran erinnern, daß die Entwicklung kausaler Modelle als ein hypothesenprüfender Forschungsansatz anderen Ansätzen nicht notwendigerweise überlegen ist. Es ist möglich, daß die bloße Beschreibung der Daten oder das exploratorische Vorgehen bei der Modellentwicklung dem Stand der Theorienbildung in einem bestimmten Forschungsbereich und den dort gegebenen Daten besser entspricht.

Trotzdem ist das folgende festzuhalten: Wenn man in einem Gebiet in der Lage ist, ein wirklich vollständiges nomologisches Netzwerk zu formulieren, das die Konstrukte untereinander und mit den beobachteten Variablen in einen bestimmten Zusammenhang bringt, dann hat der Ansatz der Entwicklung kausaler Modelle zur Hypothesenprüfung mit seinen Möglichkeiten zur Analyse auch nichtexperimenteller Antwort-Antwort-Beziehungen große Chancen. Nicht zuletzt liegt einer seiner Vorzüge darin, den Forscher zur Entwicklung inhaltlicher Theorien anzuregen, und zwar mit dem Ziel, diese Theorien einer Evaluierung durch die Entwicklung kausaler Modelle zugänglich zu machen.

Obwohl die Entwicklung kausaler Modelle in der Zukunft von großem Nutzen für die sozialwissenschaftliche Forschung zu sein scheint, bedarf die Methodologie der Entwicklung kausaler Modelle selbst noch durchaus weiterer

Forschung. Es ist klar, daß sowohl inhaltliche Theorie als auch empirische Daten an diese Methodologie Anforderungen stellen, denen zur Zeit nicht entsprochen werden kann. Es bleibt zum Beispiel schwierig, Nominal-Variablen mit geordneten Kategorien ebenso angemessen zu behandeln wie rein qualitative oder rein quantitative Daten. Dabei werden sehr viele psychologische Daten gerade auf diesem Niveau erhoben. Wie ein anderes Beispiel zeigt, können Modelle latenter Variablen, wie das logistische Rasch-Modell, bis jetzt nur bei eindimensionalen Spezialfällen angewendet werden[3]. Aber die Mehrzahl psychologischer Daten ist im Grunde mehrdimensional. Schließlich ist es mit Modellen zur Analyse qualitativer Daten erst in Ansätzen möglich, die Unterscheidung zwischen manifesten und latenten Variablen in geeigneter Weise zu handhaben, eine Unterscheidung, die sich in quantitativen Modellen als fundamental wichtig erwiesen hat (z. B. JÖRESKOG, 1977). Natürlich sind weitere Untersuchungen dieses Problems nötig.

Wenn die Entwicklung kausaler Modelle ein integraler Bestandteil sozialwissenschaftlicher Forschung wird, tritt bestimmt die Frage eines Vergleichs kausaler Modelle in den Vordergrund: welche Theorie hat die höchste Konstruktvalidität? Wenn konkurrierende Modelle anhand eines bestimmten Datensatzes evaluiert werden, dürfte der Vergleich relativ einfach sein, aber wenn die Datenbasen unterschiedlich sind, ist das Problem wesentlich komplizierter. Bei zwei konkurrierenden Theorien, die versuchen, dieselben Daten zu erklären, wäre das kausale Modell, das besser paßt, vorzuziehen. Wenn zufällig zwei Modelle die Daten gleich gut erklären, und wenn andere Informationen für eine Entscheidung nicht vorliegen, kann man das sparsamere Modell - also das Modell mit der kleineren Anzahl an Parametern - als das

3) Hinweis der Herausgeber: Die polychotome Verallgemeinerung des Rasch-Modells erfaßt im allgemeinen mehrdimensionale latente Variablen.

bessere Modell betrachten. Wenn sich die zu vergleichenden Modelle auf unterschiedliche Datenbasen beziehen, könnte man ebenfalls versucht sein, den Chi-Quadrat-Test oder einen ähnlichen Index, der sich von kausalen Modellen ableiten läßt, zu verwenden, insbesondere wenn sich die Daten nur minimal unterscheiden (wie zum Beispiel, wenn bestimmte manifeste Variable für andere eingesetzt werden). Ein solcher Ansatz ist manchmal, und zwar vor allem dann verwendbar, wenn sich die manifesten Variablen besonders gut als Manifestationen von latenten Konstrukten verstehen lassen. Im allgemeinen hingegen kann ein Anpassungsindex keine hinreichende Grundlage für den Vergleich des Entwicklungsgrades und der Anwendungsmöglichkeiten alternativer Theorien sein. Wenn die Theorien in allen Eigenschaften, auch in ihrer Fähigkeit, die Daten zu erklären, übereinstimmen, dann ist jene Theorie, deren nomologisches Netzwerk dichter ist, entwickelter und bedeutsamer einzustufen. Die Dichte eines Netzwerkes ist jedoch schwierig zu quantifizieren, weil Überlegungen bezüglich der folgenden Eigenschaften eine Rolle spielen: die Anzahl der insgesamt berücksichtigten Variablen, die Anzahl der Parameter, das Verhältnis der Anzahl der Variablen zur Anzahl der Parameter, das Verhältnis von bekannten zu geschätzten Parametern, die Differenziertheit des strukturellen Modells (vielleicht abschätzbar durch die Anzahl der Parameter und die Anzahl der Dimensionen) und die Differenziertheit des Meßmodells (die auf ähnliche Weise abschätzbar wäre). In Anbetracht dessen, daß bezüglich der notwendigen Austausch-Relationen vermutlich keine Übereinstimmung besteht, dürfte es unmöglich sein, eine allgemeine Formel zu finden, die solche Informationen kombiniert. Wie sollte man zum Beispiel den Wert der Vergrößerung der Vielfalt an Meßmethoden (im Sinn von CAMPBELL & FISKE, 1959; BENTLER & MCCLAIN, 1976) für ein bestimmtes strukturelles Modell mit dem Wert der Vergrößerung der Anzahl der Parameter für ein gegebenes Konstrukt in einem Meßmodell vergleichen, die aus einer Vergrößerung der

Anzahl monomethodischer (auf einer einzigen Datenquelle beruhender) Variablen resultiert? Natürlich dürfte es leichter sein, die Anzahl der Parameter in einem Modell durch Hinzufügen, sagen wir, von zusätzlichen subjektiven Variablen der Vpn zu erhöhen. Es ist aber anzunehmen, daß viele Forscher der Meinung sind, daß ein tieferes Verstehen durch Berücksichtigung von indirekteren, aus verschiedenen Datenquellen stammenden Variablen erreicht werden kann. Leider besitzen wir keine allgemeine Lösung für dieses Dilemma beim Vergleich kausaler Modelle, um in abstrakter Weise bestimmen zu können, ob eines der Modelle überlegen ist. Wir möchten jedoch anmerken, daß ein gewisser Grad an Skepsis bezüglich der Entwicklung kausaler Modelle durchaus angebracht ist: Es kommt durchaus vor, daß statistisch akzeptable kausale Modelle auf theoretischer Ebene nur Trivialitäten abbilden. Der wirklich sinnvolle Gebrauch solcher Modelle beruht auf umfassenden theoretischen Reflexionen und auf qualitativ hochwertigen empirischen Daten.

Literaturverzeichnis:

ANDERSEN, E.B.: A goodness of fit test for the Rasch model. Psychometrika, 1973, 38, 123-140.

APA Committee on Psychological Tests: Technical recommendations for psychological tests and diagnostic techniques. Washington, D.C.: APA, 1954.

BECHTOLD, H.P.: Construct validity: A critique. American Psychologist, 1959, 14, 619-629.

BENTLER, P.M.: A comparison of monotonicity analysis with factor analysis. Educational and Psychological Measurement, 1970a, 30, 241-250.

BENTLER, P.M.: Evidence regarding stages in the development of conservation. Perceptual and Motor Skills, 1970b, 31, 855-859.

BENTLER, P.M.: An implicit metric for ordinal scales: Implications for assessment of cognitive growth. In: GREEN, D.R., FORD, M.P. & FLAMER, G.B. (Eds.): Measurement and Piaget. New York: McGraw-Hill, 1971, 34-63.

BENTLER, P.M.: Multistructure statistical model applied to factor analysis. Multivariate Behavioral Research, 1976a, 11, 3-25.

BENTLER, P.M.: Factor analysis. In: BENTLER, P.M., LETTIERI, & AUSTIN, G.A. (Eds.): Data analysis strategies and designs for substance abuse research. Washington, D. C.: U.S. Government Printing Office, 1976b.

BENTLER, P.M. & McCLAIN, J.: A multitrait-multimethod analysis of reflection-impulsivity. Child Development, 1976, 47, 218-226.

BENTLER, P.M. & WOODWARD, J.A.: A Head Start re-evaluation: Positive effects are not yet demonstrable. Evaluation Quarterly, 1978, 2, 493-510.

BERGMANN, G. & SPENCE, K.W.: The logic of psychophysical measurement. Psychological Review, 1944, 51, 1-24.

BIRNBAUM, A.: Some latent trait models and their use in inferring an examinee's ability. In: LORD, F.M. & NOVICK, M.R.: Statistical theories of mental test scores. Reading, Mass.: Addison-Wesley, 1968, 397-479.

BISHOP, Y.M.M., FIENBERG, S. E. & HOLLAND, P.W.: Discrete multivariate analysis: theory and practice. Cambridge, Mass.: MIT, 1975.

BOCK, R.D.: Estimating item parameters and latent ability when responses are scored in two or more nominal categories. Psychometrika, 1972, 37, 29-51.

BOCK, R.D.: Multivariate statistical methods in behavioral research. New York: McGraw-Hill, 1975.

BOCK, R.D.: Basic issues in the measurement of change. In: De GRUIJTER, D.N.M. & van der KAMP, L.J.Th. (Eds.): Advances in psychological and educational measurement. New York: Wiley, 1976, 75-96.

CAMPBELL, D.T.: Recommendations for APA test standards regarding construct, trait, or discriminant validity. American Psychologist, 1960, 15, 546-553.

CAMPBELL, D. T. & FISKE, D.W.: Convergent and discriminant validation by the multitrait-multimethod matrix. Psychological Bulletin, 1959, 56, 81-105.

CAMPBELL, D.T. & STANLEY, J.C.: Experimental and quasi-experimental designs for research on teaching. In: GAGE, N.L. (Ed.): Handbook of research on teaching. Chicago: Rand McNally, 1963, 171-246.

CHRISTOFFERSSON, A.: Factor analysis of dichotomized variables. Psychometrika, 1975, 40, 5-32.

COOK, T.D. & CAMPBELL, D.T.: The design and conduct of quasi-experiments and true experiments in field settings. In: DUNNETTE, M.D. (Ed.): Handbook of industrial and organizational research. Chicago: Rand McNally, 1976, 223-306.

CRONBACH, L.J.: The two disciplines of scientific psychology. American Psychologist, 1957, 12, 671-685.

CRONBACH, L.J.: Test validation. In: THORNDIKE, R.L.(Ed.): Educational measurement. Washington, D.C.: American Council on Education, 1971, 443-507.

CRONBACH, L.J.: Beyond the two disciplines of scientific psychology. American Psychologist, 1975, 30, 116-127.

CRONBACH, L.J. & MEEHL, P.E.: Construct validity in psychological tests. Psychological Bulletin, 1955, 52, 281-302.

DAVIS, J.A.: Analyzing contingency tables with linear flow graphs: D systems. In: HEISE, D.R. (Ed.): Sociological methodology, 1976. San Francisco: Jossey-Bass, 1975, 111-145.

DAVIS, J.A.: Studying categorical data over time. Mimeograph, Dartmouth College, 1976.

DUNCAN, O.D.: Introduction to structural equation models. New York: Academic Press, 1975.

FISCHER, G.H.: Some probabilistic models for measuring change. In: De GRUIJTER, D.N.M. & van der KAMP, L. J.Th. (Eds.): Advances in psychological and educational measurement. New York: Wiley, 1976, 97-110.

FISCHER, G.H.: Some probabilistic models for the description of attitudinal and behavioral changes under the influence of mass communication. In: KEMPF, W.F. & REPP, B.H. (Eds.): Mathematical models for social psychology. Bern: Huber, 1977, 102-150.

FISHER, R.A.: The design of experiments. Edinburgh: Oliver & Boyd, 1935.

GOLDSCHMID, M. & BENTLER, P.M.: Concept assessment kit - conservation. San Diego: Educational and Industrial Testing Service, 1968.

GOLDSCHMID, M., BENTLER, P.M., DEBUS, R.L., KOHNSTAMM, G. A., MODGIL, S., NICHOLLS, J.G., REYKOWSKI, J. & WARREN, N.: A cross-cultural investigation of conversation. Journal of Cross-Cultural Psychology, 1973, 4, 75-88.

GOODMAN, L.A.: A modified multiple regression approach to the analysis of dichotomous variables. American Sociological Review, 1972a, 37, 28-46.

GOODMAN, L.A.: A general model for the analysis of surveys. American Journal of Sociology, 1972b, 77, 1035-1086.

GOODMAN, L.A.: Exploratory latent structure analysis using both identifiable and unidentifiable models. Biometrika, 1974, 61, 215-231.

GOODMAN, L.A.: A new model for scaling response patterns: An application of the quasi-independence concept. Journal of the American Statistical Association, 1975a, 70, 755-768.

GOODMAN, L.A.: The relationship between modified and usual multiple-regression approaches to the analysis of dichotomous variables. In: HEISE, D.R. (Ed.): Sociological methodology, 1976. San Francisco: Jossey-Bass, 1975b, 83-110.

GRIZZLE, J.E., STARMER, C.F. & KOCH, G.G.: Analysis of categorical data by linear models. Biometrics, 1969, 25, 489-504.

GUTTMAN, L.: The basis for scalogram analysis. In: STOUFFER, S.A. et al. (Eds.): Measurement and prediction. Princeton University Press, 1950, 60-90.

HABERMAN, S.J.: The analysis of frequency data. Chicago: University of Chicago Press, 1974.

HAMBLETON, R. K. & COOK, L.L.: Latent trait models and their use in the analysis of educational test data. Journal of Educational Measurement, 1977, 14, 75-96.

HEISE, D.R.: Causal analysis. New York: Wiley, 1975.

JÖRESKOG, K.G.: Structural equation models in the social sciences: Specification, estimation and testing. In: KRISHNAIAH, P.R. (Ed.): Proceedings of the symposium on applications of statistics. Amsterdam: North Holland, 1977.

KENNY, D.A.: A quasi-experimental approach to assessing treatment effects in the nonequivalent control group design. Psychological Bulletin, 1975, 82, 345-362.

KENNY, D.A.: A cross-lagged panel correlation approach to the sixteen-fold table. Mimeograph, Harvard University, 1976.

KESSLER, R.C.: Rethinking the 16-fold table problem. Social Science Research, 1977, 6, 84-107.

LABOUVIE, E.W.: Longitudinal designs. In: BENTLER, P.M., LETTIERI, D.J. & AUSTIN, G.A. (Eds.): Data analysis strategies and designs for substance abuse research. Washington, D.C.: U.S. Government Printing Office, 1976, 45-60.

LABOUVIE, E.W., BARTSCH, T.W., NESSELROADE, J.R. & BALTES, P.B.: On the internal and external validity of simple longitudinal designs. Child Development, 1974, 45, 282-290.

LARZELERE, R.F. & MULAIK, S.A.: Single sample tests for many correlations. Psychological Bulletin,1977,84, 557-569.

LAZARSFELD, P.F. & HENRY, N.W.: Latent structure analysis. Boston: Houghton Mifflin, 1968.

LINN, R.L. & WERTS, C.E.: Analysis implications of the choice of a structural model in the nonequivalent group design. Psychological Bulletin, 1977, 84, 229-234.

LOEVINGER, J.: Objective tests as instruments of psychological theory. Psychological Reports, 1957, 3, 635-694.

LORD, F. M.: The 'ability' scale in item characteristic curve theory. Psychometrika, 1975, 44, 205-217.

LORD, F.M.: Practical applications of item characteristic curve theory. Journal of Educational Measurement, 1977, 14, 117-138.

MARCO, G.L.: Item characteristic curve solutions to three intractible testing problems. Journal of Educational Measurement, 1977, 14, 139-160.

MOKKEN, R.J.: A theory and procedures of scale analysis. The Hague: Mouton, 1971.

MUTHÉN, B.: Structural equation models with dichotomous dependent variables. Mimeograph, University of Uppsala, 1978.

MUTHÉN, B.: Contributions to factor analysis of dichotomous variables. Mimeograph, University of Uppsala, 1977.

NERLOVE, M. & PRESS, S.J.: Univariate and multivariate log linear and logistic models. Santa Monica: RAND, 1973.

PLACKETT, R.L.: The analysis of categorical data. London: Griffin, 1974.

PROCTOR, C.H.: A probabilistic formulation and statistical analysis of Guttman scaling. Psychometrika, 1970, 35, 73-78.

RASCH, G.: An item analysis which takes individual differences into account. British Journal of Mathematical and Statistical Psychology, 1966, 19, 49-57.

RENTZ, R.R. & BASHAW, W.L.: The national reference scale for reading: An application of the Rasch model. Journal of Educational Measurement, 1977, 14, 161-179.

ROBERTS, F.S.: Discrete mathematical models. Englewood Cliffs, N.J.: Prentice-Hall, 1976.

ROTONDO, J.A.: Discrete structural models of organization in free recall. Journal of Mathematical Psychology, 1977, 16, 95-120.

SAMEJIMA, F.: Estimation of latent ability using a response pattern of graded scores. Psychometric Monographs, 1969, No. 17.

SAMEJIMA, F.: A general model for free-response data. Psychometric Monograph, 1972, No. 18.

SAMEJIMA, F.: A method of estimating item characteristic functions using the maximum likelihood estimate of ability. Psychometrika, 1977a, 42, 163-191.

SAMEJIMA, F.: Weakly parallel tests in latent trait theory with some criticisms of classical test theory. Psychometrika, 1977b, 42, 193-198.

THEIL, H.: On the estimation of relationships involving qualitative variables. American Journal of Sociology, 1970, 76, 103-154.

THOMAS, H.: Fitting cross-classification table data to models when observations are subject to classification error. Psychometrika, 1977, 42, 199-206.

THOMPSON, S.K. & BENTLER, P.M.: The priority of cues in sex discrimination by children and adults. Developmental Psychology, 1971, 5, 181-185.

TORGERSON, W.S.: Theory and methods of scaling. New York: Wiley, 1958.

UNDERWOOD, B.J.: Individual differences as a crucible in theory construction. American Psychologist, 1975, 30, 128-134.

URRY, V.W.: Tailored testing: A successful application of latent trait theory. Journal of Educational Measurement, 1977, 14, 181-196.

WHITELY, S. & DAWIS, R.V.: The nature of objectivity with the Rasch model. Journal of Educational Measurement, 1974, 11, 163-178.

WOHLWILL, J.F.: The study of behavioral development. New York: Academic Press, 1973.

WOOD, R.: Trait measurement and item banks. In: De GRUIJTER, D.N.M. & van der KAMP, L.J.Th. (Eds.): Advances in psychological and educational measurement. New York: Wiley, 1976, 247-263.

WRIGHT, B.D.: Solving measurement problems with the Rasch model. Journal of Educational Measurement, 1977, 14, 97-116.

WRIGHT, S.: Correlation and causation. Journal of Agricultural Research, 1921, 20, 557-585.

ZELNIKER, T., BENTLER, P.M. & RENAN, A.: Speed vs. accuracy as a measure of cognitive style: Internal consistency and factor analysis. Child Development, 1977, 48, 301-304.

Quantitative Veränderungen in der kognitiven Entwicklung: Beschreibung, Erfassung und theoretische Erklärung

Georg Rudinger & Hermann Rüppell

1. Quantitative Veränderungen in der kognitiven Entwicklung - Der psychometrische Ansatz

Wenn in diesem Abschnitt die Begriffe quantitativ und kognitiv besonders betont werden, deutet das eine Fokussierung auf den psychometrischen Zugang zu den kognitiven Funktionen an; d.h. der Akzent wird vornehmlich auf "Intelligenz", wie sie psychometrisch definiert wird, gelegt. Folgt man ELKIND (1971), dann kann man bei der "Messung" kognitiver Fähigkeiten zwei Traditionen unterscheiden: die genannte psychometrische und die Piaget-Tradition. Beide Richtungen sind jeweils im Sinne eines Paradigmas mit weiteren Attributen verknüpft, von denen einige in diesem Kontext kurz und vereinfacht erwähnt sein sollen (siehe ELKIND 1971; FURTH 1973): Die psychometrische Tradition berücksichtigt allein die Ergebnisse kognitiver Prozesse; die Anzahl der korrekten Antworten auf kognitive Aufgaben wird als quantitativer Indikator (in Form von Summenwerten), als Hinweis für das Leistungs- oder Fähigkeitsniveau, für die Höhe des kognitiven Niveaus genommen. Während dieses Paradigma Entwicklung der Intelligenz als quantitative Veränderung in der Testleistung betrachtet, wird im Piaget-Paradigma Entwicklung der Intelligenz als das Auftauchen neuer mentaler Strukturen angesehen. Traditionellerweise sind für den Psychometriker (Paradigma 1) interindividuelle Differenzen von Interesse, der Entwicklungspsychologe (Paradigma 2) ist vornehmlich an intraindividuellem strukturellem Wandel interessiert. Es soll jedoch schon an dieser Stelle angemerkt werden, daß das Konzept der "Struktur" auch im psychometrischen Paradigma existiert, vor allem in Verbindung mit komplexen multivariaten Verfahren. Außerdem werden auch von psychometrisch orientierten und an Entwicklungsphänomenen interessierten Forschern Versuche unternommen, interindividuelle mit intraindividuellen Aspekten bei der Beschreibung und Analye von Veränderungen zu kombinieren. Beide Ansätze, der quantitativ-psychometrische und der qualitativ-strukturelle, werden von ELKIND eher als komplementär, denn als konkurrierend angesehen. Genau in diesem Sinne gibt es einige Anstrenungen, beide Strömungen zusammenzubringen, indem z.B. Piaget-Aufgaben "psychometrisiert" werden (TUDDENHAM 1969) oder dadurch, daß man die Analyse der Prozesse unternimmt, welche bei der Lösung kognitiver Aufgaben - seien es Aufgaben vom 'Piaget-Typ' oder seien es psychometrische Intelligenztests - ablaufen (CARROLL 1974; HUNT 1974; PUTZ-OSTERLOH & LÜER 1975; ROYER 1977; WARBURTON 1969; WHITELEY 1977 - um nur einige Namen zu nennen). Wir werden im vierten Abschnitt auf diese Ansätze zurückkommen, wenn die STERNBERGsche Komponententheorie als paradigmatischer Versuch in diesem Bereich vorgestellt wird.

Der quantitative Zugang - so argumentiert ELKIND - ist von großem praktischen Wert für die Vorhersage von z.B. Schulerfolg und für ähliche bekannte Aufgaben. Wir werden hier zu zeigen versuchen, daß sich der Nutzen des quantitativen Ansatzes nicht auf die Leistungsvorhersage beschränkt, wenn es gelingt, kognitive Prozesse und Strukturen quantitativ zu bewerten oder aber kognitive Leistungsbereiche logisch zu identifizieren und das Ausmaß des Transfers zwischen diesen Bereichen zu quantifizieren.

2. Entwicklungsänderungen im kognitiven Bereich

2.1 Ein Entwicklungskonzept

In diesem Abschnitt soll eine Beschreibung der Aufgaben von Entwicklungspsychologie geliefert werden, die zugegebenermaßen so weit ist, daß auch das Ziel, quantitative Veränderungen kognitiver Entwicklung über den Lebenslauf zu erfassen, darin enthalten ist: "Entwicklungspsychologie beschäftigt sich mit Beschreibung, Erklärung und Modifikation (Optimierung) interindividueller Unterschiede (und Ähnlichkeiten) in intraindividueller Veränderung" (BALTES, REESE & NESSELROADE 1977, S. 7). Diese jüngste Definition der "Life-span"-Gruppe bekräftigt nicht nur die Untersuchungsrichtung "Änderungen innerhalb eines Individuums", sondern stellt auch den Aspekt "Unterschiede zwischen Individuen hinsichtlich ihrer Veränderungsmuster" deutlich heraus. Dieses breite Konzept ist offen für verschiedene "Operationalisierungen".

2.2 Eine Taxonomie von Entwicklungsänderungen: Das BUSS-Modell

Im folgenden soll als eine mögliche Operationalisierung dieses Konzeptes eine Taxonomie von Veränderungen dargestellt werden. Es handelt sich um ein Modell, in dem vom Standpunkt eines Psychometrikers eine vereinheitlichte konzeptuelle Rahmenvorstellung von "Veränderung" (und Stabilität) erarbeitet wird. Dieses Modell ist von BUSS (1974) entwickelt worden und wurde mit leichten Modifikationen von Buss wieder in NESSELROADE & BALTES (1977) veröffentlicht. Das Buss-Modell ist nicht zu verwechseln mit dem mittlerweile wohlbekannten SCHAIE-MODELL[1)]

1) In Nachfolge mehrerer Diskussionen um dieses Modell werden inzwischen die diversen Submodelle als Datensammlungs-Techniken angesehen. Erklärungen für Veränderungen können auch außerhalb dieser Modelle gesucht werden. Dieser letzte Satz gilt auch für das vorliegende Buss-Modell. Es ist deskriptiver Natur.

(1965; letzte Version: 1977), oder Baltes' Version "Alter x Kohorte-Plan" (BALTES 1968) oder den multivariaten Modellen, wie sie jüngst noch einmal von NESSELROADE (1977) zusammengestellt wurden, die ja alle im Zusammenhang mit dem Alter x Kohorte-Forschungs-Paradigma eingeführt wurden.

Das Modell geht von CATTELLs 3-dimensionaler "Person x Variable x Occasion"-Box (siehe z.B. CATTELL 1966) aus, um interindividuelle Differenzen, intraindividuelle Differenzen, intraindividuelle Veränderungen und deren Zusammenhänge zu definieren und zu ordnen.

Wenn man von den 3 genannten einfachen Fällen ausgeht und jeweils über jede der zwei nicht variierten Dimensionen vergleicht, ergeben sich folgende 6 Fälle, für deren Verständnis die Abbildung wesentliche Erleichterung verschafft (vgl. Abb. 1):

(a) Interindividuelle Differenzen in intraindividuellen Differenzen. Personen werden in verschiedenen Variablen zu einem Meßzeitpunkt verglichen.

(b) "Intervariablen" Differenzen in interindividuellen Differenzen. Variablen werden über verschiedene Personen zu einem Meßzeitpunkt verglichen.

(c) Differenzen zwischen Meßzeitpunkten (Veränderung) in intraindividuellen Differenzen. Gelegenheiten werden über verschiedene Variablen für ein Individuum verglichen.

(d) "Intervariablen" Differenzen (oder intraindividuelle Differenzen) in intraindividuellen Veränderungen. Variablen werden über verschiedene Gelegenheiten für ein Individuum verglichen.

(e) Interindividuelle Differenzen in intraindividuellen Veränderungen. Individuen werden über verschiedene Gelegenheiten in einer Variable verglichen.

(f) Differenzen zwischen Meßzeitpunkten (Veränderung) in interindividuellen Differenzen. Gelegenheiten werden über Individuen für eine Variable verglichen.

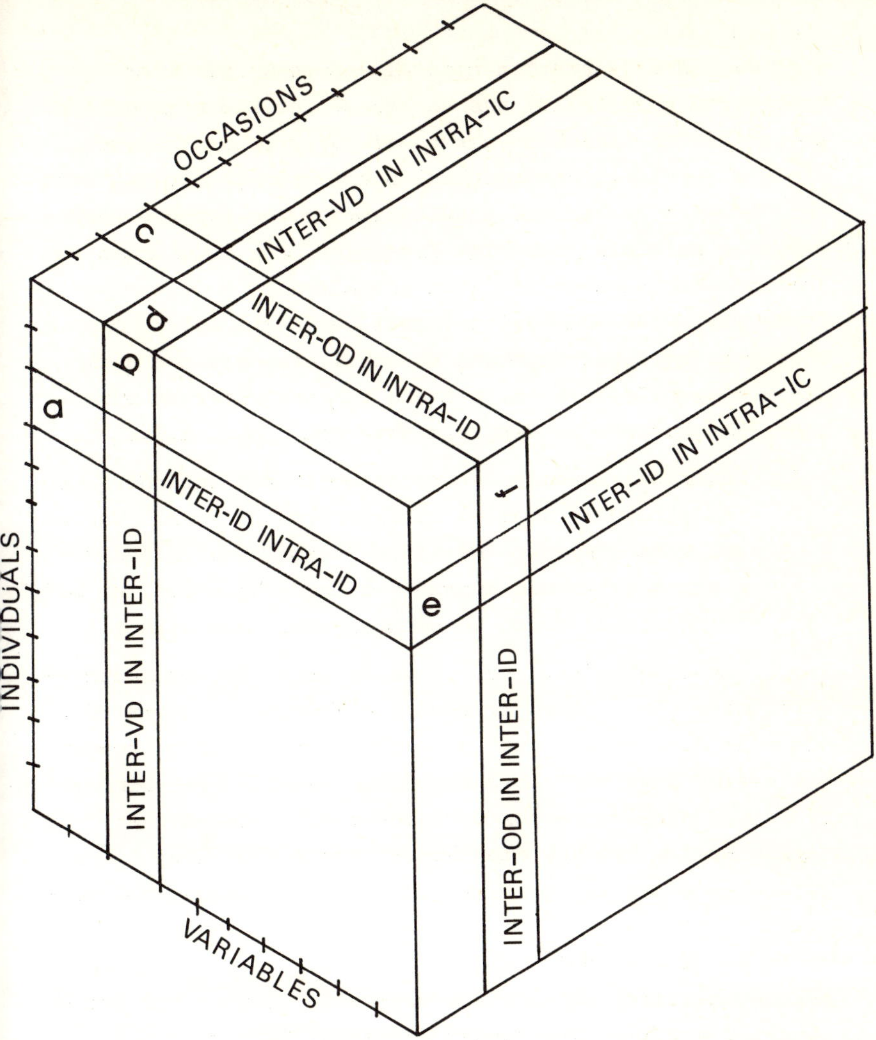

Abb. 1: Die Abbildung verdeutlicht und erweitert die Konzepte
- interindividuelle Differenzen (Unterschiede zwischen Personen in einer Variablen zu einem Zeitpunkt) - Inter-ID
- intraindividuelle Differenzen (Unterschiede innerhalb einer Person in mehreren Variablen zu einem Zeitpunkt - Intra-ID
- intraindividuelle Veränderungen (Veränderungen innerhalb einer Person in einer Variablen über die Zeit) - Intra-IC,

indem die 6 Möglichkeiten dargestellt werden, die sich durch einen Vergleich ergeben (nach BUSS 1977).

Abkürzungen: ID - individual differences
IC - individual changes
VD - variable differences
OD - occasion differences

Über die jeweils erstgenannte Dimension werden also die Vergleiche angestellt, aus der Menge der Elemente der jeweils zweiten Dimension werden die Stichproben gezogen, die den Vergleich ermöglichen. Die Fälle (c) bis (f) dürften deswegen brauchbare entwicklungspsychologische Ansätze bieten, weil sie abhängige Messungen oder Änderungen von Variablenwerten über die Zeit enthalten.

Es ist natürlich möglich, jede der sechs Datensammlungsstrategien dahingehend zu erweitern, daß man auch aus der jeweils dritten, bislang nicht variierten Dimension, Stichproben zu Vergleichszwecken zieht, z.B.:

(c') Interindividuelle Unterschiede in den Veränderungen in intraindividuellen Differenzen. Es würden Varianzen verschiedener Individuen verglichen. Diese Varianzen geben das Ausmaß der intraindividuellen Differenzen für jeden Beobachtungszeitraum wieder.

Insgesamt ergeben sich auf diese Weise 15 Datensammlungsstrategien für interindividuelle Differenzen, intraindividuelle Differenzen und intraindividuelle Veränderungen. Die ersten drei berücksichtigen nur jeweils eine Dimension, die nächsten sechs betrachten zwei Dimensionen (siehe Fall a bis f), die letzten sechs alle drei Dimensionen in einem dreistufigen Vergleichsprozeß (siehe Beispiel c').

Neben der "Veränderung" oder Variabilität erweist sich aber auch Stabilität als ein zentrales Konzept bei der Beschreibung von Entwicklungsphänomenen. Nach Buss kann in der multivariaten Entwicklungssituation entweder Stabilität der Differenzen zwischen Personen oder innerhalb von Personen über die Zeit gemeint sein. Eine ausgezeichnete Diskussion der vielfachen Bedeutung von Stabilität liefert WOHLWILL (1973a); Stabilität gleich Vorhersagbarkeit; Stabilität als Invarianz, als Regelhaftigkeit, als Übereinstimmung, als Kostanz der relativen Position innerhalb einer Gruppe, als Erhaltung individueller Differenzen. Die zahlreichen Versuche, "Entwicklungsfunktionen", Wachstumskurven besonders im Bereich der kognitiven

Funktionen zu erstellen (Stabilität als Regelhaftigkeit, Vorhersagbarkeit) mögen als letzter Hinweis für die Dominanz dieses Konzeptes dienen (z.B. BLOOM 1964; HORN & CATTELL 1966; NESSELROADE et al. 1972; SCHAIE 1972; Diskussion dazu: MERZ & STELZL 1973; OVERTON & REESE 1973; THOMAE 1961).

Das Buss-Modell bietet u.E. auch innerhalb der psychometrischen Tradition die Möglichkeit, Variabilität und Veränderungen zu erfassen und sich etwas von der einseitigen Sichtweise der Stabilität dahingend zu lösen, daß mehr über Verhalten von Individuen als über 'Verhalten' von Variablen ausgesagt wird.

Die Grenzen des Modells sollen nicht verschwiegen werden:

(1) Die "Bedeutung" der Konstrukte z.B., die die Variablen messen, muß über die Zeit invariant bleiben;

(2) Es zielt nicht auf die Analyse interdependenter Verhältnisänderungen ab;

(3) Es bietet keine Taxonomie von Analysetechniken, sondern einen Satz von Konzepten.

Die erstgenannte Einschränkung beinhaltet genau das Problem invarianter Entwicklungsdimensionen (WOHLWILL 1973a) bzw. das Problem der Validität von Meßinstrumenten über verschiedene Altersstufen, Kohorten, Meßzeitpunkte im Schaie-Baltes-Paradigma (BALTES & SCHAIE 1973); oder wie Buss es ausdrückt: "It is quantitative rather than qualitative or structural change, which the model is capable of adressing and it is therefore confied to slices of the life-span where the invariance of one's constructs has been demonstrated" (BUSS 1977, S. 14).

Informationen über Bedeutungsinvarianz kann man durch Multitrait-Multimethod-Analysen über die entsprechende Generalisierungsdimension erhalten, d.h. über verschiedene Altersgruppen, Kohorten oder Zeitpunkte, oder allgemeiner gesprochen - durch Anwendung der Struktur-Gleichungs-Ansätze mit ihrer zweifachen Aussagemöglichkeit hinsichtlich Meßmodell und konstruktbezogenem Strukturmodell (BENTLER 1978; JÖRESKOG 1977).

3. Probleme der Intelligenz"messung"

Die klassischen Prozeduren der "Intelligenzmessung" bedürfen keiner ausführlichen Diskussion. Es sollen hier nur einige Punkte dargestellt werden, die in unserem Zusammenhang der Quantifizierbarkeit relevant sein können.

Die klassischen (faktorenanalytischen) Intelligenzmodelle sind - überspitzt gesagt - keine Theorienentwürfe oder kognitive Strukturen, sondern eher klassifizierende Beschreibungen dieser Aufgaben und Items, die "Intelligenz" zu messen beabsichtigen. Fehlt eine substantielle psychologische Theorie über "Intelligenz" (als globales Konstrukt) und/oder über Aspekte dieses Konstruktes (als eine Menge von Fähigkeiten oder Prozessen), dann scheint es auch kaum möglich, ein Universum i.S. von CRONBACH et al. (1972) zu definieren, aus dem die verschiedenen bekannten Intelligenztestitems gezogen werden, bzw. das durch die Facetten im Sinne von GUTTMAN beschrieben ist, die den Bereich von theoretischem Interesse konstituieren (vgl. dazu auch EVANS 1969). Diesen Forderungen scheint u.E. noch am ehesten GUILFORD (1967) mit seinem "Structure of Intellect" Modell zu entsprechen. Dieser geschilderte Mangel kann natürlich auch nicht durch Rekurs auf klassisch-testtheoretische Modelle oder elaboriertere probabilistische Meßmodelle wie die von BIRNBAUM oder RASCH per se ausgeglichen werden. Das Fehlen einer psychologischen Theorie der Intelligenz in dem Sinne, daß Hypothesen darüber ausformulierbar sind, welche Fähigkeiten oder Komponenten oder Operationen oder Mikroprozesse notwendige und hinreichende Voraussetzungen für die konkrete Lösung von "items" sind, führt u.E. im Rahmen meßtheoretischer Erwägungen zu Schwierigkeiten der Repräsentation. Es gibt dann keine gesicherte Basis für eindeutige und bedeutsame Quantifizierungen (vgl. HUNT 1974). Werden z.B. Verknüpfungsregeln zwischen Komponenten explizit ausformuliert, wie es u.a. von STERNBERG (1977) vorgeschlagen wird, die sich empirisch überprüfen lassen (z.B. van de VEN & PIETERS 1977), scheint ein erster Schritt in diese Richtung getan (vgl. Absatz 4). Im Moment ist es aber wohl so, daß die in der psychometrischen Tradition erarbeiteten Intelligenzverfahren gerade die Dignität der Index-Messung erreichen; Indizes dieser Art haben pragmatischen Wert, ihre theoretische Kraft ist jedoch gering. In solchen Fällen kann man nicht von der 'Existenz' oder dem Nachweis einer quantitativen Entwicklungsdimension sprechen, entlang derer sich die Veränderungen ereignen. Die Notwendigkeit aber, theoretisch Vergleichbares über die Zeit hinweg miteinander zu vergleichen, wird von verschiedenen Autoren (z.B. WOHLWILL 1973a, Kap. 6) immer wieder unterstrichen.

4. Intelligenztheorien unter Entwicklungsaspekt

4.1 Zum Fähigkeitskonzept

Invariante (Entwicklungs-)Dimensionen zur Beschreibung der kognitiven Entwicklung wurden häufig auf der Basis des Fähigkeitskonzeptes vorgestellt. Fähigkeiten sind nach FLEISHMAN & BARTLETT (1969) das Produkt von Reifung und Lernen und gekennzeichnet durch Beständigkeit im Erwachsenenalter. Fähigkeiten erleichtern durch Transfer eine Vielzahl spezifischer Lernaufgaben und können als allgemeine Grundlagen von Fertigkeiten angesehen werden. Der Begriff der Fertigkeit bezieht sich auf die schnelle und genaue Ausführung einer Sequenz von Aktivitäten in einem einheitlichen Aufgabenbereich.

Ähnlich wie FLEISHMAN & BARTLETT definiert FERGUSON (1956) Fähigkeiten als Attribute des Verhaltens, die durch Überlernen eine große Stabilität oder Invarianz beim Erwachsenen erreicht haben und die, während sie sich im Kind entwickeln, auf besonderen Altersstufen über begrenze Zeitabschnitte beträchtliche Stabilität aufweisen. Operational definiert, bezieht sich der Fähigkeitsbegriff auf asymptotische Leistungsmaße. Lernen wird als ein besonderer Fall des allgemeinen Phänomens Transfer angesehen, wobei Transfer zu verstehen ist im Sinne einer mathematischen Funktion, die angibt, wie sich eine abhängige Variable aufgrund der Änderungen einer unabhängigen Variable aufgrund der Änderungen einer unabhängigen Variable ändert.

Fähigkeiten treten hervor durch einen Prozeß differentiellen Transfers und sind in Lernsituationen differentiell wirksam, wobei zwei unterschiedliche Prozesse auftreten: Positiver Transfer für die Fähigkeitsentwicklung; aufgabenspezifische Lernprozesse für die Fähigkeits-Differenzierung.

Kulturelle Faktoren schreiben vor, was in welchem Alter gelernt werden soll; folglich führen verschiedene kulturelle Umwelten zur Entwicklung von verschiedenen Fähigkeitsmustern. Diejenigen Fähigkeiten, die kulturell valide sind und mit zahlreichen von der Kultur geforderten Leistungen korrelieren, sind auch diejenigen, die einen markanten Anstieg mit dem Alter zeigen.

Eine genaue Beschreibung der kognitiven Entwicklung durch das FERGUSON-Modell ist deswegen schwierig, weil sich aus der Vielzahl kultureller Lernprozesse ein sehr komplexes Beziehungsgefüge differentieller Transfereffekte ergibt und das gesamte differentielle Transferpotential eines Entwicklungszeitpunktes daher kaum zu quantifizieren sein dürfte. Theoretisch möglich erscheint dagegen, eine derartige Quantifizierung für Teilbereiche der Fähigkeitsentwicklung mithilfe von Trainingsstudien vorzunehmen. In diese Richtung geht ein unten ausführlicher beschriebener Versuch von RÜPPELL (1975), in dem Kinder ausgewählte Strategien der Informationsverarbeitung überlernen und das Ausmaß des Transfers auf andere kognitive Lernprozesse quantifiziert wird.

Dem Einwand, daß das Transfermodell von FERGUSON nicht ausreicht, die enorme Anzahl der Fertigkeiten des Erwachsenen zu erklären, läßt sich durch den Hinweis auf die wahrscheinlich noch größere Anzahl möglicher differentieller Transfereffekte begegnen. Das Hauptproblem der transfertheoretischen Entwicklungsmodelle ist in dem wenig erforschten Transfermechanismus zu sehen. Die Schwierigkeiten einer entsprechenden Erforschung deutet GAGNÉ (1968) im Zusammenhang mit dem kumulativen Lernmodell an, wenn er darauf hinweist, daß Transfer bei sehr einfachen Aufgaben in Laborsituationen häufig untersucht wurde, daß aber kaum etwas bekannt ist über kumulative Effekte des Transfers bei langfristigen und komplexen Lernprozessen.

Es sei angemerkt, daß nach der von BALTES & LABOUVIE (1973) vorgenommenen Klassifikation diese und die folgenden Intelligenz-Modelle und -Theorien psychologische Erklärungen der Intelligenzentwicklung implizieren. Sie rekurrieren nämlich zum Zwecke der Erklärung auf Lernprozesse, die als "Bausteine" für intellektuelle Fähigkeiten betrachtet werden und/oder auf molare Umgebungsbedingungen und -korrelate, die differentielle Entwicklungen im kognitiven Bereich bewirken (vgl. auch BLOOM 1964).

4.2 CATTELLs Intelligenztheorie

FERGUSONs Modell kann u.E. mit CATTELLs Intelligenzmodell verglichen werden. An die Stelle des wechselseitigen differentiellen Transfers treten in CATTELLs Modell 'fluid intelligence', die Lernen in allen komplexen Situationen erleichtert sowie Transfereffekte der kristallisierten Intelligenz.

Die CATTELLsche "Investment"-Theorie der "fluid" und "crystallized" Intelligenz bietet einige Ansätze zur Erklärung von kognitiven Entwicklungsänderungen (CATTELL 1971; HORN & CATTELL 1966). Diese Theorie erlaubt zumindest Vorhersagen für differentielle quantitative Veränderungen über die Lebensspanne hin: "kristallisierte" Intelligenz wächst auch noch nach dem Alter von 20 Jahren; die Leistungshöhe ist abhängig von Umgebungseinflüssen und Erfahrungen (Erziehung allgemein, Schule etc.).

"Fluid intelligence" sinkt ab dem 20. Lebensjahr in Folge von Veränderungen in neurologischen Basisstrukturen. "Fluid intelligence" ist nicht ausschließlich heriditär, sondern wird als 'Produkt' der erwähnten grundlegenden neurologischen Kapazität in Interaktion mit subjektiven und kulturell invarianten Erfahrungsprozessen angesehen. Diese unterschiedlichen quantitativen Entwicklungsfunktionen konnten querschnittlich aber ebenso - wenn auch nicht so deutlich - in Life-span-Entwicklungsstudien (SCHAIE & STROTHER 1968a; b) und Längsschnittstudien im höheren Alter (RUDINGER 1976) gefunden werden. Diese Theorie stellte für einige Forscher einen Impuls dar, nach Parallelen zu PIAGETs Konzeptionen der Entwicklung kognitiver Prozesse zu suchen. So schlossen z.B. CLAYTON & OVERTON (1976), daß 'fluid intelligence' Beziehungen zu den konkreten Operationen aufweist, und daß das Erreichen der Stufe formaler Operationen von qualitativen Aspekten schulischer Erfahrungen abhängig ist. Darüber hinaus gibt es einige Ansätze, PIAGETs Theorie der kognitiven Entwicklung auf die gesamte Lebensspanne auszudehnen (ARLIN 1976; PIAGET 1972; RIEGEL 1973).

Die CATTELLsche Theorie bietet der entwicklungsorientierten Sichtweise also schon einige Anhaltspunkte, da sie explizit etwas über Voraussetzungen und unterschiedliche Verläufe quantitativ auszubildender Intelligenzdimensionen aussagt. Im Rahmen der Theorie stehen Meßinstrumente zur Verfügung, die auf ein Netz theoretischer Konstrukte bezogen sind. Zwei Fragenkomplexe lassen sich hier anschließen: (1) Wie müssen die Umweltbedingungen (im Zusammenspiel mit Anlagemomenten) für optimale Entwicklung dieser Intelligenzbereiche aussehen? Und: (2) Welche Prozesse laufen bei der Lösung von Aufgaben und Problemen im Bereich der 'fluid' und im Bereich der 'crystallized intelligence' ab (vgl. DÖRNER 1976); gibt es eine der entwicklungsbedingten Niveauänderung entsprechende Veränderung dieser Prozesse?

4.2.1 Metatheorie: Anlage - Umwelt

Der erste Komplex führt schnell zur Diskussion metatheoretischer Probleme "Anlage - Umwelt", "nature - nurture", auf die wir uns hier nicht einlassen wollen (siehe dazu z.B. CANCRO 1971; HECKHAUSEN 1974).

Wie die angenommene Interaktion zwischen Anlage und Umwelt stattfindet, läßt sich auch gegenwärtig nicht beschreiben, da beide Konstrukte (Anlage, Umwelt) zu komplex sind. Es gibt weder eine präzise Sichtweise der Beziehungen zwischen genetischer Ausstattung und Intelligenz (vgl. HIRSCH 1971; RAINER 1976), noch bislang eine hinreichende Taxonomie relevanter Umweltaspekte (WOHLWILL 1973b). Die Suche nach bedeutsamen Umweltaspekten, die erklärenden Charakter für Intelligenzleistung und -entwicklung haben, findet jedoch im Moment in verstärktem Ausmaß statt. Als Beisiel seien einige Hauptkategorien der Taxonomie der Umweltkräfte von MARJORIBANKS (1972) aufgezählt: Anforderung an Leistung, Aktivität etc., Dominanz von Mutter und Vater. Mit einem ähnlichen pfadanalytischen Verfahren konnten wir zeigen, daß rund 38 % der Varianz intellektueller Leistung bei alten Leuten aus Kenntnis der Lebensumstände erklärt werden konnten (RUDINGER & LANTERMANN 1978). Für das Kindes- und Jugendalter legten REES & PALMER (1970) eine Re-Analyse von zusammengelegten Daten aus den berühmten 5 amerikanischen Kinderlängsschnittstudien vor (FELS, Denver, Berkeley-Studien, Oakland) und kamen ebenfalls zu dem Schluß einer starken Umweltdeterminiertheit intellektueller Entwicklung.

4.2.2 Umwelttaxonomien und Intervention

Den jüngsten Versuch in diese Richtung stellt die Taxonomie von WALBERG & MARJORIBANKS (1976) dar. Sie erstellten 12 verschiedene Modelle, in denen verschiedene Variablen des Familienhintergrunds, Anregungsbedingungen etc. repräsentiert sind und prüften deren Effekte auf die kognitive Entwicklung. Diese und andere Studien, die wir hier nicht weiter darstellen können, zeigten den überaus großen Einfluß, den Umgebungseinflüsse auf die "quantitative" Entwicklung kognitiver Fähigkeiten haben (siehe auch TRUDEWIND 1975).

Als eine Konsequenz dieser Einsichten werden Interventions-Programme vorgeschlagen, die auf Optimierung der Umgebung abzielten, um damit die Entwicklung kognitiver Fähigkeiten zu beschleunigen (z.B. LABOUVIE & GONDA 1976). Jenseits der praktischen Konsequenzen können unter theoretischem Blickwinkel solche Studien als "Quasi-Experimente" oder Simulationsstudien im Sinne WOHLWILLs (1973a) angesehen werden, die Informationen über kognitive Entwicklung liefern (BALTES & GOULET 1971). Dabei besteht zum einen das Problem der externen Validität solcher Ansätze (z.B. HULTSCH & HICKEY 1977), zum anderen bleibt die schon erwähnte Frage offen, der wir uns im folgenden zuwenden wollen: Ist es möglich, vom Leistungsniveau (und dessen Erhöhung) Schlüsse auf zugrundeliegende kognitive Prozesse (und deren Veränderung) zu ziehen?

4.3 Intelligenz und kognitive Prozesse

Die genannten Simulationsstudien wollen u.a. gerade die Trainierbarkeit von 'fluid intelligence' nachweisen

(PLEMONS et al. 1977). Ein Problem der quantitativen Erfassung von 'fluid intelligence' ergibt sich aus CATTELLs Forderung, daß die Grundelemente eines Aufgabenbereichs, der zur Messung der 'fluid intelligence' herangezogen wird, überlernt sein müssen, um die umweltbedingte Varianz ausschalten zu können. CATTELL sieht ein Überlernen weitgehend im Bereich der räumlichen Vorstellung gegeben. FRENCH (1965) konnte jedoch gerade für diesen Bereich mithilfe der Methode des lauten Denkens und seiner zusätzlichen Befragung der Versuchspersonen zeigen, daß die Leistungen in dem Space-Test 'cubes' weitgehend durch spezielle analytische Denkoperationen erzielt werden.

Konsequenz des durch dieses und vergleichbare Ergebnisse (z.B. HUNT 1974) veranschaulichten Problems der Nicht-Eindeutigkeit der kognitiven Anforderungen von Testaufgaben könnte sein, die quantitative Beschreibung der kognitiven Entwicklung auf eine allgemeinere oder spezifischere Ebene zu verlegen. Die erste Möglichkeit wurde im konzeptionellen Rahmen der kognitiven Stile von HUNT (1975) mithilfe der sogenannten 'begrifflichen Komplexität' konkretisiert. Diese Art der Verallgemeinerung führt zur Auflösung der Trennlinie zwischen dem kognitiven, sozialen und emotionalen Bereich. Die quantitative Erfassung wird in diesem Falle schwieriger, wie etwa die 'Messung' der 'begrifflichen Komplexität' zeigt, die definiert ist als Einheit aus 'kognitiver Komplexität' und 'Selbstverantwortlichkeit', und die HUNT durch Analyse von Kurzaufsätzen zu Themen wie 'Gesetzgebung', 'Eltern', 'Unsicherheit' zu erfassen sucht.

Von der zweiten Möglichkeit wird von verschiedenen Autoren im Rahmen der Theorien der menschlichen Informationsverarbeitung Gebrauch gemacht. Der u.E. am weitesten entwickelte Ansatz dieser Tradition, der gleichzeitig auch enge Beziehungen zur psychometrischen Tradition aufweist, ist die Komponententheorie der Intelligenz von STERNBERG (1977).

4.3.1 Komponententheorie der Intelligenz nach STERNBERG

Robert

Komponenten werden als elementare Prozesse der Informationsverarbeitung angesehen. Die Komponententheorie spezifiziert die Art dieser Komponenten, die Regeln für die Kombination der Komponenten, die Aufeinanderfolge des Einsatzes der Komponenten, die Muster einer parallelen oder seriellen Mehrfachanwendung einzelner Komponenten sowie die Schnelligkeit und Leichtigkeit der Komponentenausführung.

Diesen theoretischen Elementen entsprechend ergeben sich in fünffacher Weise Beiträge zur Erklärung der kognitiven Entwicklung: (1) neue Komponenten werden erworben, oder es wird gelernt, bereits erworbene Komponenten in neuen Situationen anzuwenden; (2) neue Kombinationsregeln werden erworben, oder es wird gelernt, bereits vorhandene Kombinationsregeln in neuen Situationen anzuwenden; (3) die Aufeinanderfolge des Einsatzes der Komponenten wird umstrukturiert, oder es wird gelernt, bereits stabile Aufeinanderfolgen auf neue Aufgaben anzuwenden; (4) die Muster des parallelen oder seriellen Mehrfacheinsatzes einzelner Komponenten werden verändert, oder es wird gelernt, bereits bestehende Muster auf neue Aufgaben anzuwenden; (5) Komponenten werden schneller und leichter ausgeführt.

STERNBERGs Beschreibung der kognitiven Entwicklung führt zu einer starken Vernetzung qualitativer und quantitativer Veränderungen. Die spezifisch quantitativen Veränderungen sind vor allem zu sehen in der Erweiterung des Anwendungsbereichs der jeweils vorhandenen Komponenten, Kombinationsregeln, Komponenten-Aufeinanderfolgen, Muster des parallelen und seriellen Einsatzes und in der zunehmenden Schnelligkeit und Leichtigkeit der Komponentenausführung.

Konkrete Modelle von Lösungsprozessen sind von STERNBERG für den Intelligenzbereich 'Analogiebildungen' entwickelt worden. Die Analyse der Komponenten ergab:

Komponente 1: Identifizierung der Attribute eines jeden Gliedes einer Analogie, bestehend aus A, B, C, D und Speicherung;

Komponente 2: Entdecken der A und B verbindenden Regel und Speicherung;

Komponente 3: Entdecken der A und C verbindenden Regel und Speicherung;

Komponente 4: Generierung der Regel zur Formulierung von D und Evaluierung des vorgegebenen D;

Komponente 5: Überprüfung der Validität der ausgeführten Operationen;

Komponente 6: Vorbereitung der Analogielösung, Übertragung der Lösung in Antwortreaktion.

Anhand dieser Komponenten spezifiziert STERNBERG vier konkurrierende Modelle, zwischen deren Angemessenheit er aufgrund von sehr aufwendigen und kreativen, intensiven und extensiven Aufgaben-Analysen befindet. Die intensive Aufgaben-Analyse besteht aus interner und externer Validierung. Interne Validierung ist die Zerlegung der jeweiligen Aufgabe in Komponenten, externe Validierung ist das Aufzeigen der Bedeutsamkeit der Komponenten für das Zustandekommen interindividueller Differenzen bei externen Aufgaben.

STERNBERGs quantitativ-qualitatives Vorgehen ist u.E. der augenblicklich komplexeste und durchdachteste Ansatz der Intelligenzforschung, der die psychometrische Tradition mit derjenigen der Informationsverarbeitung verbindet. Wenn der STERNGERGsche Ansatz oder ähnliche (vgl. RESNICK 1976) erfolgreich sein sollten und sich ein Satz stabiler Komponenten ermitteln ließe, der empirisch abgesichert wäre, dann wäre unter meßtheoretischem Aspekt das im dritten Abschnitt angesprochene Problem der Meßbarkeit der Intelligenz sicherlich einer Lösung näher gebracht worden.

Es erscheint deshalb legitim, die Erfolgsaussichten anhand dieses Ansatzes einzuschätzen. STERNBERG selbst sieht Grenzen seines Ansatzes in folgenden Problemen:

- Parameter sind oft konfundiert,
- zwischen Alternativmodellen kann oft nicht entschieden werden,
- Komponenten sind nicht immer eindeutig identifizierbar, da nicht immer entschieden werden kann, ob sich Komponenten wiederholen oder verschiedene Komponenten ausgeführt werden. "If the component scores are very highly correlated across subjects (after correction for attenuation) then there is a good chance that the component scores are actually measures of the same component. One cannot be certain, however, since distinct components may be correlated" (STERNBERG 1977, S. 76).
- Es ist unklar, ob mathematische Modellbeschreibungen zur Untersuchung komplexer Prozesse geeignet sind, oder ob sie schon bei mittleren Komplexitätsgraden ihre Nützlichkeit verlieren.

Letzteres ist besonders für entwicklungspsychologische Fragestellungen bedeutsam, da es hier weniger um isolierte kurzfristige Lernprozesse, als vielmehr um das generalisierte Produkt einer Vielzahl zeitlich verstreuter Lernprozesse geht.

4.3.2 Invarianz der Komponenten?

Ein allgemeiner Aspekt, der nicht unbedingt für die Existenz einheitlicher und stabiler Intelligenzkomponenten spricht, ist die enorme Unterschiedlichkeit individueller Lernumwelten, verbunden mit der Fähigkeit des Gehirns, sich diesen Umwelten anzupassen. NEISSER (1976) und andere (vgl. POSNER et al. 1977) argumentieren, daß nicht die Analyse der Intelligenz, sondern die Analyse der Umwelt die zentrale Aufgabe der Intelligenzforschung sei. POSNER et al. fassen diese Meinungen folgendermaßen zusammen:

"The human information processing system is so adaptable that its mechanisms cannot be specified by empirical study, at least with the methods available in psychology. Instead, one might assume that the system has adapted by evolution to perform in a way that is optimal for the particular environments that have exerted selective pressure" (POSNER et al. 1977, S. 482).

Generelle Zweifel an der Existenz stabiler Komponenten der Informationsverarbeitung und der Problemlösungsmethoden lassen sich aus den Ansätzen von FREDERIKSEN (1969) und AEBLI (1970) ableiten. FREDERIKSEN vertritt die empirisch bestätigte Hypothese, Lösungsmethoden oder kognitive Strategien seien Funktionen der Fähigkeiten und der jeweiligen Aufgabenstruktur. Fähigkeiten ermöglichen die Bildung aufgabenspezifischer Strategien, die als Transfermechanismen fungieren. Sie sind in diesem Falle nicht direkt quantitativ erfaßbar, sondern beispielsweise durch die von FREDERIKSEN konzipierten 'strategy-assessment-tests'.

Die Möglichkeit der vorübergehenden Bildung aufgabenspezifischer Lösungsstrategien wird aus der PIAGET-Perspektive von AEBLI noch deutlicher betont. AEBLI erklärt kognitive Leistungen nicht durch vorfindbare Strukturen, sondern durch ephemere Elaborationsprodukte, die nicht in direkter Weise miteinander in Verbindung stehen, sondern die alle aus einem kognitiven Basisrepertoire herauswachsen. Angenommen wird, daß sich das Basisrepertoire im Verlaufe der Entwicklung allmählich anreichert, wobei die interindividuelle Verschiedenartigkeit zunehmend größer wird.

Die von AEBLI beschriebene Dynamik des Intellekts wird von MILLER (1965) betont, der diese Dynamik zusätzlich mit 'chaotischen' Elementen anreichert:

- Denken besteht aus vermischten Bildern, Meinungen und Symbolen dieser Meinungen,
- Denken ist nicht notwendig logisch,

- Details, Fakten und Symbolbeziehungen werden im Gedächtnis selektiv und unzuverlässig gespeichert und unterliegen den verändernden Einflüssen von Persönlichkeitsvariablen,
- Denken erfordert die Gleichzeitigkeit von Zielbildungen und Alternativbestimmungen und deren Implikationen,
- Denken unterliegt negativen Transfereinflüssen.

Möglichkeiten der Quantifizierung der kognitiven Entwicklung können in derartigen Konzeptionen kaum noch entdeckt werden, vielleicht deshalb, weil sich diese Konzeptionen zu nahe an die Realität heranwagen?

4.3.3 Ein Ausweg: SELZ?

Ein Modell, das möglicherweise zwischen den bisher beschriebenen Modellen vermitteln kann, ist paradoxerweise eines der ältesten empirisch gestützten Intelligenzmodelle: das Modell von SELZ (1935). Für SELZ ist Intelligenzentwicklung ein schrittweiser Aufbau eines Systems generalisierter Denkoperationen zur Einsichtgewinnung und Einsichtverwertung und eines parallelen Aufbaus eines Netzwerkes von Zuordnungsvorschriften, die den Einsatz der Denkoperationen bei der Lösung der jweiligen Aufgabe regulieren. SELZ konnte sein Konzept durch Versuche zur Förderung des induktiven Denkens (Fortsetzen von Zahlenreihen) und des deduktiven Denkens (Analogiebildung, Ordnen von Sätzen) stützen. Ein auf einer Prozeßanalyse basierendes und pädagogisch durchdachtes Förderungsprogramm führte zu bedeutsamen Transfereffekten zwischen unterschiedlichen kognitiven Leistungen.

Der Aufbau des von SELZ beschriebenen Netzwerkes von Zuordnungsvorschriften stellt vielleicht eine vorweggenommene Konkretisierung des von BRUNER (1964) herausgestellten Hauptmerkmals der kognitiven Entwicklung dar:

"Maturation consists of an orchestration of (simpler) components in an integrated sequence". Bezüglich der Quantifizierung der intellektuellen Entwicklung ergeben sich aus dem Ansatz von SELZ einige Möglichkeiten. Einerseits erscheint die Quantifizierung der generalisierten Denkoperationen durch das Ausmaß des Transfers möglich, den sie im Rahmen von Trainingsexperimenten bewirken, in denen spezielle Strategien der Informationsverarbeitung durch längerfristige Lernprozesse aufzubauen wären (vgl. S. 21). Andererseits könnte die Qualität des Netzwerks von Zuordnungsvorschriften durch die Schnelligkeit und Häufigkeit des Einsatzes dieser Strategien oder Teilen davon beim Lösen solcher Aufgaben bewertet werden, in denen die Strategien bzw. die generalisierten Operationen aufgrund von task-analytischen Erwägungen als unterschiedlich hilfreich anzusehen sind. Vor solchen Quantifizierungsversuchen erscheint es jedoch notwendig, die entwicklungspsychologischen Voraussetzungen für die Entstehung der von SELZ und BRUNER angedeuteten Aufbauprozesse zu klären. Hinweise auf die Existenz solcher Voraussetzungen ergeben sich beispielsweise aus Arbeiten von CASE (1975), der das kumulative Lernmodell von GAGNÉ in seiner Funktion als Entwicklungsmodell in Frage stellt, indem er zeigt, daß die intellektuelle Entwicklung nicht nur aus einem hierarchischen Aufbau zunehmend komplexer werdender Fertigkeiten besteht, sondern auch aus der reifungsbedingten Entstehung allgemeiner Kompetenzen: (1) aus der Entwicklung der Informations-Koordinationsfähigkeit, definiert durch die Anzahl der Teilfertigkeiten, die in einer Lernsituation von einem Probanden in koordinierter Weise angewendet werden können; (2) aus der Entwicklung der Fähigkeit, die gewohnten und naheliegenden Reaktionen in Problemsituationen zu kontrollieren und das vorschnelle Anwenden ungeeigneter Fertigkeiten besser zu kontrollieren.

4.3.4 Ein Trainings-Experiment auf GUILFORDscher Basis

Das Vorgehen von SELZ, definierte kognitive Prozesse zu lehren und aufgrund beobachteter Transfereffekte Rückschlüsse auf die Angemessenheit seiner Intelligenztheorie zu ziehen, ist auch interessant hinsichtlich der von vielen Forschern (vgl. BRONFENBRENNER 1977) favorisierten Möglichkeit, Entwicklungsprozesse durch sogenannte 'Trainings-Experimente' zu erforschen. Diese Exerimente - durchgeführt unter dem Motto 'Willst Du etwas verstehen, versuche es zu verändern' - wurden nach BRONFENBRENNER vor allem von sowjetischen Entwicklungspsychologen durchgeführt. Auf einer allgemeineren Ebene können auch die oben erwähnten Trainings-Experimente hier angesiedelt werden. Einen zeitlich ausgedehnteren und stärker auf die Vermittlung kognitiver Prozesse ausgerichteten transformierenden Versuch stellt das Projekt von RÜPPELL, RÜPPELL & BÖKER (1974) dar, das oben im Zusammenhang mit FERGUSONs Transfertheorie genannt wurde. In diesem Projekt wurde eine Lehr-Lern-Umwelt konzipiert, in der ausgewählte Strategien der Informationsverarbeitung überlernt werden können, die kennzeichnend für bestimmte Fähigkeiten des Intelligenz-Struktur-Modells von GUILFORD (1967) sind. In Übereinstimmung mit der oben beschriebenen Theorie von FERGUSON wurde angenommen, daß die überlernten Strategien sich direkt förderlich auf die Entwicklung dieser Fähigkeiten der Intelligenz auswirken, so daß diese zu stabilen Bestandteilen der Intelligenz werden. Die Auswahl dieser direkt geförderten Fähigkeiten geschah mit der Absicht, auch alle übrigen Fähigkeiten des Intelligenz-Struktur-Modells durch weniger direkte Transfereffekte zu erleichtern. Das Rationale für eine entsprechende Fähigkeitsauswahl basiert auf Überlegungen zur funktionalen Organisation der geistigen Fähigkeiten. Da diese Organisation bisher nicht genau bekannt ist, wurden die empirisch mehrfach bestätigten Intelligenzfaktoren als eine Schätzung der Menge funktional unabhängiger Fähigkeiten verwendet (vgl. ROYCE 1973). Solche Zusammenhänge können nur dann eindeutig angenommen werden, wenn die Korrelationen weitgehend durch Transfereffekte zwischen zwei Fähigkeiten zu erklären sind. Die Möglichkeit aber, daß Fähigkeiten nur aufgrund korrelierender Umweltbedingungen korrelieren, die gemeinsam die Entwicklung der Fähigkeiten fördern, ist bisher nicht ausgeschlossen worden. Es folgt, daß die Anzahl funktional unabhängiger Fähigkeiten unterschätzt wird, wenn die empirisch bestätigten Faktoren als Schätzung für diese Anzahl herangezogen werden. Die Gefahr einer solchen Unterschätzung wurde von RÜPPELL et al. durch die Verwendung der sicher redundanten Faktorenzusammenstellung von ROYCE (1973) zu verringern versucht. Darüberhinaus wurden zusätzliche Fähigkeiten in die Menge der zu überlernenden Fähigkeiten aufgenommen, um diese Fähigkeiten in hierarchisch angemessener Weise lehren zu können. Speziell sollte durch die Hinzunahme dieser Fähigkeiten die Bildung folgender Teilsequenzen ermöglicht werden:

- die Problemlösesequenz: "Erkennen" - "konvergente Produktion" - "divergente Produktion" - "Evaluation"
- die inhaltliche Sequenz: "figurale Information" - "semantische Information" - "symbolische Information"
- die Sequenz aufsteigender Komplexität: "Klassen" - "Relationen" - "Systeme" - "Transformationen" - "Implikationen"

Insgesamt wurden mit dieser Strategie 33 Intelligenz-Struktur-Fähigkeiten ausgewählt und im Hinblick auf ihr Überlernen in eine zeitlich-hierarchische Reihenfolge gebracht.

Die Entwicklung der Lernumwelt, die ein Überlernen dieser Fähigkeiten ermöglicht, wurde auf der Basis der Psychologie des Spiels, der Prinzipien für Lernumwelten von MOORE & ANDERSON (1969) und der Lehr-Lern-Psychologie entwickelt. Es konnte gezeigt werden, daß eine entsprechende Lernumwelt in Form von Mehr-Personen-Regel-Spielen

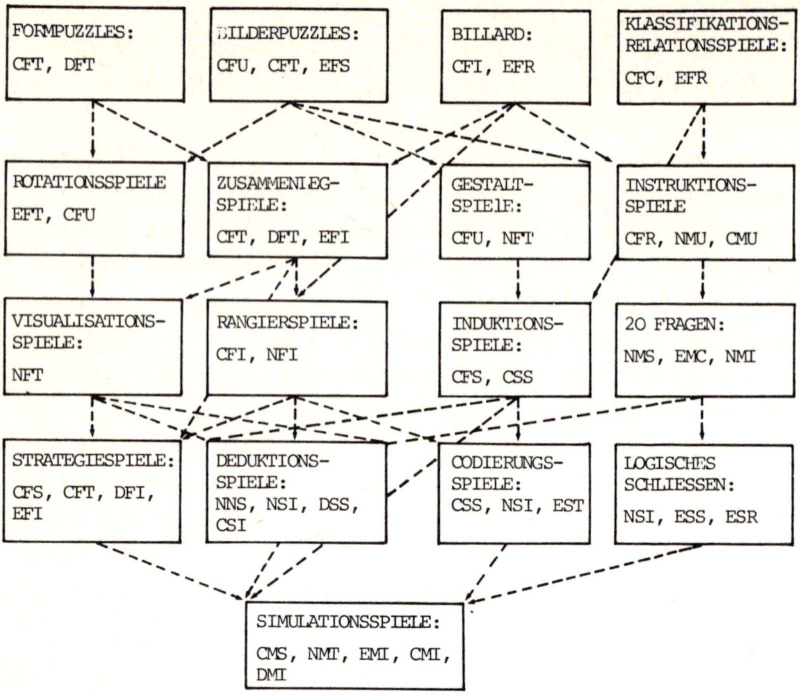

Abb. 2: Die Spiele-Hierarchie. (Die logischen Validitäten sind in der Notation des SI-Modells angegeben.)

1. Hierarchiestufe
Formpuzzles: CFT, DFT
Bilderpuzzles: CFU, CFT, EFS
Billard: CFI, EFR
Klassifikations-Relationsspiele: CFC, EFR

2. Hierarchiestufe
Rotationsspiele: EFT, CFU
Zusammenlegspiele: CFT, DFT, EFI
Gestaltspiele: DFU, NFT
Instruktionsspiele: CFR, NMU, CMU

3. Hierarchiestufe
Visualisationsspiele: NFT
Rangierspiele: CFI, NFI
Induktionsspiele: CFS, CSS
20 Fragen: NMS, EMC, NMI

4. Hierarchiestufe
Strategiespiele: CFS, CFT, DFI, EFI
Deduktionsspiele: NSS, NSI, DSS, CSI
Codierungsspiele: CSS, NSI, EST
Logisches Schließen: NSI, ESS, ESR

5. Hierarchiestufe
Simulationsspiele: CMS, NMT, EMI, CMI, DMI

möglich ist. Solche Spiele wurden für die unterschiedlichen Fähigkeiten entwickelt. Der Ausgangspunkt des Entwicklungsprozesses war die Analyse einer Vielzahl bekannter Regelspiele hinsichtlich der durch sie beanspruchten Strategien der Informationsverarbeitung. Die ausgewählten bzw. modifizierten Spiele zeigt Abbildung 2.

Die Evaluation der ersten Ebene dieser Spiele-Hierarchie zeigte, daß die beabsichtigten Lernprozesse keine sofortigen Transfereffekte auf die zugrundeliegenden Intelligenzstruktur-Fähigkeiten bewirken. Es konnte aber gezeigt werden, daß das Erlernen einer Strategie der Informationsverarbeitung durch ein Spiel das Erlernen einer komplexeren Strategie der Informationsverarbeitung durch ein anderes Spiel erleichtert. Die Autoren entschlossen sich aufgrund dieser Ergebnisse, die kognitive Entwicklung in weiteren Versuchen durch die Fähigkeit zu messen, eine bestimmte Strategie der Informationsverarbeitung unter kontrollierten Bedingungen zu erlernen. Diese Fähigkeit wird durch ein zweistufiges Testverfahren quantifiziert. In der ersten Stufe hat das Kind Aufgaben zu lösen, die schwieriger als die Aufgaben sind, die in bereits vorher gelernten Spielen auftreten. Mithilfe eines standardisierten Interviews beurteilt der Versuchsleiter, wieviele der in den vorangehenden Spielen gelernten Elemente der entsprechenden Strategien der Informationsverarbeitung auf die Lösung dieser schwierigeren Aufgaben übertragen werden. In der zweiten Stufe lernt das Kind diejenige Strategie der Informationsverarbeitung, die eine optimale Lösung der schwierigeren Aufgaben ermöglicht. Der Lernprozeß ist hierbei charakterisiert durch Modell-teach-back-Zyklen, in denen der Versuchsleiter die Strategie demonstriert und das Kind das beobachtete Verhalten anwendet. Die Anzahl der Zyklen, die notwendig ist, bis das Kind die Strategie perfekt ausführt, wird als Maß für den Entwicklungsstand des Kindes in der der Strategie zugrundeliegenden Intelligenz-Struktur-Fähigkeit verwendet. Das in der ersten Stufe erhaltene Maß kann als eine quantitative Beurteilung der Qualität des von SELZ beschriebenen Netzwerks von Zuordnungsvorschriften angesehen werden. Das in der zweiten Stufe erhaltene Maß spiegelt das Transferpotential der bis dahin gelernten Strategien der Informationsverarbeitung wider. Dieses Transferpotential wird als Maß für die zugrundeliegende Intelligenz-Struktur-Fähigkeit verwendet. Die Identifizierung der Intelligenz-Struktur-Fähigkeiten geschieht hierbei durch logische Analysen der Testaufgaben oder Spiele-Anforderungen, wie sie von MEEKER (1969) oder FLEISHMAN (1975) vorgeschlagen wurden. In diesen logischen Analysen werden die Aufgabenanforderungen durch sukzessive binäre Entscheidungen soweit eingegrenzt, daß eine Zuordnung zu jedem der drei Parameter des Intelligenz-Struktur-Modells möglich ist. Der Versuch, die Aufgaben- bzw. Spielanforderungen durch Faktorenanalysen zu bestimmen, in die Spiel- und Testleistung gemeinsam einbezogen wurden, führte in dem von RÜPPELL et al. durchgeführten Versuch zu keinen klaren Faktor-Lösungen.

Eine Schwierigkeit der Trainings-Experimente besteht darin, daß die trainierten oder überlernten Prozesse und Strategien der Informationsverarbeitung vom Individuum transformiert werden (GLASER 1976; PUTZ-OSTERLOH 1974). Diese Schwierigkeit führt dazu, daß die erhaltenen Ergebnisse nicht immer eindeutig mit zugrundeliegenden Theorien der kognitiven Entwicklung in Verbindung gebracht werden können. Die Möglichkeit, aufgrund von Trainingsergebnissen Theorien der kognitiven Entwicklung überprüfen oder modifzieren zu können, wird hierdurch eingeschränkt.

Literaturverzeichnis:

AEBLI, H.: Kognitive Entwicklung als Aufbau in einem soziokulturellen Kontext. Schweizerische Zeitschrift für Psychologie, 1970, 29, 389-471.

ARLIN, P.K.: Toward a metatheoretical model of cognitive development. International Journal of Aging and Human Development, 1976, 7, 247-253.

BALTES, P.B.: Longitudinal and cross-sectional sequences in the study of age and generation effects. Human Development, 1968, 11, 145-171.

BALTES, P.B. & LABOUVIE, G.V.: Adult development of intellectual performance: Description, explanation, modification. In: EISDORFER, G. & LAWTON, P.L. (Eds.): The psychology of adult development and aging. Washington: APA, 1973, 157-220.

BALTES, P.B., REESE, H.W. & NESSELROADE, R.R.: Life-span developmental psychology: Introduction to research methods. Monterey, CA: Brooks-Cole, 1977.

BALTES, P.B. & SCHAIE, K.W.: On life-span developmental paradigms. In: BALTES, P.B. & SCHAIE, K.W. (Eds.): Life-span developmental psychology: Personality and socialization. New York, London: Academic Press, 1973.

BENTLER, P.M.: Theory testing via causal modeling in developmental psychology. In: RUDINGER, G. (Hrsg.): Entwicklungspsychologische Methoden. Stuttgart: Kohlhammer, 1978.

BIRNBAUM, A.: Some latent trait models and their use in inferring an examinee's ability. In: LORD, F.H. & NOVICK, M.R. (Eds.): Statistical theories mental test scores. Reading, Mass.: Addison-Wesley, 1968, 397-472.

BLOOM, B.S.: Stability and change in human characteristics. New York: Wiley, 1964 (deutsch: Weinheim: Beltz, 1971).

BRONFENBRENNER, U.: Toward an experimental ecology of human development. American Psychologist, 1977, 32, 513-531.

BRUNER, J.S.: The course of cognitive development. American Psychologist, 1964, 19, 1-15.

BUSS, A.R.: A general developmental model for interindividual differences, intraindividual differences, and intraindividual changes. Developmental Psychology, 1974, 10, 70-78.

BUSS, A.R.: Toward a unified framework for psychometric concepts in the multivariate developmental situation: Intraindividual change and inter- and intraindividual differences. In: NESSELROADE, R.R. & BALTES, P.B. (Eds.): Longitudinal research in the behavioral sciences: Design and analysis. Final Report, Pennsylvania State University, 1977, 2-35.

CANCRO, R.: Genetic contributions to indivudal differences in intelligence: an introduction. In: CANCRO, R. (Ed.): Intelligence, genetic and environmental influences. New York: Grune & Stratton, 1971, 59-65.

CASE, R.: Gearing the demands of instruction to the developmental capacities of the learner. Review of Educational Research, 1975, 45, 59-87.

CARROLL, J.B.: Psychometric tests as cognitive tasks: A new "structure of intellect". ETS Bulletin, RB-74-16, Princeton, N.J., 1974.

CATTELL, R.B. (Ed.): Handbook of multivariate experimental psychology. Chicago: Rand McNally, 1966.

CATTELL, R.B.: Abilities: Their structure, growth and action. New York: Houghton Mifflin, 1971.

CLAYTON, V. & OVERTON, W.F.: Concrete and formal operational thought processes in young adulthood and old age. International Journal of Aging and Human Development, 1976, 7, 237-245.

CRONBACH, L.J., GLESER, Goldine C., NANDA, H. & RAJARATNAM, N.: The dependability of behavioral measurements. New York: Wiley, 1972.

DÖRNER, D.: Problemlösen als Informationsverarbeitung. Stuttgart: Kohlhammer, 1976.

ELKIND, D.: Two approaches to intelligence: Piagetian and psychometric. In: GREEN, D.R., FORD, M.P. & FLAMER, G.B. (Eds.): Measurement and Piaget. New York: McGraw Hill, 1971, 12-28.

EVANS, G.T.: Intelligence, transfer and problem-solving. In: DOCKRELL, W.B. (Ed.): On intelligence. The Toronto Symposium. London: Methuen, 1969, 191-233.

FERGUSON, G.A.: On transfer and the abilities of man. Canadian Journal of Psychology, 1956, 10, 121-131.

FLEISHMAN, E.A.: Toward a taxonomy of human performance. American Psychologist, 1975, 30, 1127-1149.

FLEISHMAN, E.A. & BARTLETT, C.J.: Human abilities. Annual Review of Psychology, 1969, 20, 349-380.

FREDERIKSEN, C.H.: Abilities, transfer and information retrieval in verbal learning. Multivariate Behavioral Research Monograph, 1969, 2.

FRENCH, J.W.: The relation of problem-solving styles to the factor composition of tests. Educational and Psychological Measurement, 1965, 1, 9-28.

FURTH, H.G.: Piaget, IQ and the nature-nurture controversy. In: RIEGEL, K.F. (Ed.): Intelligence: Alternative views of a paradigm. Basel: Karger, 1973, 61-74.

GAGNÉ, R.M.: Contributions of learning to human development. Psychological Review, 1968, 75, 177-191.

GLASER, R.: Components of a psychology of instruction. Toward a science of design. Review of Educational Research, 1976, 46, 1-24.

GUILFORD, J.P.: The nature of human intelligence. New York: McGraw Hill, 1967.

GUTTMAN, L.: A special Review of Harold Gulliksen, Theory of Mental Tests. Psychometrika, 1953, 18, 123-130.

HECKHAUSEN, H.: Anlage und Umwelt als Ursache von Intelligenzunterschieden. In: WEINERT, F.E. et al. (Hrsg.): Funkkolleg Pädagogische Psychologie, Bd. 1, Frankfurt: Fischer, 1974, 277-312.

HIRSCH, J.: Behavior-genetic analysis and its biological consequences. In: CANCRO, R. (Ed.): Intelligence, genetic and environmental influences. New York: Grune & Stratton, 1971, 88-107.

HORN, J.L., CATTELL, R.B.: Age differences in primary mental ability factors. Journal of Gerontology, 1966, 21, 210-220.

HULTSCH, D.F. & HICKEY, T.: External validity in the study of human development: Theoretical and methodological issues. Draft, Pennsylvania State University, 1977.

HUNT, D.E.: Person-environment interaction: A challenge found wanting before it was tried. Review of Educational Research, 1975, 45, 209-230.

HUNT, E.B.: Quote the RAVEN, Nevermore! In: GREGG, L.W. (Ed.): Knowledge and cognition. Hillsdale, N.W.: Lawrence Erlbaum Ass., 1974, 129-159.

JÖRESKOG, K.K.: Statistical estimation of structure models in longitudinal-developmental investigation. In: NESSELROADE, J.R. & BALTES, P.B. (Eds.): Longitudinal research in the behavioral sciences: Design and analysis. Final Report, Pennsylvania State University, 1977, 309-410.

LABOUVIE-VIEF, G. & GONDA, J.: Cognitive strategy training and intellectual performance in the elderly. Journal of Gerontology, 1976, 31, 327-332.

MARJORIBANKS, K.: Environment, social class and mental abilities. Educational Psychology, 1972, 63, 103-109.

MEEKER, M.N.: The structure of intellect. Its interpretation and uses. Merrill: Columbus, 1969.

MERZ, F. & STELZL, I.: Modellvorstellungen über die Entwicklung der Intelligenz in Kindheit und Jugend. Zeitschrift für Entwicklungspsychologie und Pädagogische Psychologie, 1973, 5, 153-166.

MILLER, R.B.: Psychology for man-machine problem-solving system. Poughkeepsie, N.Y.: IBM Technical Report No. 1246 (AD 640 283), 1965.

MOORE, O.K. & ANDERSON, A.R.: Some principles for the design of clarifying educational environments. In: GOSLIN, D.A. (Ed.): Handbook of socialization theory and research. Chicago: Rand McNally, 1969, 571-614.

NEISSER, U.: Cognition and reality: principles and implications of cognitive psychology. San Francisco: Freeman, 1976.

NESSELROADE, R.R.: Issues in studying developmental change in adults from multivariate perspective. In: BIRREN, J.E. & SCHAIE, K.W. (Eds.): Handbook of the psychology of aging. New York: Van Nostrand, 1977, 59-69.

NESSELROADE, J.R. & BALTES, P.B. (Eds.): Longitudinal research in the behavioral sciences: Design and analysis. Final Report, Pennsylvania State University, 1977.

NESSELROADE, R.R., SCHAIE, K.W. & BALTES, P.B.: Ontogenetic and generational components of structural and quantitative change in adult cognitive behavior. Journal of Genetic Psychology, 1972, 27, 222-228.

NEWELL, A. & SIMON, H.A.: Human problem solving. Prentice Hall Inc.: Englewood Fliccs, N.J., 1972.

OVERTON, W.F. & REESE, H.W.: Models of development: Methodological implications. In: NESSELROADE, J.R. & REESE, H.W. (Eds.): Life-span developmental psychology: Methodological issues. New York: Academic Press, 1973, 65-86.

PASK, G.: Conversation, cognition and learning: A cybernetic theory and methodology. Amsterdam: Elsevier, 1975.

PAWLIK, K.: Zur Frage der psychologischen Interpretation von Persönlichkeitsfragebogen. Bericht aus dem Psychologischen Institut der Universität Hamburg, 1973, 22.

PIAGET, J.: Intellectual evolution from adolescence to adulthood. Human Development, 1972, 15, 1-12.

PLEMONS, J.L., WILLIS, S.L. & BALTES, P.B.: Modificability of fluid intelligence in aging: A short-term longitudinal training approach. Journal of Gerontology, 1977 (im Druck).

POSNER, M.I., McLEAN, J.P. & WEIMER, W.B.: Cognition: Forwards or backwards? Contemporary Psychology, 1977, 22, 461-484.

PUTZ-OSTERLOH, W.: Über die Effektivität von Problemlösungstraining. Zeitschrift für Psychologie, 1974, 182, 253-373.

PUTZ-OSTERLOH, W. & LÜER, G.: Informationsverarbeitung bei einem Test zur Erfassung der Raumvorstellung. Diagnostica, XXI/4, 1975, 166-181.

RAINER, I.D.: Genetics of intelligence: Current issues and unsolved questions. Research Communications in Psychology, Psychiatry and Behavior, 1976, 1, 607-618.

RASCH, G.: Probabilistic models for some intelligence and attainment tests. Kopenhagen: The Danish Institute for Educational Research, 1960.

REES, A.H. & PALMER, F.H.: Factors related to change in mental test performance. Developmental Psychological Monograph, 1970, 2, 1-57.

RESNICK, L. (Ed.): The nature of intelligence. Hillsdale, N.J.: Lawrence Erlbaum, 1976.

RIEGEL, K.F. (Ed.): Intelligence: Alternative views of a paradigm. Basel: Karger, 1973.

ROYCE, J.R.: The conceptual framework for a multi-factor theory of individuality. In: ROYCE, R.R. (Ed.): Multivariate analysis and psychological theory. London: Academic Press, 1973, 305-380.

ROYER, F.L.: Information processing in the block design task. Intelligence, 1977, 1, 32-50.

RUDINGER, G.: Correlates of changes in cognitive functioning. In: THOMAE, H. (Ed.): Patterns of aging. Contributions to Human Development. Vol. 3, Basel: Karger, 1976, 20-35.

RUDINGER, G. & LANTERMANN, E.D.: Soziale Bedingungen der Intelligenz im Alter. Unveröff. Manuskript, 1978.

RÜPPELL, H.: Optimierung kognitiver Lernprozesse durch Spiele. Zeitschrift für Pädagogik, 1975, 21, 403-405.

RÜPPELL, H., RÜPPELL, M. & BÖKER, H.D.: Intelligenzförderung durch Spiele. Unveröffentlichter Forschungsbericht, Hamburg, 1974.

SCHAIE, K.W.: A general model for the study of developmental problems. Psychological Bulletin, 1965, 64, 92-107.

SCHAIE, K.W.: Limitations on generalizability of growth curves of intelligence. A reanalysis of data from the Harvard Study. Human Development, 1972, 15, 141-152.

SCHAIE, K.W.: Quasi-experimental research designs in the psychology of aging. In: BIRREN, J.E. & SCHAIE, K.W. (Eds.): Handbook of the psychology of aging. New York: Van Nostrand, 1977, 39-58.

SCHAIE, K.W. & STROTHER, C.R.: A cross-sequentional study of age changes in cognitive behavior. Psychological Bulletin, 1968a, 70, 671-680.

SCHAIE, K.W. & STROTHER, C.R.: The effects of time- and cohort-differences on the interpretation of ange changes in cognitive behavior. Multivariate Behavioral Research, 1968b, 3, 259-294.

SELZ, O.: Versuche zur Hebung des Intelligenzniveaus. Zeitschrift für Psychologie, 1935, 134, 236-301.

SPADA, H.: Modelle des Denkens und Lernens. Bern: Huber, 1976.

STERNBERG, J.R.: Intelligence, information processing, and analogical reasoning: The compenential analysis of human abilities. Hillsdale, New Jersey: Lawrence Erlbaum Associates, 1977.

THOMAE, H.: Vorstellungsmodelle in der Entwicklungspsychologie. Zeitschrift für Psychologie, 1961, 165, 41-58.

TRUDEWIND, C.: Häusliche Umwelt und Motiventwicklung. Göttingen: Hogrefe, 1975.

TUDDENHAM, R.D.: A 'Piagetian' test of cognitive development. In: DOCKRELL, W.B. (Ed.): On intelligence. The Toronto Symposium 1969. London: Methuen, 1969, 49-70.

VAN DE VEN, H. & PIETERS, J.P.: A Poisson/Erlang model for response latency of mental tasks. 8. Europäisches Meeting Math. Psychol., 1977, Saarbrücken.

WALBERG, H.J. & MARJORIBANKS, K.: Family environment and cognitive development: Twelve Analytic Models. Review of Educational Research, 1976, 46, 527-552.

WARBURTON, F.W.: The British Intelligence Scale. In: Dockrell, W.B. (ed.): On intelligence. The Toronto Symposium, London: Methuen, 1969, 71-99.

WHITELY, S.E.: Information-Processing on intelligence test items: Some response components. Applied Psychological Measurement, 1977, 1, 456-476.

WOHLWILL, J.F.: The study of behavioral development. New York/London: Academic Press, 1973a.

WOHLWILL, J.F.: The concept of experience:S or R? In: RIEGEL, K.F. (ed.): Intelligence: Alternative views of a paradigm. Basel: Karger, 1973b, 90-108.

Informationsverarbeitungsmodelle der Denkentwicklung

David Klahr

1. Einleitung

Das Anliegen dieses Buches ist es, neuere Ansätze zur Untersuchung der kognitiven Entwicklung gegenüberzustellen, sie zu vergleichen und konstruktive Kritik zu leisten. Mein eigener Beitrag zu diesem Ziel wird die Beschreibung eines Ansatzes sein, der als "Informationsverarbeitungstheorie der kognitiven Entwicklung" bezeichnet wird. Es ist nicht vorgesehen, einen breiten Überblick über relevante Forschungsarbeiten vorzulegen; vielmehr möchte ich mich auf die Erörterung einiger Aspekte der theoretischen und empirischen Arbeiten innerhalb unseres Forschungsprojekts beschränken.

Welche Merkmale soll eine Informationsverarbeitungstheorie der kognitiven Entwicklung besitzen? Im Idealfall wäre eine solche Theorie (1) hinlänglich allgemein, um eine Vielzahl von Entwicklungsvorgängen einzuschließen; (2) hinlänglich präzise und konsistent, damit die Umsetzung in ein Computerprogramm möglich ist und (3) hinlänglich operationalisiert, damit eine empirische Prüfung möglich ist. In den letzten Jahren versuchten wir eine derartige Theorie auszuarbeiten; eine zusammenfassende Darstellung des Verlaufs unserer Arbeiten bis 1974 liegt seit kurzem vor (KLAHR & WALLACE 1976). Unsere eigene Beurteilung der darin vorgeschlagenen Theorie ist, daß sie zwar dem ersten der obengenannten Kriterien genügt, bezüglich der beiden anderen jedoch noch der Ausarbeitung bedarf.

Im Teil 2 dieses Beitrages werde ich einige wichtige Gesichtspunkte unserer Arbeit zusammenfassen. Sie entsprechen dem Stand von vor drei Jahren, als die Arbeiten zu unserem Buch abgeschlossen waren. Im Teil 3 werde ich dann meine neueren Bemühungen beschreiben, die einer erhöhten Präzision und Prüfbarkeit der Theorie gelten. Teil 4 handelt von einigen bislang noch ungeklärten Problemen im Zusammenhang mit dem Entwurf selbstmodifizierender Systeme, und Teil 5 enthält einige abschließende Bemerkungen.

2. Zum Stand der Forschung

Wenn wir das Verhalten eines Kindes beobachten, das ein Problem löst oder lernt, es zu lösen, dann stellt sich uns die folgende Frage: "Welche Verarbeitungsprozesse und welche intern gespeicherten Informationen braucht ein Mensch, um das beobachtbare Verhalten hervorzubringen?". Die Antwort besteht in einer Menge von Produktionen (engl. 'productions'), die von einem informationsverarbeitenden System, zum Beispiel einem Computerprogramm, angewendet werden können. Das Computerprogramm stellt so ein Modell des Menschen dar.

Ein wesentliches Merkmal dieses Ansatzes ist die große Präzision. Da die Modelle als Computerprogramm vorliegen, sind sie viel detaillierter und expliziter, als es gewöhnlich der Fall ist. Indem man die Programme einem Computer eingibt, können sowohl die logische Konsistenz dieser Modelle als auch ihre detaillierte Vorhersage beobachtbaren Verhaltens unter verschiedenen Bedingungen direkt geprüft werden. Viele einzelne Annahmen und Behauptungen können jedoch nicht direkt geprüft werden. Die Prüfung des vollständigen Satzes von Aussagen innerhalb eines Modells kann formal niemals über ein Hinlänglichkeitskriterium (engl. 'sufficiency') hinausgehen, obwohl informelle Kriterien wie Plausibilität und Generalität Anwendung finden könnten.

Die Unterschiede zwischen Modellen können wir erst dann untersuchen, wenn wir Modelle für unterschiedliche kognitive Entwicklungszustände konstruiert haben. Da die Modelle für die einzelnen kognitiven Entwicklungszustände jedoch sehr präzise sind, ist der Übergang von einer Entwicklungsstufe zur anderen besser definiert als bei den meisten anderen Ansätzen zur Modellbildung.

2.1 Zur Struktur des informationsverarbeitenden Systems Erwachsener

In den letzten 20 Jahren ist man zu einem Bild von der allgemeinen Struktur des menschlichen Informationsverarbeitungssystems gelangt, obwohl es durchaus noch viele strittige Punkte gibt (vgl. BOWER 1975; HUNT 1971; NEWELL & SIMON 1972). Es wird angenommen, daß die Informationsverarbeitung auf verschiedenen Ebenen abläuft, beginnend mit Reizen aus der Umwelt, die auf die Sinnesorgane treffen bis hin zu "höheren" oder "zentraleren" Verarbeitungsprozessen. Jeder Ebene kann eine bestimmte Speicherkapazität zugeordnet werden. So kann Information festgehalten werden, während sie auf nachfolgenden Ebenen weiterverarbeitet wird.

Auf der ersten Ebene der sensorischen Verarbeitung werden durch die Sinnesorgane Informationen aufgenommen und für Sekundenbruchteile gespeichert. Bis zu diesem Punkt scheint das Informationsverarbeitungssystem noch parallel und nicht selektiv zu arbeiten. Auf der nächsten Ebene wird selegierte und teilweise kodierte Information zur weiteren Verarbeitung in modalitätsspezifischen Speichern (zum Beispiel visuellen oder auditiven) länger, etwa für eine Sekunde, festgehalten. Die Information gelangt dann in einen Speicher mit begrenzter Kapazität, der gewöhnlich als Kurzzeitgedächtnis bezeichnet wird. Dort wird sie für einen Zeitraum von 5-10 sec festgehalten, bevor sie in das Langzeitgedächtnis übertragen wird. Das Langzeitgedächtnis scheint im wesentlichen von seiner Kapazität her keinen Beschränkungen zu unterliegen. Es ist als

Netzwerk organisiert, das aus Begriffen, Aussagen sowie Verknüpfungen zwischen diesen besteht und einen Bestand an Problemlösestrategien und Verarbeitungsprozeduren enthält. Zur Arbeit des Langzeitgedächtnisses gehört die Kontrolle der Informationsübertragung von einer Ebene zur anderen, die Suche nach Informationen im oben genannten Netzwerk und die Auswahl von Verarbeitungsprozeduren, die über dem Langzeitgedächtnis selbst arbeiten und es verändern.

2.2 Zum informationsverarbeitenden System des Kindes

So viel wäre also zum informationsverarbeitenden System des Erwachsenen zu sagen. Wie aber sollen wir uns dies beim Kind vorstellen? Wir stehen vor einer nicht zu übersehenden Tatsache: Kinder leisten bei fast jedem der ihnen gestellten Probleme weniger als Erwachsene; sie sind langsamer, machen mehr Fehler, ihre Aufmerksamkeit und ihre Gedächtnisleistungen sind geringer. Es gibt jedoch keinen Hinweis darauf, daß die oben geschilderte Struktur des Verarbeitungssystems - parallele Aktivität sensorischer Speicher, begrenztes Kurzzeitgedächtnis und unbegrenztes, assoziatives Langzeitgedächtnis - ab einem Alter von 5 Jahren altersabhängigen Veränderungen unterliegt. Als Arbeitshypothese vertreten wir noch einen strikteren Standpunkt: es gibt keine bedeutsamen Veränderungen der Parameter der Systemkomponenten mit dem Alter, wie zum Beispiel von Kapazitäts- und Geschwindigkeitsparametern. Der Hauptunterschied zwischen Kindern und Erwachsenen liegt nicht darin, daß Kinder etwa über ein "kleineres" oder "langsameres" Kurzzeitgedächtnis verfügen; vermutlich geht er eher auf geringeres Wissen über Sachverhalte und Ereignisse, über Verfahren und Strategien, auf die ungenügende Kontrolle der Aufmerksamkeit und den mangelnden Einsatz von Suchstrategien und Einprägungstechniken zurück. Mehrere neue Untersuchungen, darunter CHI (1976; 1977) sowie HUTTENLOCHER & BURKE (1976) liefern Hinweise auf die Richtigkeit dieser Ansicht. Der zentrale Punkt unserer Theorie ist deshalb die Klärung der Repräsentation von Wissen im Langzeitgedächtnis sowie die Ausarbeitung eines Modells darüber, welchen Veränderungen diese interne Repräsentation unterliegt, damit bei gleichbleibender Struktur des allgemeinen Verarbeitungssystems eine zunehmend bessere kognitive Leistungsfähigkeit möglich ist.

2.2.1 Die Beschreibung von Wissen im Langzeitgedächtnis

Unsere Beschreibung von Wissen im Langzeitgedächtnis erfolgt durch ein Produktionssystem (engl. 'production system'). Ein Produktionssystem ist ein formales Beschreibungsgefüge, das angibt, wie sich ein informationsverarbeitendes System seinem eigenen, aktuellen Wissensstand entsprechend verhalten könnte, d.h., es gibt an, wie der Organismus bei gegebenem Wissen über nachfolgendes Verhalten entscheidet. Die elementare Einheit ist eine Produktion. Sie besteht aus der Verknüpfung einer Bedingungskomponente mit einer zugehörigen Aktionskomponente. Die Bedingungskomponente ist die Grundlage zur Überprüfung des momentanen Wissensstandes des Systems, d.h. der aktuellen Inhalte seiner Speicher. Ist eine Bedingung erfüllt, gelangen die mit ihr verknüpften Aktionen zur Ausführung; die Folge ist eine Veränderung des Wissensstandes des Systems. Eine bestimmte Menge von Produktionen, die eine spezifische Funktion erfüllen, wird Produktionssystem genannt. Es gibt verschiedene Möglichkeiten, wie eine bestimmte Menge von Produktionen organisiert und koordiniert sein kann, damit zielgerichtete Verarbeitung von Informationen möglich wird. Einige Beispiele dazu finden sich im Teil 3.

2.2.2 Wissenserwerb

Ich werde mehrere allgemeine Prinzipien für selbstmodifizierende Systeme beschreiben. Sie schließen alle die Bildung neuer Produktionen im Langzeitgedächtnis ein. Die zentrale Frage gilt der Informationsquelle, die dem System mitteilt, wann solche neuen Produktionen zu bilden sind. Das System muß irgendwelche Möglichkeiten besitzen, die eigene Aktivität zu registrieren, damit diese Frage beantwortet werden kann. Wir schlagen dazu einen Mechanismus vor, der dies mit Hilfe einer Zeitlinie leistet. Die Zeitlinie enthält ein sequentielles Protokoll der Aktivitäten des Systems. Mit dem Abschluß jedes Verarbeitungsvorganges werden Anfangs- und Endzustand der jeweils beteiligten Speicher auf der Zeitlinie registriert. Treten in der Interaktion zwischen dem System und der Umwelt irgendwelche Regelhaftigkeiten auf, so werden sie in der Zeitlinie abgebildet. Selbstmodifikation besteht nun darin, daß solche Regelhaftigkeiten aufgefunden werden und als weitere Produktionen zu dem bereits verfügbaren Produktionssystem hinzukommen, das daraus Nutzen ziehen kann.

Wir postulieren einen Kern angeborener Produktionen, zu denen auch solche zur Selbstmodifikation gehören. Ein allgemeines Prinzip leitet die Wirkungsweise solcher Produktionen zur Selbstmodifikation. Es ist das Prinzip des geringsten Aufwandes, oder der Verarbeitungsökonomie. Das System verfügt über eine derart begrenzte Arbeitskapazität und über ein so großes Langzeitgedächtnis und es hat mit einer so komplexen Umwelt zu tun, daß es immer bestrebt ist, den Informationsgehalt der Symbole, mit denen es arbeitet, so groß wie möglich zu halten. In ähnlicher Weise versucht es, zu Verfahren zu gelangen, die das Ausmaß der Verarbeitung, das für ein bestimmtes Problem erforderlich ist, auf ein Minimum zu reduzieren. Dieses Ziel der effizienten Informationsverarbeitung erreicht das System durch drei Verfahrensweisen: Auffinden von Konsistenzen, Verringerung von Redundanz und globale

Orientierung. Unter Auffinden von Konsistenzen verstehen wir die "Erkenntnis" des Systems, daß eine Reihe bestimmter, aufeinanderfolgender Abläufe durch eine Regel höherer Ordnung erklärt werden kann. Bei Verringerung von Redundanz denken wir an eine Art von Effizienz, wie sie von BAYLOR (BAYLOR & GASCON 1974) im Zusammenhang mit Arbeiten zur Reihenbildung beschrieben wird oder, wie sie bei Kindern offenkundig wird, die kürzere Wege auffinden, wenn sie wiederholt bei der Bearbeitung eines Problems eine gleiche Menge von Arbeitsschritten ausführen müssen (RESNICK 1976). Mit globaler Orientierung meinen wir die grundsätzliche Einstellung, Sachverhalte und Ereignisse als integriertes Ganzes zu verarbeiten. Erst bei wiederholtem Mißerfolg geht das System zur dimensionalen Verarbeitung des Reizmaterials über.

2.3 Das Auffinden von Regelhaftigkeiten

In den nächsten Absätzen werde ich kurz die Wirkungsweise des Mechanismus darlegen, der diese Prinzipien erfüllt. Betrachten wir einige der gegenwärtig vorliegenden Modelle zur sequentiellen Mustererkennung, bei denen nach einfachen Regelhaftigkeiten in Zeichenfolgen gesucht wird.

Sobald partielle Regelhaftigkeiten aufgefunden worden sind, versucht das System die Feinstruktur der Beziehungen zwischen den einzelnen Elementen des Musters herauszuarbeiten. Im einfachsten Fall handelt es sich um eine einzige Dimension ohne irgendein externes Ordnungsgefüge, z.B. bei Farbfolgen rot-gelb-gelb-rot-gelb-...-.... Die Komplexität des Musters (und damit der entsprechenden Schlußfolgerung) nimmt zu, wenn mehrdimensionale Objekte (z.B. Farbe und Lage im Raum: rot-oben/gelb-unten/gelb-unten/rot-oben/gelb-unten), Alphabete (z.B. beim englischen Alphabet) oder Zahlensysteme, für die es Regeln hinsichtlich der komplexen Beziehungen zwischen den Zahlen gibt, vorliegen. Ein noch höherer Grad an Komplexität wird erreicht, wenn die Anforderung an die Identität der Elemente herabgesetzt wird, so daß das Modell nun Elemente als gleich bezeichnen kann, die in Wirklichkeit äquivalenten Klassen angehören (z.B. Buchstabenreihen in verschiedenem Schriftbild) oder nur teilweise zusammenpassen.

Betrachten wir nun die Symbole in der Zeitlinie als eine Sequenz, in der das System versucht, irgendwelche Konsistenzen aufzufinden. Im allgemeinen werden alle die oben erwähnten Schwierigkeiten auftreten. Dazu kommt noch der Konflikt zwischen der Häufigkeit, mit der gute Zuordnungen auftreten, und der Güte der Zuordnung, z.B. viele mäßige Zuordnungen versus wenige gute Zuordnungen. In einem System, das versucht, eine neue Regel zu bilden, die im wesentlichen aussagt, "immer, wenn du weißt, es liegt X vor, dann führe Y aus" hängt die Bestimmung des richtigen X oder Y von einem präzisen Modell darüber ab, wie Abstraktion und Generalisierung erfolgen. In unserer Theorie versuchen wir einige charakteristische Merkmale dieses Abstraktionsmodells zu klären.

Die Theorie basiert auf Computerprogrammen, die in der Form von Produktionssystemen vorliegen. Sie stellen Modelle der kognitiven Organisation bei der Bearbeitung von Problemen dar, wie sie von der Genfer Schule untersucht wurden (Klassen-Inklusion, Invarianzprobleme, Transitivität und auch detaillierte Fälle elementarer Quantifizierungsaufgaben). Für verschiedene Probleme gibt es jeweils Teilmodelle für verschiedene Entwicklungszustände. Bis jetzt haben wir noch kein Computerprogramm für unser Modell der Selbstmodifikation entwickelt (obwohl verschiedene Ansätze - der erste stammt von WATERMAN 1974 - in der Form selbstmodifizierender Produktionssystem vorliegen).

2.4 Zusammenfassung

Vor ungefähr zwei Jahren begann ich mit der Arbeit an dem Problem, die vorliegende Theorie der Selbstmodifikation in ein Computerprogramm umzusetzen, d.h. sie von der metaphorischen auf die konkrete Ebene zu übertragen. Der Erfolg dieser Bemühungen hängt von der Lösung zweier Probleme ab: einem formalen und einem empirischen Problem. Das formale Problem betrifft die ungelöste Ausarbeitung von selbstmodifizierenden Regelsystemen. Einige dieser Fragen werden wir im Teil 4 beschreiben. Das empirische Problem wird sich bei der Prüfung des Modells ergeben (vorausgesetzt, daß uns die Computersimulation gelingt). Zwar ist ein laufendes Programm ein Beleg für die logische Konsistenz der zugrundeliegenden Theorie, aber darüberhinaus ist es erforderlich, das Modell einer empirischen Prüfung zu unterziehen. Die empirische Grundlage der zugrundeliegenden Theorie geht auf verschiedene Quellen zurück. Dazu gehörten u.a. die umfangreiche Literatur über die von Piaget verwendeten Probleme, aber auch neuere Untersuchungen zur Entwicklung des Zahlbegriffs (GELMAN 1972 a,b; SCHAEFFER, EGGLESTON & SCOTT 1974) und die Literatur zum Spracherwerb. Die Übereinstimmung von solchen Untersuchungsergebnissen mit einem laufenden Computerprogramm ist jedoch notwendigerweise lose, da keines der Ergebnisse unter dem Gesichtspunkt zustandekam, dieses spezielle Modell zu prüfen.

Wir benötigen einen kognitiven Bereich, der für Modelle der fortlaufenden Leistungssteigerung geeignet ist; einen Bereich also, in dem viele Formen beobachtbaren Verhaltens auftreten und wo die vorgeschlagenen Mechanismen zum Auffinden von Regelmäßigkeiten wirksam werden können. Ein derartiger Bereich ist sicher der Spracherwerb. Über die jüngsten Fortschritte, eine Informationsverarbeitungstheorie des Spracherwerbs auszuarbeiten, berichtet ANDERSON (1976). Ein anderer Bereich, den ich ausgewählt habe, ist der Bereich der Entwicklung von Problemlösefähigkeiten.

3. Untersuchungen zum Problemlösen bei Kindern

Ich möchte jene Mechanismen der kognitiven Entwicklung verstehen, die den Steigerungen der Problemlösefähigkeiten von Kindern zugrundeliegen. Deshalb begann ich im Rahmen der eben skizzierten Entwicklungstheorie, die Auswirkungen verschiedener Instruktionen auf den Lernerfolg und die Problemlöseleistungen von Kindern bei verschiedenen Aufgabentypen zu untersuchen. Aufbauend auf Erkenntnisse, die aus empirischen Untersuchungen gewonnen wurden, werden aufgabenspezifische Modelle der Informationsverarbeitung entwickelt, die jeweils zur Beschreibung von Lernfortschritt und Problemlöseleistung geeignet sind. Gestützt auf die Gemeinsamkeiten zwischen diesen Modellen wird in einem zweiten Schritt der Modellkonstruktion versucht, ein allgemeineres System zu entwerfen, das aus Instruktionen in jedem der verschiedenen Aufgabenbereiche lernen kann. Sowohl das allgemeine Modell, als auch seine aufgabenspezifischen Vorläufer werden als selbstmodifizierende Produktionssysteme formuliert.

Vieles von dem, was wir an einem Menschen, der ein Problem löst, beobachten können, ist eher eine direkte Folge der Bedingungen einer Problemsituation als irgendwelcher verborgenen psychologischen Eigenschaften des menschlichen Informationsverarbeitungssystems. Es ist deshalb schwierig, aus Untersuchungen zu einer Problemsituation Schlußfolgerungen mit großer Generalisierbarkeit zu ziehen. Das ist der Grund, weshalb wir uns für eine ganze Reihe von Problemsituationen mit recht unterschiedlichen Merkmalen entschieden haben. In diesem Abschnitt werden nur zwei der Problemtypen beschrieben, die zur Erfassung der Fortentwicklung von Problemlösestrategien bei Kindern verwendet wurden. Die Beschreibung der Probleme ist so angeordnet, daß diejenigen am Anfang stehen, deren formale Analyse am weitesten fortgeschritten ist. Keines der bisherigen Modelle enhält Entwicklungskomponenten. (Bei der Darstellung dieser Problemsituationen werde ich auch auf bereits veröffentlichte Berichte Bezug nehmen; vgl. KLAHR 1978; KLAHR & SIEGLER 1978).

3.1 Waagebalken-Probleme

Bei diesen Problemen werden die Versuchspersonen aufgefordert, vorherzusagen, welcher Hebelarm eines Waagebalkens sich senken wird, wenn auf dem Balken Gewichte in unterschiedlichem Abstand vom Drehpunkt plaziert werden. INHELDER & PIAGET (1958) benutzten als erste die Versuchsanordnung, um die Stufen des Denkens mit formalen Operationen zu untersuchen. Bis heute entwickelt die Genfer Gruppe interessante Varianten dieses Problems (KARMILOFF-SMITH & INHELDER 1976). Ich wurde auf Probleme dieser Art aufmerksam, als mein Kollege Robert SIEGLER die Problemsituation modifizierte und ein Vorgehen einführte, das ihm eine ausgesprochen präzise Erfassung dessen ermöglichte, was ein Kind über die Funktionsweise des Waagebalkens weiß (SIEGLER 1976). Es handelt sich bei dieser Vorrichtung um einen Waagebalken, an dessen Hebelarmen in jeweils gleichen Abständen zum Drehpunkt Stifte angebracht sind, an denen Gewichte befestigt werden können. An jedem Hebelarm werden bis zu 4 Scheiben gleichen Gewichts befestigt. SIEGLERs Vorgehen ermöglichte die Beschreibung der Entscheidungsregeln, die von den Kindern zur Vorhersage verwendet werden. Abb. 1 zeigt die 4 Entscheidungsmodelle, die von fast allen Kindern verwendet worden sind. Die jüngsten Kinder (Modell I) beachten nur das Gesamtgewicht beiderseits des Drehpunkts und vernachlässigen völlig die Entfernung vom Drehpunkt. Die am meisten fortgeschrittenen Kinder setzen die richtige Regel ein: Multiplikation des Abstandes vom Drehpunkt mit Anzahl der Gewichte auf diesem Hebelarm und, sofern an mehreren Stiften des Hebelarms Gewichte befestigt sind, Addition dieser Produkte, anschließend Vergleich der Produktsummen beider Hebelarme (Modell IV).

Modell I

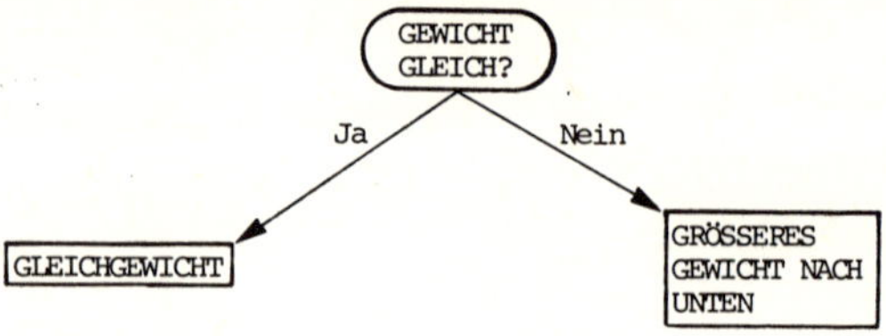

Modell II

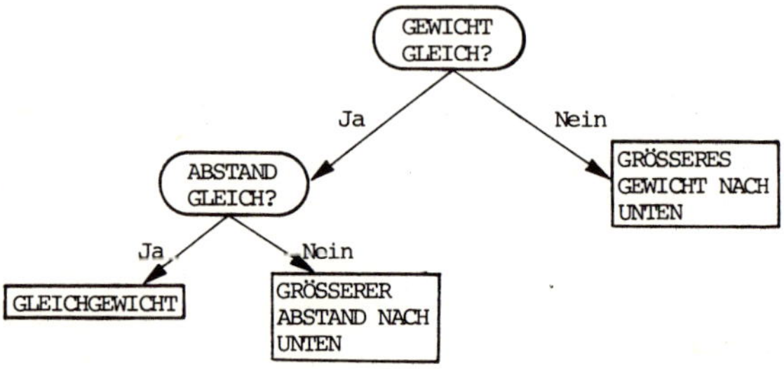

Modell III

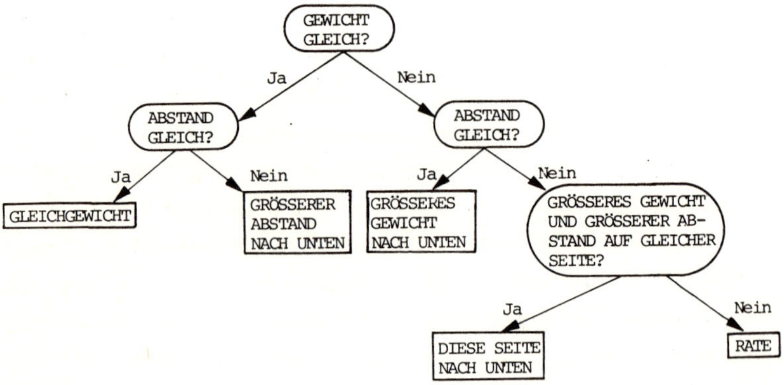

Modell IV

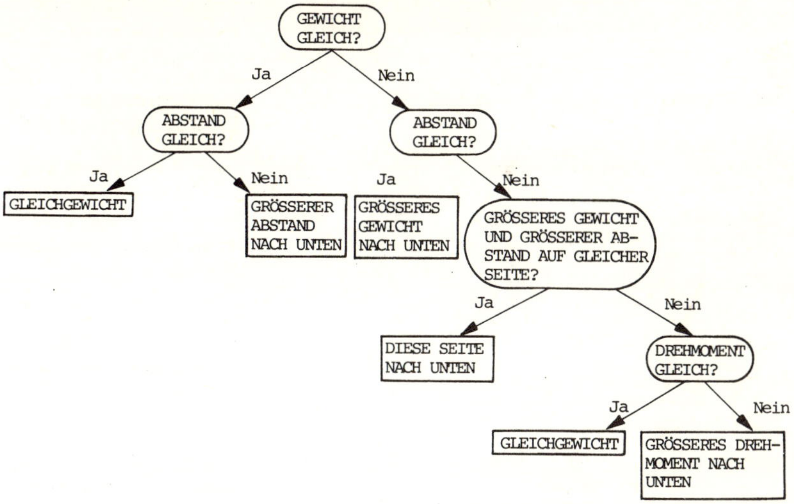

Abb. 1.: Vier Modelle I-IV zur Vorhersage des Lösungsverhaltens bei Waagebalkenproblemen (Erläuterung im Text)

Die verschiedenen Gewichtsanordnungen für diese Probleme sind in Tabelle 1 in der Spalte "Problemstellung" angegeben. (Tabelle 1 und 2 sind entnommen aus SIEGLER, 1976). Die Problemstellungen wurden nach dem Faktor benannt, der das Ergebnis bestimmt. Bei Gleichgewichtsproblemen herrscht Gleichgewicht zwischen den beiden Hebelarmen. Bei Gewichtsproblemen unterscheiden sich die beiden Hebelarme nur bezüglich des Gewichts bei gleichem Abstand vom Drehpunkt (d.h. auf beiden Hebelarmen sind die Gewichte auf dem gleichen Stift befestigt), so daß sich der Hebelarm mit dem größten Gewicht senken wird. Bei Abstandsproblemen ist das Gewicht gleich. Es senkt sich derjenige Hebelarm, dessen Gewichte größeren Abstand zum Drehpunkt haben.

Bei allen Konfliktproblemen unterscheiden sich die beiden Hebelarme sowohl hinsichtlich des Gewichts als auch des Abstands, aber entweder gleicht sich ihre Wirkung aus

Tabelle 1: Vorhersage des Prozentsatzes korrekter Antworten und der Fehler im Nachtest für Kinder, die sich verschiedenen Modellen entsprechend verhalten

Problemtyp	Modell				Vorhergesagter Entwicklungsverlauf
	I	II	III	IV	
Gleichgewicht	100	100	100	100	Keine Veränderung; alle Kinder auf hohem Niveau
Gewicht	100	100	100	100	Keine Veränderung; alle Kinder auf hohem Niveau
Abstand	0 (müßte "Gleichgewicht" sagen)	100	100	100	Dramatische Verbesserung mit dem Alter
Konflikt-Gewicht	100	100	33 (Zufallsantwort)	100	Abnahme mit dem Alter; möglicher Anstieg in der ältesten Gruppe
Konflikt-Abstand	0 (müßte "rechts runter" sagen)	0 (müßte "rechts runter" sagen)	33 (Zufallsantwort)	100	Verbesserung mit dem Alter
Konflikt-Gleichgewicht	0 (müßte "rechts runter" sagen)	0 (müßte "rechts runter" sagen)	33 (Zufallsantwort)	100	Verbesserung mit dem Alter

(Konflikt - Gleichgewicht), oder der Hebelarm mit dem größeren Gewicht senkt sich (Konflikt - Gewicht) oder aber der größere Abstand von der Drehachse überwiegt (Konflikt - Abstand). Für jede dieser Problemstellungen trifft jedes Entscheidungsmodell aus Abbildung 1 eine

Tabelle 2: Beobachtete und vorhergesagte Entwicklungsverläufe bei verschiedenen Problemtypen in Experiment I (%-Satz richtig vorhergesagter Probleme)

Anzahl jedes Typs	Klasse: Alter (Jhr): $\bar{X}$ Alter (Mt):	K-1.* 5-6 73	4.-5. 9-10 120	8.-9. 13-14 169	11.-12. 16-17 207	Vorhergesagter Entwicklungsverlauf (Tab. I)
4	Problemtyp Gleichgewicht	94	99	99	100	Keine Veränderung; alle Kinder auf hohem Niveau
4	Gewicht	88	98	98	98	Keine Veränderung; alle Kinder auf hohem Niveau
4	Abstand	9	78	81	95	Deutliche Verbesserung mit dem Alter
6	Konflikt-Gewicht	86	74	53	51	Abnahme mit dem Alter; möglicher Anstieg in der ältesten Gruppe
6	Konflikt-Abstand	11	32	48	50	Verbesserung mit dem Alter
6	Konflikt-Gleichgewicht	7	17	26	40	Verbesserung mit dem Alter
	Gewichtetes Mittel (%)	46	61	62	67	

(* K = Kindergarten)

Vorhersage über die Entscheidung der Versuchsperson. Die Häufigkeit, mit der die Vorhersage eintrifft, ist in Tabelle 1 aufgeführt. Mit dieser Analysetechnik kann exakt bestimmt werden, welches Modell eine Versuchsperson verwendet. Die Kinder erlangen diese Regeln innerhalb eines großen Zeitraums. Wie Tabelle 2 zeigt, wendeten fast alle 5-jährigen die Gewichtsregel an und weniger als 67 % der 17-jährigen kannten die Produkt-Summen-Regel.

In der eben beschriebenen Versuchsphase trifft die Versuchsperson eine Vorhersage darüber, welcher Arm des Waagebalkens sich senken würde, ohne daß er wirklich gesenkt wird. In der Trainingsphase dagegen erhalten die Versuchspersonen Rückmeldung über die Richtigkeit ihrer Vorhersage: sie beobachten dabei einfach die tatsächliche Bewegung des Waagebalkens. SIEGLER (1976) gelang es mit Hilfe von Trainingsprogrammen, die aus verschiedenen Problemstellungen zusammengesetzt waren, 8-jährige von Modell I nach Modell II und III zu steigern.

Wir wissen zwar, daß Kinder trainiert werden können, diese Probleme besser zu lösen, aber wir haben kein Modell dafür, was während der Instruktion geschieht. Um dieses Ziel zu erreichen, müssen wir zunächst die Beschreibung der Entscheidungsregeln, die von den Kindern auf den verschiedenen Entwicklungsstufen angewendet werden, verbessern. Die Beschreibung soll nicht nur der Logik der für die Vorhersage verwendeten Entscheidungsregel, sondern auch den psychologischen Eigenschaften der Regeln Rechnung tragen. Das heißt, wir brauchen einen Beschreibungsansatz, der uns klar anzeigt, welche Anforderungen sowohl die Anwendungen der Regeln an Wahrnehmung und Gedächtnis, als auch der Zugriff zu ihnen sowie ihre Organisation stellen. Im nächsten Abschnitt werden wir eine solche Beschreibung des Wissens von Kindern über diese Problemsituation einführen. (Eine ausführliche Diskussion zu diesem Gegenstandsbereich findet sich in KLAHR & SIEGLER 1978).

3.1.1 Die Beschreibung von Waagebalken-Operationen durch Produktionssysteme

Die 4 Modelle aus Abbildung 1 wurden für die Abbildung 2 als Produktionssysteme neu formuliert. Ein Produktionssystem besteht aus einer Anzahl von Produktionen in Form von Bedingungs-Aktions-Verknüpfungen. Die Bedingungskomponenten stellen symbolische Ausdrücke für mögliches aktuelles Wissen dar. Ein Verarbeitungsgang des Produktionssystems besteht aus einem Wiedererkennungs-Aktions-Zyklus. In der Wiedererkennungsphase werden alle Bedingungskomponenten aller Produktionen mit dem aktuellen Wissensstand verglichen. Unter dem aktuellen Wissensstand kann man die im Kurzzeitgedächtnis gespeicherte Information oder den gerade aktivierten Ausschnitt des Langzeit-

Model I

```
P1: ((Same W)->(Say "balance"))
P2: ((Side X more W)->(Say "X down"))
```

Model II

```
P1: ((Same W)->(Say "balance"))
P2: ((Side X more W) ->(Say "X down"))
P3: ((Same W) (Side X more D)->(Say "X down"))
```

Model III

```
P1: ((Same W)->(Say "balance"))
P2: ((Side X more W)->(Say "X down"))
P3: ((Same W) (Side X more D)->(Say "X down"))
P4: ((Side X more W) (Side X less D)->muddle through)
P5: ((Side X more W) (Side X more D)->(Say "X down"))
```

Model IV

```
P1: ((Same W)->(Say "balance"))
P2: ((Side X more W)->(Say "X down"))
P3: ((Same W) (Side X more D)->(Say "X down"))
P4: ((Side X more W) (Side X less D)->(get Torques))
P5: ((Side X more W) (Side X more D) ->(Say "X down"))
P6 ((Same Torque)->(Say "balance"))
P7: ((Side X more Torque)->(say "X down"))
```

Abb. 2: Produktionssysteme für 4 Modelle des Lösungsverhaltens bei Waagebalkenproblemen (vgl. Abb. 1) gedächtnisses oder einfach den momentanen Bewußtseinszustand des Systems verstehen. Die Produktion, deren Bedingungskomponenten mit dem aktuellen Wissenszustand übereinstimmen, bilden eine konkurrierende Produktionsmenge, auf die ein konfliktlösendes Prinzip zur Anwendung gelangt; schließlich feuert eine Produktion. In der Aktionsphase des Zyklus werden die an die ausgewählte Produktion gebundenen Aktionen ausgeführt. Dann beginnt der nächste Wiedererkennungs-Aktions-Zyklus.

Eine Folge von Bedingungskomponenten auf der linken Seite einer Produktion kann als Test für das gleichzeitige Vorliegen einer Verknüpfung verschiedener Wissenselemente aufgefaßt werden. Treffen alle Bedingungen einer bestimmten Produktion gleichzeitig zu, dann sprechen wir davon, daß die Produktion "erfüllt" ist. Erfüllt nur eine einzige Produktion die Merkmale einer Problemsituation, dann "feuert" sie: die mit der Bedingungskomponente verknüpfte Aktion rechts vom Pfeil (siehe Abbildung 2) wird ausgeführt. Diese Aktionen können den Wissenszustand des Systems durch Hinzufügen, Löschen oder Änderung der gespeicherten Wissenselemente entweder verändern oder perzeptiven sowie motorischen Interaktionen mit der Umwelt entsprechen. Sind mehrere Produktionen erfüllt, dann muß das System irgendeinem konfliktlösenden Prinzip folgen, um zu einer Entscheidung hinsichtlich der anzuwendenden Produktion zu kommen. Zur Zeit gibt es viele unbeantwortete Fragen über mögliche Arten konfliktlösender Prinzipien und über ihre Auswirkungen auf die Arbeitsweise komplexer Produktionssysteme. Im Abschnitt 4 werden wir auf diese Frage zurückkommen.

Betrachten wir Modell II in Abbildung 2. Es handelt sich hier um ein Produktionssystem, das aus 3 Produktionen besteht. Alle Bedingungskomponenten beziehen sich auf die Überprüfung der Gleichheit oder Ungleichheit von Gewicht oder Abstand. Alle Aktionen äußern sich in Verhaltensantworten. Keines der 4 Modelle aus Abbildung 2 enthält genauere Information, z.B. über den tatsächlichen

Betrag von Gewicht oder Abstand oder über Mittel, um diese Information aufzunehmen. Auch wird nicht explizit beschrieben, wie das System schließlich zu der verbalen Reaktion gelangt. Es wird einfach angenommen, daß dem System kodierte Abbildungen der in den Bedingungskomponenten angegebenen Beziehungen verfügbar sind.

Sieht man sich Modell II noch einmal an, dann fällt auf, daß bei jedem Wiedererkennungs-Aktions-Zyklus immer nur eine Produktion zur Anwendung kommen wird. P2 (Produktion 2) wird angewendet, wenn die Gewichte unterschiedlich sind. Sind die Gewichte gleich, nicht aber die Abstände, dann sind sowohl P1 als auch P3 erfüllt. Das System muß nun den Konflikt lösen, um entscheiden zu können, welche Produktion angewendet werden soll. In diesem System lautet das konfliktbeseitigende Prinzip: spezielle Fälle haben Vorrang vor allgemeinen Fällen. In unserem Beispiel wird also P3 angewendet werden, da die Bedingungskomponente von P3 ein Spezialfall der in P1 formulierten Bedingungskomponente darstellt. Sind schließlich Gewichte und Entfernungen beider Hebelarme gleich, dann ist nur P1 erfüllt und kann allein angewendet werden. Abbildung 2 zeigt die 3 anderen Modelle ebenfalls in Form von Produktionssystemen. (Die Zahlen der Produktionen, z.B. P1, P2 usw., haben keine psychologische Relevanz. Sie dienen lediglich als Hilfe für den Leser; man beachte, daß eine Produktion ihre Numerierung über die 4 Modelle hinweg beibehält.).

Ein Vergleich der 4 Modelle macht die Aufgabe deutlich, die ein Modell zu erfüllen hat, das den Übergang von einem Modell zum anderen beschreiben soll. Auf der Ebene der Produktionen sind die erforderlichen Veränderungen einfach: der Übergang von Modell I zu Modell II verlangt die Hinzufügung von P3, von II nach III die Hinzufügung von P4; und von III nach IV die Hinzufügung von P6 und P7 sowie die Modifikation von P4 in P4' (diese Modifikation verändert die Aktionskomponente von "Rate" zu "Bestimme das Drehmoment").

Wir können die 4 Modelle auf einem feineren Auflösungsniveau betrachten, in dem wir uns die Anforderungen ansehen, die mit der Aufnahme und dem Vergleich der relevanten Größen der Problemsituation verbunden sind. Im Modell I wird Gleichheit oder Ungleichheit des Gewichts geprüft. Es verlangt also einen Wahrnehmungsprozeß, in dem entweder das relative Gewicht direkt bestimmt oder das absolute Gewicht auf jeder Seite bestimmt und verglichen wird. Ungeachtet dessen, wie der Prozeß des Gewichtsvergleichs aussieht, er muß nicht nur zu einem "gleich"- oder "verschieden"-Symbol führen, sondern er muß auch festhalten, auf welcher Seite das größere Gewicht ist. Modell II muß diese Entscheidung sowohl bezüglich Gewicht als auch Abstand treffen können. Dies könnte einen vollkommen separaten Prozeß für die Aufnahme und den Vergleich des wahrgenommenen Abstandes voraussetzen. Vielleicht ist es aber auch der gleiche Prozeß wie bei der Gewichtsbestimmung, abgesehen vom direkten Kontakt mit der Umwelt. Modell III braucht diesbezüglich keine zusätzlichen Operatoren. Es unterscheidet sich also von II nur durch die Art, wie es dem Modell II schon zugängliche Information verwertet. Modell IV erfordert eine Reihe weitaus leistungsfähigerer Operatoren als irgendeins der drei ersten Modelle. Um das relative Drehmoment bestimmen zu können, müssen zuerst die absoluten Drehmomente beider Hebelarme berechnet werden. Dies wiederum setzt eine exakte numerische Abbildung von Gewicht und Entfernung voraus. Zusätzlich müßte ein Zugriff auf arithmetische Produktionssysteme möglich sein, um die für die Bestimmung des Drehmoments notwendigen Summen der Produkte berechnen zu können.

3.1.2 Zur Beurteilung von Produktionssystemen als Beschreibungsansatz

Warum verwenden wir Produktionssysteme? Gleichgültig in welcher Form die vier Modelle vorliegen, ob als Produktionssystem (Abb. 2) oder als Entscheidungsbaum (Abb. 1), sie führen jeweils zu gleichen Vorhersagen und können so das Verhalten gleich gut erklären. Ein Vorteil der Produktionssysteme gegenüber Entscheidungsbäumen ist es, daß sie etwas mehr über Anforderungen aussagen, die mit Enkodierungsoperationen und mit Produktionen zur Verarbeitung der dadurch erzeugten Symbole verbunden sind. Auf diese beiden Verarbeitungsanteile werden auch entwicklungsbedingte Unterschiede zwischen den Modellen zurückgeführt.

Ein wesentlich wichtigeres Merkmal von Produktionssystemen als Beschreibungsansatz ist die Integration allgemeinpsychologischer Prinzipien. Produktionssysteme des hier verwendeten Typs enthalten eine Theorie der Steuerungs- und Abbildungsvorgänge, die großen Teilen des menschlichen Problemlöseverhaltens zugrundeliegen (NEWELL & SIMON 1972). NEWELL (1973, S. 516) schreibt: "Das Produktionssystem selbst ist zum Träger der grundlegenden psychologischen Annahmen geworden - von der Struktur des ... (Produktionssystems) wird angenommen, daß sie der Struktur des menschlichen Informationsverarbeitungssystems entspricht". Modelle, die so formuliert werden, können als Varianten innerhalb einer allgemeinen psychologischen Theorie aufgefaßt werden; in dem Ausmaß, in dem eine solche allgemeine Theorie mit den experimentellen empirischen Befunden übereinstimmt, stimmen auch die Modelle mit jenen überein.

Ein weiterer Vorteil der Produktionssysteme besteht darin, daß sie uns bei der Modellkonstruktion zwingen, unsere Annahmen darüber, wie das Kind Sachverhalte und Ereignisse der Umwelt aufnimmt und kodiert, sehr explizit darzulegen. Diese Konzentration auf Kodierungsvorgänge führte zur Auffindung einiger interessanter Defizite bei Kindern hinsichtlich der Fähigkeit, etwas über Waagebalkenprobleme zu lernen (vgl. KLAHR & SIEGLER 1978; SIEGLER 1976). Schließlich sehen wir einen weiteren Vorzug der Produktionssysteme darin, daß wir einen leichteren Zugang zu einem Modell des Prozesses der Selbstmodifikation haben.

Im nächsten Abschnitt beschreiben wir ein Vorgehen, das zu einem besseren Verständnis sowohl der Kodierungsvorgänge als auch einiger interner Veränderungen während eines Trainingsexperimentes beitragen sollte. Wir werden ein Produktionssystem angeben, das eine Folge von Reaktionen während einer ganzen Trainingsphase beschreiben kann. Danach werden wir noch einmal auf die Frage der Beurteilung von Produktionssystemen zurückkommen (Abschnitt 3.1.6).

3.1.3 Ein verbessertes Produktionssystem für ein Kind mit Modell III - Verhalten

Bis zu diesem Punkt diente die Beschreibung in Form eines Produktionssystems lediglich dazu, etwas von der Komplexität der Lernvorgänge bei diesem Problem anzudeuten. In diesem Abschnitt werden wir uns bemühen, ein Produktionssystem vorzulegen, das als Modell des Verhaltens eines einzigen Kindes während eines Trainingsexperimentes gelten kann. Wir werden dabei mehr als nur einen bloßen Eindruck vermitteln können, da das Produktionssystem spezifisch genug ist, um auch für eine Computersimulation herangezogen zu werden. Die Simulation verfolgt zwei Absichten. Erstens wird sie zeigen, daß das Modell tauglich ist und Probleme der vorgegebenen Art löst. Zweitens, da das Modell zur Simulation in einer Programmsprache formuliert wird, kann es als Spezialfall einer allgemeineren Theorie betrachtet werden.

Unsere Versuchsperson war ein 8-jähriges Mädchen, das die 2. Klasse besuchte. Tabelle 3 zeigt ihre Leistungen im Vorversuch mit 8 Durchgängen und im Trainingsexperiment mit 16 Durchgängen. Jede Zeile der Tabelle 3 entspricht einem Problem. Die Spalten enthalten Problemnummer, Problembeschreibung, Problemtyp (Abstand, Gleichgewicht, Konflikt-Gewicht, Gewicht, usw.), die Vorhersage des Kindes (linker oder rechter Hebelarm senkt sich,

Tabelle 3: S2, ein 8-jähriges Mädchen im Trainingsexperiment und Vorhersagen auf der Basis von 4 Modellen

Problem					Vorhersage				
Nummer	Beschreibung	Typ	S2	Rückmeldung	IV	II	I	III-A	Kriterium
VORTEST									
1	100|100	A	L			L			
2	010|300	KG	R			R			
3	100|200	KA	R			R			
4	010|020	G	R			R			
5	020|002	A	R			R			
6	200|400	KA	R			R			
7	100|200	KA	R			R			
8	030|020	G	L			L			

A: Abstand (distance); KG: Konflikt-Gewicht (conflict-weight);
KA: Konflikt-Abstand (conflict-distance); G: Gewicht (weight);
L: links; R: rechts;
Zur Beschreibung der Probleme siehe Erläuterung in 3.1.3.

Problem					Vorhersage				
Nummer	Beschreibung	Typ	S2	Rückmeldung	IV	II	I	III-A	Kriterium
TRAININGS-SERIE									
1	0200|0200	A	L	+	L	L	GL	L	g
2	0020|0200	GL	GL	+	GL	GL	GL	GL	
3	0020|3000	KA	R	-	L	R	R	R	
4	0003|0100	KG	L	+	L	L	L	L	a
5	0200|0400	KG	L	-	R	R	R	L	
6	0102|2010	GL	GL	+	GL	GL	GL	GL	g
7	0003|0020	KA	L	-	R	L	L	L	
8	0100|0200	KG	L	-	R	R	R	L	a
9	0040|1020	KG	L	+	L	L	L	L	g
11	0001|2000	G	R	+	R	R	R	R	
12	0013|1020	KA	L	-	R	L	L	L	
13	0120|2200	KA	L	+	L	R	R	L	a
14	0200|1300	KG	L	-	R	R	R	L	
15	0002|0010	KA	R	+	R	L	L	R	g
16	0023|1110	KG	R	-	L	L	L	L	
					7	6	7	1	

GL: Gleichgewicht (balance); L: links; R: rechts; g: Gewicht;
a: Abstand; +: Vorhersage von S2 zutreffend; -: Vorhersage von S2 nicht zutreffend.

Gleichgewicht), die Rückmeldung, d.h. tatsächliche Bewegung des Waagebalkens (bei falschen Vorhersagen ist ein Minuszeichen eingetragen), und die Vorhersagen der bereits beschriebenen 3 Modelle (IV, II und I); schließlich sind noch zwei Spalten für Eintragungen bezüglich des noch zu beschreibenden Modells vorgesehen.

Die erste dieser beiden Spalten - III-A - enthält die Vorhersage des Modells; die zweite Spalte enthält Angaben über ein variables Kriterium, auf das sich diese Vorhersage stützt. Ein Beispiel: beim Problem 7 des Trainingsexperimentes sind auf dem linken Hebelarm drei Gewichte auf dem ersten Stift und auf dem rechten zwei Gewichte auf dem dritten Stift befestigt (Schreibweise: ooo3/oo2O); es handelt sich um ein Konflikt-Abstands-Problem. Das Kind sagte vorher, daß der linke Hebelarm sich senken wird, aber wie Modell IV vorhersagt (das hier immer richtige Vorhersagen trifft), senkt sich die rechte Seite, weshalb eine negative Rückmeldung eingetragen wurde. Die anderen drei Modelle (II,I und III-A) treffen alle die gleiche Vorhersage wie auch die Versuchsperson: der linke Hebelarm senkt sich. Die Zahl am Ende der vier Spalten IV, II,I und III-A gibt die Häufigkeit an, mit der die getroffenen Vorhersagen nicht mit denen des jeweiligen Modells übereinstimmen.

Die Antworten des Kindes im Vorversuch stimmen genau mit denen von Modell II überein. Die Antworten im Trainingsexperiment zeigen nur mäßige Übereinstimmung mit Modell I, II und IV. Erinnern wir uns: als Kriterium für die Geltung von Modell III war angegeben worden, daß die Antworten bei Konflikt-Problemen im wesentlichen zufällig erfolgen. Obwohl also Modell III mit der Vorhersage des "Ratens" keine exakte Vorhersage für jeden Versuchsdurchgang leistet, sagt es doch das Fehlen eines konsistenten Antwortverhaltens bei Konflikt-Problemen voraus. Und genau das wird aus Tabelle 3 ersichtlich: bei 5 der 11 Konflikt-Problemen antwortet das Kind so, als ob es auf das Gewicht achtet, bei den restlichen 6 Problemen richtet es sich nach den Abständen. Wir könnten es also einfach dabei belassen und dieses Mädchen als Kind mit Modell-III-Verhalten klassifizieren.

Diese Interpretation enthält jedoch einige Mängel. Erstens ist diese Kategorie, verglichen mit anderen, unbefriedigend. Kinder mit Modell-III-Verhalten bilden eine Restkategorie, da ein systematisches Lösungsverhalten bei Konflikt-Problemen fehlt. Die Zuordnung zu allen anderen Kategorien basiert aber auf dem Eintreten vorhergesagter Ereignisse, nicht jedoch auf dem erwarteten Nichteintreten von Ereignissen. Ein zweites Problem neben dieser Schwäche des Klassifikationsschemas besteht darin, daß die Modell-III-Vorhersage des "Ratens" keine Hinweise darüber enthält, welche psychologischen Prozesse vorliegen, wenn das Kind ein Konflikt-Problem wahrnimmt, aber nicht weiß, was es nun zur Lösung tun soll. Schließlich muß hervorgehoben werden, daß Tabelle 3 Antworten aus einem Trainingsexperiment enthält. Vermutlich versuchte das Kind in dieser Situation, die Rückmeldung über die tatsächliche Bewegung des Waagebalkens mit seinen eigenen Annahmen über die Funktionsweise des Waagebalkens zu integrieren. Keines der vier bisher beschriebenen Modelle sieht einen Mechanismus vor, der zur Speicherung und Verarbeitung solcher Informationen geeignet ist. Das Modell, das wir nun beschreiben werden, stellt einen ersten Schritt zur Behebung dieser Mängel dar.

Das Kind wurde bei jedem Versuchsdurchgang gebeten, seine Vorhersage zu begründen und anschließend die tatsächliche Bewegung des Waagebalkens zu erklären. Eine Analyse seiner Erklärungen zu jedem Versuchsdurchgang lieferte den Ausgangspunkt für das Modell, das wir schließlich konstruierten. Das auffälligste Merkmal der Erklärungen war die Art und Weise, wie bei Konflikt-Problemen offenkundig Abstand und Gewicht wahrgenommen werden. Beide wurden als dichotome Variablen betrachtet: mehr als zwei Gewichte galten als 'groß', weniger als zwei als 'klein'. Waren die Gewichte auf dem 3. oder 4.

Stift eines Hebelarms befestigt, dann galt der Abstand als 'groß', sonst als 'klein'. Ich möchte an dieser Stelle keine ausführliche Protokollanalyse vorlegen, sondern mich darauf beschränken, zwei Beispiele für diese dichotome Entfernungskodierung anzuführen. Beim Problem 12 sagt das Kind voraus, daß sich der linke Hebelarm senken wird. Nachdem es das Ergebnis gesehen hat, sagt es:

> "Oh, ich glaube, ich weiß jetzt warum ... ich glaube, ich weiß, weil ... da gibt es wahrscheinlich eine Regel, daß sie immer, wenn sie auf dieser Seite sind (sie deutet dabei auf das rechte äußere Ende des Waagebalkens) runtergehen. Das ging also nach unten, weil da zwei sind (zeigt auf rechts außen) und dort keins (zeigt auf links außen)."

Dieses Protokoll wird leicht verständlich, wenn wir uns jeden Hebelarm in zwei Abschnitte geteilt denken: ein innerer Abschnitt (Stifte 1 und 2) und ein äußerer Abschnitt (Stifte 3 und 4). Die Äußerung "Sie gehen immer nach unten, wenn sie auf dieser Seite sind" bedeutet, daß sich der Hebelarm senken wird, wenn der äußere Abschnitt belastet ist (großer Abstand). "Da zwei und dort keins" heißt, daß der äußere Abschnitt des rechten Hebelarms mit zwei Gewichten belastet ist, während der äußere Abschnitt des linken Hebelarms nicht belastet ist. Das zweite Beispiel liefert Problem 14 (o1oo/13oo), kurz bevor das Kind Rückmeldung über die Richtigkeit seiner Vorhersage erhält. Sie sagt:

> "Diese Seite wird nach unten gehen (zeigt nach links) ... Obwohl diese 4 hat (zeigt nach rechts) und diese nur 2 (zeigt nach links) ... Obwohl diese (zeigt nach rechts) doppelt soviel hat, wie die (zeigt nach links), weil das nämlich weiter draußen ist (zeigt nach links außen) und hier (zeigt nach rechts) ist alles auf dieser Seite."

In diesem Beispiel stützt die Äußerung, daß die Gewichte auf dem rechten Hebelarm "alle auf dieser Seite" sind unsere Annahme, daß der Abstand dichotom kodiert wird.

"Diese Seite" wovon? Nach unserer Interpretation befinden sich die Gewichte auf "dieser Seite" des Mittelpunktes des rechten Hebelarms. Der Abstand ist in diesem Fall also "klein". Er wäre "groß", wenn die Gewichte rechts vom Mittelpunkt des rechten Hebelarms sein würden. Um festzustellen, ob unsere Interpretation der Protokolle valide ist, müssen wir ein Modell entwickeln, das mit den Vorhersagen und Erklärungen des Kindes zu jedem Versuchsdurchgang übereinstimmt. Auf der Basis vieler solcher Erklärungen und unserer Interpetationen konstruierten wir das Modell, dessen Vorhersagen in Tabelle 3 angegeben sind. Um einen besseren Überblick über das Modell zu vermitteln, werden wir es zunächst als binären Entscheidungsbaum mit einigen zusätzlichen Angaben beschreiben. Dann werden wir ein vollständigeres Modell in Form eines Regelsystems vorlegen, das als Computerprogramm geschrieben ist und dem dieselbe Logik zugrundeliegt.

Abbildung 3 zeigt Modell III-A, dargestellt als binärer Entscheidungsbaum; die Leistungen des Kindes im Trainingsexperiment sind in Tabelle 3 aufgeführt. Die Zahlen unter den Endknotenpunkten des Entscheidungsbaumes entsprechen denen der Probleme in Tabelle 3, die diesen Knotenpunkten zugeordnet wurden. Die ersten drei Prüfschritte sind die gleichen wie bei Modell III in Abbildung 1; sie erklären das Verhalten bei Gleichgewichts-, Gewichts- und Abstands-Problemen. Wenn weder Gewicht noch Abstand "gleich" sind, beginnt das Modell zu prüfen, ob "große" Werte vorliegen. Wenn entweder das Gewicht oder der Abstand, aber nicht beide gleichzeitig als groß gelten, dann ist die Seite mit dem großen Wert für die Vorhersage ausschlaggebend. Liegen auf beiden Hebelarmen gleichzeitig "große" Werte vor, dann hängt die Entscheidung davon ab, ob zu diesem Zeitpunkt gerade das Gewicht oder der Abstand als Kriterium gilt. Als Kriterium wird zuerst mit dem Gewicht begonnen, aber nach jeder negativen Rückmeldung wird das Kriterium gewechselt. In der letzten Spalte von Tabelle 3 ist jeweils angegeben, was gerade als Kriteri-

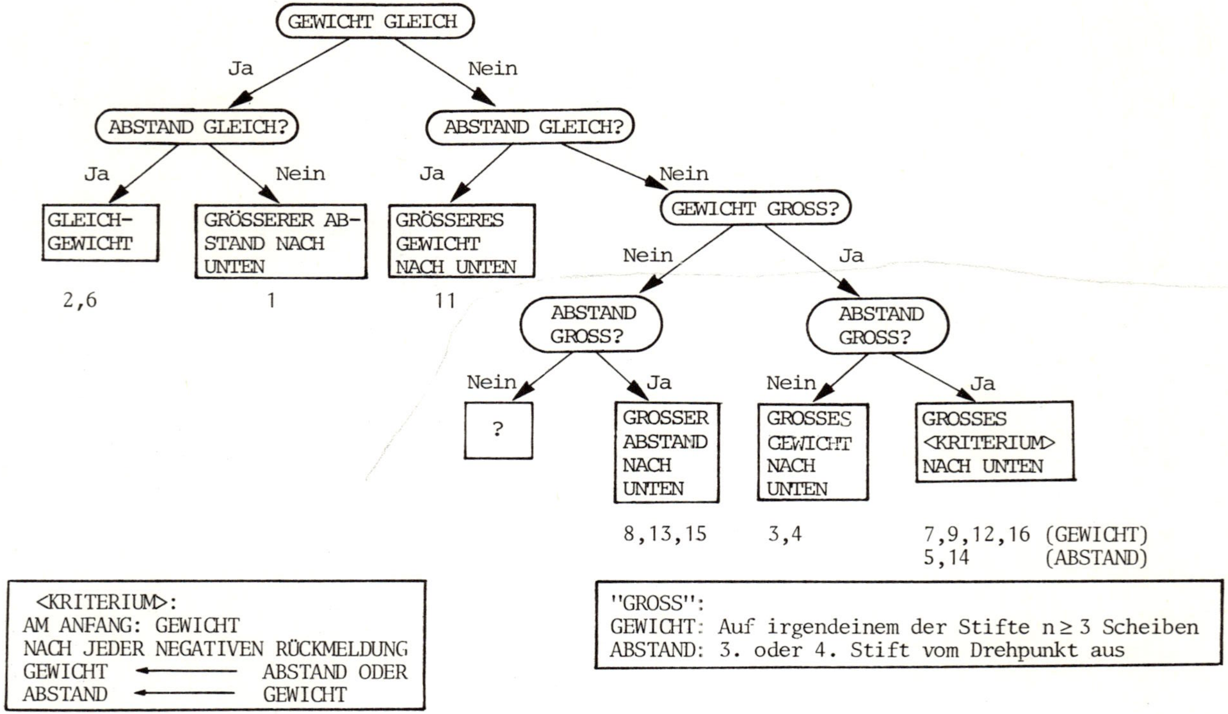

Abb. 3: Entscheidungsbaum für das Lösungsverhalten nach Modell III-A

um gilt. Man beachte, daß es sich nach jeder negativen Rückmeldung ändert, nicht nur bei Konflikt-Problemen mit zusätzlicher negativer Rückmeldung.

3.1.4 Ein Produktionssystem für Modell III-A

In Abbildung 4 ist das Produktionssystem für das 8-jährige Mädchen dargestellt. Die Beschreibung stellt die Computerversion dar; einige weniger wichtige Details wurden weggelassen. Die Formulierung erfolgte in der sogenannten PSG-Sprache (NEWELL & McDERMOTT 1975). Abbildung 5 zeigt ein Protokoll dieses Programms zu Problem 7 aus Tabelle 3. Ehe wir uns einer genauen Beschreibung des Modells zuwenden, sind einige Anmerkungen zu den Merkmalen dieser ziemlich komplexen Beschreibung des Wissenszustandes über das Waagebalkenproblem zu machen.

Dieses Modell stellt nicht nur dar, was das Kind über die Funktionsweise des Waagebalkens weiß, sondern auch sein Wissen über die unmittelbare experimentelle Situation, in der es sich befindet. Jeder Versuchsdurchgang in der Trainingsphase umfaßt (1) die Wahrnehmung der Versuchsanordnung, (2) die Vorhersage des Ergebnisses, (3) die Wahrnehmung des Ergebnisses, (4) den Vergleich des beobachteten Ergebnisses mit der eigenen Vorhersage und (5), sofern erforderlich, die Änderung des Kriteriums. Die bisher besprochenen Produktionssysteme (vgl. Abb. 2) bildeten Wissen ab, das nur zur Ausführung des 2. dieser fünf Schritte ausreichte, während dies Modell (Abb. 4) alles für die Problemlösung relevante Wissen einheitlich zusammenfaßt.

Dieses Modell verarbeitet - wie, das sei für den Moment offen - Wissen darüber, wann und wie die Problemsituation zu kodieren ist, auf welchem Hebelarm größeres Gewicht oder größerer Abstand vorliegt, auf welchem Hebelarm ein großes Gewicht oder ein großer Abstand vorliegt, was augenblicklich als Kriterium gilt, die Erwartung bezüglich der Bewegung des Waagebalkens, die tatsächliche Bewegung

```
<dimension 1>:(CLASS weight distance) <dimension 2>:(CLASS weight
                                                          distance)
<side.1>:(CLASS left right both)       <side 2>:(CLASS left right
                                                     both)
<direction>:(CLASS up down level)

P1:((predict)(weight same)->(made **)(expect both level) say.b)
P2:((predict)(weight more  side.1 )->(made **)(expect  side.1 down)
                                                           say.d)
P3:((predict)(weight same)(distance more <side.1>)->(made **)(ex-
                                          pect <side.1>down) say.d)
P4:((predict)(weight more)(distance more)->find big)
P5:((predict)(criterion <dimension.1>)(<dimension.1>big< side.1>)
   (<dimension.2>big <side.2>)->(made**)(expect <side.1>down)say.d)
P6:((predict)(weight big<side.1>)->(made **)(expect <side.1>down)
                                                          say.d)
P7:((predict)(distance big <side.1>)->(made **)(expect <side.1>down)
                                                          say.d)
P8:((predict)(<dimension.1>) abs->ATTEND)

E1:((expect)->look)
E2:((expect<side.1><direction>)(see<side.1><direction>)->(did **)
                                    see=>saw)(result correct))
E3:((expect<side.1><direction>)(see side.1 <direction>) abs (see)
                                      (did **)(see=>saw) (result wrong))

SW1:((result wrong)(criterion distance)->(old **)(distance => weight))
SW2:((result wrong)(criterion weight)->(old **)(weight => distance))
SW3:((result correct)(criterion)->(old **))

find.big:(OPR CALL);returns (weight|distance big left|right), one or
                    two such.

look:(OPR CALL);     looks for result of balance lipping
                     returns (see left|right down)

attend:(OPR CALL);   initial encoding of same or difference on
                     distance & weight returns (weight|distance
                     same|more left|right)
```

Abb. 4: Produktionssystem für Modell III-A (Erläuterung im Text)

des Waagebalkens, ob die Vorhersage noch zu treffen ist oder bereits getroffen wurde und ob die Vorhersage richtig war oder nicht.

3.1.5 Zur Intepretation von Produktionssystemen

Einige allgemeine Eigenschaften von Produktionssystem habe ich bereits beschreiben. In diesem Abschnitt werde ich noch einige Einzelheiten über die Arbeitsweise des Modells aus Abb. 4 hinzufügen. Erinnern wir uns, daß der elementare Arbeits-Zyklus des Produktionssytems 'Wiedererkennen-Aktion' lautete. Im Prozeß der Wiedererkennung werden die Bedingungskomponenten aller Produktionen mit einer geordneten Liste von Elementen aus dem Kurzzeitgedächtnis verglichen. Das Protokoll in Abbildung 4 zeigt den Zustand des Kurzzeitgedächtnisses nach jedem Arbeitszyklus an. Bei Beginn des zweiten Arbeitszyklus in Abbildung 4 enthält das Kurzzeitgedächtnis vier Elemente: (DISTANCE MORE RIGHT), (WEIGHT MORE LEFT), (PREDICT), und CRITERION WEIGHT).

Eine Überprüfung der Produktionen in Abbildung 4 zeigt, daß P1 die einzige Produktion ist, deren Bedingungskomponenten vollständig mit diesen Elementen des Kurzzeitgedächtnisses übereinstimmen. In diesem Fall wird also P1 angewendet.

Es gibt zwei konfliktlösende Prinzipien. Das erste, das zur Geltung gelangt, wurde bereits geschrieben: es handelt sich um das Prinzip, Produktionen mit spezielleren Bedingungen zuerst anzuwenden. Konkurrieren nach Anwendung dieses Prinzips immer noch zwei oder mehrere Produktionen, dann wird ein zweites Prinzip wirksam: die Reihenfolge der Speicherung von Elementen im Kurzzeitgedächtnis. Bei diesem Prinzip hat jenes Element Vorrang, das im Kurzzeitgedächtnis am weitesten 'vorne' liegt. Im Kurzzeitgedächtnis wird neue Information immer "vorne" eingegliedert, wodurch alle anderen Inhalte um einen "Schritt" zurückgedrängt werden. Weiter gilt, daß bei Anwendung einer Produktion jene Elemente aus dem Kurzzeitgedächtnis, die zur Anwendung der Produktion führten, im Kurzzeitgedächtnis nach "vorne" rücken (automatisches Wiederholen). Das konfliktlösende Prinzip der Reihenfolge im Kurzzeitgedächtnis sagt also im wesentlichen, "wenn Zweifel bestehen, reagiere auf die zuletzt relevante Information".

Es gibt mehrere Arten von Aktionen: (1) Erweiterung des Kurzzeitgedächtnisses: dabei werden in das Kurzzeitgedächtnis neue Elemente aufgenommen. So würde zum Beispiel bei Anwendung von E3 als neues Element in das Kurzzeitgedächtnis (result wrong) eingehen. Andere Quellen neuerer Informationen sind die unten beschriebenen Enkodierungsoperatoren. (2) Veränderungen des Kurzzeitgedächtnisses: die Elemente im Kurzzeitgedächtnis können direkt verändert werden. Die Aktion (a ===> B) wandelt im zweiten Element des Kurzzeitgedächtnisses Sybol A in Symbol B. Die Aktion (X**) wandelt das erste Element des Kurzzeitgedächtnisses von A nach (X(A)); zum Beispiel würde (Hund) durch (ALT**) in (ALTER (HUND)) umgewandelt werden. (5) Ausgabeaktionen: hierbei handelt es sich um eine Ersatzhandlung für direkte Eingriffe in die Problemsituation. Die einzigen, die in diesem Modell vorkommen, sind "say.b" (say "balance") and "say.d" (say "left (or right) down").

3.1.5.1 Beschreibung des Modells (Abbildung 4)

Es gibt drei wesentliche funktionale Klassen von Produktionen: (1) Pn (predictions): Diese Produktionen entsprechen den zentralen Knotenpunkten in der Darstellung des Entscheidungsbaums. Die Produktionen P1 bis P4 sind im wesentlichen mit den Produktionen P1 bis P4 aus Abbildung 2 identisch. P5, P6 und P7 entsprechen den Prüfschritten aus Abbildung 3 zur Feststellung, ob ein "großes" Gewicht oder ein "großer" Abstand vorliegt. Einige der Produktionen enthalten Variablen, denen spezifische Ausprägungen aus dem Kurzzeitgedächtnis zugeordnet werden können. Diese Variablen werden in den ersten drei Zeilen der Abbildung 4 durch die Ausprägungen definiert, die sie annehmen können. So können die Variablen <dimension.1> und <dimension.2> die Ausprägung "Gewicht" (weight) oder "Abstand" (distance) annehmen; <side.1> und <side.2> können als Ausprägung "links", "rechts" oder "beide", und <direction> kann als Ausprägung "hinauf" (up), "hinunter" (down) oder "gleiche Höhe" (level) annehmen.

(2) En (expectations): Diese Produktionen steuern im Modell die Beobachtung des Waagebalkens, wenn er bewegt wird; sie vergleichen die Erwartungen bezüglich der Bewegung des Waagebalkens mit der beobachteten Bewegung.

(3) SWn: Diese Produktionen führen zu einem Wechsel des Kriteriums, immer dann, wenn das System feststellt (über E-Produktionen), daß es eine falsche Vorhersage getroffen hat.

Weiter gibt es drei Kodierungsoperatoren. Für sie liegt kein Modell vor, jedoch sind die Anwendungsbedingungen und die Art der geleisteten Kodierung angegeben.

(4) Attend: "Attend" leistet am Beginn die Kodierung von Gewicht und Abstand. Über diesen Operator kann festgestellt werden, ob Gewicht oder Abstand gleich oder verschieden sind, und auf welcher Seite des Waagebalkens Gewicht oder Abstand größer sind. Es handelt sich also nur um eine Kodierung relativer Größen. Im Modell wird angenommen, daß zunächst nur diese Information kodiert wird.

(5) Findbig: "Findbig" ermöglicht die Kodierung "großes Gewicht" oder "großer Abstand" sowie die Bestimmung der Seite des Waagebalkens, wo diese Fälle auftreten (sofern sie auftreten).

(6) Look: "Look" führt zur Registrierung der Richtung, in der sich der Waagebalken hebt oder senkt.

3.1.5.2 Zur Dynamik des Modells

Der allgemeine Ablauf ist folgender: Zuerst werden Gewichts- und Abstandsunterschiede, sofern es welche gibt, registriert. Wenn es keinen Konflikt gibt, dann wird eine

```
        (0003|0020)
Cycle 1
  WM:((PREDICT)(CRITERION WEIGHT))

Fire P8:((PREDICT)(<DIMENSION.1>) ABS->ATTEND)
        Output from ATTEND (input to WM)::>(weight more left)(distance
                                           more right)

Cycle 2
  WM:((DISTANCE MORE RIGHT)(WEIGHT MORE LEFT)(PREDICT)(CRITERION
     WEIGHT)) CONFLICT.SET: (P2 P4)
  Fire P4:((PREDICT)(WEIGHT MORE)(DISTANCE MORE)->FIND.BIG)
     Output from FIND.BIG (input to WM)::>(distance big right)
     (weight big left)

Cycle 3
  WM:((WEIGHT BIG LEFT)(DISTANCE BIG RIGHT)(PREDICT)(WEIGHT MORE
     LEFT) (DISTANCE MORE RIGHT)(CRITERION WEIGHT))
     CONFLICT.SET: (P2P4P5P6P7)
     CONFLICT.SET: (P4P5) AFTER SPECIAL.CASE.ORDER
     CONFLICT.SET: (P5) AFTER WM.ORDER
  Fire P5:((PREDICT)(CRITERION<DIMENSION.1>)(<DIMENSION.1>BIG.
     <SIDE.1>)
     (<DIMENSION.2>BIG<SIDE.2)->(MADE**)(EXPECT<SIDE.1>DOWN)SAY.D)

          LEFT down

Cycle 4
  WM:((EXPECT LEFT DOWN)(MADE (PREDICT))(CRITERION WEIGHT) (WEIGHT
     BIG LEFT)(DISTANCE BIG RIGHT)(WEIGHT MORE LEFT)(DISTANCE MORE
     RIGHT))
  Fire E1:((EXPECT)->LOOK)
     Output from LOOK (input to WM)::>(see right down)

Cycle 5
  WM:((SEE RIGHT DOWN)(EXPECT LEFT DOWN)(MADE (PREDICT))(CRITERION
     WEIGHT) (WEIGHT BIG LEFT)(DISTANCE BIG RIGHT)(WEIGHT MORE LEFT).
     (DIST ANCE MORE RIGHT))CONFLICT.SET:(E1,E3)
  Fire E3:((EXPECT<SIDE.1><DIRECTION>)
     (SEE<SIDE.1><DIRECTION>) ABS (SEE)->(DID**)(SEE⇛SAW)
     (RESULT WRONG))

Cycle 6
  WM:((RESULT WRONG)(DID(EXPECT LEFT DOWN))(SAW RIGHT DOWN)(MADE
     (PREDICT))(CRITERION WEIGHT)(WEIGHT BIG LEFT)(DISTANCE BIG
     RIGHT)(WEIGHT MORE LEFT)(DISTANCE MORE RIGHT))
  Fire SW2:((RESULT WRONG)(CRITERION WEIGHT)->(OLD**)(WEIGHT ⇛
     DISTANCE))

Cycle 7
  WM((OLD(RESULT WRONG))(CRITERION DISTANCE)(DID(EXPECT LEFT DOWN))
     (SAW RIGHT DOWN)(MADE(PREDICT))(WEIGHT BIG LEFT)(DISTANCE BIG
     RIGHT)(WEIGHT MORE LEFT)(DISTANCE MORE RIGHT))
```

Abb. 5: Protokoll des Lösungsverhaltens für das Produktionssystem aus Abb. 4 bei der Bearbeitung eines Waagebalkenproblems (Konflikt-Abstand)

Vorhersage getroffen, eine Erwartung wird gebildet und die tatsächliche Bewegung des Waagebalkens wird beobachtet. Stimmen Beobachtung und Vorhersage nicht miteinander überein, wird das Kriterium verändert. Ist nach der ersten Kodierung noch keine klare Vorhersage möglich, wird ein zweiter Kodierungsvorgang eingeleitet, der im Sinne der beschriebenen dichotomen Variablen prüft, ob großer Abstand oder großes Gewicht vorliegt. Der folgende Prozeß ist derselbe, wie im Fall eines einzigen Kodierungsvorganges.

Abbildung 5 zeigt ein Protokoll des Modellverhaltens bei der Bearbeitung eines der Probleme aus Tabelle III. Das Protokoll gibt sowohl den Zustand des Kurzzeitgedächtnisses am Beginn jedes neuen Verarbeitungsganges wieder, als auch die Produktion, die zur Anwendung gelangte. Sofern Konflikte auftreten, werden sie angegeben, ebenso die Ergebnisse der Kodierungsoperatoren.

Am Beginn des Verarbeitungsprozesses befinden sich im Kurzzeitgedächtnis zwei Elemente: (PREDICT) zeigt an, daß eine Vorhersage das Ziel des Modells ist; das zweite Element gibt an, welches Kriterium gegenwärtig gilt. Da kein Element zur Angabe von Gewicht oder Abstand vorhanden ist, bleibt P8 als einzige Produktion, deren Bedingungen vollständig erfüllt sind; bei Produktion P8 werden die Bedingungen (PREDICT) und Fehlen (ABS) eines Gewichts- oder Abstandselements (DIMENSION) geprüft. (ATTEND), die einzige Aktion in Produktion P8, bezieht sich auf einen Kodierungsoperator, für den lediglich Eingabe/Ausgabe-Spezifizierungen getroffen werden.

In diesem Fall wird vermutet, daß die Eingabe mit der Anordnung von Gewichtsscheiben auf den Stiften der Hebelarme entsprechend der Beschreibung ooo3/oo20 gegeben ist. Die Ausgabe besteht, wie aus dem Protokoll zu entnehmen ist, aus zwei vergleichenden Symbolen, die größeres Gewicht links und größeren Abstand rechts anzeigen. Sie sind dem Modell direkt vorgegeben. Zu Beginn des 2. Arbeitsganges enthält das Kurzzeitgedächtnis also vier Elemente, und diese erfüllen die Bedingungen sowohl von Produktion P4 als auch von Produktion P2 (siehe Abbildung 4). Produktion P4 kommt zur Anwendung, da sie einen Spezialfall von Produktion P2 darstellt. Es wird festgestellt, daß weder Gewicht noch Abstand gleich sind, deshalb wird in einem 2. Kodierungsprozeß (FINDBIG) versucht, einige absolute Bestimmungen von Abstand und/oder Gewicht vorzunehmen. Wiederum wird ein Kodierungsoperator angenommen, für den lediglich die Eingabe/Ausgabekomponenten beschrieben sind. Dieser Kodierungsoperator führt zu zwei Elementen, die großen Abstand rechts und großes Gewicht links anzeigen. Die Ergebnisse sind beim Beginn des dritten Verarbeitungsganges angeführt.

Die jetzt im Kurzzeitgedächtnis befindlichen Elemente erfüllen fünf Produktionen. Da keines der Elemente, die beim vorhergehenden Verarbeitungsgang die Bedingungen der Produktionen P2 und P4 erfüllten, verändert wurde, gelten diese beiden Produktionen immer noch als erfüllt. Die Produktionen P5, P6 und P7 sind deshalb erfüllt, da sie prüfen, ob großes Gewicht oder großer Abstand vorliegen. Da Produktion P4 einen Spezialfall von Produktion P2 und Produktion P5 einen Spezialfall von Produktion P6 und P7 darstellen, bleiben nach Anwendung des entsprechenden konfliktlösenden Prinzps noch die Produktionen P4 und P5 als konkurrierende Produktionen übrig. Aber die Elemente, die mit den Bedingungen von Produktion P5 übereinstimmen, sind erst kürzere Zeit, also "neuer" im Kurzzeitgedächtnis als jene, die mit den Bedingungen von Produktion P4 übereinstimmen. Bei Geltung des 2. konfliktlösenden Prinzips wird danach Produktion P5 zur Anwendung kommen. Produktion P5 trifft für das entsprechende "groß"-Element (in diesem Fall (WEIGHT BIG LEFT)) zu, gleich welches Kriterium gerade gilt (in diesem Fall ist es Gewicht); sie führt zu einer Erwartung (EXPECT LEFT DOWN), gestützt auf die Ausprägung der Variablen "side" (LEFT) und schließlich zur Äußerung einer Vorhersage ("say").

Der Wissensstand des Systems zu diesem Zeitpunkt ist aus den Inhalten des Kurzzeitgedächtnisses bei Beginn des vierten Verarbeitungsganges ersichtlich. Es weiß: daß es erwartet, daß sich der linke Hebelarm senken wird (EXPECT LEFT DOWN); daß es bereits eine Vorhersage getroffen hat (MADE (PREDICT)); daß gegenwärtig Gewicht als Kriterium gilt (CRITERION WEIGHT); und es kennt die Kodierungen (WEIGHT BIG LEFT), (DISTANCE BIG RIGHT), (WEIGHT MORE LEFT) und (DISTANCE MORE RIGHT). Der Rest des Protokolls ist einfach. Während des vierten Verarbeitungsganges benötigt das System die Kodierung der tatsächlichen Bewegung des Waagebalkens, und es registriert, daß sich der rechte Hebelarm senkte. Im Verarbeitungsgang 5 wird die Diskrepanz zwischen Beobachtung und Erwartung (E3) registriert; das System weiß also, daß es einen Fehler gemacht hat. Schließlich, im 6. Verarbeitungsgang, wird erkannt, daß der Fehler auf die Verwendung von Gewicht als Kriterium zurückgeht; neues Kriterium wird deshalb Abstand.

3.1.6 Beurteilung der Beschreibungen des Wissensstandes

Der Entscheidungsbaum aus Abbildung 3 und das Produktionssystem aus Abbildung 4 sind logisch äquivalent: beide erklären alle Vorhersagen, die letzte ausgenommen, während des Trainingsexperiments. Wie bereits erörtert wurde, unterscheiden sie sich von den Beschreibungen in Abbildung 1 und 2 durch die Abbildung der Versuchspersonenreaktion auf Rückmeldungen und durch Abbildung individueller Besonderheiten hinsichtlich der Kodierung der Problemsituation. Beide Modelle haben so gewisse Vorzüge gegenüber den vorangegangenen Modellen.

Die Modelle sind jedoch nicht in jeder Hinsicht äquivalent; die psychologischen Eigenschaften des Produktionssystems, die bisher nur angedeutet wurden, können jetzt geklärt werden. Da das Produktionssystem ein allgemeines Modell des menschlichen Informationsverarbeitungssystems darstellt, zwingt es uns, sehr explizite Hypothesen über Sachverhalte zu formulieren, die im Modell des Entscheidungsbaums nur mit Intuition gehandhabt werden. In einem Produktionssystem werden Daten und Steuerinformationen nicht voneinander getrennt. Alle relevanten Informationsanteile sind im Kurzzeitgedächtnis genau abgebildet, und das gesamte aufgabenspezifische Wissen zur Verarbeitung dieser Informationen ist durch Produktionen angegeben. Wie die Liste der endgültigen Elemente zeigt, nehmen wir an, daß im Kurzzeitgedächtnis eine beträchtliche Menge an Material im Umlauf ist. Deutlich übersteigt die Kapazität des Kurzzeitgedächtnisses die Schätzungen von 7 (MILLER 1956) bis hinunter zu 3-4 (BROADBENT 1975) Elementen, oder die "M-space"-Schätzungen (PASCUAL-LEONE 1970), die in derselben Größenordnung liegen.

Andererseits ist unklar, wie ein System, das keinen direkten Zugang zu all diesen momentan bedeutsamen Informationen hätte, das Problem je lösen könnte. Die Beschreibung in Form eines Entscheidungsbaumes umgeht die Frage nach der Menge der Steuerinformation, die zur Bewältigung des Problems erforderlich ist.

Das kleine Ausmaß an Anpassung, das dies Modell an Rückmeldung aus der Umwelt leistet, geht allein auf den Wechsel des Kriteriums zurück, das im Kurzzeitgedächtnis gespeichert wird. Dies Modell macht also keinen Gebrauch von der potentiellen Leistung eines sich selbst modifizierenden Produktionssystems, da das Produktionssystem selbst gar keinen Änderungen unterliegt. Es wäre zwar ziemlich einfach, ein derartiges System für dies spezielle Problem auszuarbeiten, aber viele Probleme, die mit der Konstruktion eines allgemeinen, sich selbst modifizierenden Produktionssystems zusammenhängen, sind bislang noch ungelöst. Ich werde in Abschnitt 4 einige dieser Probleme beschreiben.

3.2 Der Turm von Hanoi

Die übliche Version dieses Problems besteht aus drei nebeneinander angeordneten Stiften und einem Satz von n Scheiben abnehmender Größe. Am Beginn des Problems liegen alle Scheiben auf einem Stift, und das Ziel ist, den Turm aus n Scheiben auf einen anderen Stift zu versetzen. Dabei sind zwei Einschränkungen zu beachten: es darf immer nur eine Scheibe versetzt werden, und nie darf eine größere auf einer kleineren Scheibe liegen. (Die vielen Verwendungen dieser Problemsituation belegen teilweise auch die sich wandelnden Ziele und Methoden der experimentellen Psychologie in den letzten 50 Jahren; vgl. BYRNES & SPITZ 1977; COOK 1937; EGAN & GREENO 1974; GAGNÉ & SMITH 1962; HORMANN 1965; KLIX 1971; NEVES 1977; PETERSON 1929; PIAGET 1976; SIMON 1975; SPADA 1973; SYDOW 1970).

Das Problem ist durch einen klar definierten Ausgangszustand, einen eindeutigen erwünschten Zielzustand und durch eine sehr begrenzte Menge von Produktionen zur Veränderung des Problemzustandes zu kennzeichnen. Die Schwierigkeit besteht darin, eine Folge von Produktionen aufzufinden (eine Folge zulässiger Züge), um die Ausgangskonfiguration in den erwünschten Zustand überzuführen. Die Problemsituation ist also ein gutes Mittel, um einige der Merkmale des Problemlöseprozesses zu untersuchen, die am Beginn erwähnt worden waren.

3.2.1 Eine kindgemäße Version des Problems: Affenbüchsen

Um dies Problem bei kleinen Kindern (3-5-jährigen) anwenden zu können, veränderten wir das Problem in dreifacher Hinsicht. Dadurch wurde zwar die äußere Erscheinungsform geändert, die grundlegende Struktur des Problems blieb jedoch erhalten:

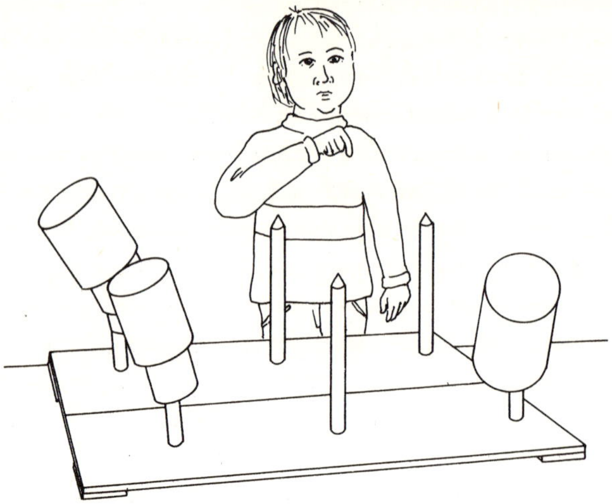

Abb. 6: Die Untersuchungssituation beim "Affen-Büchsen"-Problem (Erläuterung im Text)

(1) Material: wie Abbildung 6 zeigt, verwenden wir einen Satz umgedrehter, ineinander passender Büchsen. Die Büchsen hängen sehr lose auf den Stiften; werden sie übereinander gestapelt, dann ist es unmöglich, eine kleinere auf eine größere Büchse zu stellen. Selbst, wenn das Kind vergißt, daß hinsichtlich der Größe der Büchsen jedem Zug eine Einschränkung auferlegt ist, werden durch die Eigenschaften des Materials Verletzungen der Bedingungen verhindert: kleinere Büchsen fallen einfach von den größeren herunter.

(2) Sichtbare Vorgabe des Zielzustandes: zusätzlich zur momentanen Anordnung ist immer auch die als Zielzustand anzustrebende Anordnung vorgegeben. Die Anordnung der Büchsen des Versuchsleiters stellen den Zielzustand, und die Anordnung der Büchsen des Kindes stellen den Ausgangszustand dar. Das Kind wird dann gebeten, dem Versuchsleiter zu sagen, was er tun solle, damit seine Büchsen genauso angeordnet sind wie die des Kindes. Mit diesem Verfahren kann man Vorausplanungen über mehrere

Züge ermitteln: ein Kind wird gebeten, eine Folge von Zügen zu beschreiben, die der Versuchsleiter dann ausführt.

(3) Die Rahmengeschichte: das Problem ist in eine Geschichte eingebettet, in der die Büchsen Affen darstellen (groß=Vater, mittelgroß=Mutter und klein=Baby), die von Baum zu Baum hüpfen (von Stift zu Stift). Die Affen des Kindes sind in irgendeiner wünschenswerten Situation (Zielzustand); die Affen des Versuchsleiters machen alles nach und wollen genau die gleiche Situation herstellen. Die Büchsen sind hinsichtlich ihrer Größe, Farben und Stellung in der Familie deutlich zu unterscheiden, um dem Kind die Bezugnahme zu erleichtern. Die Versuchspersonen haben keine Schwierigkeiten, die Rahmengeschichte zu verstehen und zu erinnern; sie sind gerne bereit, die Büchsen als Affen zu betrachten.

3.2.2 Formale Merkmale der Problemsituation

Abbildung 7 zeigt alle möglichen zulässigen Zustände der Problemsituation und alle zulässigen Züge. Dies wird als "Zustandsbereich" bezeichnet. Keine der Anordnungen wiederholt sich in den 27 Zuständen. Die einzelnen Zustände sind durch die Zahlen in Kreisen gekennzeichnet, und die jeweils bewegte Büchse ist durch die Zahl an der Verbindungslinie zwischen zwei aufeinanderfolgenden Zuständen angegeben. Die Lösung eines Problems kann als Weg (eine Folge von Zuständen) durch den Zustandsbereich beschrieben werden. Zum Beispiel führt der kürzeste Lösungsweg für das Problem, das mit allen drei Büchsen auf Stift A beginnt und mit allen Büchsen auf Stift C endet, entlang der rechten Seite des großen Dreiecks in Abbildung 7. Er durchläuft dabei die Zustände 1 bis 8. Im ersten Zug wird die größte Büchse (Büchse 3) von Stift A nach Stift C versetzt, dadurch ergibt sich Zustand 2. Im nächsten Zug wird Büchse 2 auf Stift B versetzt (Zustand 3), dann wird Büchse 3 auf Stift B versetzt (Zustand 4), usw.

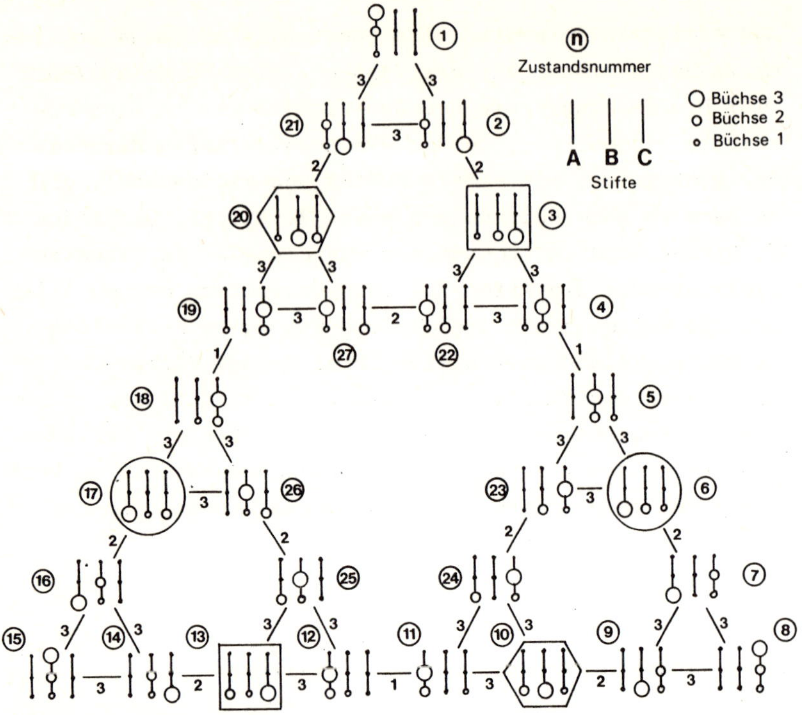

Abb. 7: Mögliche Zustände beim "Affen-Büchsen"-Problem (Erläuterung im Text)

Es gibt bei diesem Problem keine Sackgassen; jeder Zustand kann als Ausgangspunkt für jeden anderen Zustand dienen, so daß durch willkürliches Herausgreifen eines Ausgangs- und Zielzustandes sehr viele verschiedene Probleme (genau 702) betrachtet werden können. Es gibt jedoch keine zwei Zustände, für die der kürzeste Lösungsweg mehr als 7 Züge erfordert.

Sechs spezielle Zustände (jeweils zwei davon sind hinsichtlich der Position von Büchse 3 gleich) sind durch die großen Quadrate, Kreise und Sechsecke gekennzeichnet. Es handelt sich dabei um Probleme, die mit 7 Zügen gelöst werden können und bei deren Ausgangs- und Zielzustand jeweils alle Stife besetzt sind. Ich bezeichne sie als "flach endende" Probleme (flat-ending) und die Standardprobleme, ebenfalls mit 7 Zügen lösbar, als "mit Turm endende" Probleme (tower-ending).

Sie besitzen, wie wir sehen werden, etwas unterschiedliche Merkmale.

3.2.3 Zum allgemeinen Vorgehen

Das allgemeine Vorgehen ist so angelegt, daß die obere Grenze der Problemlösefähigkeit von Kindern festgestellt werden soll (operationalisiert durch die Länge des kürzesten Lösungsweges). Das Kind wird zuerst mit dem Material, den Bedingungen und der Rahmengeschichte vertraut gemacht; es wird dann ein Problem gegeben, das mit einem Zug zu lösen ist (siehe Abb. 6), dann ein Problem, zu dessen Lösung zwei Züge erforderlich sind, usw. Auf diese Weise fahren wir fort, dem Kind eine Folge von Problemen zunehmender Länge vorzulegen, bis das Kind beginnt, Züge vorzuschlagen, die entweder vom kürzesten Weg abweichen oder unzulässig sind.

3.2.4 Ergebnisse

(1) Länge des Lösungsweges: an jedem Punkt des Lösungsverlaufs kann das Kind den "richtigen" oder verschiedene Arten "falscher" Züge vorschlagen. Dazu gehören zulässige, jedoch vom kürzesten Weg abweichende Züge, unzulässige Züge und "ich weiß nicht"-Reaktionen. Die Länge des längsten Problemes (oder Teilproblems), bei dem das Kind zuverlässig den kürzesten Lösungsweg einhält, kann als globales Maß für die Problemlösefähigkeit des Kindes gelten. In Tabelle 4 ist die Verteilung der Kinder angegeben, die Probleme gegebener Länge zuverlässig bewältigen.

Die Altersunterschiede sind deutlich und beachtenswert. Betrachten wir zunächst die vierjährigen Kinder: keines

Tabelle 4: Zahl der Kinder in jeder Altersgruppe, die zuverlässig Probleme lösen, die mit einem Turm als Zielzustand enden (tower-ending; bis zu einer gegebenen Problemlänge, nicht jedoch darüber hinaus)

Alter	$\bar{X}$ Alter	Altersbereich	n	Problemlänge (λ) 1	2	3	4	5	6	7	λ	
3	3;10	3;8-4;4	10	0	5	1	4	0	0	0	2.9	(0.99)
4	4;5	4;1-4;9	10	0	1	1	5	1	2	0	4.2	(1.2)
5	5;9	5;2-6;3	10	0	0	0	0	5	4	1	5.6	(0.7)
		f	30	0	6	2	9	6	6	1		
		f cum[1]		30	30	24	22	13	7	1		
		p[2]		.00	.20	.08	.40	.46	.86			

1: Gesamtzahl der Kinder, die Probleme bis zu einer gegebenen Länge (diese eingeschlossen) lösen

2: Wahrscheinlichkeit

von ihnen blieb bei Problemen mit einem Turm als Zielzustand, die durch 7 Züge zu lösen sind, zuverlässig auf dem kürzesten Lösungsweg. Das heißt, keines dieser Kinder konnte das Problem mit 3 Scheiben kösen (selbst nach der Erfahrung mit den Teilproblemen nicht). Zwei Kinder dieser Altersgruppe schafften jedoch das mit 6 Zügen zu lösende Problem: sie lösten das Problem mit 3 Scheiben, wenn der erste Zug bereits gemacht worden war. Eines dieser Kinder bewältigte nur das Problem mit 2 Zügen; die meisten der Vierjährigen schafften zuverlässig Probleme bis zu 4 Zügen, bevor sie einen Fehler machten.

Die fünfjährigen Kinder verteilen sich fast gleichmässig auf Probleme, für die 5 und 6 Züge erforderlich sind. Eines von ihnen bewältigte auch Probleme mit 7 Zügen.

Bei den dreijährigen Kindern lassen sich zwei Hauptgruppen feststellen: Kinder, die lediglich Probleme bis

193 P5 E: 3/1/2
194 S: 321/-/-
195
196 5:44 S: Like that, like that
197 E: Like that, and they all want to be over here (A).
198 5:49 S: Well, that is pretty hard, but I can do it.
199 E: O.K.
200 5:57 S: Oh. Take.. I'm thinking.
202 6:10 E: What are you thinking about?
203 6:12 S: How we should do this.
204 E: Tell me what you're thinking?
205 6:15 S: About how to do this.
206 E: O.K. What do you think? How should we do it?
208 6:19 S: I don't know yet.
209 6:38 S: Take the yellow one (3) off and put it on here (C),
210 and then take the red (1) and put it on there (A), and take the ..
211 and then put the yellow one and put it on here (B), and then
212 put the blue one (2) on the red, and then put the yellow one on
213 the blue one
214 6:54 E: Let's try that.
215 What's the first thing I should do?
216 You said.
217 7:01 S: Take this one (3) and put it on there (C).. etc.

234 P6 E: 3/-/21
235 S: 321/-/-
236
237 7:26 S: Oh, that.
238 7:31 O.K. That's easy.
239 Just take the yellow one and put it on there (B).
240 7:37 Take the (pointing to 2(C) .. and take .. and take, take the b ..
241 7:41 No, take the blue one, put it on there (B), and then, then,
242 take the yellow and put it on the blue (points toward C, then
243 to B), and then take the red one and put it on here (A)).
244 7:51 And then take the blue one and ... No, and then ... and then put
245 the yellow one here (C), and then put the blue one on the
246 red one, and then put the yellow one on the blue one
247 8:04 E: O,K. What's first?
248 8:07 S: First, take this (3) and put it on there (B).
249 E: (3 -> B)

250 8:13 S: No, I was wrong. Forget it.
251 (E: puts 3 back on A).
252 8:15 First take the blue one and put it on there (B).
253 E: (2 -> B)
254 S: Now take the yellow one and put it on there (B) .. etc.

Abb. 8: Protokoll des Lösungsverhaltens eines 4-jährigen Kindes bei Problemen bis zu 5 und 6 Zügen (Erläuterung im Text)

zu 2 Zügen lösen, und Kinder, die Probleme bis zu 4 Zügen bewältigen.

(2) Planung: manchmal fragte der Versuchsleiter das Kind nicht nur nach dem nächsten Zug, sondern nach den nächsten aufeinanderfolgenden Zügen. Nur wenige Kinder konnten mehr als ein paar Züge angeben. Wiederholte Aufforderungen, solche Zugfolgen anzugeben, mußten wir schließlich abbrechen, da wir die Kinder dadurch zu verwirren schienen. Die Kinder jedoch, die in der Lage waren, dieser Aufforderung nachzukommen, zeigten eine bemerkenswerte Fähigkeit zur Beschreibung künftiger Problemzustände und Maßnahmen zu deren Veränderung.

Die beeindruckendsten Lösungspläne sind in Abbildung 8 dargestellt. Sie stammen von einem Jungen mit 4 Jahren, 11 Monaten. (Diese Beschreibung verwendet für die Ausgangskonfiguration des Versuchsleiters und die Zielkonfiguration der Versuchsperson Zahlen, die der Büchsengröße entsprechen. In Abbildung 8 bedeutet "S:321/-/-", daß sich im Zielzustand alle Büchsen auf Stift A befinden, und "E:3/1/2" bedeutet, daß im Ausgangszustand Büchse 3 auf Stift A, Büchse 1 auf Stift B und Büchse 2 auf Stift C hängen. Der Zeitverlauf (min:sec) von Beginn der Sitzung an ist ebenfalls angegeben).

In Abbildung 8 wird nach 60 sec Nachdenken der vollständige Plan für 5 aufeinanderfolgende Züge angegeben (Zeile 209-214). Das nächste zu bearbeitende Problem für das gleiche Kind hat einen minimalen Lösungsweg von 6 Zügen. Schon nach wenigen Sekunden nennt das Kind einige aufeinanderfolgende Züge (239-240), korrigiert sich, und gibt dann mühelos und zügig den Plan für die 6 erforderlichen Züge an (241-246). Man beachte, daß es beim Beginn der Ausführung der Züge den gleichen anfänglichen Fehler und die gleiche Korrektur macht, die auch im Plan vorkamen.

Diese Protokolle (sowie mehrere andere, die hier nicht angeführt werden) stehen in auffallendem Gegensatz zu den von PIAGET bei den gleichen Problemen erhaltenen Ergebnissen und vorgenommenen Interpretationen (PIAGET 1976). Er berichtet, daß Kinder bis zum Alter von 7 oder 8 Jahren nicht vorausplanten, nicht einmal beim Problem mit 2 Scheiben. Er schließt daraus, daß solche Kinder nicht planen, daß sie die "Inversion der Reihenfolge" (bei uns wäre das zum Beispiel, das Baby unter der Mutter zu plazieren, während die Mutter zuerst versetzt werden muß) nicht in Verbindung mit einer "Art Transitivität" bringen können (eine Büchse wird kurzzeitig auf einem nicht am Zug beteiligten Stift deponiert).

Es liegt, so PIAGET, eine systematische Dominanz des Versuch-Irrtum-Vorgehens gegenüber jedem Versuch der Deduktion vor, und keine Erkenntnis richtiger, durch Zufall gefundener Lösungswege. Es ist schwer, diese Interpretation mit diesen Protokollen in Einklang zu bringen.

3.2.5 Modelle

Was können Kinder bei diesem Problem lernen? Abbildung 9 zeigt eine Reihe von Modellen für zunehmend bessere Leistungen bei diesem Problem. Das schwächste Modell, SOLVE 2, bewältigt nur Probleme mit 1 bis 2 Zügen, bevor es einen Fehler macht. Das letzte Modell, SOLVE, entspricht dem, was SIMON (1975) eine "sophisticated perceptual strategy" nannte. (Die Modelle und ihre vorhersagbaren Leistungen werden in KLAHR (1978) ausführlicher beschrieben.) Die vorgeschlagenen Modelle sind zum gegenwärtigen a)

```
SOLVE2(C, G)
   S1:  Find differences (C-G). If none, then done.
   S2:  n <- (Select smallest).
   S3:  New.goal < - [nXY]
   S4:  Move; go to S1.
```

b)

```
SOLVE4(C, G)
   S1:  Find differences (C-G). If none, then done.
   S2:  n <- (Select smallest)
   S3:  New.goal < - [ nXY]
   S4:  culprit < - TEST.4(new.goal)
   S5:  If culprit = nil, then MOVE[ nXY]; go to S1.
   S6:  else MOVE [culprit, current.of(culprit), empty];
        go to S1.

TEST.4(nXY)
   T1:  f.list <- See.from(X)
   T3:  culprit < - top(f.list)/nil
```

c)

```
SOLVE5(C, G)
   S1:  Find differences (C-G). If none, then done.
   S2:  n <- (Select smallest)
   S3:  New.goal < - [ nXY]
   S4:  culprit < - TEST.5(nXY)
   S5:  If culprit = nil, then MOVE[ nXY]; go to S1.
   S6:  else MOVE [culprit, current.of(culprit),
        other.of(X, Y)] ; go to S1.

TEST.5(nXY)
   T1:  f.list <- See.from(X)
   T2:  t.list <- See.to(Y)
   T3:  if t.list = nil, then culprit< - top(t.list)
        /nil,
   T4:  else culprit < - top.(t.list), exit
```

d)

```
SOLVE(C,G)       C = Current state, G = goal state
   S1:  Find differences between C and G. If none,
        then done.
   S2:  n <- (Select smallest can).
   S3:  New.goal < - (Move can n from X to Y)
                  < X = current peg of n, Y = goal peg
                                                of n >.
   S4:  culprit < - TEST (new.goal)
   S5:  If culprit = nil, then MOVE (nXY); go to S1.
   S6:  else new.goal < - (Move culprit from X' to Y');
```

```
        go to S4.< X' = current peg of culprit,
                   Y' = other of (X,Y)>

TEST(nXY)
   T1:  f.list <- See.from(X) <all cans above n on X>
   T2:  t.list <- See.to(Y)< all cans on Y larger than
        n >
   T3:  if f.list = nil & t.list = nil, then culprit <-
        nil
   T4:  else culprit <- min(f.list,t.list); exit
```

Abb. 9: Teilmodelle (a, b, c) und vollständiges Modell (d) für "sophisticated perceptual" Strategie

Zeitpunkt nicht mehr als eine grobe Annäherung an das, was Kinder wissen, wenn sie bei diesem Problem ein bestimmtes Leistungsniveau erreichen. Die Lösungsstrategien der jüngeren Kinder enthalten keine Prüfschritte; sie versuchen, das Ziel direkt zu erreichen. Ältere Kinder führen vor der Entscheidung über den nächsten Zug Prüfschritte aus, bewegen sich aber ebenfalls direkt auf das Ziel zu, statt Zwischenziele zu erstellen, deren Erreichung wiederum geprüft werden kann. Nur die am weitesten fortgeschrittenen Kinder sind in der Lage, Zwischenziele zu bilden und den momentan nicht beteiligten Stift in die Überlegungen einzubeziehen.

4. Einige Aspekte der Konstruktion von Produktionssystemen

Wir glauben, daß Produktionssysteme eine vielversprechende Möglichkeit zur Abbildung verschiedener Wissenszustände sowie des Übergangs von einem Zustand in den nächsthöheren darstellen. Eine Reihe von Merkmalen lassen Produktionssysteme als plausible Modelle des menschlichen Systems zur Informationsverarbeitung (NEWELL 1973) sowie als allgemeinen Rahmen für Steuerprozesse in künstlichen Intelligenzsystemen (RYCHENER 1976) erscheinen. WATERMANS (1974) erste Arbeiten über sich selbst modifizierende Produktionssysteme weisen auf die Möglichkeiten von Produktionssystemen bei der Modellkonstruktion im Bereich der kognitiven Entwicklung und des Lernens hin. Dies gilt ebenso für unseren Bericht darüber, wie die Entwicklung einer Reihe von kognitiven Fähigkeiten als Ergebnis eines solchen Systems zu betrachten wäre (KLAHR & WALLACE 1976). Es bleiben jedoch noch viele Fragen zur Beschaffenheit sich selbst modifizierender Produktionssysteme offen. In diesem Abschnitt werde ich einige davon nennen.

Die Betrachtung des menschlichen Informationsverarbeitungssystems unter dem Gesichtspunkt von Produktionssystemen ist mit allgemeinen Annahmen verknüpft, die in Abschnitt 2.2.1 beschrieben wurden. Bei der Konstruktion eines Modells innerhalb dieses Rahmens müssen eine Reihe zusätzlicher Entscheidungen hinsichtlich der Modellkonstruktion getroffen werden, ehe ein funktionsfähiges Produktionssystem als Programm ausgearbeitet werden kann. Dazu gehören Annahmen über die Arbeitsweise des Kurzzeitgedächtnisses, über Konfliktlösungsprinzipien, Verfahren der Selbstmodifikation sowie über die Kodierung der Problemsituation. Bis heute wurde noch kein umfassendes, sich selbst modifizierendes Produktionssystem entworfen; es existiert auch noch kein bescheideneren Ansprüchen genügendes System, das den Daten, wie wir sie in unseren Untersuchungen gewinnen, gerecht wird. Es ist deshalb schwierig, mit Sicherheit anzugeben, welche Punkte sich als kritisch herausstellen werden. Jedoch scheint jeder der folgenden Punkte für solche Systeme von potentiell wichtiger Bedeutung zu sein.

4.1 Zur Arbeitsweise des Kurzzeitgedächtnisses

Die gängigen Auffassungen hinsichtlich des Kurzzeitgedächtnisses gehen dahin, daß es wie eine Art "Regal" mit begrenzter Kapazität arbeitet. Neue Symbole werden "vorne" aufgenommen, während überflüssige Elemente "hinten" oder "am Ende" wieder abgestoßen werden. Die Elemente können durch bestimmte Verarbeitungsvorgänge wie auch durch automatische Wiederholung umgeordnet werden. Bei automatischer Wiederholung werden jene Elemente des Kurzzeitgedächtnisses, die mit den Bedingungskomponenten einer eben zur Anwendung gekommenen Produktion übereinstimmten, im Kurzzeitgedächtnis nach "vorne" geholt. Die Folge dieser Annahme ist, daß für den gegenwärtigen Wissensstand des Systems ein ausgeprägter "Recency-Effekt" kennzeichnend ist. Das heißt, im Kurzzeitgedächtnis befinden sich solche Elemente "vorne", die entweder gerade erst aus der Umwelt aufgenommen wurden oder die die Anwendung einer Produktion bewirkten. Information, die schon länger nicht mehr auf das System eingewirkt hat, wird im Kurzzeitgedächtnis immer weiter nach "hinten" abgedrängt, bis sie verloren geht.

rehearsal

4.2 Konfliktlösung

Wie schon in Abschnitt 3.1.1 dargestellt, ist es möglich, daß die Bedingungskomponenten mehrerer Produktionen gleichzeitig erfüllt sein können. Es wurden in diesem Zusammenhang mehrere Konfliktlösungsprinzipien vorgeschlagen. Dieser Punkt kann ziemlich kompliziert werden (vgl. McDERMOTT & FORGY, im Druck), weshalb ich mich hier darauf beschränken möchte, Art und Reichweite dieses Problems aufzuzeigen. Vermutlich am wenigsten klar ist jenes Prinzip, nach dem der Konflikt völlig ignoriert und alle erfüllten Produktionen ausgelöst werden. Ein zweites Lösungsprinzip, das in vielen unserer früheren Modelle verwendet wurde, richtet sich nach der Reihenfolge, in der die Produktionen im Modell angeordnet sind. (Dies Konfliktlösungsprinzip ist immer dann gegeben, wenn Produktionen sequentiell geprüft werden und wenn die erste, erfüllte Produktion zur Anwendung gelangt.)

S. 477 Fußnote

Eine weitere Klasse von Konfliktlösungsprinzipien basiert auf der logischen Struktur der Bedingungskomponenten, die in den erfüllten Produktionen enthalten sind. Das einfachste Prinzip ist dabei die Bevorzugung von Spezialfällen. Es wurde für das Produktionssystem in Abbildung 4 angewendet; dabei gilt die Voraussetzung, daß spezielle Fälle den allgemeinen vorzuziehen sind.

Die letzte Klasse von Konfliktlösungsprinzipien beruht auf der Reihenfolge jener Elemente im Kurzzeitgedächtnis, die mit erfüllten Produktionen übereinstimmen. Die einfachste Variante ist die, die ihre Entscheidung auf das "jüngste" Element stützt. Es wird die Produktion ausgewählt, deren Elemente sich im Kurzzeitgedächtnis am weitesten "vorne" befinden.

Meistens ist keines dieser Prinzipien ausreichend, um eine einzige Lösung garantieren zu können. Es müssen deshalb Metaprinzipien eingeführt werden, die über die Abfolge der Geltung verschiedener Konfliktlösungsprinzipien entscheiden.

4.3 Zur Interaktion der Annahmen

Es ist klar, daß die Annahmen zur Arbeitsweise des Kurzzeitgedächtnisses mit den konfliktlösenden Prinzipien hinsichtlich der Auswahl des Systemverhaltens interagieren. Klar ist aber nicht, wie man sich diese Interaktion vorzustellen hat. Die Produktionssysteme selbst sind der einzige formale Ansatzpunkt, der uns bei der Darstellung dieser Fragen und der Untersuchung ihrer Implikationen verfügbar ist.

4.4 Selbstmodifikation

WATERMAN (1974) schrieb die ersten sich selbst modifizierenden Produktionssysteme. Dazu bedurfte es einer einzigen wirkungsvollen Ergänzung der "Standard"-Struktur. Es handelte sich um eine spezielle Aktion, die aus Elementen des Kurzzeitgedächtnisses, dort entweder als Bedingungskomponenten oder als Aktionen gekennzeichnet, eine Produktion zusammensetzte und diese dann in das Produktionsgedächtnis eingliederte. Sonst waren keine weiteren bedeutsamen Veränderungen der Systemstruktur erforderlich, um die Fähigkeit der Selbstmodifikation zu konstituieren. Speziell der elementare Verarbeitungsgang Wiedererkennen-Aktion blieb von der Bildung neuer Produktionen im wesentlichen unberührt; das System mußte sich nie auf eine spezielle, von seiner Arbeitsweise abweichende Lernform umstellen. Gegenwärtig arbeiten NEWELL und seine Mitarbeiter an der Carnegie-Mellon- University an der Untersuchung einiger Merkmale sich selbst modifizierender Produktionssysteme (FORGY & McDERMOTT, im Druck; McDERMOTT & FORGY, im Druck; RYCHENER & NEWELL, im Druck). Versuchsweise wurden mehrere Produktionssysteme entwickelt, in denen die Information über die Komponenten der neu zu bildenden Produktionen folgendermaßen gewonnen wird: auf der Bedingungsseite der neu zu bildenden Produktion werden variable Elemente gebunden. Das heißt, die sich bildenden Produktionen suchen in der gleichen Weise wie andere Produktionen auch Übereinstimmungen mit Elementen des Kurzzeitgedächtnisses. Nur wird die so erhaltene Information nicht dazu verwendet, das Kurzzeitgedächtnis, sondern vielmehr das Langzeitgedächtnis (das Produktionssystem) zu verändern. Dieser Vorgang wird auch der Übertragung vom Kurzzeit- zum Langzeitgedächtnis gerecht und bleibt dabei innerhalb des theoretischen Rahmens von Produktionssystemen.

4.5 Theoretische Implikationen

Allein die bloße Existenz dieser spezifischen Fragen weist für uns auf die Verdienste dieser Art der Theorienbildung hin. Unser eigenes Verständnis der PIAGETschen Begriffe Äquilibration, Assimilation und Akkomodation führt uns nicht zu präzisen Fragen hinsichtlich der ihnen zugrundeliegenden Mechanismen. Der Ansatz von Produktionssystemen läßt ein breites Spektrum theoretischer Standpunkte zu, aber verlangt, daß sie präzise und detailliert dargelegt werden müssen. Viele der von PASCUAL-LEONE (in diesem Band) genannten, anzustrebenden Merkmale einer Theorie der Entwicklung sind in Produktionssystemen bereits verwirklicht. Zum Beispiel stellt die gleichzeitige Übereinstimmung aller Produktionen mit den momentanen Inhalten des Kurzzeitgedächtnisses in Verbindung mit den Konfliktlösungsprinzipien eine plausible Beschreibung eines Systems dar, das sowohl sequentiell geordnetes, zielgerichtetes Verhalten als auch unterbrechbares, unvorhersagbares und wirklich "neues" (PASCUAL-LEONE) Verhalten zeigen kann. Die assimilative Kapazität von Produktionssystemen wird durch ein System belegt, das Produktionen zur Anwendung gelangen läßt, die erst teilweise erfüllt sind, oder in denen Variablen die Werte aller ganz oder der nur teilweise ihrem Bereich zugehörigen Sachverhalte annehmen können. Da das Abstraktionsniveau der Symbole in den Bedingungskomponenten einer Produktion unbegrenzt ist, kann ein Produktionssystem hinsichtlich seiner Spezifität von einem eng umschriebenen Problem - wie bei den beschriebenen Produktionen zu dem Waagebalkenproblem - bis hin zu einem breiten Verhaltensspektrum - wie in einem allgemeinen Mittel-Ziel-System - reichen.

Sicher stimmt, wie PASCUAL-LEONE hervorhebt, daß wir, um die problemunabhängigen Merkmale der Informationsverarbeitung bestimmen zu können, verschiedene Problemsituationen brauchen. Sicher liegen auch bedeutsame Dimensionen individueller Variation vor. Unsere eigene Arbeit (KLAHR 1978) zielt genau in diese Richtung, und die unseres Kollegen Robert SIEGLER (1977; 1977 a) liefert hervorragende Beispiele dafür. Tatsächlich findet ein Großteil der wirklich hochinteressanten Arbeiten über individuelle Differenzen innerhalb des Bereichs statt, der allgemein als Ansatz der Informationsverarbeitung gelten kann, was nicht unbedingt die Verwendung von Produktionssystemen einschließen muß (vgl. RESNICK 1976; SIEGLER 1978 b; STERNBERG 1977).

5. Schlußbemerkungen

Wir haben in diesem Beitrag versucht, sowohl formale als auch inhaltliche Merkmale eines bestimmten Ansatzes zur Untersuchung der kognitiven Entwicklung vorzustellen. Gegenwärtig liegt der Schwerpunkt auf der Konstruktion von Modellen in Form von Produktionssystemen, die das Problemlöseverhalten von Kindern in verschiedenen Problembereichen erklären können. Da wir auf einem sehr konkreten Niveau arbeiten, ist es unvermeidlich, daß die Modelle für jeden Entwicklungsstand stark von problemspezifischen Details des beobachteten Verhaltens bestimmt sind. Der Ansatz trägt also einige Merkmale "datengeleiteter" (bottom-up) Theorienbildung. Andererseits haben wir eine Reihe allgemeiner Systemprinzipien sowie einen globalen Mechanismus für ihre Realisierung eingeführt, die die Modellkonstruktion steuern und innerhalb bestimmter Grenzen halten. Dies gibt dem Vorgehen einen von theoretischen Annahmen geleiteten Zug (top-down). Es scheint, daß beide Vorgehensrichtungen notwendig sind, um überhaupt Fortschritte in der Erweiterung unserer Erkenntnisse über den Prozeß der kognitiven Entwicklung zu machen. Sogar Ansätze, die als entweder daten- oder annahmengeleitet gelten, erweisen sich bei näherer Untersuchung als Kombination aus beiden Richtungen des Vorgehens (wobei dann die Betonung auf einer der beiden liegt). In der hier beschriebenen Arbeit versuchten wir, detaillierte und präzise Angaben sowohl über theoretische Annahmen als auch über konkrete Details menschlichen Verhaltens zu machen. Obwohl wir bislang nur bescheidene Fortschritte gemacht haben, sind wir zuversichtlich, daß dieser Ansatz bei unserer Suche nach den Mechanismen der kognitiven Entwicklung wertvolle Ergebnisse liefern wird.

Literaturverzeichnis:

ANDERSON, J.R.: Language, memory and thought. Hillsdale, N.J.: Lawrence Erlbaum Associates, 1976.

BAYLOR, G.W. & GASCON, J.: An information processing theory of aspects of the development of weight seriation in children. Cognitive Psychology, 1974, 6, 1-40.

BOWER, G.H.: Cognitive psychology: an introduction. In: ESTES, W. (Ed.): Handbook of learning and cognitive processes. Hillsdale, N.J.: Lawrence Erlbaum Associates, 1975, 25-79.

BROADBENT, D.E.: The magic number seven after fifteen years. In: KENNEDY, R.A., & WILKES, A. (Eds.): Studies in long term memory. New York: Wiley, 1975, 3-18.

BYRNES, M.A. & SPITZ, H.: Performance of retarded adolescents and nonretarded children on the Tower of Hanoi problem. Amcerican Journal of Mental Defiency, 1977, 81, 561-569.

CHI, M.T.H.: Short-term memory limitations in children: capacity or processing deficits? Memory and Cognition, 1976, 4, 559-572.

CHI, M.T.H.: Age differences in memory span. Journal of Experimental Child Psychology, 1977, 23, 266-281.

COOK, T.W.: Amount of material and difficulty of problem solving: II. The disc transfer problem. Journal of Experimental Psychology, 1937, 20, 288.

EGAN, D.E. & GREENO, J.G.: Theory of rule induction: Knowledge acquired in concept learning, serial pattern learning, and problem solving. In: GREGG, L.W. (Ed.): Knowledge and cognition. Potomac, Maryland, 1974, 43-103.

FORGY, C. & McDERMOTT, J.: OPS, a domain-independent production system language. Proceedings Fifth International Joint Conference on Artifical Intelligence. 1977, 5, 933-939.

GAGNÉ, R.M. & SMITH, E.C.: A study of effects of verbalization on problem solving. Journal of Experimental Psychology, 1962, 63, 12-18.

GELMAN, R.: Logical capacity of very young children: Number invariance rules. Child Development, 1972a, 43, 75-90.

GELMAN, R.: The nature and development of early number concepts. In: REESE, H.W. (Ed.): Advances in child development. (Vol. 7). New York: Academic Press, 1972b, 115-167.

HORMANN, A.: Gaku: an artificial student. Behavioral Science, 1965, 10, 88-107.

HUNT, E.: What kind of computer is man? Cognitive Psychology, 1971, 2, 57-98.

HUTTENLOCHER, J. & BURKE, D.: Why does memory span increase with age? Cognitive Psychology, 1976, 8, 1-31.

INHELDER, B. & PIAGET, J.: The growth of logical thinking from childhood to adolescence. New York: Basic Books, 1958.

KARMILOFF-Smith, A. & INHELDER, B.: "If you want to get ahead, get a theory". Cognition, 1976, 3, 195-212. 241

KLAHR, D.: Goal formation, planning, and learning by preschool problem solvers, or: "My socks are in the dryer". In: SIEGLER, R.S. (Ed.): Children's thinking: What develops? Hillsdale, N.J.: Lawrence Erlbaum Associates, 1978 (im Druck).

KLAHR, D. & SIEGLER, R.S.: The representation of children's knowledge. In: REESE, H.W. & LIPSIT, L.P. (Eds.): Advances in child development. (Vol. 12). New York: Academic Press, 1978, 61-116. 246

KLAHR, D. & WALLACE, J.G.: Cognitive development: An information processing view. Hillsdale, N.J.: Lawrence Erlbaum Associates, 1976.

KLIX, F.: Information und Verhalten. Berlin: VEB Deutscher, 1971.

McDERMOTT, J. & FORGY, C.: Production system conflict resolution strategies. In: WATERMAN, D.K. & HAYES-ROTH, F. (Eds.): Pattern-directed inference systems. New York: Academic Press (im Druck).

MILLER, G.A.: The magical number seven, plus or minus two: Some limits on our capacity for processing information. Psychological Review, 1956, 63, 81-97.

NEVES, D.: A study of strategies of the Tower of Hanoi. (Paper presented at Midwestern Psychological Association Meeting, May), 1977.

NEWELL, A.: Production systems: Models of control structures. In: CHASE, K.G. (Ed.): Visual information processing. New York: Academic Press, 1973, 463-526.

NEWELL, A. & McDERMOTT, J.: PSG Manual. Pittsburgh: Carnegie-Mellon University, Department of Computer Science, 1975.

NEWELL, A. & SIMON, H.A.: Human problem solving. Englewood Cliffs, N.J.: Prentice Hall, 1972.

PASCUAL-LEONE, J.: A mathematical model for the transition rule in Piaget's developmental stages. Acta Psychologica, 1970, 32, 301-345.

PETERSON, J.: Studies in the comparative abilities of whites and negroes. (Mental Measurements Monograph, 1929 (No. 5)), 1-156.

PIAGET, J.: The grasp of consciousness. Cambridge, Mass.: Harvard University Press, 1976.

RESNICK, L.B. (Ed.): The nature of intelligence. Hillsdale, N.J.: Lawrence Erlbaum Associates, 1976.

RYCHENER, M. & NEWELL, A.: An instructable production system: initial design issues. In: WATERMAN, D.A., & HAYES-ROTH, F. (Eds.): Pattern-directed inference systems. Academic Press (im Druck).

RYCHENER, M.D.: Introduction to Psn.st. Carnegie-Mellon University, Department of Computer Science. Pittsburgh, Pa., 1976.

SCHAEFFER, B., EGGLESTON, V.H., & SCOTT, J.L.: Number development in young children. Cognitive Psychology, 1974, 6, 357-379.

SIEGLER, R.S.: Three aspects of cognitive development. Cognitive Psychology, 1976, 8, 481-520.

SIEGLER, R.S.: The origins of scientific reasoning. In: SIEGLER, R.S. (Ed.): Children's thinking: What develops? Hillsdale, N.J.: Lawrence Erlbaum Associates, 1978 a, 109-149.

SIEGLER, R.S. (Ed.): Children's thinking: What develops? Hillsdale, N.J.: Lawrence Erlbaum Associates, 1978 b.

SIMON, H.A.: The functional equivalence of problem-solving skills. Cognitive Psychology, 1975, 7, 268-288.

SPADA, H.: Die Analyse kognitiver Lerneffekte mit stichprobenunabhängigen Verfahren. In: FREY, K. & LANG, M. (Hrsg.): Kognitionspsychologie und naturwissenschaftlicher Unterricht. Bern: Huber, 1973, 94-131.

STERNBERG, R.: Intelligence, information processing, and analogical reasoning: The componential analysis of human abilities. Hillsdale, N.J.: Lawrence Erlbaum Associates, 1977.

SYDOW, H.: Zur metrischen Erfassung von subjektiven Problemzuständen und zu deren Veränderung im Denkprozess (II). Zeitschrift für Psychologie, 1970, 178, 1-50.

WATERMAN, D.A.: Adaptive production systems. (CIP Working Paper 285). Pittsburgh: Carnegie-Mellon University, Department of Psychology, 1974.

Formale Präzision, Wo und Wozu, oder: Der Affe auf dem Baum

Rudolf Groner, Beat Keller und Christine Menz

1. Einleitung: Theoretische Analyse und/oder empirische Vorhersage

Zunächst möchten wir einige Gedanken zum Unterschied zwischen den beiden Modellklassen, wie sie an dieser Konferenz angesprochen werden, anführen. Der Name "Informationsverarbeitungsmodelle" (= IP) wurde so verschiedenen Ansätzen wie dem Piagetschen (PASCUAL-LEONE, in diesem Band; BEILIN, in diesem Band) sowie neueren algorithmischen oder Computer-Repräsentationen des Wissens (GREENO, in diesem Band; KLAHR, in diesem Band) gegeben. Wenn man dieser Gruppe Beispiele der sogenannten "Psychometrischen Modelle" (= PM) gegenüberstellt, findet man wiederum recht unterschiedliche Ansätze wie statistische Datenreduktionen (BENTLER, in diesem Band) oder modellgeleitete quantitative Vorhersagen von Verhaltensdaten (SPADA & KLUWE, in diesem Band; GRONER & SPADA, 1977), und es scheint uns, daß die konstruierte Antinomie IP versus PM insofern irreführend ist, da einige Beispiele von psychometrischen Modellen sich mehr mit Informationsverarbeitung beschäftigen, als Beispiele der anderen Gruppe.

Weiter glauben wir, daß IP-Modelle in der Absicht, eine allgemeine und hinreichende Formulierung zu erhalten, gewöhnlich mehr am theoretischen Aspekt interessiert sind. Dies kann auf Kosten des empirischen Zugriffs erfolgen, muß es aber nicht notwendigerweise. Andererseits konzentrieren sich die PM-Modelle auf Messung, indem sie versuchen, eine klare Relation zwischen theoretischen Entitäten und ihren operationalisierten empirischen Gegen-

Abb. 1: Baum für Informationsverarbeitungsaffen

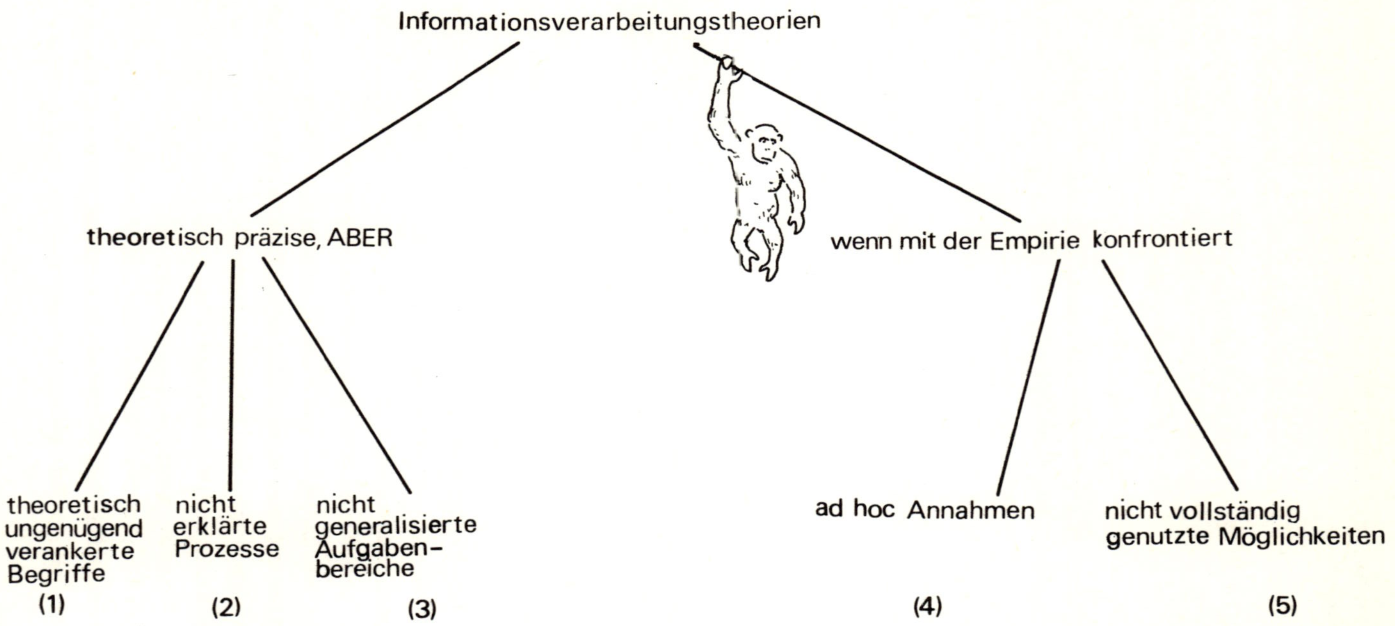

stücken festzustellen. Ein Teil der Komplexität und Verwickeltheit des menschlichen Informationsverarbeitungssystems muß bei diesem Ansatz simplifiziert werden, doch später kann eine ungebührliche Vereinfachung durch Falsifikation aufgedeckt werden. Ein simples Modell kann durchaus im Sinne einer Minimalannahme empirisch getestet werden, ähnlich einer statistischen Nullhypothese.

Jedenfalls sehen wir keinen entscheidenden Unterschied zwischen IP- und MP-Modellen, eher ein unterschiedliches Gewichten von Präferenzen, d.h. theoretische Analyse gegenüber empirischer Vorhersage. Deshalb würde die optimale Lösung eine Kombination der positiven Merkmale beider Ansätze sein.

Nun wollen wir aber nicht länger in Allgemeinheiten schwelgen, sondern einige Punkte herausgreifen, die im folgenden anhand von konkreten Beispielen illustriert werden sollen. Unsere Vorwürfe sind in Abbildung 1 hierarchisch in Form der so beliebten Baumdarstellung aufgegliedert.

2. Zum Entwicklungsstand von Informationsverarbeitungstheorien

Unsere Argumente setzen die methodologische Position voraus, daß ein zum Zwecke der Simulation erstelltes Computerprogramm ein Modell der ihm zugrundeliegenden psychologischen Theorie darstellt. Die meisten Punkte würden sich nicht auf die alternative methodologische Position anwenden lassen, wo das Programm selbst die Theorie ist. Eine solche Position, die für die Forschung im Bereiche der künstlichen Intelligenz durchaus zweckmäßig ist, kann in kognitiver Psychologie kaum aufrecht erhalten werden.

2.1 Theoretisch präzise, aber ...

Wir müssen sicher zugeben, daß die theoretische Klarheit und formale Präzision in IP-Modellen in den letzten Jahren beeindruckende Dimensionen angenommen hat. Viele bekannte Beispiele von IP-Modellen wurden erfolgreich auf Computern realisiert, und somit wurde demonstriert, daß sie logisch hinreichend (= suffizient) für die Erzeugung der untersuchten Leistung sind. Ein solches Verfahren garantiert jedoch nicht automatisch präzise theoretische Definitionen der involvierten Begriffe (siehe Punkt 1 in Abbildung 1). Piaget wurde sehr häufig kritisiert, seine Konzepte in nicht-eindeutiger Weise zu gebrauchen, doch etwas Ähnliches kann auch bei Simulationsmodellen passieren, wenn eine theoretische Entität in einem Programm nur als Variable oder Konstante erscheint, ohne stringente Beziehungen der von ihr intendierten Bedeutung, wie sie von ihrem Namen und sprachlichen Konnotationen her erwartet werden könnte. Wird z.B. eine Liste von sieben Elementen "Kurzzeitspeicher" oder "STM" bezeichnet, so reflektiert diese Variable noch nicht in voller Weise unser Verständnis von Kurzzeitgedächtnis; dieser Tatbestand könnte aber leicht übersehen werden, wenn nur der Variablenname betrachtet wird (DREW McDERMOTT, 1976, nennt diesen Tatbestand: "Wishful mnemonics"). Wir meinen, daß diese Schwierigkeit mit einem anderen zentralen Problem der Simulation verwandt ist, dem Problem nämlich, daß man frei wählen kann, welchen Aspekt man im Simulationsprogramm detailliert implementieren will oder eben nur am Rande einführt.

Das gleiche Problem stellt sich nicht nur im Zusammenhang mit theoretischen Begriffen, sondern auch für ganze Prozesse (Punkt 2). Hier handelt es sich um ein noch schwerwiegenderes Problem. Im Prinzip hat man es mit einem <u>regressus ad infinitum</u> von komplexen Prozessen zu mehr und mehr elementaren Subprozessen zu tun, dem nur durch einen willkürlichen Entscheid, daß noch grundlegendere Prozesse nicht mehr simuliert werden sollen, ein Ende gesetzt wird.

Ein weiteres Problem der formalen Repräsentation ergibt sich im Zusammenhang mit dem gewählten Aufgabenbereich

(Punkt 3). Sogar nach einer sehr sorgfältigen und feinen Aufgabenanalyse existiert kein zwingendes formales Argument zur Entscheidung, auf welche anderen Aufgaben die vorliegende Formalisation generalisiert werden kann, oder was exakt eine äquivalente Aufgabe ausmacht. Eine analoge Erkenntnis wurde auch schon in einem anderen Zusammenhang formuliert, wo argumentiert wurde, daß es unmöglich ist, in einem offenen Aufgabenbereich eine Regel höherer Ordnung anzugeben, wann eine spezifische Regel anzuwenden ist und wann nicht (siehe die Diskussion in SPADA & KEMPF, 1977, S. 23-46). Wir wissen nicht, in welchem Umfang dieses Problem bei der heute so populären Aufgabenanalyse ("task analysis") erkannt wird.

2.2 Empirische Gültigkeit

Nun wollen wir den zweiten Hauptast des Baumes in Abbildung 1 hinabsteigen, der sich auf die empirische Validität der IP-Modelle bezieht. Betrachten wir nun Punkt 4. Um eine suffiziente Modellformulierung zu erhalten, müssen viele Detailannahmen expliziert werden, die eigentlich nicht im Zentrum des Interesses stehen. Das gleiche Problem stellt sich bei unvollständig explizierten Modellen bei der Herleitung exakter Vorhersagen. Zum Beispiel fehlen einigen Modellen der strukturellen Repräsentation genügend explizite Performanz-Annahmen. Diese sind jedoch für Verhaltensvorhersagen nötig, weil nicht die Struktur selbst, sondern nur deren Produkt, vermittelt durch eine Reihe von unbekannten Prozessen, beobachtet werden kann. Es gibt mindestens drei Strategien, dem Problem aus dem Wege zu gehen:

1) Man suche nach Lösungen in einem anderen Feld der psychologischen Literatur; unnötig zu sagen, daß dies meist erfolglos verläuft.

2) Man rekurriere auf Plausibilitätsargumente, die sehr häufig aus wissenschaftlich analysierten Bereichen hinausführen.

3) Man bilde munter ad-hoc Entscheidungen, manchmal kann daraus sogar eine neue Theorie entstehen.

Und nun, nach langem anstrengendem Theoretisieren, kann ein merkwürdiges Phänomen beobachtet werden. Der Forscher scheint vom vielen Theoretisieren erschöpft zu sein, denn er ist sehr schnell mit einer ziemlich bescheidenen Anwendung des Modells oder Programms zufrieden (Punkt 5). Oft beschränkt er sich darauf, das Programm einmal erfolgreich laufen zu lassen und vielleicht einige vorausgesagte Mißerfolge aufzuzeigen. Wenn man das Programm aber ernst nähme als ein Modell menschlicher kognitiver Leistung, wäre eine Vielzahl von empirischen Vorhersagen durchaus möglich. Solange man nicht diesen Vorhersagen wenigstens einigermaßen nachgegangen ist, sollte man sich bewußt sein, daß logische Suffizienz selbst noch keine hinreichende Eigenschaft für ein angemessenes Modell menschlicher Informationsverarbeitung ist.

3. Einige illustrative Beispiele aus den Arbeiten von KLAHR

Als nächstes wollen wir diese Punkte anhand von Punkten aus KLAHRs Arbeiten illustrieren, welche ein hervorragendes Beispiel von entwicklungspsychologischen Konzepten in Informationsverarbeitungsbegriffen darstellen. Wir möchten dadurch nicht etwa KLAHR speziell kritisieren, sondern eher unsere Behauptungen konkreter und somit widerlegbarer machen.

Weil wir aus Zeitmangel nicht in Details gehen können, sind wir gezwungen, ein gewisses Maß an Vertrautheit mit KLAHRs Arbeiten vorauszusetzen. Damit jedoch den Hauptlinien unserer Argumente gefolgt werden kann, rekapitulieren wir kurz KLAHRs Hauptpunkte.

KLAHR & WALLACE (1976) versuchten, für Piaget-Aufgaben (Konservation, Transitivität etc.), durchgeführt von Kindern verschiedener Altersstufen, Modelle in der Form von Produktionssystemen aufzustellen.

Produktionsregeln sind Konditions-Aktions-Paare und operieren in einer Situation folgendermaßen: Es wird getestet, ob die Kondition eines Konditions-Aktions-Paares für eine gegebene Situation wahr sei. Ist sie nicht wahr, wird die entsprechende Aktion ausgeführt (gewöhnlich resultiert dies in einer Situationsänderung), und der Testzyklus beginnt von neuem mit dem ersten Konditions-Aktions-Paar der gesamten Liste, die das Produktionssystem ausmacht. (Zur Erweiterung des grundlegenden Konzepts eines Produktionssystems siehe ANDERSON, 1976; DAVIS & KING, 1975; FORAY & McDERMOTT, 1977; LENAT & McDERMOTT, 1977).

Nachdem KLAHR Modelle für zwei verschiedene Stufen (praeoperational und konkret-operational) gebildet hat, versucht er einen Mechanismus zu konzipieren, der Modell I in Modell II überführt. Dieser Mechanismus gilt dann als Modell des Transitionsprozesses, des "Motors" der Entwicklung von Stufe zu Stufe.

In späteren Arbeiten (KLAHR, in diesem Band; 1978), vergrößerte KLAHR den Aufgabenbereich und versuchte Modelle zu entwickeln für die Balkenwaage- und die Turm von Hanoi Aufgabe. Letztere besteht darin, daß ein Turm aus verschieden großen Scheiben, die in abnehmender Größe auf einen Pfosten gestapelt sind, auf einen anderen Pfosten verschoben werden muß, wobei die Scheiben auf einem dritten Pfosten vorübergehend abgestellt werden können. Es darf immer nur eine Scheibe pro Zug verschoben werden, und es darf nie eine größere auf eine kleinere Scheibe zu liegen kommen. Beim Experimentieren mit Kindern verwendete KLAHR Büchsen anstelle der Scheiben (für Einzelheiten siehe KLAHR, 1978).

Als nächstes möchten wir nun konkret auf Punkt 1 eingehen. KLAHRs Produktionssystem für Zahlenkonservation liefert ein treffendes Beispiel für das, was wir mit "theoretisch ungenügend verankerten Begriffen" meinen:

Die Leistung in Zahlenkonservationsaufgaben ist direkt abhängig von der Möglichkeit, anzahl-verändernde und anzahl-nicht-verändernde Transformationen zu unterscheiden. Diese Diskriminationsleistung ist von der Festlegung einer quantitativen Beziehung zwischen zwei Mengen abhängig: Ist die Menge vor der Transformation die gleiche wie die Menge nach der Transformation, dann handelt es sich um eine anzahl-nicht-verändernde Transformation, ist die eine Menge größer als die andere, dann war eine anzahl-verändernde Transformation im Spiel. Die quantitative Relation der beiden Mengen wird in KLAHRs System über die Relation der beiden quantitativen Symbole bestimmt, die den beiden Mengen entsprechen, und für die Bestimmung der Relation zwischen diesen beiden Symbolen postuliert KLAHR ein "quantitatives Vergleich system".

KLAHR definiert quantitative Symbole als "... semantische Elemente, die einen akzeptablen Input für quantitative Vergleichssysteme bilden. Sind zwei solche Symbole gegeben, bestimmt das Vergleichssystem ihre relative Größe" (KLAHR & WALLACE, 1976, S. 30).

Damit scheint eine Definition des Begriffes "quantitatives Symbol" gegeben. Diese Definition basiert jedoch auf dem Konzept eines quantitativen Vergleichssystems, und das konkrete Funktionieren dieses Systems hängt ab von dem, was es als Input akzeptieren muß, d.h. von dem, was quantitative Symbole sind. Zum Beispiel: Wenn als quantitative Symbole nur Zahlen zugelassen werden, dann braucht das Vergleichssystem nur eine geordnete Liste von diesen Zahlen und einen Prozeß, der überprüft, welche von zwei Zahlen früher in der Liste erscheint. KLAHR zieht auch Zeichenlisten im Kurzzeitspeicher als mögliche quantitative Symbole in Betracht. Die Logik eines Systems, das solche quantitative Symbole zu vergleichen hat, ist im wesentlichen nichts anderes als ein internes Herstellen einer eins-zu-eins Zuordnung zwischen den Zeichen dieser Listen.

Eine solche gegenseitige Festlegung von Begriffen wäre formal korrekt, wenn das Vergleichssystem in einem Computerprogramm implementiert wäre. Aber in unserem Beispiel ist der Vergleichsprozeß, der die Relation zwischen den beiden quantitativen Symbolen bestimmt, der sogenannte "OPR CALL RELATE", was nichts anderes bedeutet als daß der menschliche Operator am Computerterminal über die Relation entscheidet und nicht das Programm selbst. Das heißt aber, daß die quantitativen Symbole, die nur als Input zu diesem Vergleichssystem definiert wurden, formal nur definiert sind, wenn man den Kopf des Operators zum formalen System dazuzählt.

Halten wir an diesen Überlegungen fest:

1) Das Vergleichssystem ist nicht definiert, solange sein Input nicht definiert ist.

2) Quantitative Symbole sind nicht definiert, solange das System, für welches sie Input sind, nicht definiert ist.

Dies bringt uns zu Punkt 2 (= nicht erklärte Prozesse). Dazu seien nochmals KLAHR & WALLACE zitiert: "Die Charakterisierung jedes Prozesses als elementar ist arbiträr und relativ" (KLAHR & WALLACE, 1976, S. 29). Jedes Modell muß einige Prozesse als elementar annehmen, die nicht selbst ausformuliert werden. Die große Gefahr liegt in der Möglichkeit, daß alle schwierigen Probleme des Theoretisierens auf die subelementare Stufe verdrängt werden. Gerade die schon erwähnten OPR CALLS, welche bei KLAHR die nicht ausformulierten elementaren Prozesse darstellen, sind in dieser Hinsicht problematisch. Somit könnte das, was wir im letzten Abschnitt gesagt haben, ironisch paraphrasiert werden:

1) Das Vergleichssystem braucht nicht definiert zu werden, solange sein Input nicht definiert ist.

2) Quantitative Symbole brauchen nicht definiert zu werden, solange das Vergleichssystem nicht definiert ist.

Als Beispiel zu Punkt 3 (= nicht generalisierbare Aufgabenbereiche) sei die Turm von Hanoi-Aufgabe herangezogen. Dazu ist es notwendig, zuerst näher auf KLAHRs Unterscheidungen zwischen "tower-ending" und "flat-ending" Aufgaben einzugehen (KLAHR, in diesem Band). Diese Unterscheidung weist schon darauf hin, daß alle Turm von Hanoi-Aufgaben in verschiedene Äquivalenzklassen aufgeteilt werden müssen. Ein von KLAHR anläßlich dieses Workshops nicht explizit erwähntes Detail sind die zwei verschiedenen kürzesten Lösungswege, die für die "flat-ending" Aufgaben existieren. Der eine wird durch SOLVE (KLAHRs Version von SIMONS, 1975, "sophisticated perceptual strategy") erzeugt. Der zweite Lösungspfad macht den "Umweg", die oberste Scheibe oder Büchse zweimal zu bewegen. In Wirklichkeit sind die "tower-ending" Aufgaben eine Teilmenge der Äquivalenzklasse von Aufgaben, die mit SOLVE optimal gelöst werden, und "flat-ending" Aufgaben sind eine Teilmenge der Äquivalenzklasse von Aufgaben mit zwei optimalen Lösungen. Es existiert aber eine dritte Äquivalenzklasse, die alle Aufgaben mit optimaler Lösung enthält, die nicht von SOLVE erzeugt werden (KELLER, 1977). Was hat das zu bedeuten? Praktisch heißt dies, daß wenn wir unsere Experimente auf die zwei oben beschriebenen Äquivalenzklassen beschränken, SOLVE ein perfektes Lösungsverhalten erzeugt, das natürlich auch fehlerlose Leistungen von Vpn abbilden würde. Wenn wir aber alle möglichen Aufgaben einschließen, erzeugt SOLVE kein perfektes Lösungsverhalten. Also nicht einmal in einem so einfachen Fall wie der Turm von Hanoi-Aufgabe können wir einwandfrei angeben, was genau eine Äquivalenzklasse konstituiert, von der aus dann generalisiert werden könnte.

Beispiele für zusätzliche Ad-hoc-Annahmen (Punkt 4 in Abbildung 1) sind so zahlreich, daß es unnötig ist, ein einzelnes herauszugreifen. Im Gegenteil, es ist fast unmöglich, ein Beispiel einer hinreichenden Modellformulierung zu finden, welches wirklich frei ist von Annahmen, die ad-hoc gemacht werden mußten.

Hier wäre vielleicht eine Klasse von PM-Modellen zu erwähnen, die Rasch-Modelle, welche die weniger zentralen, sogenannten inzidentellen Parameter von den strukturellen Parametern des Modells klar zu trennen versuchen (siehe z.B. SPADA, 1976, S. 103 ff). Wir sehen vorläufig keine analoge Möglichkeit bei den IP-Modellen.

Nun zu unserem letzten Punkt 5. Die formale Präzision der Informationsverarbeitungsmodelle ist sicher ein bedeutsamer Fortschritt, andererseits aber auch die Verpflichtung, alle empirischen Vorhersagen zu testen, welche durch das präzise Modell erst möglich werden.

KLAHRs Produktionssystem des Lösungsverhaltens bei Transitivitäts-Aufgaben enthält z.B. Produktionen, welche die Umkehrung von Prämissen erzeugen ($A > B \Rightarrow B < A$). Jedes Konfliktlösungsprinzip muß nun im Falle mehrerer anwendbarer Produktionen eine bestimmte Produktion auswählen (d.h. eine bestimmte Prämisse umkehren), woraus sich klare Vorhersagen über die relative Schwierigkeit verschiedener Aufgaben herleiten lassen. Einige dieser Voraussagen dürfen eventuell durch bereits existierende empirische Evidenz falsifiziert werden (siehe dazu die zusammenfassenden Darstellungen bei JOHNSON-LAIRD, 1972, und GRONER, 1978). Ganz allgemein soll man kein System für einen spezifischen Datenbereich konzipieren, ohne die Nebeneffekte aller Annahmen auf andere relevante Daten nicht auch mitzuberücksichtigen.

Alle im zweiten Teil aufgezeigten Punkte betreffen Modelle von Lösungsstadien (und keine Modelle der Übergänge zwischen den Stadien), doch wie KLAHR selbst sagt, können die letzteren nicht besser sein als die ersteren.

Literaturverzeichnis:

ANDERSON, J.R.: Language, memory and thought. Hillsdale, N.J.: Lawrence Erlbaum, 1976.

DAVIS, R. & KING, J.: Overview of production systems. Report STAN-CS-75-524, Memo AIM-271. Department of Computer Science, Stanford University, 1975.

FORGY, C. & McDERMOTT, J.: OPS, a domain-independent production system language. Proceedings of the International Joint Conference on Artificial Intelligence, 1977, 5, 933-939.

GRONER, R.: Hypothesen im Denkprozeß. Bern: Huber, 1978.

GRONER, R. & SPADA, H.: Some markovian models for structural learning. In: SPADA, H. & KEMPF, W.F. (Eds.): Structural models of thinking and learning. Bern: Huber, 1977.

JOHNSON-LAIRD, P.N.: The three term series problem. Cognition, 1972, 1, 57-82.

KELLER, B.: Eine nicht-optimale Strategie zur Lösung der erweiterten Turm von Hanoi-Aufgabe. Unveröffentlichte Lizentiatsarbeit phil.hist. Fakultät Universität Bern, 1977.

KLAHR, D.: Goal formation, planning and learning by preschool problem-solvers. In: SIEGLER, R.S. (Ed.): Children's thinking: What develops? Hillsdale, N.J.: Lawrence Erlbaum, 1978.

KLAHR, D. & WALLACE, I.G.: Cognitive development: An information processing view. Hillsdale, N.J., Lawrence Erlbaum, 1976.

LENAT, D.B. & McDERMOTT, J.: Less than general production system architectures. Proceedings of the International Joint Conference on Artificial Intelligence, 1977, 5, 928-932.

McDERMOTT, D.: Artificial intelligence meets natural stupidity. SIGART Newsletter ACM, 1976, 57, 4-9.

SIMON, H.A.: The functional equivalence of problem solving skills. Cognitive Psychology, 1975, 7, 268-288.

SPADA, H.: Modelle des Denkens und Lernens: Ihre Theorie, empirische Untersuchung und Anwendung in der Unterrichtsforschung. Bern: Huber, 1976.

SPADA, H.: Logistic models of learning and thought. In: SPADA, H. & KEMPF, W.F. (Eds.): Structural models of thinking and learning. Bern: Huber, 1977.

SPADA, H. & KEMPF, W.F. (Eds.): Structural models of thinking and learning. Bern: Huber 1977.

Ein psycholinguistischer Ansatz zur Entwicklung logischer Kompetenz

Rachel Joffe-Falmagne

Dieser Beitrag hat schlußfolgerndes Denken zum Gegenstand, so wie wir es im Sprachverständnis und Sprachgebrauch antreffen. Logische Kompetenz, die in diesem Sinne definiert wird, soll unter dem Aspekt ihrer Entwicklung erörtert werden. Speziell geht es um jene Kompetenz, die mit der Verarbeitung verbal formulierter, in sich geschlossener Probleme, wie zum Beispiel Syllogismen, verbunden ist. Im Abschnitt 2 werden wir einige Vermutungen über den möglichen Entwicklungsverlauf dieser Kompetenz erörtern. Spezifischere theoretische Erwägungen über kognitive Prozesse, die an der Bewältigung der betrachteten Problemsituation beteiligt sind, folgen im Abschnitt 3. Dieser theoretische Rahmen wird dann herangezogen, um die Vermutungen aus Abschnitt 2 sowie das Konzept der logischen Kompetenz neu zu formulieren.

Bevor wir jedoch zu diesem Thema übergehen, folgen im Abschnitt 1 einige Klärungen hinsichtlich des hier zu behandelnden Problembereichs.

1. Vorerwägungen: Alternative Ansätze zur Untersuchung der Entwicklung des logischen Denkens

Um die hier interessierenden Fragen zu verdeutlichen, ist es nützlich, zwischen zwei Untersuchungsansätzen zur Entwicklung des logischen Denkens zu unterscheiden: zwischen dem Ansatz von PIAGET einerseits und jenem Ansatz andererseits, der solche Fähigkeiten und Prozesse untersucht, die an der Verarbeitung verbal formulierter, geschlossener Aussagen beteiligt sind.

Diese Unterscheidung ist nicht polemisch gemeint. (Wir glauben, daß der Stand der Forschung in beiden Bereichen Polemik nicht zuläßt.) Das Ziel dieses Abschnitts ist es vielmehr, aufzuzeigen, welches die Untersuchungsbereiche dieser beiden Ansätze sind. Die Unterscheidung zwischen diesen beiden Zugängen zur Untersuchung der Entwicklung des logischen Denkens wurde bereits an anderer Stelle erörtert (FALMAGNE, 1975 a; 1975 c), jedoch sollen hier einige Aspekte deutlicher herausgearbeitet werden. Die wesentlichen Merkmale der Unterscheidung könnten folgendermaßen angegeben werden: in den Arbeiten von PIAGET und INHELDER sowie damit verwandten Untersuchungen zur Entwicklung des logischen Denkens wird das Kind als "Experimentator" (scientist im engl. Text; Anm. des Übers.) gesehen. Die andere traditionelle Arbeitsrichtung, der die nachfolgenden Erörterungen gelten sollen, betrachtet das Kind und den Erwachsenen als logisch Denkende.

Die obengenannte Gegenüberstellung kann auf zwei Ebenen erfolgen:

a) unter dem Aspekt der Aufgabenstrukturanalyse der jeweils in den beiden Bereichen verwendeten Problemsituationen;

b) unter dem Aspekt der kognitiven Prozesse, die an der Bewältigung der jeweils verwendeten Problemsituation beteiligt sind.

Natürlich sind Aufgabenstrukturanalysen nicht scharf von Betrachtungen über mögliche kognitive Prozesse zu trennen, da eine Beschreibung der Aufgabenanforderungen eigentlich auf die Operationen zurückgreift, die der Problemlöser ausführen muß. Trotzdem unterscheiden sich diese beiden Formen der Analyse hinsichtlich ihrer Schwerpunktsetzung und ihrer Betonung; die folgenden Ausführungen zum Vergleich des Ansatzes von PIAGET mit dem "aussagenlogischen" Ansatz zur Entwicklung logischen Denkens wird unter diesen beiden Gesichtspunkten erfolgen.

1.1 Unterschiede hinsichtlich der Aufgabenanforderungen

Unter dem Aspekt der Aufgabenstrukturanalyse sind mit der Betrachtung des Kindes als "logisch denkendem" oder alternativ als "experimentierendem" Menschen jeweils auch verschiedene Anliegen der Forschung verknüpft. Untersuchen wir Kinder als "logisch Denkende", dann konzentrieren wir uns auf ihr Wissen über Sprache; Angaben über Fakten werden in den aussagenlogischen Problemen auf ein Minimum reduziert. Von den Versuchspersonen verlangen wir, daß sie Angaben über Fakten außer Acht lassen; sie sollen von den Prämissen aus zu Schlußfolgerungen gelangen, ähnlich wie ein Linguist, der den grammatischen Aufbau eines Satzes beurteilt. Ein Problem, das dem Kind vorgegeben werden könnte, wäre: "Wenn Susan lernt, dann sitzt sie nicht auf diesem Stuhl. Susan sitzt auf diesem Stuhl. Lernt sie?"

Die interessierende Frage ist die, ob das Kind in der Lage ist, eine Antwort auf Grund der strukturellen Beziehungen innerhalb der Prämissen und auf Grund der Beziehungen zwischen den Prämissen zu geben, und nicht auf Grund des empirischen Gehalts der Prämissen. Natürlich ist die Operationalisierung dieser Frage selbst wieder ein wesentlicher Punkt; jede spezifischere Formulierung dieser Frage, die hier bewußt allgemein gehalten ist, wird überdies wesentliche theoretische Entscheidungen und Festlegungen nach sich ziehen. Einige dieser Probleme werden wir kurz in den Abschnitten 2 und 3 erörtern. Für unser gegenwärtiges Ziel genügt jedoch die Angabe, daß wir innerhalb dieses Ansatzes die allmähliche Strukturierung der sprachlichen Umwelt durch das Kind unter entwicklungspsychologischen Aspekten untersuchen.

Im Gegensatz dazu wird in der Tradition von PIAGET das Kind bei seinen Versuchen, experimentierend Eigenschaften der realen Umwelt aufzufinden, untersucht. Dementsprechend ist die typische Untersuchungssituation auch so gestaltet, daß das Kind zu Schlußfolgerungen hinsichtlich eines natürlichen Phänomens gelangen soll (wie z.B. in den Physikexperimenten, die von INHELDER & PIAGET, 1958, beschrieben werden). Der Gegenstand des Interesses beider Zugänge ist demnach verschieden, etwa in der gleichen Weise, in der sich eine empirische Wissenschaft hinsichtlich ihrer Zielsetzung von einer formalen Dispziplin unterscheidet.

Sicherlich wird in Untersuchungen im Sinne PIAGETs auch logisches Denken von Kindern, soweit es eben am naturwissenschaftlichen Experimentieren beteiligt ist, untersucht. Aber wie bei naturwissenschaftlichem Experimentieren auch, sind andere Funktionen oder Aufgabenanforderungen ebenfalls einbezogen.

Das erste offenkundige Merkmal der "experimentellen" Situation ist, daß es sich im wesentlichen um ein induktives Problem handelt. Das Ziel ist, einen empirischen Zusammenhang aufzufinden, wobei deduktives Denken nur bei wenigen Teilschritten des gesamten Denkprozesses beteiligt ist. Eine weitere, wesentliche Anforderung solcher Problemsituationen besteht darin, daß das Kind zuerst eine vorläufige Repräsentation der Problemsituation, d.h. der empirischen Prämissen erzeugen muß, auf die dann Regeln der Logik angewendet werden können. Überdies ist die korrekte Wahrnehmung der vorliegenden Sachverhalte und Ereignisse Voraussetzung für adäquate Schlußfolgerungen. Die empirischen Implikationen des letzten Punktes werden u.a. durch Daten von SIEGLER (1976) belegt. Sie zeigen die Bedeutung der Kodierung von Ereignissen als Quelle für Altersunterschiede in schlußfolgerndem Denken. Auch eine Durchsicht der Protokolle von kleinen Kindern bei INHELDER & PIAGET (1958) zeigt diesen Aspekt auf: Zum Beispiel haben in dem Billard-Tisch-Experiment, über das INHELDER und PIAGET berichten, Kinder das Gesetz herauszufinden, daß Einfallswinkel und Ausfallswinkel der Kugel am Tischrand gleich sind. Kleine Kinder geben die Bahn der Kugel häufig als Kurve statt durch zwei gerade Abschnitte an. Es ist offenkundig, daß diese Kodierung der

Situation, die eine wesentliche Information, nämlich den Winkel, nicht enthält, eine richtige Schlußfolgerung ausschließt. Noch davor schließt sie ebenfalls die adäquate experimentelle Manipulation aus.

Offensichtlich sind die Aufgabenanforderungen der "experimentellen" und der "aussagenlogischen" Situation teilweise verschieden. "Experimentelle" Situationen verlangen sowohl die Anwendung logischer Regeln als auch die Kodierung empirischer Sachverhalte und Ereignisse. In der "aussagenlogischen" Situation hingegen, wo das Kind als logisch Denkender betrachtet wird, wird die Information explizit verbal vorgegeben; das Kind wird aufgefordert, sich ausschließlich darauf zu beziehen. Es muß folglich auch angenommen werden, daß die Denkverläufe, die jeweils an diesen beiden Problemsituationen beteiligt sind, wenigstens hinsichtlich einiger ihrer Komponenten verschieden sind. Dies wird im folgenden Abschnitt erörtert.

1.2 Kognitive Prozesse in den zwei Problemsituationen

Wir gehen von der eingangs erwähnten Unterscheidbarkeit von Aufgabenanalyse und Analyse kognitiver Prozesse aus. Eine Möglichkeit, aussagenlogische Probleme zu kennzeichnen und sie mit experimentellen Problemen zu konfrontieren, besteht dann in der folgenden Feststellung: aussagenlogische Probleme können ausschließlich durch Sprachverständnis, Logik und durch Koordination beider bewältigt werden; experimentelle Situationen verlangen hingegen eine interne Repräsentation der vorgegebenen empirischen Sachverhalte (dadurch werden jene Komponenten der Problemsituation konstruiert, die schließlich Gegenstand des weiteren Denkprozesses sind). Die interne Repräsentation der experimentellen Situation muß aus einer Anordnung nonverbaler Information gewonnen werden (im Gegensatz zu der vorher genannten aussagenlogischen Situation, wo die wesentlichen Informationen in sprachlicher Form verfügbar sind). Schließlich ist zur Bewältigung experimenteller Problemsituationen eher induktives Denken erforderlich; deduktive Denkschritte haben dabei lediglich stützende Funktion.

Es soll jedoch betont werden, daß jedes Problem auf verschiedene Weise angegangen werden kann. Obwohl also, wie oben erwähnt, aussagenlogische Probleme ausschließlich durch Anwendung von Regeln der Logik gelöst werden können, lassen sie auch andere Methoden des Denkens zu. Man denke etwa an bildhaftes Vorstellen, reale Einflußfaktoren und Bildung von Analogien. Die Wirkung solcher Faktoren ist gut belegt (vgl. HENLE, 1962; WASON & JOHNSON-LAIRD, 1972; REVLIS, 1975 und SCRIBNER, 1977 zur Verwendung von Informationen über empirische Sachverhalte im Denkverlauf; HUTTENLOCHER, 1968; SHAVER, PIERSON & LANG, 1974 über den Einsatz räumlicher Vorstellungen; JOHNSON-LAIRD, 1975 und JOHNSON-LAIRD & STEEDMAN, 1978 über eine Form des Analogieschlusses bei quantitativen Aussagen, basierend auf Prototypen). Ein wesentlicher Teil der Ausführungen in Abschnitt 3 wird sich damit befassen.

Auch experimentelle Problemsituationen können auf verschiedenen Wegen gelöst werden. Wie INHELDER & PIAGET (1978) gezeigt haben, stellt der formale Zugang nur eine Möglichkeit dar. Deshalb nehmen wir hier nicht an, daß aussagenlogische Probleme unbedingt entsprechend den Vorschriften der Aussagenlogik behandelt werden müssen. Ungeachtet dessen erfordert die Lösung aussagenlogischer Probleme vermutlich Prozesse, wie sie zum Verstehen von Sätzen erforderlich sind. In einigen Fällen wird auch eine interne Repräsentation notwendig sein, die auf der logischen Struktur der Aussagen basiert. (Da diese Punkte in Abschnitt 3 ausführlicher erörtert werden, gehen wir hier nicht näher darauf ein.) Zwar ist in experimentellen Problemsituationen ebenfalls eine interne Repräsentation der aktuellen Situation notwendig, jedoch resultiert sie aus einer Kodierung nonverbaler Information. Die interne Repräsentation wird also zumindest durch einen anderen Übersetzungsprozeß vermittelt als im Fall der aussagenlogischen Problemsituation. Aus dem gleichen Grund ist es auch nicht selbstverständlich, daß die Form der internen Repräsentation in beiden Situationen gleich sein muß. Zum Beispiel führen sprachliche Formulierungen einer Situation (so wie die Prämissen in aussagenlogischen Problemen) vermutlich eher zu einer formalen Behandlung des so formulierten Problems, als etwa experimentelle Problemsituationen. Die logische Struktur des Problems ist durch die sprachliche Formulierung leichter greifbar. Umgekehrt ist empirisch gut belegt, daß die Verknüpfungen der natürlichen Sprache, wie "wenn ..., dann ...", nicht einheitlich intern repräsentiert werden. Vielmehr liegt in den meisten Fällen bei kontextabhängigem Lesen eine starke Tendenz zu einem bikonditionalem Lesen vor ("wenn und nur wenn"; WASON & JOHNSON-LAIRD, 1972; STAUDENMEYER, 1975). Es ist gut möglich, daß diese Mehrdeutigkeiten und Tendenzen kennzeichnend für verbale Situationen sind und daß eine konditionale Strukturierung der Information (im Gegensatz zur bikonditionalen) vielleicht leichter bei nonverbalen Informationen verfügbar ist.

Während also mit beiden Arten von Problemsituationen vermutlich eine Kodierung der Information in irgendeine logische Form verbunden ist, unterliegt der jeweilige "Übersetzungsprozeß" den ihm eigentümlichen Unsicherheiten. Darüberhinaus muß nicht unbedingt angenommen werden, daß die vorgegebenen Informationen in beiden Fällen in gleiche Repräsentationsformen "übersetzt" werden.

Diese allgemeinen Bemerkungen galten möglichen Unterschieden hinsichtlich des jeweiligen Prozesses der internen Repräsentation von Informationen in aussagenlogischen und experimentellen Problemsituationen. Dies entspricht auch der oben vorgeschlagenen Aufgabenstrukturanalyse. Ein weiterer offenkundiger Unterschied muß noch erwähnt werden. Experimentelle Problemsituationen, die eher induktiver Natur sind, verlangen auch entsprechende Heurismen, die zur Lösung der deduktiven, aussagenlogischen Probleme nicht erforderlich sind. Dieser Punkt wird im folgenden Abschnitt ausführlicher unter Bezug auf Arbeiten von INHELDER und PIAGET behandelt werden. Sie haben umfangreiche Erörterungen über solche Heurismen vorgelegt.

Entwicklungspsychologische und andere Beziehungen zwischen der Art und Weise, wie ein Mensch (z.B. ein Kind) aussagenlogische Probleme einerseits und experimentelle Probleme andererseits bearbeitet, sind gegenwärtig sowohl theoretisch als auch empirisch völlig ungeklärt. Wir werden deshalb darauf nicht weiter eingehen. In Zusammenhang mit dem zentralen Punkt dieser Erörterungen, der Entwicklung logischer Kompetenz, werden wir jedoch am Ende dieses Abschnittes noch einmal allgemein auf die Frage der obengenannten Beziehungen zurückkommen.

2. Zur Entwicklung schlußfolgernden Denkens: allgemeine Überlegungen und Annahmen

Unter Zugrundelegung der genannten Unterscheidung lautet unsere Arbeitshypothese:

(1) die in Sprachverständnis und Sprachgebrauch eingebettete logische Kompetenz entwickelt sich im Laufe der Kindheit (und vermutlich auch noch im Laufe des Erwachsenenalters);

(2) zwischen dem Entwicklungsverlauf logischer Kompetenz im Kindesalter einerseits und im Erwachsenenalter andererseits bestehen eine Reihe von bedeutsamen Ähnlichkeiten;

(3) bereits kleine Kinder sind in der Lage, einige Formen deduktiven Schließens auf beträchtlichem Abstraktionsniveau zu leisten (zum Beispiel ist offenkundig, daß ein Kind im Alter von 5 oder 6 Jahren weiß, daß, ungeachtet des Inhalts der Aussage, die Negation (nicht p) falsch ist, wenn die Aussage (p) wahr ist.

In den folgenden Abschnitten 2.1 und 2.2 wird diese Sichtweise der logischen Kompetenz von Kindern näher ausgeführt und im einzelnen diskutiert werden; darüberhinaus wird ein Mechanismus vorgeschlagen werden, der zur Entwicklung der logischen Kompetenz beitragen könnte.

2.1 Logische Kompetenz: begriffliche Klärung und entwicklungspsychologische Annahmen

Logische Kompetenz ist ein komplexer Sachverhalt und kann wenigstens auf zweifache Weise definiert werden. Eine operationale Definition wäre: Ein Mensch ist logisch kompetent, wenn er ein angemessenes Spektrum aussagenlogischer Probleme erfolgreich bearbeitet, ungeachtet der Prozesse und Operationen, die dieser Leistung zugrunde liegen. Unter diesem Gesichtspunkt ist ein Mensch mit größerer Kompetenz derjenige, der zu einem größeren Spektrum logischen Schließens über eine größere Zahl von Situationen hinweg fähig ist. Das ist auch der Fall, wenn er zu diesem Zweck vielleicht kontextabhängige Regeln (statt formaler Regeln) anwendet. Eine alternative Kennzeichnung logischer Kompetenz bezieht sich allein auf solche Fälle, in denen logisches Schließen auf der Grundlage einer abstrakten Form der internen Abbildung zu leisten ist, die die logische Struktur des Problems explizit erfaßt (eine ausführliche Diskussion findet sich bei FALMAGNE 1975 b).

Diese Unterscheidung ist der von GREENO (in diesem Band) getroffenen Unterscheidung zwischen implizitem und explizitem Verstehen von Algebra nicht unähnlich. Genauer gesagt, verlangen sowohl GREENOs Kennzeichnung impliziten Verstehens als auch die zuerst genannte Form der logischen Kompetenz eines Menschen nur die Anwendung von Verfahren, deren Ergebnis mit den Eigenschaften eines formalen Systems konsistent ist (Logik oder Algebra). Es wird nicht die explizite Anwendung von Regeln des formalen

Systems verlangt, sei es zur Formulierung des Sachverhaltes oder zur Ausführung von Operationen, die zur Lösung führen. Wir vertreten hier den teilweise spekulativen Standpunkt, daß sich die logische Kompetenz, in ihren beiden Varianten, im Laufe der Kundheit (und im Erwachsenenalter) entwickelt. Später werden wir einen möglichen Prozeß erläutern, der den Erwerb logischer Kompetenz zum Teil erklären kann. Im vorliegenden Abschnitt werden diese Punkte allgemein erörtert. In Abschnitt 3 wird dann ein begrifflicher und theoretischer Rahmen aufgezeigt, innerhalb dessen diese Fragen genauer formuliert und ihre möglichen empirischen Konsequenzen angegeben werden.

Wie bereits ausgeführt, wird der hier vertretene Standpunkt zur logischen Kompetenz von Kindern nicht als unvereinbar mit der Theorie von PIAGET gesehen, wonach Kinder die Stufe formaler Operationen nicht vor dem Jugendalter erreichen. Das ist deshalb der Fall, weil die Kennzeichnung formaler Operationen einige, begrifflich voneinander unabhängige Aspekte umfaßt:

(1) Sie liefert eine strukturelle Beschreibung der Kompetenz des Erwachsenen. Gleichzeitig zeigt sie die strukturellen Einschränkungen hinsichtlich des Komplexitätsgrades oder der Art der Operationen auf, die ein Kind ausführen kann.

(2) Sie beschreibt Heurismen im Denken Jugendlicher, nämlich den hypothetiko-deduktiven Ansatz zum Verstehen der Realität und das kombinatorische (experimentelle) Vorgehen zur Hypothesenprüfung.

(3) Sie beschreibt Merkmale des Denkprozesses, nämlich die Fähigkeit zur Deduktion unter Bezug auf formale Merkmale von Aussagen und weniger auf die in den Aussagen enthaltenen Angaben über Sachverhalte.

Um den letzten Aspekt geht es hier. In den Untersuchungssituationen von PIAGET kann die Versuchsperson schlußfolgerndes Denken bei der Kodierung der experimentellen Ergebnisse oder bei der Hypothesenbildung einsetzen, oder auch gar nicht. Der wesentliche Punkt ist dabei, daß das

Kind zur Bewältigung der Problemsituation bei PIAGET nicht etwa aus Gründen eines "Prozeßdefizits", wie in (3) definiert, nicht auf schlußfolgernde Denkprozesse übergeht. Der Grund ist vielmehr seine Orientierung auf der in (2) beschriebenen heuristischen Ebene. Mit anderen Worten, wenn dem Kind ein verbal formuliertes Problem, wie im Fall aussagenlogischer Probleme, vorgegeben wird, kann es das wohl in einigen Fällen auch "aussagenlogisch" angehen. Es kann dies, auch wenn es die im verbal formulierten Problem enthaltenen Fakten kaum in dieser Form behandeln würde, wenn sie, wie zum Beispiel in experimentellen Problemsituationen, als empirische Phänomene vorliegen.

Dieser Standpunkt wird generell von Untersuchungsergebnissen gestützt, die aufzeigen, daß Kinder zumeist über eine begrenzte Fähigkeit verfügen, aussagenlogische Probleme zu bewältigen.

Neben anderen haben HILL (1961), ENNIS (1971), KODROFF & ROBERGE (1975), KUHN (1977), PEEL (1967), ROBERGE (1970, 1972), ROBERGE & PAULUS (1971) und TAPLIN, STAUDENMEYER & TADDONIO (1970) Befunde dieser Art vorgelegt. Sie haben Varianten konditionalen Denkens (d.h. Aussagen der Form "wenn ..., dann ...") und Syllogismen über Klassen (d.h. Aussagen mit quantitativen Angaben der Form "Alle A sind B" oder "Einige A sind B") in einigen Fällen bei Kindern im Alter von 6 Jahren untersucht.

Zweifellos gibt es altersbezogene Unterschiede, vor allem hinsichtlich der Interpretationen logischer Verknüpfungen und Quantoren (z.B. SUPPES & FELDMAN 1971; NEIMARK & CHAPMAN 1975; NEIMARK & SLOTNICK 1970; PARIS 1973). Doch zeigen diese sowie andere Arbeiten ausgesprochen hohe Übereinstimmung bei Kindern und Erwachsenen hinsichtlich

a) der unterschiedlichen Schwierigkeit von einzelnen Formen logischer Schemata,
b) der aufgetretenen Fehlerarten und
c) der Schwierigkeitsdeterminanten (vgl. TAPLIN, 1971;

TAPLIN & STAUDENMEYER, 1973; als Beispiel für Erwachsene WASON & JOHNSON-LAIRD, 1972).

Solche Ergebnisse weisen zwar auf ein gewisses (begrenztes) Maß an logischer Kompetenz von Kindern hin, und zwar im Sinn der ersten Definition. Sie klären jedoch nicht die spezifischen Prozesse, die zur Antwort des Kindes führen.

Es bleibt deshalb unklar, ob der Denkprozeß des Kindes, wie in den Untersuchungen berichtet wird, tatsächlich formaler Art war. Die zweite hier vorgetragene Vermutung war, daß Kinder die Fähigkeit zur Lösung aussagenlogischer Probleme auf der Basis deren logischer Struktur haben und ausbilden. Das heißt, bezogen auf aussagenlogische Probleme, sie verfügen über die Fähigkeit zum Umgang mit Sprache auf einer formalen Ebene. Diese Vermutung bedarf jedoch noch der empirischen Sicherung. Es sollen jedoch in diesem Zusammenhang noch zwei Punkte erwähnt werden:

(1) Ein großer Teil der Befunde zum Denken Erwachsener zeigt, daß sich ihre Denkvorgänge, sofern das möglich ist, bevorzugt auf die in der Problemsituation gegebenen Fakten stützen und weniger auf die formalen Aspekte der Prämissen. Was deshalb gezeigt werden muß, ist nicht, daß Kinder spontan in formalen Bezügen denken, wohl aber, daß sie es tun können und manchmal auch tun.

(2) Gehen wir einmal davon aus, daß Logik und Syntax als abstrakte Systeme hinsichtlich der natürlichen Sprache den gleichen Stellenwert besitzen. Die Einzelheiten dieser Parallele, ihre Grenzen und die sich darausergebenden Aspekte gehen über den Rahmen dieses Beitrages hinaus. Trotzdem genügt sie für die Feststellung, daß Logik und Syntax alternative Formalisierungen der natürlichen Sprache darstellen: auf der einen Seite erfolgt die Formalisierung auf der Grundlage von grammatischen Regeln, Umschreibungs- und Transformationsregeln; auf der anderen Seite erfolgt

die Formalisierung durch Aussagen, Verknüpfungen und Schemata deduktiven Schließens. Tatsächlich kann man ein Schema logischen Schließens als spezielle Transformationsregel auffassen. Sie führt von einer oder mehreren Aussagen auf Grund formaler Kriterien zu einer neuen, äquivalenten Aussage. Sieht man diese Parallele, dann ist es nur konsequent, die syntaktische und die logische Entwicklung als einen Prozeß der allmählichen Strukturierung der sprachlichen Umwelt zu betrachten. Weiter kann man folgendes vermuten: Ein Kind lernt seine sprachliche Umwelt syntaktisch durch Identifikation grammatischer Klassen, von Funktionswörtern und von zulässigen Wegen, diese zu äußern, zu gliedern. In der gleichen Weise lernt es vermutlich auch seine sprachliche Umwelt danach zu gliedern, welche Aussagen aus welchen anderen und unter welchen Bedingungen zulässig abgeleitet werden können. Denkt man in diesem Zusammenhang an das hohe Niveau von Kindern, das sie in ihrer syntaktischen Entwicklung erreichen, dann erhält der hier vertretene Standpunkt zur Entwicklung des logischen Denkens einige Glaubwürdigkeit.

Bevor wir fortfahren, ist eine Anmerkung zur Klärung des hier eingenommenen Standpunktes erforderlich. Der Begriff logische Kompetenz wird in diesem Beitrag weit gefaßt und bezieht sich nicht nur streng auf formale Logik. Tatsächlich verweisen zahlreiche Befunde, die obengenannten eingeschlossen, auf die Unangemessenheit der formalen Logik als einem Modell des menschlichen Denkens. Es wurden alternative Modelle vorgeschlagen (z.B. von BRAINE, 1977), die alltägliche, deduktive Denkverläufe offenkundig genauer abbilden. Das Modell von BRAINE unterscheidet sich jedoch von der formalen Logik hinsichtlich des Ausgangspunktes und hinsichtlich der Folge von Ableitungen, die zu bestimmten Ergebnissen führt; es unterscheidet sich aber nicht von der formalen Logik hinsichtlich der aus dem Modell hervorgehenden Theoreme. Genauer gesagt, werden die verschiedenen Weisen schlußfolgernden Denkens von formaler und alltäglicher Logik auf ähnlichem Weg als gültig oder ungültig eingestuft. Die getroffene Unterscheidung zwischen formaler und alltäglicher Logik mag zwar eine Perspektive liefern, ist jedoch hier ohne weiteren Einfluß.

2.2 Zum Erwerb von Formen deduktiven Schließens

Wir wenden uns nun der Frage zu, wie sich diese Kompetenz vermutlich entwickelt. Eine plausible Hypothese ist folgende:

(1) die Elemente logischen Denkens werden zumindest teilweise durch Erfahrungen mit einer Reihe von Beispielen gültiger Schlußregeln im Alltag erworben.

(2) Kinder sind in der Lage, die gemeinsame logische Struktur dieser Beispiele allmählich zu abstrahieren. Auf diese Weise wäre die Kompetenz zu aussagenlogischem Denken das Ergebnis eines Begriffsbildungsprozesses: der erworbene Begriff ist dabei eine gegebene Regel logischen Schließens.

Es ist noch eine wichtige Einschränkung zu machen. Es wird hier nicht angenommen, daß die Entwicklung des logischen Denkens allein durch einen Begriffsbildungsprozeß der eben beschriebenen Art erklärt werden kann. Auch wird nicht gesagt, daß die übergreifende theoretische Erklärung dieser Entwicklung empiristischer Art sein muß. Hinsichtlich des letzten Punktes sollten wir die Möglichkeit einbeziehen, daß alltäglicher Logik durch grundlegende Merkmale der geistigen Ausstattung Grenzen gesetzt sind. Und hinsichtlich des zuerst genannten Punktes sollten wir berücksichtigen, daß Einschränkungen struktureller Art, bedingt durch den jeweiligen kognitiven Entwicklungsstand, vermutlich festlegen, was in einem bestimmten Alter (auf einer bestimmten Entwicklungsstufe) gelernt werden kann. Tatsächlich haben u.a. PIAGET, PASCUAL-LEONE sowie KLAHR

& WALLACE derartige Einschränkungen beschrieben. Ungeachtet dessen muß aber versucht werden, die Entwicklung von Fähigkeiten zu spezifischen Formen logischen Schließens unter Einbezug dieser Einschränkungen zu verstehen. Die hier formulierte Hypothese ist ein solcher Versuch.

Diese Hypothese wurde in zwei Arbeiten (FALMAGNE, THOMPSON & BENNET, 1977), denen ausführliche Voruntersuchungen vorausgingen, geprüft. Es wurde dazu eine spezielle Form des Schließens, der Modus Tollens, verwendet ("wenn p, dann q; nicht q, also nicht p"; p und q können dabei affirmative oder verneinende Aussagen sein).

In der 1. Untersuchung wurden Kindern der 3. und 5. Klasse eine Reihe verschiedener, verbal formulierter Probleme vorgelegt. Die Kinder erhielten auf ihre Antworten Rückmeldung. Ein Beispiel wäre: "Wenn heute Dienstag ist, dann hat Mary Sport. Mary hat heute nicht Sport; ist es dann Dienstag?". Dazu werden die Antwortalternativen "ja", "nein" und "weiß nicht" vorgegeben. (In dieser wie auch in der anderen Untersuchung war durch die Instruktion sichergestellt, daß die Alternative "weiß nicht" bei Problemen gewählt wird, wo die Antwort unbestimmt war; Beispiele für Probleme aller drei Typen waren vorgegeben worden.) Die Kinder nahmen an zwei Sitzungen dieser Art teil. Es wurden jeweils 32 Probleme vorgelegt. In der Experimentalgruppe war davon die Hälfte vom Typ Modus Tollens. In einer Transferuntersuchung wurde folgendes geprüft:

a) wurde das Konzept des Modus-Tollens-Schließens durch Abstraktion erworben?
b) wie groß ist das Ausmaß der Generalität des so erworbenen Konzepts?

Für die Transfer-Untersuchung wurden mehrere Problemtypen verwendet, die hinsichtlich der logischen Struktur den Problemen der Trainingsuntersuchung gleich waren. Sie unterschieden sich aber von den Trainingsproblemen hinsichtlich der Oberflächenstruktur, um zu prüfen, ob das erworbene Modus-Tollens-Konzept für die Lösung ausschlaggebend war. Weiter sollte zwischen dem Erwerb eines spezifischen, an die Oberflächenstruktur des Problems gebundenen Konzepts und dem allgemeineren, auf der logischen Struktur der Aussage basierenden Konzepts unterschieden werden. So wurden, im Unterschied zu den Trainingsproblemen, bei einigen der Transferprobleme in der Konditionalaussage der 1. Prämisse Antezedens und Konsequenz vertauscht (z.B. "Mary hat Sport, wenn heute Dienstag ist"). Dies wurde gemacht, um den Erwerb des relevanten Konzepts vom Erwerb einer Strategie zu unterscheiden, die vielleicht auf der Abfolge von Sätzen basiert. Bei anderen Transferproblemen wurde die Verknüpfung "falls, dann" (logisch äquivalent zu "wenn, dann") verwendet. Dadurch sollten Konzepte, die auf der logischen Form basierten, von solchen Konzepten unterschieden werden, die auf die spezifische Verknüpfung während der Trainingsphase beschränkt waren. In anderen Problemen negierte die 2. Prämisse (der "nicht q"-Satz) den "q"-Satz der 1. Prämisse lexikalisch, nicht explizit (zum Beispiel: "Das Buch ist rot"; lexikalische Verneinung: "Das Buch ist blau"; explizite Verneinung: "Das Buch ist nicht rot"). Schließlich wurden auch Probleme aufgenommen, die den Trainingsproblemen hinsichtlich der Form ähnlich waren, aber "sinnlose" Wörter enthielten (zum Beispiel "Wenn Paul fibbelt, dann dabbelt er"). Dadurch sollte der Abstraktionsgrad des erworbenen Konzepts geprüft werden. Alle verwendeten Probleme unterschieden sich hinsichtlich ihres Inhaltes. Die 2. Untersuchung, durchgeführt mit Kindern der 4. Klasse, bei gleichem Versuchsplan und ähnlichem Reizmaterial, dehnte die Ergebnisse der 1. Arbeit aus. Es wurde die Effektivität eines Trainings mit Problemen geprüft, bei denen die 2. Prämisse eine lexikalische Verneinung des "q"-Satzes (siehe das Beispiel oben) ist. Diese Prüfung ist deshalb wichtig, weil es im gewöhnlichen Gespräch wenig Beispiele für explizite aussagenlogische Formen gibt. Im Zusammenhang mit unserer allgemeinen, zu prüfenden Hypothese ist es sinnvoll, zu untersuchen, ob Kinder in der Lage sind, das Schlußfolgerungskonzept sowohl von Beispielen mit lexikalischer Verneinung als auch von solchen mit expliziter Verneinung zu abstrahieren. Überdies könnte die konkretere, lexikalische Verneinung den Denkvorgang und die Abstraktion erleichtern. Tatsächlich unterstützen unsere Daten diese Erwartung.

In beiden Untersuchungen zeigten die Daten einen signifikanten Effekt des Trainings. Die Experimentalgruppe war der Kontrollgruppe bei allen Varianten des Modus Tollens in den Transferproblemen überlegen, einschließlich der Probleme mit sinnlosen Wörtern ($p < .01$ in Experiment 1, $p < .025$ in Experiment 2). Obwohl der Haupteffekt 'Klasse' in Experiment 1 signifikant war, ließ sich keine bedeutsame Wechselwirkung 'Klasse x Training' nachweisen. Die Auseinandersetzung mit Beispielen schlußfolgernden Denkens bei Problemen des Typs Modus Tollens führte also zum Erwerb eines Konzepts des Modus Tollens und zu dessen Verallgemeinerung auf logisch äquivalente, aber sprachlich unähnliche Probleme. Weiter erwies sich das Training in Experiment 1 auf beiden Altersstufen als gleich effektiv. Von besonderem Interesse ist die Tatsache, daß der Trainingseffekt auch auf "sinnlose" Probleme verallgemeinert wurde, was auf eine recht hohe Abstraktionsebene des Konzepterwerbs hinweist. Schließlich sei angemerkt, daß in Experiment 2 die Trainingsgruppe mit lexikalischer Verneinung den Vergleichsgruppen, trainiert mit expliziter Verneinung, überlegen war; der Effekt war jedoch statistisch nicht bedeutsam. Die Ergebnisse dieser Untersuchungen zeigen also, daß ein spezifisches Schema logischen Schließens in einem Begriffsbildungsprozeß erworben werden kann. Sie zeigen jedoch nicht, daß dies der Weg ist, auf dem Kinder solche Regeln in ihrer Umwelt erlernen. Wohl aber belegen die Ergebnisse, daß Kinder die erforderlichen Voraussetzungen für solch einen Weg mitbringen; gemeint ist die Fähigkeit, ein strukturelles Konzept von sprachlichem Material ohne direkte Anleitung zu abstrahieren. Detailliertere Erwägungen über den möglichen Ablauf des Begriffsbildungsprozesses folgen im nächsten Abschnitt. Vorweg soll jedoch ein allgemeiner begrifflicher Rahmen gegeben werden.

3. Abriß eines theoretischen Rahmens für aussagenlogisches Denken und dessen Entwicklung

Im vorhergehenden Abschnitt wurden auf eher allgemeinem Niveau einige Aspekte der Entwicklung von logischer Kompetenz erörtert. Weiter wurden, gestützt durch Daten, einige Erwägungen zu einem der möglichen Mechanismen angestellt, der dieser Entwicklung zugrundeliegen könnte. Das Ziel dieses Abschnitts ist es, einen begrifflichen und theoretischen Rahmen zu erörtern, innerhalb dessen wesentliche Fragen zum schlußfolgernden Denken und zur Entwicklung von logischer Kompetenz klarer formuliert werden können. Wir möchten ausdrücklich betonen, daß die nachfolgenden Erörterungen keine vollständige ausgearbeitete Theorie darstellen, sondern eher als Umriß einer noch zu entwickelnden Theorie aufzufassen sind.

3.1 Komponenten logischen Schließens

Der Prozeß schlußfolgernden Denkens mit verbaler Information umfaßt drei Aspekte (der bewußt unverbindliche Begriff 'Aspekte' soll zeigen, daß die nachfolgend genannten drei Komponenten weder als seriell organisiert noch als funktional unabhängig aufgefaßt werden.)

(1) Noch vor dem logischen Problem selbst verfügt der Mensch über interne Repräsentationen verschiedener Arten komplexer sprachlicher (und nichtsprachlicher) Informationen im Langzeitgedächtnis. Er verfügt über ein logisch-semantisches Netzwerk, das strukturelle und logische Beziehungen zwischen Aussagen sowie zwi-

schen lexikalischen Fakten und, allgemeiner, alle erforderlichen Elemente des Sprachverständnisses umfaßt. Die Formen deduktiven Schließens, über die ein Individuum verfügt, stellen einen Ausschnitt dieses Netzwerkes dar und können auf ein Schlußfolgerungsproblem angewendet werden (siehe auch unten (3)).

(2) Wenn ein Problem vorliegt und Deduktion verlangt ist, dann muß eine interne Repräsentation dieses Problems im operativen Gedächtnis entwickelt werden. Diese Repräsentation ist das Ergebnis eines Vergleichs zwischen der Wahrnehmung des vorliegenden Problems und der an das Problem herangetragenen, im Langzeitgedächtnis bereits verfügbaren Repräsentation. Die resultierende Repräsentation des Problems wird für den weiteren Denkverlauf im operativen Gedächtnis gespeichert. Ist diese interne Repräsentation formal, dann werden dem verbalen Problem die im Langzeitgedächtnis verfügbaren logischen Beziehungen zugeordnet. Dieser Zuordnungsprozeß basiert auf Oberflächenmerkmalen der Sätze (in gewisser Hinsicht analog den perzeptuellen Strategien beim Satzverständnis von FODOR, BEVER & GARRET, 1970) und auf Strukturmerkmalen der Sätze. Die interne Repräsentation im operativen Gedächtnis kann jedoch auch auf andere als formale Weise erfolgen. Sie kann z.B. bildhafter Art sein und damit allgemeineres Wissen über die Realität einbeziehen. Sie kann auch über ein schematisiertes Medium erfolgen, durch das die Informationen in Prototypen der beschriebenen Situation konkretisiert werden (vgl. JOHNSON-LAIRD & STEEDMAN, 1978; sie verwenden den Begriff 'analog' für Repräsentationen dieser Art im Fall quantitativer Aussagen). Die interne Repräsentation im operativen Gedächtnis hat demnach strukturelle Merkmale, die zum Teil durch die Speicherinhalte des Langzeitgedächtnisses gegeben sind und einen Inhalt, der z.T. durch die real vorgegebenen Sachverhalte der Problemsituation gegeben ist.

In Abschnitt 3.2 werden Vermutungen über diese interne Repräsentation genauer erörtert, besonders das Zusammenwirken von Form und Inhalt. Vorläufig genügt es, den Vergleich in der Konstruktion der Repräsentation im Gedächtnis zu beachten. Für das augenblickliche Anliegen ist es wichtig, zwischen dem logisch-semantischen Netzwerk und der internen Repräsentationsweise zu unterscheiden, durch die das vorliegende Problem im operativen Gedächtnis kodiert wird. Sie wird zur Grundlage der weiteren Informationsverarbeitung.

(3) Der dritte Aspekt schlußfolgernden Denkens betrifft Formen deduktiven Schließens oder andere Transformationen, die an der weiteren Verarbeitung der internen Repräsentation beteiligt sind, um Konsequenzen oder logische Ableitungen aus der gegebenen Information zu erhalten. Entsprechende Modelle dazu stammen von BRAINE (1977), JOHNSON-LAIRD (1975) sowie von OSHERSON (1974, 1975) bezüglich formaler Abbildungen und von JOHNSON-LAIRD & STEEMAN (1978) für 'analoge' Abbildungen. Diese Verfahren und Formen des Schließens sind im Langzeitgedächtnis als Teil des logisch-semantischen Netzwerkes gespeichert (siehe (1)). Hier werden sie unter dem Gesichtspunkt ihrer spezifischen Funktion im Prozeß schlußfolgernden Denkens genannt.

Ehe wir diese verschiedenen Punkte ausführlicher diskutieren, sind einige Bemerkungen erforderlich. Erstens sind die unter (1) skizzierten Vorstellungen zum semantischen Netzwerk, das den Hintergrund logischen Schliessens bildet, in Beziehung zu vorliegenden Arbeiten über die Repräsentation von Wissen im Gedächtnis zu sehen (z.B. NORMAN, RUMELHART und die LNR-Forschungsgruppe 1975; KINTSCH 1974). Es sind solche Arbeiten gemeint, die der internen Repräsentation komplexer sprachlicher Information und ihrer Einordnung in komplexe Wissensstrukturen gelten. Diese Vorstellungen stehen ebenfalls in Beziehung zu vorliegenden Arbeiten aus der Semantik, die sich mit der Repräsentation logischer Beziehungen beschäftigen (z.B. KATZ, 1972; LAKOFF, 1972; McCAWLEY, 1971). Die letztere Verbindung gilt nur teilweise, da diese Linguisten nicht notwendig die mentalistische Sichtweise unterstützen würden, die für kognitive Psychologie kennzeichnend ist.

Die im Langzeitgedächtnis gespeicherte Information ist überdies allgemeinerer als nur sprachlicher Art. Zweitens ist der bislang entwickelte Rahmen ein begrifflicher Rahmen. Er stellt weniger eine substantielle theoretische Aussage dar, da er in seiner allgemeinen Form empirischer Prüfung nicht zugänglich ist. (Das gilt auch für die oben genannten Modelle des Langzeitgedächtnisses, sofern sie auf allgemeinem Niveau formuliert werden, bis sie spezifisch auf die Form der Repräsentation bestimmter Informationen festgelegt sind.) Ein wesentlicher Beitrag der hier vertretenen Ansicht ist die Unterscheidung zwischen der Repräsentation logischen Wissens im Langzeitgedächtnis und der Repräsentation eines Problems im operativen Gedächtnis. Anders ausgedrückt, ist es die Unterscheidung zwischen der Form, in der ein Problem kodiert und verarbeitet wird und der expliziten Beachtung des "Übersetzungsprozesses", durch den Formulierungen der natürlichen Sprache formal oder auf andere Weise repräsentiert werden.

Drittens, und das ist wichtig, sollte man die Repräsentation im operativen Gedächtnis nicht als Ergebnis irgendeiner automatischen Informationsverarbeitung auffassen. Sie wird vielmehr durch heuristische Prozesse und logisches Wissen gesteuert, selbst wenn sie anscheinend konkreter Art ist. Wir haben zum Beispiel an anderer Stelle (FALMAGNE, 1975 b) im Zusammenhang mit linearem syllogistischem Schließen (z.B. "A dunkler als B; B dunkler als C; ist A dunkler als C?") argumentiert, daß die von den Versuchspersonen vermutlich dabei eingesetzte Strategie durch abstraktes logisches Wissen vermittelt sein muß. Die von den Versuchspersonen wahrscheinlich angewendete "räumliche" Strategie besteht in der richtigen Anordnung von A, B, C auf einer imaginären Linie. Dieser Anordnung wird die Antwort entnommen. Die Wahl einer geraden Linie als Mittel der internen Repräsentation (im Gegensatz etwa zu einer kreisförmigen Anordnung) basiert aber auf dem Isomorphismus zwischen Merkmalen der räumlichen Relation auf dieser Linie und den vergleichbaren Relationen im Problem. Wesentlich ist also, daß selbst bei bildhafter Repräsentation eines Problems die Art der Verwendung dieser Vorstellung von logischem Wissen und allgemeinen Heurismen, die an der Verarbeitung des Problems beteiligt sind, abhängig ist. Schließlich ist noch wünschenswert, daß der dargestellte Rahmen, sei er bislang auch skizzenhaft, eine Sichtweise deutlich nahelegt, nach der logisches Schließen mit allgemeinen Prozessen des Sprachverstehens verknüpft ist. Er steht damit im Gegensatz zu der, vorläufig oder auch nicht vorläufig bevorzugten Sichtweise von Modellen logischen Schließens, bei denen fast ausschließlich Aspekt (3) interessiert (BRAINE, 1977; JOHNSON-LAIRD, 1975; OSHERSON, 1975; jeweils in unterschiedlichem Ausmaß).

3.2 Alternativen der internen Repräsentation

Wir wenden uns nun detaillierteren und zentraleren Erwägungen zu. Es wird angenommen, daß dem Individuum zur internen Repräsentation eines Problems im operativen Gedächtnis eine Reihe verschiedener Repräsentationsweisen verfügbar sind. Die Wahl der jeweiligen Repräsentationsweise wird dabei von einer Reihe von Faktoren abhängig sein. Eine Möglichkeit besteht in der bildhaften Repräsentation einer Problemsituation. Die Verfügbarkeit einer bildlichen Kodierung zur internen Repräsentation von verbalem Material ist in der Literatur gut belegt (vgl. BEGG & PAIVIO, 1969; KLEE & EYSENCK, 1973; KOSSLYN, 1975, 1976;

KOSSLYN & POMERANTZ, 1977; zum Problem der psychologischen Realität und funktionalen Genauigkeit bildlicher Vorstellung.) Allerdings ist dieser Punkt durchaus kontrovers (vgl. die alternativen Standpunkte von POTTER, VALIAN & FAULCONER, 1977; MARSCHARK & PAVIO, 1977 und PYLYSHYN, 1973). Betrachtet man logisches Schließen als verknüpft mit Prozessen des Sprachverstehens, dann ist es nur folgerichtig anzunehmen, daß dabei in manchen Fällen Probleme bildhaft kodiert werden. Eine Besonderheit logischen Schließens ist unter diesem Gesichtspunkt, daß die Information mehrerer Sätze repräsentiert werden muß. Setzt man eine bildhafte Repräsentation voraus, dann müßte ein geschlossenes Bild resultieren, das vielleicht das gesamte Informationsangebot der verschiedenen Sätze in einer bildhaften Repräsentation vereint. Es ergeben sich in diesem Zusammenhang interessante empirische Fragen hinsichtlich der sequenziellen Entwicklung solcher internen Repräsentationen. Eine, von der bildhaften Repräsentation begrifflich (wenn nicht operational definierbare) verschiedene Form ist die Repräsentation von Problemsituationen durch Schemata und Prototypen. Sie enthält die wesentlichen Informationen des Problems und leistet so das Gleiche wie die bildhafte Repräsentation, jedoch ohne das Beiwerk der bildhaften Vorstellung. Diese Form der Abbildung wird in der kognitionspsychologischen Literatur bisweilen als begriffliche Alternative zur bildhaften Repräsentation angenommen. Offenkundig sind die von JOHNSON-LAIRD (1975) und JOHNSON-LAIRD & STEEDMAN (1978) erwähnten internen Repräsentationen dieser Art. Sie konkretisieren quantitative Aussagen durch Prototypen der beschriebenen Situation (z.B. "Alle Bienenzüchter sind Künstler"; man denke an die Vorstellung von einem Bienenzüchter, der zugleich Künstler ist, oder an die Vorstellung von einem Künstler, der Bienenzüchter sein kann oder nicht).

Eine weitere Möglichkeit ist die formale interne Repräsentation. Dabei wird die logische Form des Problems abstrahiert (besser, jene Form des Problems, die es hinsichtlich der Logik des Individuums besitzt; vgl. BRAINE 1977). Sie wird zur Grundlage der weiteren Informationsverarbeitung. Die Formalisierung von Aussagen in natürlicher Sprache ist keine einfache Angelegenheit, und ihr komplizierter Ablauf hat mehrere Seiten.

Erstens ist empirisch belegt, daß die Zuordnung logischer Operatoren zu Verknüpfungen der natürlichen Sprache nicht eindeutig ist. Die neueren Forschungs- und Theorieansätze begegnen diesem Problem auf zweifache Weise: Die Ursache von Diskrepanzen und die Bedingungen ihres Auftretens werden aufgezeigt (z.B. TAPLIN & STAUDENMEYER, 1973; STAUDENMEYER, 1975; NEIMARK & CHAPMAN, 1975). Weiter werden Systeme der Alltagslogik zum Ersatz für die formalen Darstellungen auf der Basis der Aussagenlogik ausgearbeitet (BRAINE, 1977). Aber auch in diesem alternativen Ansatz, der größere psychologische Plausibilität besitzt, muß die in natürlicher Sprache vorgegebene Information formalisiert werden. Es sind weitere Repräsentationsvarianten möglich, wie thematische oder prozeßhafte Formen, die dynamische Folgen von Ereignissen, Aktionen und Veränderungen repräsentieren. Natürlich sind hierzu noch entsprechende Operationalisierungen notwendig. Diese Forderung gilt aber auch für die gegenwärtig verbreiteten und akzeptierten Annahmen über interne Repräsentationen.

Eine interessante Variante interner Repräsentation kann schließlich durch Analogiebildung erfolgen. Dabei wird nicht das gegebene Problem selbst, sondern ein anderes (mit dem die Versuchsperson z.B. vertraut ist) intern repräsentiert. Dieses wird auf Grund irgendwelcher formaler oder thematischer Merkmale als analog zu dem konkret vorgegebenen Problem aufgefaßt. (Der Begriff 'analog' wird hier anders als bei JOHNSON-LAIRD und STEEDMAN verwendet; sie ordnen diesen Begriff einer Repräsentationsform zu, die hier als 'schematisch' oder 'prototypisch' bezeichnet wurde.)

Schließlich könnte man noch fragen, ob es zur Repräsentation bestimmter logischer Verknüpfungen Prototypen gibt.

Welche Repräsentationsformen eingesetzt werden, das hängt von folgenden drei Faktoren ab:

(1) Art des Materials: Bildhafte Repräsentationen sind z.B. für manche Sätze geeigneter als für andere, unabhängig davon, ob sie nun Teil einer Problemsituation sind oder nicht.

(2) Form des Problems: Sind die Aussagen der Art, daß sie das Individuum auf einer formalen Ebene wahrnehmen kann, dann wird es die Aussagen entsprechend einer der obengenannten formalen Varianten kodieren. Ist dies nicht der Fall, dann wird eine andere Repräsentationsform ausgewählt und das Problem auf der Grundlage dieser Form weiter verarbeitet.

(3) Die Auffälligkeit der Hinweisreize im Satz (oder Problem), die für dessen logische Struktur relevant sind: Es wird hiermit zugleich angenommen, daß auf Grund der spezifischen Art, in der die logischen Beziehungen ausgedrückt sind, einige Aussagen leichter als andere formalisierbar sind. Zum Beispiel könnte "wenn p, dann q" leichter als Implikation formalisiert werden, als "p nur dann, wenn q".

Eine wesentliche Frage ist, ob sich solche Verarbeitungsformen für ein gegebenes Problem gegenseitig ausschliessen. Ist dies nicht so, dann erhebt sich die Frage nach der Art ihrer wechselseitigen Beziehungen. Wie bereits erwähnt, glauben wir, daß jene Formen der internen Repräsentation, die auf bildhafte oder thematische Merkmale zurückgreifen, nicht als 'un-logisch' betrachtet werden sollten. Sie sollten vielmehr als weitere Unterstützung der Informationsverarbeitung aufgefaßt werden, die auf einer abstrakteren Ebene durch allgemeines logisches Wissen gesteuert wird (natürlich in solchen Fällen, wo das Individuum logisch denkt; fehlerhaftes Schließen kann bei jeder Verarbeitungsform auftreten).

Innerhalb des eben skizzierten Rahmens ist es nun möglich, logische Kompetenz und Entwicklung logischen Denkens auf eine Weise zu beschreiben, die ausreichend genau ist und zu empirischen Fragen führt. Es ist weiter möglich, die in diesem Beitrag schon erörterten Vermutungen zum Erwerb von Formen deduktiven Schließens zu verdeutlichen. Der Rest des Abschnitts gilt diesen beiden Punkten.

3.3 Entwicklungspsychologische Implikationen und eine erneute Betrachtung logischer Kompetenz

Innerhalb des vorgeschlagenen Rahmens können drei Merkmale der Entwicklung von logischer Kompetenz unterschieden werden.

(1) Die Entwicklung logischer Kompetenz geht mit einer Erweiterung des logisch-semantischen Netzwerks einher, das im Langzeitgedächtnis gespeichert ist. Es wird so ein angemessen vielfältiges und differenziertes Repertoire logischer Beziehungen zwischen Aussagen (wie Implikation oder Disjunktion) oder zwischen lexikalischen Fakten (wie Gegenteil) ausgebildet. Hinsichtlich der entwicklungsbedingten Abhängigkeiten zwischen diesen verschiedenen Erweiterungen ergeben sich interessante Fragen. Entwickelt sich Implikation aus einer einfacheren Vorstellung von Kausalität und wird Implikation allmählich von Kausalität unterschieden? Lassen sich elementare Denkoperationen finden, die zur Erklärung der relativen Schwierigkeit und der Entwicklungsverläufe von verschiedenen logischen Beziehungen beitragen könnten? Allgemeiner, welches sind die entwicklungspsychologischen und formalen Beziehungen zwischen lexikalischem und aussagenlogischem Schließen? Mit lexikalischem Schließen ist schlußfolgerndes Denken gemeint, das auf Bedeutungsrelationen zwischen lexikalischen Elementen be-

ruht (z.B.: "Dies Buch ist entweder groß oder rot; dies Buch ist blau; ist es groß?"; die Schlußfolgerung basiert hier auf der Tatsache, daß "rot" durch "blau" lexikalisch verneint wird). Mit aussagenlogischem Schließen ist schlußfolgerndes Denken auf der Grundlage der Form von Aussagen gemeint (obwohl die Schlußfolgerung auch auf andere Weise zustandekommen kann). Wir vermuten, daß "lexikalisches" Schließen leichter ist als aussagenlogisches Schließen und in der Entwicklung auch früher verfügbar ist. Interessant wäre natürlich die Untersuchung dieser Behauptung hinsichtlich spezifischer logischer Beziehungen unter Berücksichtigung ihrer lexikalischen oder aussagenlogischen Form. Es ist hier nicht genügend Raum, um diese Punkte mit der erforderlichen Sorgfalt zu diskutieren. Es sollte aber wenigstens vermerkt werden, daß sie zum hier interessierenden Problembereich gehören.

(2) Weiter ist logische Kompetenz noch durch die leichtere Verfügbarkeit einer formalen Repräsentationsform zu kennzeichnen, um Aussagen in der natürlichen Sprache im operativen Gedächtnis zu repräsentieren. Dies hängt mit zwei Faktoren zusammen: mit der Anreicherung des logisch-semantischen Netzwerks (siehe (1)) und mit der erweiterten Bandbreite sowie Allgemeinheit von Merkmalen, die zur Identifikation der logischen Strukturen von Aussagen in natürlicher Sprache eingesetzt werden. Ein Aspekt der Entwicklung logischen Denkens wären also Veränderungen in der Verteilung der Verfügbarkeit alternativer Repräsentationsformen. Da sich das formale Repertoire des Kindes ausdehnt und dic entsprechenden Merkmale an Auffälligkeit gewinnen, wäre eine formale Repräsentation und Verarbeitung für ein größeres Spektrum von Situationen des Schließens verfügbar.

Es ist hier eine Präzisierung erforderlich: man berücksichtige, daß logische Kompetenz mit der Verfüg-

barkeit der formalen Repräsentation verknüpft ist, nicht aber mit deren Einsatz. Tatsächlich kann es für sinnvolles Reizmaterial in vielen Fällen effizienter sein, den Schlußfolgerungsprozeß auf Bedeutung und bildhafte Vorstellung zu stützen, als die logische Form des Problems zu abstrahieren. Eine Reihe von Befunden in der empirischen Literatur zum schlußfolgernden Denken Erwachsener weisen in diese Richtung. Die gegebene Definition logischer Kompetenz enthält deshalb nicht, welche Abbildungsvarianten zur Verarbeitung eines Problems eingesetzt werden, sondern vielmehr, welche verfügbar sind, um eventuell eingesetzt zu werden.
Schließlich möchten wir noch einmal betonen, daß die hier beschriebene Vorstellung über die logische Kompetenz nicht nur das Repertoire verfügbarer logischer Beziehungen und Formen deduktiven Schließens umfaßt. Eingeschlossen ist auch das Ausmaß der Beherrschung des "Übersetzungsprozesses", durch den die sprachliche Umwelt in logischen Begriffen strukturiert wird und durch den die Zuordnung von natürlicher Sprache und formalem Wissen erzielt wird. Diese Sichtweise führt zu interessanten Fragen hinsichtlich der Weise, in der auf verschiedenen Niveaus der Beherrschung und Entwicklung von Formen logischen Schließens der Inhalt des vorgegebenen Problems den Denkprozeß beeinflußt. Wir nehmen an, daß Probleme, deren Struktur im Repertoire logischen Wissens eines Menschen vorhanden ist, leichter unter Bezug auf formale Merkmale kodiert und verarbeitet werden. Die auf den Inhalt zurückgehende Variabilität der Problemlöseleistung müßte deshalb für Probleme geringer werden, deren Struktur in den Kompetenzbereich des Kindes fällt. Eine interessante Frage ist deshalb, ob der Einfluß von Inhaltsfaktoren, wie er sich z.B. in Latenzzeiten und Fehlerdaten zeigt, bei Problemtypen reduziert ist, die im Laufe der Entwicklung zunehmend besser be-

herrscht werden. Eine Analyse dieser Art könnte helfen, das Konzept der logischen Kompetenz zu operationalisieren, was sonst sehr schwierig wäre. Sie könnte weiter eine entwicklungspsychologische Kennzeichnung logischer Kompetenz liefern, die Inhaltsfaktoren als eine wesentliche Größe einbezieht.

(3) Der dritte Aspekt, unter dem logische Kompetenz definiert werden kann, ist die Entwicklung eines ausreichenden Repertoires an Formen deduktiven Schließens. Hinsichtlich möglicher Prozesse, die diese Entwicklung erklären könnten, hatten wir bereits vorher in diesem Beitrag angenommen, daß der Erwerb von Formen deduktiven Schließens teilweise das Ergebnis eines Begriffsbildungsprozesses sein könnte. In diesem Prozeß gelangt das Kind durch die Erfahrung mit Beispielsfällen eventuell zur Abstraktion der Struktur von Aussagen. Unter Bezug auf den in diesem Abschnitt vorgeschlagenen Rahmen kann dieser Begriffsbildungsprozeß spezifischer beschrieben werden. Wahrgenommene Sätze oder Probleme können auf verschiedenen Ebenen kodiert werden (einschließlich der im Sprachverständnis eingebetteten syntaktisch/semantischen Kodierung, auch einschließlich der erörterten Varianten der Kodierung im operativen Gedächtnis). Bei nicht bewältigbaren oder schwierigen Fällen, für die noch keine formale Verarbeitungsweise verfügbar ist, stützt sich schlußfolgerndes Denken entweder auf die tatsächliche empirische Information, auf eine bildhafte interne Repräsentation oder auf eine irgendwie geartete thematische Verarbeitung vorgegebener Information. Die Operationen, die zu einer Schlußfolgerung führen, werden also anfänglich auf der Grundlage einer internen Repräsentation ausgeführt, die von der formallogischen Repräsentation der Aussagen verschieden ist. Durch die Erfahrung mit einer Vielzahl von Beispielen nimmt jedoch die Auffälligkeit formaler Merkmale zu (selbst wenn sie nicht explizit verwendet

werden), da sie durch die Rückmeldung bekräftigt werden. Ergebnisse der Begriffsbildungsforschung legen tatsächlich nahe, daß in solchen (einfachen) Situationen die Auffälligkeit oder der Aufmerksamkeitswert von Merkmalen, die gerade nicht als Grundlage der Reaktion dienen, durch Verstärkung anwachsen kann. Die Tatsache, daß in den von uns durchgeführten Untersuchungen Versuchspersonen, die an sinnvollem Material trainiert wurden, auch auf Probleme mit sinnlosem Material verallgemeinerten, unterstützt diese Vorstellung. Denn es müssen für diese Verallgemeinerung formale Merkmale beachtet worden sein, die keinerlei thematische oder bildhafte Unterstützung des Denkprozesses darstellten.

4. Schlußbemerkungen

Der in diesem Kapitel gegebene theoretische Rahmen stellt einen Versuch dar, zwei Aspekte zu integrieren:

a) daß logisches Schließen auf einem formalen Gefüge von Regeln beruht und
b) daß zur Repräsentation und Verarbeitung sprachlicher Information eine Reihe verschiedener interner Repräsentationsformen verfügbar sind.

Es wurde vorgeschlagen, die Entwicklung logischen Schließens als zunehmende Verfügbarkeit formaler Repräsentationsmöglichkeiten für ein wachsendes Spektrum von Situationen aufzufassen. Weiter wurde argumentiert, daß die zunehmende Verfügbarkeit formaler Repräsentationsmöglichkeiten nicht nur eine Anreicherung der formalen Regeln selbst umfaßt. Vielmehr schließt sie auch eine Verfeinerung des Wiedererkennungsmechanismus ein, durch den die logische Struktur eines Problems oder Satzes von der Formulierung in einer natürlichen Sprache abstrahiert werden kann.

Es wurde ein möglicher Prozeß zum Erwerb von Formen deduktiven Schließens diskutiert. Jedoch sollte die an früherer Stelle vorgenommene Bewertung dieses Aneignungsprozesses erinnert werden: er sollte im Kontext allgemeinerer kognitiver und entwicklungsbedingter Einschränkungen gesehen und nicht fälschlich als Indikator einer empiristischen Epistemologie aufgefaßt werden.

Im ersten Abschnitt dieses Beitrages wurde eine Unterscheidung vorgenommen, um den Gegenstandsbereich der Erörterungen zu kennzeichnen. Sie stellte die hier erörterten Problemsituationen logischen Schließens und die "experimentellen" Problemsituationen, die von INHELDER und PIAGET untersucht werden, gegenüber. Die Unterscheidung bezog sich dabei auf Aspekte der Aufgabenstrukturanalyse und auf beteiligte Verarbeitungsprozesse. Wegen dieser Unterschiede, so wurde argumentiert, seien die Ergebnisse des einen Bereichs nicht ohne weiteres auf den anderen übertragbar. Eine Reihe von interessanten Fragen betreffen jedoch die Beziehungen zwischen den jeweiligen Kompetenzen, die in diesen Situationen erforderlich sind. Wir haben in dem Zusammenhang in diesem Beitrag eine spezifische Frage aufgeworfen: ob die in beiden Problemsituationen jeweils verlangten Übersetzungsprozesse zu gleichen internen Abbildungen bei logisch äquivalenten Problemen führen. Entwicklungspsychologische Fragen können hinsichtlich der Verfügbarkeit formaler Abbildungen in jeder der beiden Situationsvarianten formuliert werden. Schließlich glauben wir, daß der hier erörterte theoretische Rahmen grundsätzlich mit einer liberalen Interpretation der Theorie von PIAGET vereinbar ist, in der zwischen den verschiedenen Aspekten formaler Operationen unterschieden wird und die zuläßt, daß sie nicht notwendig synchron im Entwicklungsverlauf ausgebildet werden. Wie oben angeführt, scheint der heuristische Aspekt formalen operationalen Denkens für schlußfolgerndes Denken in "experimentellen" Problemsituationen am wesentlichsten zu sein. Die Ausarbeitung dieser Punkte geht über den

Rahmen dieses Beitrages hinaus; das Ziel der vorliegenden Erörterungen ist lediglich, diesen Gegenstandsbereich weiterer Betrachtung zugänglich zu machen.

Literaturverzeichnis:

BEGG, I. & PAIVIO, A.: Concreteness and imagery in sentence meaning. Journal of Verbal Learning and Verbal Behavior, 1969, 8, 821-827.

BRAINE, M.D.S.: On the relation between the natural logic of reasoning and standard logic. Psychological Review, 1977, 85, 1-21.

ENNIS, R.H.: Conditional logic and primary school children: a developmental study. Interchange, 1971, 2, 126-132.

FALMAGNE, R.J.: Introduction. In: FALMAGNE, R.J. (Ed.): Reasoning: Representation and process in children and adults. Hillsdale, New Jersey: L. Erlbaum Associates, 1975 a, 1-6.

FALMAGNE, R.J.: Overview: Reasoning, representation, process and related issues. In: FALMAGNE, R.J. (Ed.): Reasoning: Representation and process in children and adults. Hillsdale, New Jersey: L. Erlbaum Associates, 1975 b, 247-264.

FALMAGNE, R.J.: The development of logical competence. Paper presented at the meeting of the Society for Research in Child Development. Denver, Colorado, 1975 c.

FALMAGNE, R.J., THOMPSON, D. & BENNETT, J.: Acquisition of patterns of deductive inference in children. Paper presented at the Annual Meeting of the Eastern Psychological Association. Boston, Mass., 1977.

FODOR, J.A., BEVER, T.G. & GARRETT, M.F.: The psychology of language: An introduction to psycholinguistics and generative grammar. New York: McGraw-Hill, 1974.

HENLE, M.: On the relation between logic and thinking. Psychological Review, 1962, 69, 366-378.

HILL, S.A.: A study of logical abilities in children (Doctoral dissertation, Stanford University). Dissertation Abstracts, 1961, 21, 33-59.

HUTTENLOCHER, J.: Constructing spatial images: A strategy in reasoning. Psychological Review, 1968, 75, 550-560.

INHELDER, B. & PIAGET, J.: The growth of logical thinking from childhood to adolescence. New York: Basic Books, 1958.

JOHNSON-LAIRD, P.N.: Models of deduction. In: FALMAGNE, R.J. (Ed.): Reasoning: Representation and process in children and adults. Hillsdale, New Jersey: L. Erlbaum Associates, 1975, 7-54.

JOHNSON-LAIRD, P.N. & STEEDMAN, M.: The psychology of syllogisms. Cognitive Psychology, 1978, 10, 64-99.

KATZ, J.J.: Semantic theory. New York: Harper and Row, 1972.

KINTSCH, W.: The representation of meaning in memory. Hillsdale, New Jersey: L. Erlbaum Associates, 1974.

KLEE, H. & EYSENCK, M.W.: Comprehension of abstract and concrete sentences. Journal of Verbal Learning and Verbal Behavior, 1973, 12, 522-529.

KODROFF, J.K. & ROBERGE, J.J.: Developmental analysis of the conditional reasoning abilities of primary-grade children. Developmental Psychology, 1975, 11, 21-28.

KOSSLYN, S.M.: Information representation in visual images. Cognitive Psychology, 1975, 7, 341-370.

KOSSLYN, S.M.: Can imagery be distinguised from other forms of internal representation? Evidence from studies of information retrieval times. Memory and Cognition, 1976, 4, 291-297.

KOSSLYN, M.S. & POMERANTZ, J.R.: Imagery, propositions and the form of internal representation. Cognitive Psychology, 1977, 9, 52-76.

KUHN, D.: Conditional reasoning in children. Developmental Psychology, 1977, 13, 342-353.

LAKOFF, G.: Linguistics and natural logic. In: DAVIDSON, D. & HARMAN, G. (Eds.): Semantics of natural language. Dordrecht: Reidel, 1972.

McCAWLEY, J.D.: Where do noun phrases come from? In: STEINBERG, D.D. & JAKOBOVITS, L.A. (Eds.): Semantics. Cambridge: Cambridge University Press, 1971, 217-231.

MARSCHARK, M. & PAIVIO, A.: Integrative processing of concrete and abstract sentences. Journal of Verbal Learning and Verbal Behavior, 1977, 16, 217-231.

NEIMARK, E. & SLOTNICK, N.S.: Development of the understanding of logical connectives. Journal of Educational Psychology, 1970, 61, (6), 451-560.

NEIMARK, E.D. & CHAPMAN, R.H.: Development of the comprehension of logical quantifiers. In: FALMAGNE, R.J. (Ed.): Reasoning: Representation and process in children and adults. Hillsdale, New Jersey: L. Erlbaum Associates, 1975, 135-151.

NORMAN, D.A., RUMELHART, D.E. & The LNR Research Group: Explorations in cognition. San Francisco: Freeman, 1975.

OSHERSON, D.: Logical abilities in children. Vol. 2. Hillsdale, New Jersey: L. Erlbaum Associates, 1974.

OSHERSON, D.: Logical abilities in children. Vol. 3. Hillsdale, New Jersey: L. Erlbaum Associates, 1975.

PARIS, S.G.: Comprehension of language connectives and propositional logical relationship. Journal of Experimental Child Psychology, 1973, 16, 278-293.

PEEL, E.A.: A method of investigating children's understanding of certain logical onnectives used in binary propositional thinking. British Journal of Mathematical and Statistical Psychology, 1967, 20, 81-92.

POTTER, M.C., VALIAN, V.V. & FAULCONER, B.A.: Representation of a sentence and its pragmatic implications: verbal, imagistic, or abstract? Journal of Verbal Learning and Verbal Behavior, 1977, 16, 1-12.

PYLYSHYN, Z.: What the mind's eye tells the mind's brain: a critique of mental imagery. Psychological Bulletin, 1973, 80, 1-24.

REVLIS, R.: Syllogistic reasoning: logical decisions from a complex data base. In: FALMAGNE, R.J. (Ed.): Reasoning: Representation and process in children and adults. Hillsdale, New Jersey: L. Erlbaum Associates, 1975, 93-133.

ROBERGE, J.J.: Recent research on the development of children's comprehension of deductive reasoning schemes. School Science and Mathematics, 1972, 70, 197-200.

ROBERGE, J.J. & PAULUS, D.H.: Developmental patterns for children's class and conditional reasoning abilities. Developmental Psychology, 1971, 4, 191-200.

ROBERGE, J.J.: A reexamination of the interpretations of errors in syllogistic reasoning. Psychonomic Science, 1970, 19, 331-333.

SCRIBNER, S.: Modes of thinking and ways of speaking: culture and logic reconsidered. In: JOHNSON-LAIRD, P.N. & WASON, P.C. (Eds.): Thinking: Readings in cognitive Science. Cambridge: Cambridge University Press, 1977, 483-500.

SHAVER, P., PIERSON, L. & LANG, S.: Converging evidence for the functional significance of imagery in problem solving. Cognition, 1974, 3, 359-375.

STAUDENMAYER, H.: Understanding conditional reasoning with meaningful propositions. In: FALMAGNE, R.J. (Ed.): Reasoning: Representation and process in children and adults. Hillsdale, New Jersey: L. Erlbaum Associates, 1975, 55-79.

SUPPES, P. & FELDMAN, S.S.: Young children's comprehension of logical connectives. Journal of Experimental Child Psychology, 1971, 12, 304-317.

TAPLIN, J.E.: Reasoning with conditional sentences. Journal of Verbal Learning and Verbal Behavior, 1971, 10, 218-225.

TAPLIN, J.E. & STAUDENMAYER, H.: Interpretation of abstract conditional sentences in deductive reasoning. Journal of Verbal Learning and Verbal Behavior, 1973, 12, 530-542.

TAPLIN, J.E., STAUDENMAYER, H. & TADDONIO, J.L.: Developmental changes in conditional reasoning: linguistic or logical? Journal of Experimental Child Psychology, 1974, 17, 360-373.

WASON, P.C. & JOHNSON-LAIRD, P.N.: Psychology of reasoning: Structure and content. Cambridge, Mass.: Harvard University Press, 1972.

Zur Analyse des Verstehens in Problemlöseprozessen

James Greeno

1. Einführung

Wegweisende Arbeiten deutscher Wissenschaftler zum Problemlöseverhalten konzentrierten sich auf die Frage, wie der Problemlöser eine Problemsituation versteht (Duncker 1945; Köhler 1927; Wertheimer 1945, 1959). Dieser Aspekt wurde vor allem in Wertheimers Erörterungen ausgearbeitet, insbesondere mit der Unterscheidung der einfachen Anwendung von Algorithmen von Problemlöseprozessen, die auf Verstehen beruhen.

Die entsprechenden Untersuchungen in den Vereinigten Staaten hatten bis vor kurzem eher die kognitive Leistung des Problemlösers und weniger den Prozeß des Verstehens zum Gegenstand (vgl. NEWELL & SIMON 1972). Neuere Untersuchungen beschäftigen sich jedoch mit verschiedenen Aspekten des Verstehens und der internen Repräsentation von Problemen (DE KLEER 1975; HAYES & SIMON 1974; LARKIN 1977; NOVAK 1976; SIMON & SIMON im Druck). Ein wesentliches Ziel des Unterrichts in der Schule ist es, daß die Schüler die Inhalte, die sie lernen, auch verstehen. In diesem Kapitel möchte ich einige Fragen einer Theorie des Verstehens erörtern, auf die wir in unseren Untersuchungen über Arithmetikprobleme aus dem Grundschullehrplan gestoßen sind. Das grundsätzliche Vorgehen in unseren bisherigen Arbeiten war, Begriffe und Methoden anzuwenden, die für die Theorie des Sprachverständnisses entwickelt worden sind. Wir gehen zwar nicht davon aus, daß Verstehen von Sprache und Mathematik gleichzusetzen seien, doch scheint mir die Suche nach möglichen Analogien zwischen diesen beiden Prozessen lohnend zu sein. Dieser Ansatz wurde bis jetzt durch einige Einsichten gestützt, die, wie ich meine, etwas Klarheit hinsichtlich der theoretischen Probleme gebracht haben, mit denen wir uns auseinanderzusetzen haben.

Ein Gedanke, der in unseren Voruntersuchungen entwikkelt wurde, ist die Unterscheidung zweier Aspekte des Verstehens von Sachverhalten aus der Arithmetik. Der eine Aspekt ist in enger Analogie zum Prozeß des Sprachverständnisses zu sehen; diesen will ich als linguistischen Aspekt bezeichnen. Der zweite Aspekt betrifft die Beziehung zwischen Arithmetik und anderem Wissen; diesen bezeichne ich als den begrifflichen Aspekt des Verstehens. Den Benennungen soll kein übermäßig großer Wert zugeschrieben werden. Begriffe sind an der Verarbeitung von Sprache beteiligt, und Sprache spielt eine wichtige Rolle in dem Prozeß, der hier als "begrifflich" bezeichnet wird. Intuitiv scheinen diese Bezeichnungen jedoch einige für die Unterscheidung wichtige Merkmale zu erfassen. Unter dem linguistischen Aspekt des Verstehens von Sachverhalten aus der Arithmetik verstehe ich Prozesse, die an der kognitiven Repräsentation von arithmetischen Ausdrücken beteiligt sind. Der begriffliche Aspekt des Verstehens von Arithmetik betrifft einen Vorgang des Verstehens, an dem man denkt, wenn Aussagen der folgenden Art formuliert werden: "Ein Kind, das Arithmetik versteht, kann auch Textaufgaben lösen" oder "Ein Kind, das Arithmetik versteht, kann Beziehungen zwischen Operationen und allgemeineren Prinzipien, wie z.B. Kommutativität herstellen".

2. Zwei Aspekte des Verstehens von Arithmetik

2.1. Linguistisches Verstehen

Im Bereich der Theorien zum Sprachverständnis wurden zwei Vorschläge ausgearbeitet, um die Prozesse der internen Repräsentation von Sätzen zu beschreiben. Einige Mo-

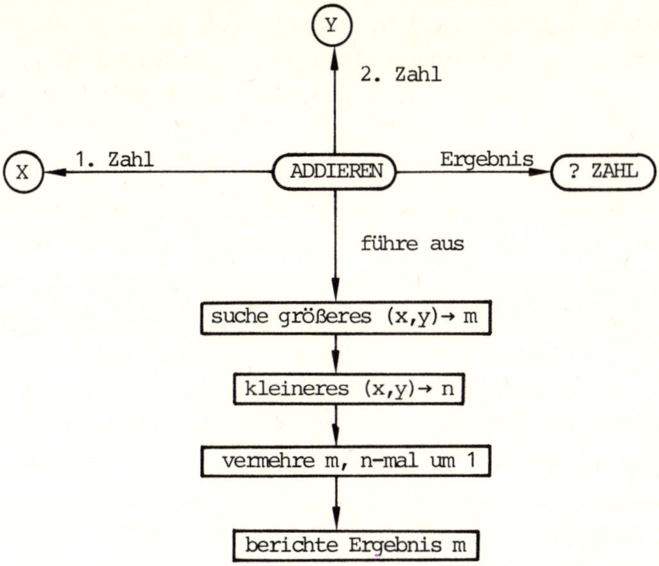

Abb. 1: Verfahren zur Lösung einfacher Additionsprobleme

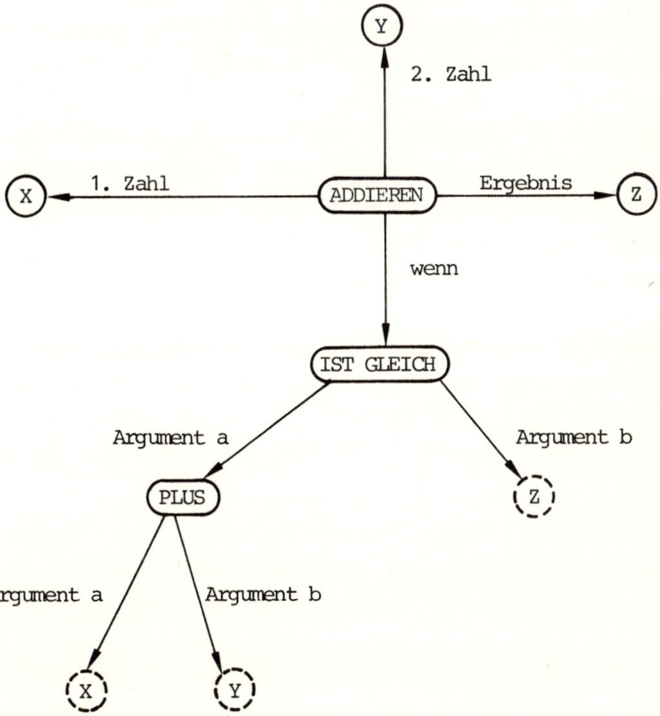

Abb. 2: Schema zur Abbildung von Wissen über Relationen des Additionsbegriffs

delle gelangen zu internen Repräsentationen von Sätzen in Form eines Netzwerks von miteinander verknüpften Begriffen, aus dem Aussagen ableitbar sind (ANDERSON 1976; NORMAN & RUMELHART 1975; SCHANK 1972). Andere Modelle wiederum konstruieren prozedurale Repräsentationen. Diese entsprechen Programmen, die ausgeführt werden können, um Sätze auf ihren Wahrheitsgehalt zu überprüfen, um auf Fragen Antworten zu finden, oder um Handlungen auszuführen, die in den Sätzen verlangt werden (WINOGRAD 1972). Beide Repräsentationsformen scheinen im Bereich der Arithmetik von Bedeutung zu sein. Prozedurale Repräsentationen sind besonders für arithmetische Ausdrücke geeignet, da diese meistens verwendet werden, um Rechenvorgänge zu spezifizieren. Abbildung 1 zeigt eine hypothetische interne Repräsentation in Form einer Prozedur, um Fragen etwa der folgenden Art zu beantworten: "Wieviel ist 3 plus 5?" oder "3 plus 5 ist?".

In mehreren Untersuchungen wurden Verfahren untersucht, die zur Beantwortung einfacher Additions- und Subtraktionsprobleme eingesetzt werden (GROEN & RESNICK 1977; GROEN & PARKMAN 1972; GROEN & POLL 1973; WOODS, RESNICK & GROEN 1975). Das in Abbildung 1 dargestellte Verfahren ist offenkundig ein recht genaues Modell der internen Repräsentation, die Kinder nach beträchtlicher Übung im Umgang mit Additionsproblemen ausbilden. Ähnliche auf Abzählen beruhende Verfahren liefern gute Modelle der prozeduralen Repräsentation bei Kindern für Subtraktionsprobleme und Probleme mit fehlenden Summanden. Abbildung 2 zeigt ein Schema zur Konstruktion einer internen Repräsentation in Form eines Netzwerks aus Begriffen und Relationen, wobei eine Notation benützt wird, die auch NORMAN & RUMELHART (1975) verwenden. Darstellungen, wie die in Abbildung 2 führen zu Hypothesen über wichtige Beziehungen, die ein Kind erfaßt, wenn es Sätze versteht. Die Notation von Norman & Rumelhart ist an der Analyse von Verbbedeutungen orientiert. Ein Knotenpunkt eines Schemas, wie dem in Abbildung 2, repräsentiert die semantische Komponente, die mit dem Verb assoziiert ist. In Aussagen über Handlungen gehören zu den typischen Komponenten der Handelnde, das Objekt und das Instrument der Handlung. In Abbildung 2 habe ich angenommen, daß die semantischen Komponenten der Addition einfach die zwei zu addierenden Zahlen und ihr Ergebnis sind. Zusätzlich zu dieser grundlegenden Komponentenanalyse enthält ein Schema auch eine relationale Struktur, die aus semantischen Komponenten mit spezifischeren Verknüpfungen zwischen Begriffen besteht, die als Argumente der Komponenten-Relationen auftreten. Die Annahme in Abbildung 2 ist, daß eine Additions-Relation als zentrale Komponente eine Gleichheits-Relation einschließt, die das Ergebnis der Addition mit einer untergeordneten Relation zwischen beiden Summanden verknüpft.

Befunde von CASE (im Druck) können dahingehend interpretiert werden, daß das Verstehen von Relationen vielleicht in der Form von Abbildung 2 eine wichtige Voraussetzung für die erfolgreiche Bearbeitung von solchen Problmen ist, wo ein Summand fehlt, wie zum Beispiel in "3 + ? = 7".

Diese Analysen erlauben unter anderem eine bessere Einschätzung der Komplexität jener kognitiven Prozesse, die selbst bei der Bearbeitung einfacher arithmetischer Probleme beteiligt sind. Wenn wir an das Verständnis von Kindern für Arithmetik denken, dann betrachten wir meistens komplexere Leistungen, etwa solche, wie ich sie im nächsten Abschnitt erörtern werde. Dennoch zeigt eine Analyse der Prozesse, die zur Bewältigung einfacher Berechnungen erforderlich sind, daß selbst für diese einfachen Leistungen ein beträchtliches Ausmaß an Verstehen erforderlich ist.

2.2. Begriffliches Verstehen

Die meisten Lehrer und Mathematiker hoffen, daß ihre Schüler arithmetische Begriffe in einer Weise verstehen, die über das hinausgeht, was ich als "linguistisches Verstehen" bezeichne. Zur Analyse des begrifflichen Verstehens in der Arithmetik sollte man ein semantisches System heranziehen, das in seiner Vielfalt über das in Abbildung 2 dargestellte System hinausgeht. Will man die verschiedenen Probleme, die zur Prüfung des arithmetischen Verständnisses von Schülern vorgegeben werden, untersuchen, dann sind dazu mindestens zwei verschiedene Arten der semantischen Analyse erforderlich: (1) Viele Probleme, die begriffliches Verstehen einschließen, enthalten auch die Verknüpfung zwischen einer formalen Sprache und einem semantischen Modell dieser Sprache. Betrachten wir das Problem "Sue hatte 3 Murmeln; Nancy gab ihr 5 dazu; wieviel Murmeln hat Sue nun?". Dies Problem wird gelöst, indem man einen arithmetischen Ausdruck, nämlich "3+5=8", anwendet. Die Situation, bestehend aus den Mädchen und den Murmeln, enthält ein arithmetisches Modell, in dem die additive Relation einem Besitzwechsel, wie dem Geben entspricht. Folglich kann die Bearbeitung einer Textaufgabe als ein Vorgang betrachtet werden, in dem die formale Sprache der Arithmetik zu einem ihrer Modelle in Beziehung gesetzt wird. (2) Ein anderer Problemtyp, der begriffliches Verstehen voraussetzt, erfordert vom Schüler, daß er Arithmetik mit abstrakteren Begriffen, wie zum Beispiel dem der Kommutativität, in Beziehung setzt. Fragen zur Kommutativität, zu inversen Operationen usw. verlangen vom Schüler die Verknüpfung von Begriffen der Arithmetik mit Begriffen der abstrakten Algebra. In diesem Fall entspricht die abstrakte Algebra einer formalen Sprache, und die Arithmetik ist ein semantisches Modell dieser Sprache. Somit ist die Beantwortung algebraischer Fragen das Gegenteil der Bearbeitung einer Textaufgabe; hier ist die Arithmetik die formale Sprache, die zu einem ihrer semantischen Modelle in Bezug gesetzt werden muß. Im restlichen Teil dieses Beitrages werde ich jede dieser beiden Formen begrifflichen Verstehens erörtern. Meine Diskussion semantischer Interpretationen von Arithmetik wird aus der Darstellung einiger vorläufiger Ergebnisse bestehen, die aus einer derzeit laufenden Untersuchung mit Kindern zur Lösung von Textaufgaben stammen. Meine Anmerkungen zur Arithmetik als einem semantischen Modell einer abstrakteren formalen Sprache werden kurz und reichlich spekulativ sein. Doch sie werden mir auch einige Bemerkungen über die Beziehung zwischen unseren Untersuchungen über das Lösen von arithmetischen Problemen und einigen allgemeinen Merkmalen der Theorie Piagets ermöglichen.

3. Das Lösen von Textaufgaben

Wir haben ein Forschungsprojekt begonnen, dessen Ziel die Ausarbeitung einer Analyse jener Vorgänge ist, die am Verstehen und Lösen einfacher arithmetischer Textaufgaben bei Kindern beteiligt sind. An dieser Stelle möchte ich Joan Heller und Mary Riley für ihre Mitarbeit an diesem Projekt danken. Eins unserer Projekte gilt der Ausarbeitung eines Simulationsmodells für den Problemlöseprozeß. Unser Zugang ist etwas anders, als es sonst der Fall bei diesem Gegenstandsbereich ist. Gewöhnlich wird angenommen, daß die Textaufgabe eine Übersetzung der verbalen Information in Gleichungen verlangt. BOBROW (1968) verfolgte diesen Ansatz in einem Computerprogramm, das er zur Lösung von Textaufgaben entwickelte.

Unserem Ansatz entsprechend wird die Aufgabe des Problemlösers primär als ein semantischer Prozeß aufgefaßt, der das Auffinden richtiger Beziehungen zwischen Mengen einschließt. Für das Problem "Sue hat 3 Murmeln, Nancy gab ihr 5 dazu, wieviel Murmeln hat Sue nun?" entwickelt das System eine Repräsentation, in der die 3 als Ausgangsmenge identifiziert wird, daß die Problemsituation einen Zuwachs der Menge einschließt, und in der 5 als Größe des Zuwachses identifiziert wird. Die Entwicklung dieser Repräsentation erfolgt durch ein Regelsystem, das von ANDER-

SON (1976) ausgearbeitet wurde. In diesem System wird Verstehen simuliert, indem aus einem englischen Text ein Gefüge von Aussagen ermittelt wird.

Die Wahl einer arithmetischen Operation - in diesem Fall Addition - beruht auf der direkten Verknüpfung zwischen semantischen Strukturen und Operatoren. Wenn, wie in diesem Beispiel, die interne Repräsentation einen quantitativen Zustand und dessen Zuwachs enthält, und nach dem daraus resultierenden quantitativen Zustand gefragt ist, dann ermittelt das System das Wissen, daß die Beantwortung der Frage durch Addition erreicht wird. Die Simulation dieser semantischen Prozesse verlangte von uns eine sorgfältige Berücksichtigung der Verschiedenartigkeit von Textaufgaben, die im Arithmetikunterricht verwendet werden. Diese Aufgabenanalyse brachte ein interessantes Ergebnis. Die semantischen Strukturen, die einer einzigen Operation, wie Addition, entsprechen, sind nicht homogen, selbst nicht auf einer sehr allgemeinen Ebene. Es gibt drei verschiedene Problemsituationen, in denen ein Schüler sich für Addition entscheiden muß: (1) Zuwachs einer Menge, wie zum Beispiel "Sue hatte 3 Murmeln, Nancy gab ihr 5 dazu"; (2) Vereinigung von zwei separaten Mengen: "Sue hat 3 Murmeln, Nancy hat 5 Murmeln, wieviele haben sie zusammen?" und (3) vergleichende Informationen, wie "Sue hat 3 Murmeln und Nancy hat 5 Murmeln mehr als Sue; wieviele Murmeln hat Nancy?". Diese drei Probleme werden alle dadurch gelöst, daß man die angegebenen Zahlen addiert; doch die semantischen Strukturen, die diese Entscheidung bestimmen, sind recht unterschiedlich. Abbildung 3 zeigt ein semantisches Netzwerk, das eine abstrakte relationale Struktur darstellt, wie man sie bei Problemen vom Typ (1) findet, wo es eine Ausgangsmenge gibt, ein Ereignis, das einen Zuwachs dieser Ausgangsmenge bewirkt, und eine Endmenge, die im Problem nicht angegeben ist.

In diesen Problemen ist außer den drei an der Situation beteiligten Zahlen noch ein weiteres Argument enthalten.

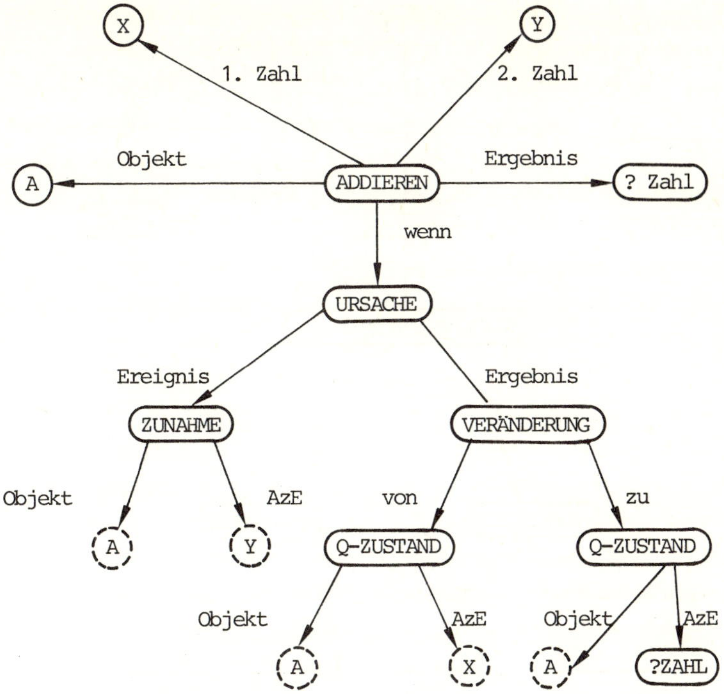

Abb. 3: Semantisches Schema für Addition, wenn Veränderung einer Menge vorliegt
AzE = Anzahl der Elemente; Q-ZUSTAND = Quantitativer Zustand)

Dieses Argument betrifft den Sachverhalt, dessen Ausgangsmenge im Problem spezifiziert wird und nach dessen Endmenge als Folge der Veränderung gefragt wird. Im vorher erwähnten Beispielproblem wäre Argument A die Zahl der Murmeln, die Sue gehören, X wäre 3, und Y wäre 5. Die semantischen Komponenten der Abbildung 3 weisen auf eine zentrale Kausal-Relation zwischen einem Ereignis und einem Ergebnis hin. Das Ereignis besteht aus einem Zuwachs von A, und Y ist die Größe des Zuwachses. Das Ergebnis dieses Zuwachses gilt als Veränderung eines Zustandes (eines quantitativen Zustandes, deshalb Q-Zustand), in dem A als Anzahl von Elementen X hatte (die Ausgangs-

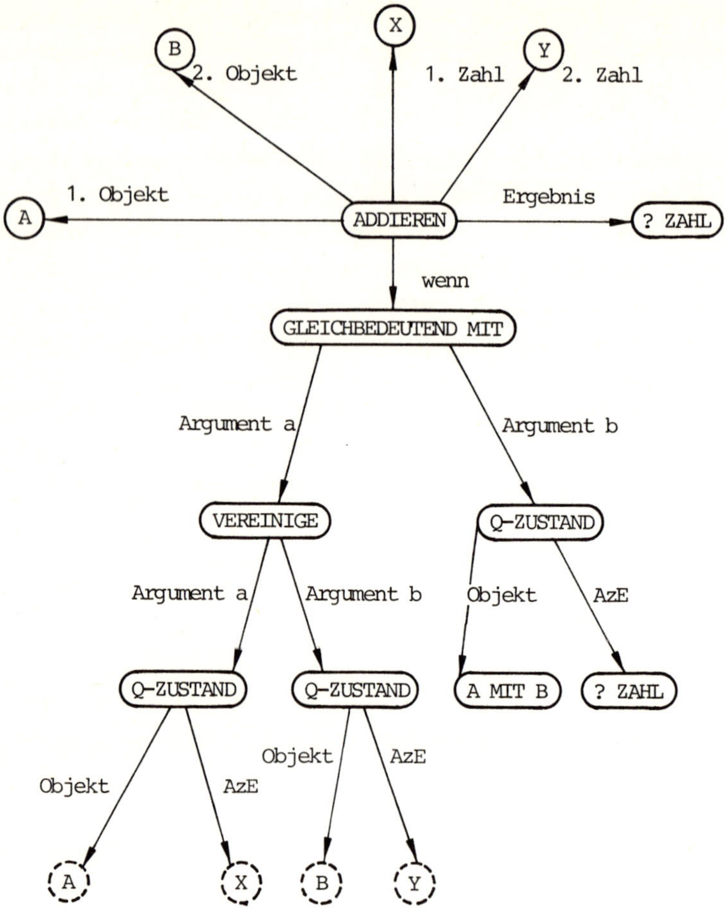

Abb. 4: Semantisches Schema für Addition, wenn Vereinigung zweier Mengen vorliegt

menge), in einen Zustand, wo Z die Anzahl der Elemente von A ist. Die Darstellung der semantischen Strukturen von Problemen des Typs (2), die eine Vereinigung von Mengen enthalten, kann wie in Abbildung 4 erfolgen. Es sind hier zwei Sachverhalte als Argumente eingetragen.

Im obengenannten Beispiel für ein Problem vom Typ (2) wäre A die Zahl der Murmeln von Sue und B die Zahl der Murmeln von Nancy. Die semantischen Komponenten einer

Struktur für Vereinigung separater Mengen sind recht verschieden von denen einer Struktur für Veränderung einer Menge. Probleme vom Typ (1) beschreiben Situationen, in denen die Anzahl der Elemente einer Menge verändert wird. Bei Problemen vom Typ (2) findet eine solche Veränderung nicht statt, es wird jedoch eine interne Operation zur Vereinigung der zwei vorgegebenen Ausgangsmengen angewendet, um zu einem neuen quantitativen Zustand zu gelangen, nämlich der Anzahl der Elemente der vereinigten Mengen. Das wird mit den semantischen Komponenten der Abbildung 4 abgebildet. Die Relation "Gleichbedeutend mit" verknüpft den quantitativen Zustand, in dem eine durch Vereinigung hergestellte Menge eine zu findende Anzahl von Elementen hat mit der relationalen Struktur, die als Abbildung des Vorgangs der Vereinigung jener zwei quantitativen Zustände, die links eingetragen sind, gelten kann. Eine ähnliche Analyse, wie in Abbildung 3 und 4, kann für Probleme vom Typ (3) durchgeführt werden. Hier handelt es sich um zwei Objektmengen und die Differenz zwischen diesen.

Diese semantischen Strukturen sind abstrakter als solche, die gewöhnlich zur Abbildung der Aussagen in diesen Problemsituationen ausgearbeitet werden würden. Zum Beispiel würde eine Aussage, daß Nancy 5 Murmeln an Sue gab, in der Regel einen Besitzwechsel der Murmeln von Nancy zu Sue anzeigen (GENTNER 1975).

Die Vorstellung vom Zuwachs eines quantitativen Zustandes wird einer Reihe verschiedener Besitzveränderungen, die auch verschiedene semantische Strukturen haben, zugrundegelegt; so zum Beispiel für geben, kaufen und finden, aber auch für andere Veränderungsformen, wie eine bestimmte Strecke weiter fahren, länger arbeiten, und viele andere Ereignisse. Andererseits sind die Strukturen der Abbildung 3 und 4 aber auch weniger abstrakt, als der allgemeine Additionsbegriff, wie er in Abbildung 2 dargestellt ist. Wir nehmen an, daß Kinder, die Addition verstehen, auch erkennen, daß die verschiedenen Situationen der Mengenzunahme, der Vereinigung von Mengen und des

Vergleichs von Mengen, alle der Additionsbeziehung entsprechen, die in Abbildung 2 dargestellt ist.

Im Modell, das wir ausarbeiten, entwickelt der Problemlöser zunächst eine adäquate interne Abbildung der im Problem geschilderten Situation. Dies ist der Prozeß des Verstehens einer Problemsituation. Dann wird eine passende arithmetische Operation ausgewählt, um die Lösung zu finden. Für alle hier aufgeführten Beispielprobleme ist jeweils Addition die passende Operation. Es ist jedoch darauf zu achten, daß bei Änderung der Unbekannten Probleme mit diesen gleichen semantischen Strukturen durch Subtraktion zu lösen sind. Nehmen wir als Beispiel das Problem "Sue hatte 3 Murmeln, Nancy gab ihr einige dazu, und jetzt hat Sue 5 Murmeln. Wieviel Murmeln gab Nancy Sue?". Die semantische Struktur enthält die Komponenten Ursache-Veränderung und schließt einen Zuwachs ein, wie das in Abbildung 3 dargestellt ist. Die Unbekannte ist hier jedoch nicht die Endmenge, sondern die Größe des Zuwachses; das Problem ist deshalb durch Subtraktion der angegebenen Zahlen, nicht durch Addition zu lösen.

Wenn wir durch Vorgabe von Textaufgaben prüfen, ob Kinder Arithmetik verstehen, dann prüfen wir, ob sie interne Abbildungen, wie jene in Abbildung 3 und 4, mit den Prozeduren für Addition und Subtraktion von Zahlen koordinieren können. Es besteht eine interessante Beziehung zwischen den Strukturen, die als semantische Modelle für Addition und Subtraktion gelten, und den Operationen der Addition und Subtraktion. Addition und Subtraktion von Zahlen sind abstrakter als die Situationen, die semantische Modelle dieser beiden Begriffe darstellen. Andererseits gilt für die Zuordnung semantischer Strukturen zu arithmetischen Operationen nicht einfach, daß viele Strukturen jeweils einer Operation zuzuordnen wären. Wenn wir semantische Modelle in die drei uns plausibel erscheinenden Klassen einteilen, dann findet man, daß jeweils einige der Klassenmitglieder Addition, andere Subtraktion entsprechen. Der von einem Kind zur Lösung dieser Probleme geforderte Entscheidungsprozeß ist vergleichsweise kompliziert. Wir vermuten derzeit, daß Kindern das Verstehen von Arithmetik erleichtert werden könnte, wenn man sie gezielt unterrichten würde, die von uns erörterte semantische Unterscheidung zu treffen. Eine Prüfung dieser Annahme steht jedoch noch aus.

Ein zweites Projekt, an dem wir arbeiten, gilt dem Prozeß der Ausbildung einer internen semantischen Struktur, die eine Problemsituation enthält. Dies ist ein Problem der Verarbeitung von Sprache. Eine Textaufgabe liefert die Information, die ein Kind braucht, um eine interne semantische Repräsentation zu entwickeln. Die Art und Weise, wie diese Information vorgegeben wird, kann jedoch die Ausbildung einer internen Abbildung der Problemsituation einfach oder schwierig gestalten. Wir haben begonnen, einige Faktoren zu untersuchen, die zur Schwierigkeit von Prozessen des Verstehens beitragen. Es liegen dazu einige erste Daten aus Beobachtungen von 17 Schülern der ersten Klasse vor. Den Kindern waren mündlich 14 Probleme vorgegeben worden. Die Probleme unterschieden sich in mehrfacher Hinsicht und sollten ein Spektrum unterschiedlicher Schwierigkeit des Verstehens abdecken. Eins der einfachsten Probleme war folgendes: "Carol hat 6 Lutscher gekauft; einen hat sie gegessen; wieviele Lutscher hat sie noch?" Eins der schwierigsten Probleme war: "Joe hatte einige Bücher, 5 davon gab er Sam; nun hat er noch 4 Bücher; wieviele hatte er am Anfang?".

Die semantischen Strukturen dieser beiden Probleme sind, bezogen auf die enthaltenen Beziehungen, identisch. Beide Probleme enthalten irgendeine Ausgangsmenge und eine Handlung, die diese Menge verringert. Die Probleme unterscheiden sich hinsichtlich der gegebenen Komponenten der Struktur und folglich hinsichtlich der zur Lösung erforderlichen Operation. Sollte der Unterschied zwischen den Operationen irgendeinen Einfluß haben, dann müßte er dazu führen, daß das zweite Problem leichter ist. Kinder haben offenkundig eine grundsätzliche Neigung, Zahlen eines Problems zu addieren, wenn sie Schwierigkeiten haben, die korrekte Operation zu bestimmen (NESER & TEUBAL 1975). Ungeachtet dessen führte aber die größere Komplexität des zweiten Problems zu einer Steigerung der Schwierigkeiten für die Kinder unserer Untersuchung. Nur 4 der 17 Kinder lösten dieses Problem, während das erste Problem von 16 Kindern richtig gelöst wurde.

Es gibt verschiedene Merkmale, hinsichtlich derer sich diese beiden Probleme unterscheiden, was wiederum zu unterschiedlicher Schwierigkeit beiträgt. Erstens sind im Text des zweiten Problems mehr Aussagen enthalten - vier statt drei. Zweitens ist in beiden Problemen zwar die Reihenfolge, in der auf die Komponenten der Struktur Bezug genommen wird, gleich (Ausgangsmenge, Größe des Zuwachses und das Ergebnis), ein Unterschied zwischen den Unbekannten besteht jedoch darin, daß die Unbekannte im Problem 2 als "einige Bücher" gekennzeichnet wird, was zu Schwierigkeiten beim Verstehen führen könnte. Die Effekte solcher Faktoren können unter Bezug auf psycholinguistische Analysen, etwa jenen von KINTSCH (1974) verstanden werden. Man weiß zum Beispiel, daß die Schwierigkeit des Verstehens von Textpassagen eine Funktion der Anzahl der im Text enthaltenen Aussagen ist. Die Schwierigkeit von Problemen mit unbestimmten quanitativen Angaben, wie "einige", mag teilweise darin liegen, daß nachfolgende Aussagen leichter mit spezifischen quantitativen Angaben zu verknüpfen sind. Vielleicht können Informationen mit spezifischen quantitativen Angaben leichter in umfangreichere Strukturen eingeordnet werden, während Informationen mit unbestimmten quantitativen Angaben vielleicht für die spätere Vervollständigung verfügbar gehalten werden müssen.

Wir werden weitere Untersuchungen durchführen, um die Bedeutung solcher und anderer linguistischer Faktoren zu ermitteln, die sie für Kinder beim Verstehen von Textaufgaben haben. Dieses kleine Beispiel reicht aber vermutlich aus, um den wichtigsten Punkt zu verdeutlichen: der

Prozeß des Verstehens einer Problemsituation besteht ganz eindeutig zu einem beträchtlichen Anteil darin, die situationsrelevanten Informationen aufzufinden und sie kohärent und richtig zu einer internen kognitiven Repräsentation zu organisieren. Das globale Ziel dieser Untersuchungen kann unter Bezug auf den eingangs entwickelten, allgemeinen begrifflichen Rahmen angegeben werden. Wenn wir von einem Kind die Lösung einer Textaufgabe verlangen, dann geben wir ihm die Beschreibung einer Situation vor, die ein Modell einer arithmetischen Relation konstituiert. Das Ziel unserer Arbeit ist eine detaillierte, theoretische Beschreibung der Art und Weise, wie Kinder eine semantische Repräsentation der relevanten Information einer Situation ausbilden, und wie sie dann die richtige Beziehung in der formalen Sprache der Arithmetik auffinden, um das Problem zu lösen.

4. Das Verstehen abstrakter Sachverhalte

Ich werde jetzt eine andere Art von Schema zur Arithmetik erörtern, diesmal jedoch im Zusammenhang mit abstrakteren Begriffen der Algebra. Ich stelle mir vor, daß jemand, der Kenntnisse in der modernen Algebra besitzt, über ein Schema verfügt, das etwa so aussieht, wie es in Abbildung 5 dargestellt ist. Er muß wissen, was "impliziert" bedeutet, und muß etwas über Operationen wissen, die auf Elemente einer Menge angewendet werden. Die Darstellung ist vereinfacht. Es fehlt vor allem der Allquantor, der einen wichtigen Bestandteil des Konzeptes darstellt. Dennoch hoffe ich, daß der Grundgedanke klar ist.

Eine Leistung dieses Schemas bestünde in der Analyse von Sätzen, wie "Addition ist kommutativ über den reellen Zahlen" oder, falls diese Aussage bereits im Gedächtnis verfügbar ist, in der Beantwortung von Fragen zur Kommutativität der Addition. Antworten auf solche Fragen würden eine Verknüpfung von Kenntnissen über Arithmetik mit Kenntnissen der modernen Algebra verlangen, wobei Algebra als

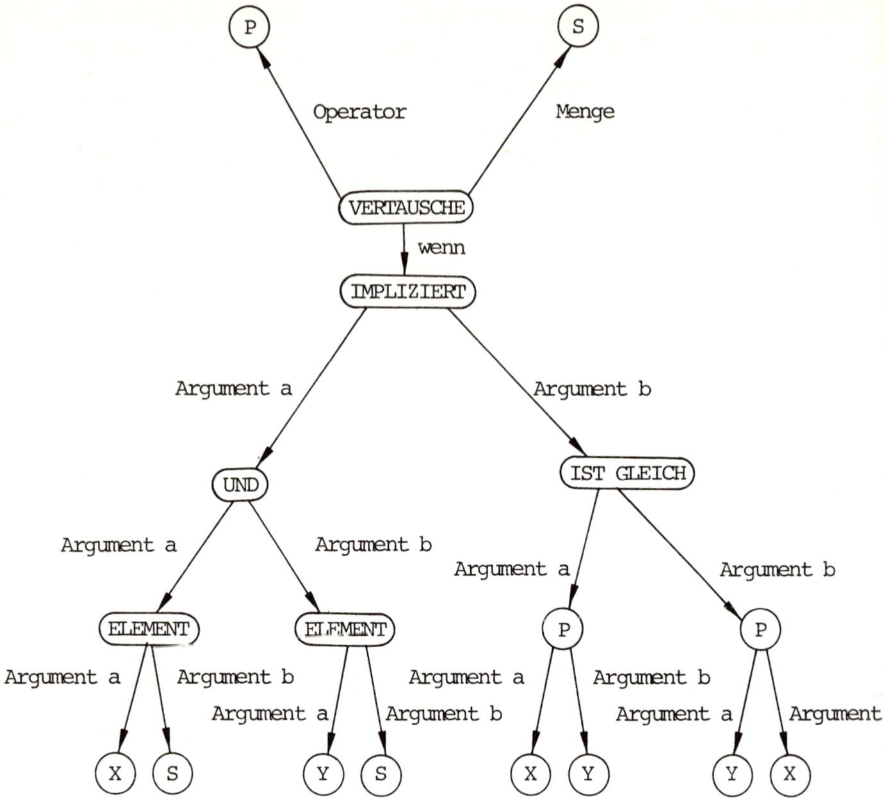

Abb. 5: Schema zur Abbildung von Wissen über Relationen des Kommutativitäts-Begriffes

formale Sprache zu betrachten ist, von deren semantischen Modellen eines die Arithmetik ist. Nun benötige ich eine weitere Unterscheidung. Wenn wir sagen, daß ein Schüler die Kommutativität der Addition versteht, dann meinen wir damit nicht notwendig, daß er die Sprache der abstrakten Algebra beherrscht und sie auf Arithmetik auch anzuwenden weiß. Wir meinen damit oft nur, daß die Anwendung der Arithmetik durch den Schüler die algebraischen Eigenschaften der Arithmetik richtig widerspiegelt. Ein Beispiel: das Abzählverfahren für Addition in Abbildung 1 enthält eine Operation, die falsch wäre, wenn Addition nicht kommutativ wäre. Von Schülern, die dieses Verfahren einsetzen, kann gesagt werden, daß sie Kommutativität verstehen, und zwar in dem Sinn, daß das Verfahren, das sie anwenden, von der Reihenfolge der Zahlen unabhängig ist - und genau diese Unabhängigkeit bedeutet Kommutativität.

Die Unterscheidung, die ich hier hervorheben möchte, könnte man vielleicht als den Unterschied zwischen explizitem und implizitem begrifflichen Verstehen bezeichnen. Ich schlage vor, daß für explizites begriffliches Verstehen ein System Wissen über eine formale Sprache und über Modelle dieser Sprache besitzen und weiter in der Lage sein muß, diese beiden Aspekte zu verbinden.

Implizit-begriffliches Verstehen verlangt nicht, daß das System Kenntnisse über eine formale Sprache besitzt, sondern nur, daß die Verfahren, die in einem bestimmten Bereich des Denkens verwendet werden, über jene Eigenschaften verfügen, die in einer formalen Sprache, für die der Bereich als Modell gilt, spezifiziert sind. Beispielsweise würde ich sagen, daß das Abzählverfahren für Addition in Abbildung 1 eher implizites begriffliches Verstehen von Kommutativität ausdrückt, als ein explizites Verstehen dieses Sachverhaltes.

Ich bin der Ansicht, daß es bei den Erörterungen zum Mathematikunterricht der Grundschulen beträchtliche Verwirrung gegeben hat, und zwar deshalb, weil es versäumt wurde, zwischen implizitem und explizitem begrifflichen Verstehen zu unterscheiden. Während der 50er und 60er Jahre wurde erkannt, daß das Verstehen von Arithmetik auch einen Bezug zu den allgemeinen Eigenschaften arithmetischer Operationen haben sollte. Mathematiker verfügen über dieses allgemeine Verständnis, und für sie ist es explizites Verstehen. Sie, oder in diesem Fall wir, haben explizite Kenntnis über das formale System der abstrakten Algebra und wissen, wie in der Arithmetik allgemeine algebraische Sachverhalte konkretisiert werden. Ich glaube nicht, daß die meisten Mathematiker wollten, daß Kinder abstrakte Algebra lernen sollten, obwohl es einige Versuche in dieser Richtung gegeben hat. Beabsichtigt war meistens, so glaube ich, daß Kinder ein implizites Verständnis von Arithmetik erwerben, und zwar in einer Weise, daß allgemeine Prinzipien, ausgedrückt in algebraischen Beziehungen, zur Anwendung kommen.

Unglücklicherweise ließen die damals gegebenen theoretischen Möglichkeiten keine gründlichere Analyse dieses Unterrichtsziels zu. Wenn wir genau angeben wollen, was mit implizitem Verstehen eines Prinzips gemeint ist, dann brauchen wir eine Theorie der Verfahren zur Verarbeitung von Information. Solch eine Theorie kann dazu dienen, jene Verfahren darzustellen, die die Kinder erwerben sollen; diese Darstellung erlaubt dann die Identifikation von Beschränkungen oder invarianten Anteilen, die jenen Prinzipien entsprechen, die als bedeutsame Aspekte des erwünschten Verstehens gelten. Ohne den Bezug auf so eine Theorie der Verfahren zur Informationsverarbeitung in der Arithmetik führten die curricularen Veränderungen der 50er und 60er Jahre großenteils zu ziellosem Herumsuchen: Es wurden Aufgaben ausgewählt, die lose Analogien zu den angestrebten Prinzipien enthielten, von denen man hoffte, daß sie verstanden wurden, die aber oft keinen deutlichen Bezug zu den Verfahren arithmetischer Informationsverarbeitung selbst hatten. Häufig scheint es so zu sein, daß die Versuche, Arithmetik sinnvoll zu gestalten, deshalb mißlingen, weil der Bezug dieser Versuche zur Arithmetik nie klar hergestellt wird.

Ich bin der Auffassung, daß die jüngsten Fortschritte bei der Ausarbeitung eines theoretischen Rahmens zur Analyse von Verfahrenswissen wesentlich genauere Aussagen darüber ermöglichen, was Kinder eigentlich lernen und verstehen sollen, wenn sie in Arithmetik oder in anderen Fächern unterrichtet werden.

Dieser Gedankengang hat eine interessante Implikation hinsichtlich der von Piaget und seinen Mitarbeitern entwickelten theoretischen Analysen über das Denken von Kindern. Piagets Theorie handelt von der Entwicklung allgemeiner Prinzipien im Denken der Kinder. Man könnte Dutzende von Beispielen dafür anführen. Ein Beispiel ist die Koordination von Komprehension und Extension (vgl. FURTH S. 65 ff.; Anm. d. Übers.) einer Menge von Elementen, von der angenommen wird, daß sie für die Beherrschung von Klassen-Inklusions-Problemen Voraussetzung ist (INHELDER & PIAGET 1964). Piaget und seine Mitarbeiter haben nicht behauptet, daß Kinder die formale Sprache der Logik und Mengenlehre erwerben. Unter der Voraussetzung, daß meine Unterscheidung zwischen implizitem und explizitem Verstehen akzeptiert wird, ist Piagets Aussage die, daß Kinder implizites Verstehen hinsichtlich der Koordination von Komprehension und Extension erwerben.

So wie eine allgemeine Theorie der Verfahren zur Verarbeitung von Informationen erforderlich ist, um implizites Verstehen allgemeiner algebraischer Sachverhalte in der Arithmetik zu analysieren, so ist auch die Ausarbeitung einer Theorie für jene Vorstellungen erforderlich, die in der Theorie von Piaget eine Rolle spielen. Piaget hat seine Vorstellungen als ein System von formalen Strukturen dargestellt. Aufgaben, die zur Illustration dieser Vorstellungen dienten, sind zu den formalen Strukturen nur durch lose Analogien in Beziehung gesetzt worden, kaum aber durch eine gründliche Analyse derjenigen Prozesse, die an der Problemlösung beteiligt sind.

In dieser Hinsicht sind die neueren Entwicklungen recht ermutigend. In einigen Beiträgen dieses Buchs sind Komponentenanalysen der Verfahren zur Verarbeitung von Information bei Kindern enthalten, die, wie ich glaube, repräsentativ sind für die zunehmende theoretische Analyse in diesem Bereich (weitere Beispiele dazu siehe in SIEGLER, im Druck). Ich nehme an, daß wir in dem Maße, in dem diese Arbeiten voranschreiten, wesentlich besser den Erwerb allgemeiner kognitiver Prinzipien bei Kindern verstehen, weil wir dann mehr über die kognitiven Verfahren erfahren, die Kinder erwerben.

Literaturverzeichnis:

ANDERSON, J.R.: Language, memory, and thought. Hillsdale, N.J.: Lawrence Erlbaum Associates, 1976.

BOBROW, D.G.: Natural language input for a computer problem-solving system. In: MINSKY, M. (Ed.): Semantic information processing. Cambridge, Mass.: MIT Press, 1968, 135-215.

CASE, R.: Piaget and beyond: Toward a developmentally based theory of instruction. In: GLASER, R. (Ed.): Advances in instructional psychology (im Druck).

DE KLEER, J.: Qualitative and quantitative knowledge in classical mechanics. Artificial Intelligence Laboratory, Massachusetts Institute of Technology, Technical Report AI-TR-352, December 1975.

DUNCKER, K.: On problem solving. Psychological Monographs, 1945, 58 (Whole No. 270).

FURTH, H.G.: Intelligenz und Erkennen. Frankfurt: Suhrkamp, 1976.

GENTNER, D.: Evidence for the psychological reality of semantic components: The verbs of possession. In: NORMAN, D.A. & RUMELHART, D.E. (Eds.): Explorations in cognition. San Francisco: Freeman, 1975.

GROEN, G.J. & PARKMAN, J.M.: A chronometric analysis of simple addition. Psychological Review, 1972, 79, 329-343.

GROEN, G.J. & POLL, M.: Subtraction and the solution of open sentence problems. Journal of Experimental Child Psychology, 1973, 16, 292-302.

GROEN, J.G. & RESNICK, L.B.: Can preschool children invent addition algorithms? Journal of Educational Psychology, 1977, 69, 645-652.

HAYES, R.R. & SIMON, H.A.: Understanding written problem instructions. In: GREGG, L.W. (Ed.): Knowledge and cognition. Hillsdale, N.J.: Lawrence Erlbaum Associates, 1974, 167-200.

INHELDER, B. & PIAGET, J.: The early growth of logic in the child. London: Routledge & Kegan Paul, 1964.

KINTSCH, W.: The representation of meaning in memory. Hillsdale, N.J.: Lawrence Erlbaum Associates, 1974.

KÖHLER, W.: The mentality of apes. New York: Harcourt Brace, 1927.

LARKIN, J.H.: Skilled problem solving in physics: A hierarchical planning model. Unpublished manuscript, University of California at Berkeley, September 1977.

NESHER, P. & TEUBAL, E.: Verbal cues as an interfering factor in verbal problem solving. Educational Studies in Mathematics, 1975, 6, 41-51.

NEWELL, A. & SIMON, H.A.: Human problem solving. Englewood Cliffs, N.J.: Prentice-Hall, 1972.

NORMAN, D.A. & RUMELHART, D.E.: Explorations in cognition. San Francisco: Freeman, 1975.

NOVAK, G.S.: Computer understanding of physics problems stated in natural language. American Journal of Computational Linguistics, 1976, Microfiche 53.

SCHANK, R.C.: Conceptual dependency: A theory of natural language understanding. Cognitive Psychology, 1972, 3, 552-631.

SIEGLER, R.S. (Ed.): Children's thinking: What develops? Hillsdale, N.J.: Lawrence Erlbaum Associates (im Druck).

SIMON, D.P. & SIMON, H.A.: Individual differences in solving physics problems. In: SIEGLER, R.S. (Ed.): Children's thinking: What develops? Hillsdale, N.J.: Lawrence Erlbaum Associates (im Druck).

WERTHEIMER, M.: Productive thinking. New York: Harper & Row, 1945. (Enlarged Edition, 1959).

WINOGRAD, T.: Understanding natural language. Cognitive Psychology, 1972, 3, 1-191.

Die Bedeutung von Erfindungen in der Entwicklung mathematischer Kompetenz[1]

Lauren B. Resnick

1. Einleitung

Ich möchte mich in diesem Artikel mit zwei eng verwandten Fragen befassen: "Wie erwerben Individuen neue mathematische Kenntnisse?" und "Wie können wir ihnen dabei helfen?". Diese beiden Fragen zusammengenommen betreffen die Hauptprobleme, denen sich eine psychologische Theorie des Mathematikunterrichts zuwenden muß. Sie verbinden in nachdrücklicher und unauflösbarer Weise Probleme der mathematischen Instruktion mit jenem sich ausweitenden Zweig der Psychologie, der sich mit der Eigenart des Verstehens und dem Erwerb komplexer intellektueller Fähigkeiten beschäftigt.

Zu Beginn möchte ich einige vorläufige Antworten auf meine Fragen geben. Im weiteren will ich dann aufzeigen, warum ich an das glaube, was ich tue, und welche Art von Forschung meine Antworten erforderlich machen. Diese Themenabfolge hat den Vorteil - auch wenn sie im Rahmen eines solchen Artikels unüblich ist - daß sie meine eigene Aufmerksamkeit und jene meiner Leser durchgehend auf die wesentlichen Fragen zu konzentrieren hilft. Wenn meine Überlegungen fehlerhaft scheinen, braucht der Leser nicht

1) Teile dieses Beitrags sind in revidierter Form übernommen aus: RESNICK, L.B. & FORD, W.W.: The psychology of mathematics for instruction. Hillsdale, N.J., Lawrence Erlbaum Associates, im Druck. Der Inhalt des Beitrags geht im wesentlichen auf die Zeit zurück, als ich im Center for Advanced Study in the Behavioral Sciences tätig war. Die Arbeit wurde zum Teil durch die Spencer Foundation und zum Teil durch den NIE Kontrakt Nr. 400-76-0036 an das Learning Research and Development Center, Universität Pittsburgh, gefördert.

das Ende des Beitrags abzuwarten, um zu erkennen, in welchem Zusammenhang ein Argument beurteilt werden muß.

Meine vorläufigen Antworten sind die folgenden. Erstens: Individuen erwerben den größten Teil mathematischer Kenntnisse, indem sie für sich selbst neue Organisationen der Begriffe und neue Verfahren zur Durchführung mathematischer Operationen konstruieren. Ich nenne diesen Prozeß Erfindung (invention), weil etwas Neues aus bereits vorher verfügbarem Material geschaffen wird. Natürlich erwerben Individuen auch aus der Umwelt bestimmte neue Fakten und Informationen über mathematische Operationen oder über Formen mathematischer Abbildungen. Ich nehme jedoch an, daß diese aus der Umwelt stammenden Teilinformationen nur in dem Maß von Bedeutung sind und tatsächlich im Gedächtnis behalten werden, als sie von Lernenden in organisierte und miteinander verbundene Kenntnissysteme eingebaut werden. Dies ist vom Typ her eine Antwort, wie man sie von einem Strukturalisten wie Max WERTHEIMER oder Jean PIAGET erwarten würde. Ich glaube, es ist zugleich eine solche Antwort, die die moderne Psychologie der Informationsverarbeitung vertieft weiter behandeln könnte. Im Verlauf dieses Beitrags werde ich versuchen, einige Begriffe wie Struktur, Verstehen und Erfindung, die traditionellerweise mit der Gestaltpsychologie oder der Genfer Schule in Zusammenhang gebracht werden, mit Hilfe von Begriffen aus der Informationsverarbeitung zu interpretieren.

Bezüglich der zweiten Frage ist festzuhalten, daß wir Individuen beim Erwerb mathematischer Kenntnisse helfen können, indem wir den Prozeß des Erfindens erleichtern. Das heißt, als Lehrer müssen wir es verstehen, die Schüler in eine Situation zu bringen, in der sie fähig sind, weiterführende Lösungen zu entwickeln, die zu neuen Kenntnissen führen. Eine solche Unterstützung des Denkens und Handelns anderer Personen stellt im weitesten Sinn das dar, was ich unter Lehren verstehe. Diese Art der Auffassung des Lehrens meint, daß es nicht genügt, wenn den Schülern die Verfahren durch geschulte Mathematiker bloß gezeigt werden oder wenn sie sogar in diesen Verfahren gedrillt werden - obwohl natürlich im Verlauf des Unterrichts praktische Kenntnisse über mathematische Verfahren häufig nötig sind. Es wird vielmehr verlangt, daß die Aufmerksamkeit auf die Arten der Repräsentationen und auf die Routinen gelenkt werden sollte, die vom Schüler in bestehende Kenntnisstrukturen eingebaut werden können, und die die Entdeckung der Transformationen und Verbindungen fördern, die beim Aufbau mathematischer Kenntnisse eine Rolle spielen. Dieses Verständnis von Lehre beinhaltet auch, daß sowohl Möglichkeiten des Unterrichtens in allgemeinen Strategien des Lernens und Erfindens als auch in den hier interessierenden spezifischen mathematischen Kenntnisbereichen betrachtet werden müssen.

2. Empirische Evidenz für Erfindungen

Obwohl viele Mathematiker und einige Psychologen die Bedeutung des Erfindens für das Verhalten bei mathematischen Aufgabenstellungen betonen (siehe z.B. HADAMARD 1945; PEILL 1975) glauben relativ wenige, daß Erfindungen eine wichtige Rolle beim Lernen einfacherer mathematischer Sachverhalte spielen. Meine Behauptung, daß Erfindungen sogar das Lernen der Mathematik in der Grundschule charakterisieren, zwingt mich daher, einen empirischen Nachweis dafür zu liefern, bevor ich weiterfahren kann. Dieser Nachweis gelingt am besten dadurch, daß ich einige Untersuchungen über das Verhalten von Kindern bei arithmethischen Aufgaben betrachte, die normalerweise mit Auswendiglernen und Drill in Verbindung gebracht werden. Das Auftreten von Erfindungen beim Erwerb dieser einfachen Verfahren liefert eindeutig einen Nachweis für die zentrale Bedeutung von Erfindungen beim Lernen eines großen Teils des mathematischen Stoffs.

2.1 Effiziente Addition und Subtraktion

Zunächst möchte ich Erfindungen im Zusammenhang mit einigen der am frühesten erlernbaren und einfachsten arithmetischen Operationen betrachten: Addition und Subtraktion sehr kleiner Zahlen. Es gibt immer überzeugendere Nachweise dafür, daß die Art, wie Kinder diese einfachen Operationen durchführen, nicht genau der im Unterricht gelehrten Art des Vorgehens entspricht. Kinder erfinden offensichtlich Verfahren für sich selbst - Verfahren, die teilweise nicht zu korrekten Antworten führen, die teilweise aber auch effizienter sind als die gelehrten. Ferner zeigen die erfundenen Verfahren Merkmale stärkerer mathematischer Intuition als die gelehrten.

2.1.1 Einfache Additionsverfahren

Zum Nachweis von Erfindungen bei kleinen Kindern betrachten wir zuerst drei Modelle für Additionsverfahren, die von Patrick SUPPES und Guy GROEN (GROEN & PARKMAN 1972; SUPPES & GROEN 1967) vorgeschlagen wurden. Diesen Modellen ist die Vorstellung gemeinsam, daß es eine Art "Zäh-

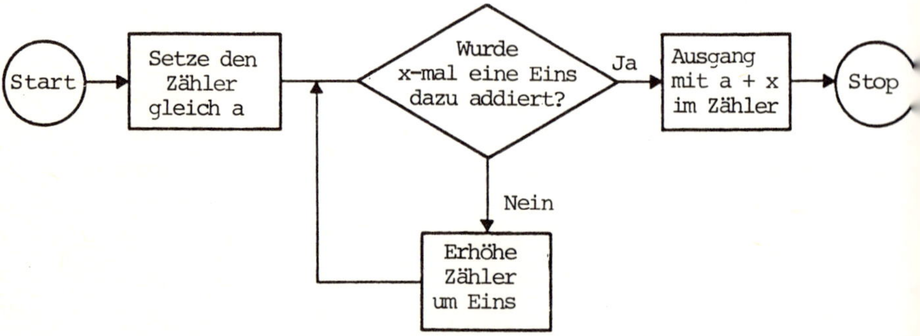

Abb. 1: Modell eines mentalen Zählers, der gleich einem Wert a gesetzt wird, zu dem ein anderer Wert x addiert wird, indem der Zähler jeweils um Eins erhöht wird. (In revidierter Form übernommen aus GROEN & PARKMAN 1972, Abbildung 1).

ler" im Kopf gibt, der gleich einer bestimmten Anfangsgröße gesetzt wird, und der dann im Verlauf eines Zählprozesses erhöht wird. Abbildung 1 stellt diesen Prozeß schematisch dar. Zuerst wird der Zähler gleich einem Wert a gesetzt. Dann beginnt die Schlaufe, bei der der Zähler jeweils um Eins erhöht wird. Vor jeder Erhöhung - die immer gleich Eins ist - wird geprüft, ob die festgelegte Anzahl der Erhöhungen (x) bereits durchgeführt worden ist. Wenn der Test eine positive Antwort ergibt, wird der Vorgang der schlaufenförmigen Erhöhung unterbrochen und der Zähler kann abgelesen werden.

Zur Berechnung der Lösung des Problems 3+4=? sind verschiedene Varianten der in Abbildung 1 dargestellten Abfolge möglich. Ein Modell bildet den folgenden Prozeßverlauf ab: Der Zähler wird gleich 0 gesetzt und dann dreimal um Eins erhöht; dann wird er anschließend noch viermal um Eins erhöht. Das Ergebnis von 7 kann jetzt auf dem Zähler "abgelesen" werden. Dies ist eine vernünftige Art des Addierens und entspricht ungefähr jenem Vorgehen, das den Kindern in der Schule zuerst gelehrt wird.

Das Vorgehen, das von einem zweiten Modell des Addierens abgebildet wird, ist etwas effizienter. Auch dieses Modell nimmt an, daß es im Kopf einen Zähler gibt. Der Zähler wird jedoch nicht, wie im vorhergehenden Modell, gleich Null gesetzt, sondern jeweils immer gleich der ersten Zahl in der Gleichung. Bei der Aufgabe 3+4 wird der Zähler daher gleich 3 gesetzt, wird dann viermal erhöht und liefert wieder ein Ergebnis von 7. Es handelt sich dabei um ein überlegteres Vorgehen, da der ausführende Schüler feststellt, daß die Zahl 3 immer für dieselbe Menge steht. Der Wert der "Drei" braucht nicht jedes Mal von neuem durch Zählen bis drei nachgeprüft zu werden.

Ein dritter Weg zur Durchführung einer Addition ist allerdings noch durchdachter und effizienter als der zweite. In diesem Modell wird der Zähler zuerst gleich der größeren der beiden Zahlen gesetzt; dann wird der

Zähler in entsprechender Weise um die andere Zahl erhöht. Das Problem 3+4 wird also so gelöst, daß der Zähler gleich 4 gesetzt wird und dann dreimal erhöht wird. Dies ist ein zeitsparendes Vorgehen, da immer nur ein Minimum gezählt werden muß. Abgesehen davon, daß dieses Modell effizienter ist als die anderen, weist dieses Vorgehen auch auf ein höheres mathematisches Verständnis hin. Das Kind, das dieses Modell anwendet, versteht, daß das Ergebnis von 3+4 immer gleich dem Ergebnis von 4+3 ist; es macht keinen Unterschied, in welcher Reihenfolge die Zahlen addiert werden. Formal gesehen ist dies das mathematische Gesetz der Kommutativität. Das Vorgehen ist auch deshalb ein wenig komplexer, da es eine Entscheidung verlangt, welches die größere Zahl ist, bei der man mit Zählen beginnen muß.

Jedes dieser Modelle sagt bei einer bestimmten Menge von Additionsaufgaben ein unterschiedliches Muster von Lösungszeiten vorher. Wenn man annimmt, daß zur Einstellung des Zählers immer gleich viel Zeit notwendig ist, würde die Lösung der Aufgabe auf Grund des ersten Modells so viel Zeit beanspruchen, als notwendig ist, um beide Zahlen auf dem Zähler abzuzählen. Zum Beispiel würde das Problem 2+7 so viel Zeit beanspruchen, als nötig ist, um bis 9 zu zählen. Auf Grund des zweiten Modells würde der Zähler auf 2 gestellt und der Lösungsvorgang würde so lange dauern, als nötig ist, um die restlichen 7 abzuzählen. Beim dritten Modell würde die Entscheidung, welches die größere Zahl ist,[2] und das Einstellen des Zählers auf

2) Das Modell nimmt an, daß der Größenvergleich immer dieselbe Zeit in Anspruch nimmt und somit die durch das Modell vorhergesagte Reaktionszeit insgesamt durch den Größenvergleich nicht unterschiedlich beeinflußt wird. Tatsächlich liegen aber Daten vor, die darauf hinweisen, daß nicht alle Größenvergleiche gleich schwierig sind (MOYER & LANDAUER 1967). Die Entscheidung, welche Zahl die kleinere ist, scheint leichter zu fallen, je größer der Unterschied zwischen den beiden Zahlen ist; so ist es zum Beispiel leichter, 7 und 2 zu vergleichen, als 4 und 5.

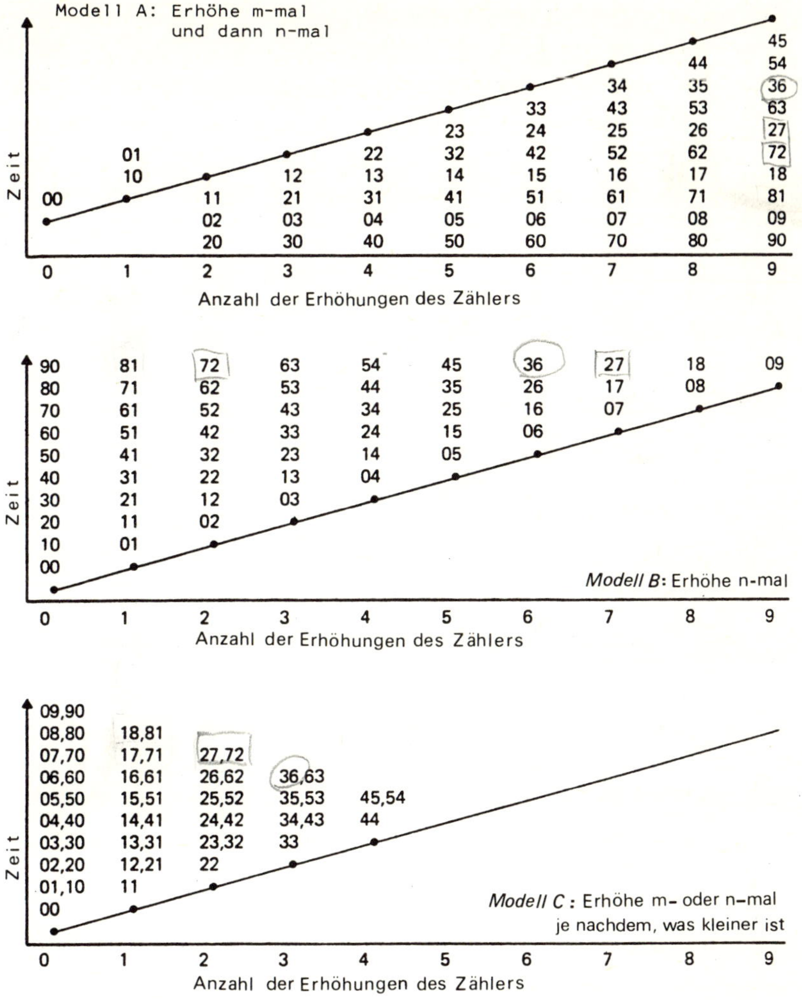

Abb. 2: Vorhergesagte Reaktionszeiten auf Grund von drei Modellen des Addierens. Die über oder unter den Punkten aufgelisteten Zahlenpaare stehen für einstellige Additionsprobleme, z.B. 0+0, 0+1, usw.. Die Punkte zeigen die Reaktionszeiten an, die entsprechend den Annahmen des jeweiligen Modells für die Addition bestimmter Zahlenpaare erforderlich sind.

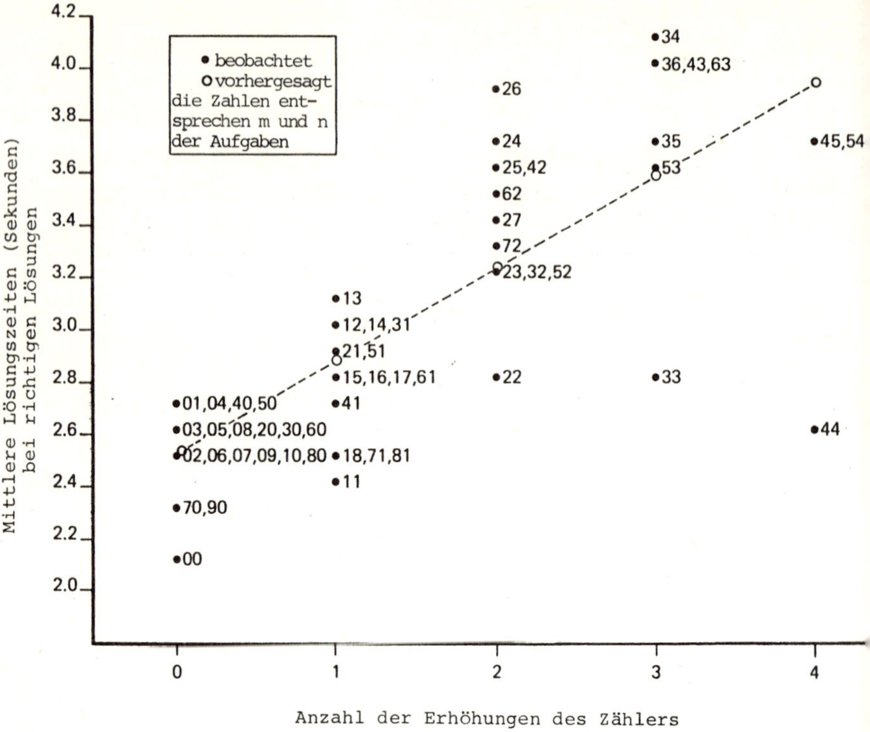

Abb. 3: Beobachtete Lösungszeiten von Erstklässlern, die Additionsprobleme lösen, verglichen mit den vorhergesagten Lösungszeiten. (Mit Bewilligung übernommen aus GROEN & PARKMAN 1972).

7 sehr wenig Zeit in Anspruch nehmen, wobei dann noch die Zeit dazukäme, um die restlichen zwei abzuzählen. Wenn wir die Elemente der Gleichung mit m, n und o bezeichnen, so daß gilt m+n=o, dann können wir die auf Grund der drei Modelle vorhergesagten Reaktionszeiten folgendermaßen tabellarisch darstellen:

Modell A: Reaktionszeit = die Summe von m+n

Modell B: Reaktionszeit = n

Modell C: Reaktionszeit = entweder m oder n, je nachdem, welche Zahl kleiner ist.

In mehreren Experimenten wurden die Lösungszeiten von Erstklässlern mit den Vorhersagen der drei oben dargestellten Modelle verglichen. Abbildung 2 zeigt die Vorhersagen, die auf Grund der drei Modelle gemacht werden können. In dieser Abbildung werden die einzelnen Probleme durch zwei Zahlen dargestellt, so daß 72 für 7+2=? und 45 für 4+5=? usw. steht. Die Modelle unterscheiden sich in der vorhergesagten Reaktionszeit bei jeder einzelnen Additionsgleichung.

Die Daten der untersuchten Erstklässler stimmen insgesamt (siehe GROEN & PARKMAN 1972) am besten mit den Vorhersagen des Modells C überein. In Abbildung 3 werden die beobachteten Reaktionszeiten (alle Scores der Erstklässler sind gemittelt) mit den durch dieses Modell vorhergesagten Reaktionszeiten verglichen. Man kann feststellen, daß die Daten mit der Vorhersage übereinstimmen, weil die durch Beobachtung ermittelten Punkte als Muster insgesamt nicht signifikant von den vorhergesagten Größen abweichen. Es ist jedoch darauf hinzuweisen, daß eine bestimmte Teilmenge der Probleme, nämlich die "Sich-Verdoppelnden" (2+2, 3+3 usw.) nicht zu den vorhergesagten Reaktionszeiten führt. Diese Probleme werden sehr rasch gelöst. Dies weist wahrscheinlich darauf hin, daß das Modell des Zählens bei diesen besonderen Problemen überhaupt nicht angewandt wird, sondern daß die entsprechenden Antworten bereits im Langzeitgedächtnis gespeichert sind und direkt abgerufen werden.

2.1.2 Übergänge in der Entwicklung mathematischer Kompetenz: Eine Untersuchung zur Subtraktion

Wenn gleichartige Experimente mit Kindern aus zwei unterschiedlichen Altersgruppen durchgeführt werden, ist es möglich zu sehen, wie sich die Rechenstrategien mit dem Alter ändern. In einer Untersuchung, in der analysiert wurde, wie Kinder Subtraktionsprobleme des Typs m-n=r lösen, haben Shirley WOODS, Guy GROEN und ich (WOODS, RESNICK & GROEN 1975) Schüler der zweiten Klasse mit solchen der vierten Klasse verglichen. Dabei wurden hypothetisch zwei grundlegende Strategien angenommen: Setze den Zähler gleich m und zähle von dort aus rückwärts (vermindere) n-mal (Modell A) oder setze den Zähler gleich n und zähle vorwärts (erhöhe) so lange bis m erreicht ist (Modell B). Je nach der Größe der Differenz zwischen m und n kann entweder das Vorgehen nach Modell A oder nach Modell B rascher sein. Dies zu berücksichtigen, wird in einem dritten Modell vorgeschlagen: Wähle entweder das Vorgehen des Erhöhens oder des Verminderns, je nachdem, welches das rascheste ist (Modell C, das "Wahlmodell"). Auf Grund dieses Modells würde 8-3=? so gelöst werden, daß der Zähler gleich 8 gesetzt wird und dreimal vermindert wird; 8-5=? würde so gelöst, daß der Zähler gleich 5 gesetzt wird und dreimal erhöht wird. Die beiden Aufgaben würden damit gleich viel Zeit erfordern.

Das direkte Verfahren des Verminderns (Modell A) entspricht jenem, von dem wir annehmen, daß es üblicherweise in den Schulen gelehrt wird: d.h. zähle m Würfel ab, dann nimm n Würfel weg und stelle fest, wieviele übrig bleiben, nämlich r. Es scheint wahrscheinlich, daß Schüler der zweiten Klasse, die gerade erst zu einer formalen Behandlung der Subtraktion fähig sind, diesem Modell folgen. Aber irgendwann im Verlauf ihrer Entwicklung entdekken die Kinder vielleicht, daß es manchmal effizienter ist, von n bis m abzuzählen, um r zu erhalten, und sie entscheiden dann bei jedem einzelnen Problem, welches der schnellste Weg ist, um zu einer korrekten Antwort zu kommen. Bei Schülern der vierten Klasse könnten wir daher erwarten, daß sie das "Wahlmodell" (Modell C) häufiger anwenden. Dies entspricht auch ungefähr dem, was wir ermittelten. Ein Fünftel der Zweitklässler zeigte Lösungszeiten, wie sie von Modell A vorhergesagt werden, während die Lösungszeiten der anderen vier Fünftel den Vorhersagen von Modell C entsprachen. Die Lösungszeiten aller

Viertklässler stimmten mit den Vorhersagen von Modell C überein. Es scheint vernünftig anzunehmen, daß das Übergehen vom Vorgehen des Verminderns auf ein Vorgehen, bei dem entweder vermindert oder erhöht wird, je nachdem, was rascher ist, weitgehend eine eigene Erfindung der Kinder ist, die auf ihren Beobachtungen über die Beziehungen zwischen den Zahlen beruht, die sie während der unzähligen, im Verlauf von Monaten in der Schule gelösten Additions- und Subtraktionsprobleme gemacht haben.[3]

2.1.3 Kontrolle des Effekts von Unterricht: Eine Untersuchung des Addierens bei Vorschulkindern

Die bis jetzt beschriebenen Untersuchungen über Additions- und Subtraktionsverfahren wurden mit Kindern durchgeführt, die bereits für einige Zeit die Schule besucht haben. Auf Grund unserer Kenntnis der allgemeinen Schulpraxis sind wir zu dem Schluß gekommen, daß diesen Kindern jene Additions- und Subtraktionsroutinen nicht direkt gelehrt wurden, die sie nach unserer Beobachtung anwendeten. Um noch direkter zu überprüfen, ob Kinder wirklich effizientere Rechenroutinen erfinden, als jene, die ihnen gelehrt wurden, führten Guy GROEN und ich eine Untersuchung durch (GROEN & RESNICK 1977), in der wir kontrollierten, was den Kindern wirklich gelehrt wird, indem wir selbst unterrichteten. Um sicher zu sein, daß die Kinder keine früheren Unterrichtserfahrungen hatten, wählten wir Vorschul-Kinder als Vpn.

3) Die Regressionsgerade für die Viertkläßler hatte auch einen weniger steilen Anstieg als jene für die Zweitkläßler. Dies weist darauf hin, daß Kinder dieses Alters fähig waren, einige der Subtraktionsresultate aus dem Gedächtnis zu liefern und daher das Zählverfahren nur anwendeten, wenn das direkte Gedächtnis versagte. Bei Erwachsenen ist der Anstieg typischerweise sogar noch weniger steil, was auf eine noch größere Anzahl direkt aus dem Gedächtnis abgerufener Lösungen hinweist (vgl. GROEN & PARKMAN 1972).

Den Kindern wurde das Lösen von einstelligen Additionsproblemen des Typs m+n=? (wobei m und n Werte von 0 bis 5 annehmen) gelehrt. Dabei wurde der folgende Algorithmus angewendet: Zähle m Würfel ab, zähle weitere n Würfel ab, gib die zwei Mengen zusammen und zähle dann die vereinigte Menge. Nach einer Anzahl von Übungsstunden wurden die Würfel weggenommen, und die Kinder gaben ihre Antworten auf einem Zeiterfassungsgerät mit Tasten zum Drücken. Da das Training einige Wochen dauerte, war es möglich, festzustellen, wann und ob jedes Kind zu der effizienteren Routine überwechselte, bei der der Zähler jeweils gleich der größeren Zahl m bzw. n gesetzt und dann um die kleinere Zahl erhöht wurde (Modell C in Abbildung 2). Die Hälfte der untersuchten Kinder zeigte ein solches Überwechseln - ein klarer Fall von Erfindung, da die effizientere Routine im Unterricht nicht gelehrt wurde. Es kann daher festgehalten werden, daß Kinder, die in einem bestimmten Algorithmus unterrichtet wurden, nach einigen Trainingsstunden, aber keiner zusätzlichen direkten Instruktion, zu einer schnelleren und effizienteren Routine überwechselten. Das Resultat war eine größere Effizienz, aber nicht auf Grund einer rascheren Durchführung der gelehrten Algorithmen, sondern auf Grund eines neuen Algorithmus mit weniger Schritten.

Jedes dieser Beispiele weist auf Erfindungen von kleinen Kindern beim Lernen einfacher Arithmetik hin. Am Ende der ersten Klasse gehen die Kinder, wie die Daten von GROEN und PARKMAN zeigen, nach einer komplexeren Additionsroutine vor, die ein Verständnis der Kommunikativität einschließt. Daß diese ohne Instruktion erworben wurde - und daher eine Erfindung der Kinder darstellt -, wird durch das Experiment von GROEN und mir mit Vorschul-Kindern, in dem Art und Ausmaß der Instruktion kontrolliert wurden - nachdrücklich gezeigt. Das Überwechseln von Schülern der vierten Klasse zu einem Verfahren, bei dem das jeweilige Vorgehen von der Größe der Zahl abhängt, d.h. zu einem Wahlverfahren beim Subtrahieren, weist auf das Vorhandensein eines ähnlichen Erfindungsprozesses hin. Im weiteren wird die Interpretation dieses Problemlöseverhaltens als Erfindung offensichtlich durch die Ergebnisse von Versuchen, die komplexeren Verfahren direkt zu lehren, unterstützt. Diese Routinen, die so leicht und zielführend durchzuführen sind, erwiesen sich bei Kindern, die sie noch nicht kannten, als sehr schwer lehrbar. Die erforderliche Fachsprache verwirrte die Kinder eher, als daß sie sie belehrte, und es gibt keine einfache, konkrete Veranschaulichung, die diesen komplexeren Routinen in eindeutiger Weise entspricht. Der Grund dafür, daß diese Routinen in der Schule nicht regelmäßig gelehrt werden, mag darin liegen, daß die Lehrer erkannt haben, wie schwer sie zu lehren sind. Dennoch verwenden die Kinder diese Verfahren bald bei arithmetischen Übungen. Wir können daraus nur schließen, daß die Routinen von den Lernenden selbst konstruiert oder erfunden wurden.

2.2 Systematische Fehler in arithmetischen Routinen

Wir haben eben Fälle erfolgreicher und sehr passender Erfindungen betrachtet. Aber sogar noch eindeutigere Beweise für die Allgegenwärtigkeit von Erfindungen beim Lernen der Mathematik kommen von Fällen, bei denen Erfindungen zu falschen Lösungen führen. Solche Fälle sind unter Kindern, die Arithmetik lernen, weit verbreitet. Sicherlich lehrt niemand die Kinder falsche Algorithmen. Trotzdem zeigen sorgfältige Beobachtungen häufig bei Kindern, die in der Arithmetik Schwierigkeiten haben, daß diese systematisch Routinen anwenden, die zu falschen Antworten führen. Wahrscheinlich wurden diese Kinder durch irgendeinen Aspekt der Lehre der richtigen oder konventionellen Routine verwirrt, oder sie vergaßen vielleicht irgendeinen Teil in der Abfolge der Operationen. Um die Wissenslücke zu füllen, entwickelten sie für sich selbst ein Verfahren. Ich nenne die daraus resultierenden Antworten auch Erfindungen, obwohl die Lehrer, die ein Interesse daran haben, daß ihre Schüler richtige Lösungen berechnen, diese im allgemeinen bloß als Fehler bezeichnen mögen.

Beweise für diese nicht passenden Erfindungen liefern einige kürzlich durchgeführte Untersuchungen. GINSBURG (1977), dessen Bericht auf einer Vielzahl von Fallstudien und auf einer Aufarbeitung der Literatur aus vielen Quellen beruht, gibt die größte Auswahl an Beispielen. LANKFORD (1972) berichtet über seine Untersuchung des Verhaltens von Schülern der siebten Klasse bei einer Vielzahl von typischen Rechenproblemen. 176 Schüler wurden einzeln interviewt, wobei sie über ihr Verhalten bei einem Test befragt wurden, der aus 36 Aufgaben der Addition, der Subtraktion, der Multiplikation und der Division mit ganzen Zahlen und Brüchen und aus einer Reihe von Mengenvergleichen bestand. In den sogenannten "diagnostischen Interviews" forderte der Vl die Kinder auf, die Aufgaben laut zu lesen und dann die Lösungen zu berechnen, wobei sie während des Berechnens ihre Überlegungen verbalisieren sollten. Die so erhobenen Daten bestanden aus auf den Testbogen geschriebenen Berechnungen und Tonbandaufnahmen von den Verbalisierungen der Schüler und von den gelegentlichen Fragen des Versuchslehrers zur Klarstellung der Überlegungen der Schüler.

LANKFORDs Analyse der Berechnungen der Schüler zeigte deutlich, daß ihre Rechenstrategien sehr individuell waren und häufig nicht den konventionellen Methoden des Lehrbuchs oder der Schule entsprachen. Das heißt, es traten viele Abweichungen von den in der Schule gelehrten Algorithmen auf. Betrachten wir zum Beispiel einmal, wie unterschiedlich die Schüler die Multiplikationsaufgabe 19x20 niederschrieben:

20	19	20	19	19	19	19	19	19
x19	x20	x19	x20	x20	x20	x20	x20	x20
180	00	180	00	3800	19	218	00	20
20	38	200	380		28	00	218	
380	380	380	380		299	218	2180	

Einige der abweichenden Strategien der Schüler führten zu richtigen Lösungen, andere nicht. Eine Überprüfung falscher individueller Rechenstrategien machte deutlich, daß die Erfassung der numerischen Zusammenhänge durch die Schüler nicht immer fehlerhaft war. Die Fehler beruhten vielmehr auf den spezifischen Rechenstrategien der Schüler.

BROWN und seine Kollegen (z.B. BROWN, BURTON & HAUSMAN 1977) fanden in einem Forschungsprogramm, das im Vergleich mit jenem von LANKFORD systematischer und umfassender war, auch bei Grundschulkindern Fälle von Algorithmen, die immer wieder denselben Fehler produzieren. Sie beschreiben die mißverstandenen oder fehlerhaften Strategien als "Defekte" in den Denkprogrammen, die für die Durchführung der Verfahren oder Algorithmen verantwortlich sind. Nehmen wir als Beispiel eines fehlerhaften Vorgehens das Lösen der folgenden Aufgaben durch ein Kind, von dem bekannt war, daß es in Mathematik Schwierigkeiten hatte:

7	9	17	87	365	679	923	27.493
+8	+5	+8	+93	+574	+794	+481	+1.509
15	14	25	11	819	111	114	28.991

Da einige der Zahlenpaare richtig addiert sind, könnte man daraus schließen, daß die falschen Antworten Zufallsfehler darstellen. Aber eine nähere Überprüfung der Lösungen läßt einen systematischen Fehler beim Vorgehen erkennen, der diese spezifischen Fehler erklärt und auf Grund dessen vorhergesagt werden kann, wie dieses Mädchen bei anderen ähnlichen Problemen antworten würde. Man beachte die Einerstellen bei seinen Lösungen. Der Fehler beim Addieren der Spalten liegt darin, daß das Mädchen immer, wenn die Summe einer Spalte eine zweistellige Zahl darstellt, die Zehnerstelle notiert (die übertragen werden sollte) und die Einerstellen einfach unbeachtet läßt. Vermutlich sind die ersten drei Aufgaben richtig gelöst, weil das Mädchen sich an die erforderlichen Zahlenregeln erinnerte, oder weil sie die Antworten mit Hilfe eines anderen Algorithmus, wie z.B. jenem des Zählens, berechnet hat.

Derselbe Fehler, nämlich die Notierung der Zehnerstellen bei gleichzeitigem Weglassen der Einerstellen, zeigt sich bei diesem Mädchen zusammen mit einem anderen systematischen Fehler beim Multiplizieren:

$$\begin{array}{r} 68 \\ \times 46 \\ \hline 24 \end{array} \qquad \begin{array}{r} 734 \\ \times 37 \\ \hline 792 \end{array} \qquad \begin{array}{r} 543 \\ \times 206 \\ \hline 141 \end{array}$$

Bei der ersten Aufgabe multipliziert sie 6x8 und erhält richtig 48, notiert aber nur die 4 und läßt die 8 weg. Dann multipliziert sie die beiden Ziffern in der zweiten Spalte (6 und 4) und schreibt von 24 nur die 2 nieder. Die gleichen Fehler können bei den anderen beiden Aufgaben festgestellt werden. Was zunächst als ein sehr sprunghaftes Verhalten beim Rechnen erscheint, stellt sich damit als ein im Grunde striktes Befolgen eines Algorithmus, wenn auch eines falschen, heraus.

BROWN u.a. stellen fest: "A common assumption among teachers is that students do not follow procedures well and that 'random' behavior is due to the student's inability to perform each of the steps correctly. Our experience has been quite the opposite. We have found students to be remarkably able procedure followers who are often following the wrong procedures" (S. 4). Diese "falschen Verfahren" stellen in unserer Sicht Erfindungen der Schüler dar, die sie als Hilfsmittel einsetzen, um den Anforderungen des Arithmetikunterrichts zu genügen. Daß sie zu falschen Antworten führen, ändert nichts an ihrem Status als Erfindungen.

Es kann somit festgehalten werden, daß Erfindungen nicht immer die mathematisch korrekten Wege sind, um Probleme zu lösen oder Berechnungen durchzuführen. Im Gegenteil, viele, auf sehr kreative Weise erfundene Algorithmen führen zu ernsthaften Rechenfehlern. Man kann sich daher fragen, ob es Möglichkeiten für einen Unterricht in Rechenroutinen gibt, der die Wahrscheinlichkeit von zu Fehlern führenden Erfindungen minimal werden läßt. Dies ist eine Schlüsselfrage, auf die wir unsere Aufmerksamkeit richten, nachdem wir die Bedeutung von Erfindungen beim Lernen des mathematischen Stoffes erkannt haben. Es ist jedoch eine Frage, die nur selten direkt untersucht wurde. Um sie zu beantworten, wird es nötig sein, noch viel mehr über Art und Ausmaß von Erfindungen beim Lernen der Mathematik zu erfahren, als wir bis jetzt wissen.

3. Wie Erfindungen zustande kommen

Ich wende mich jetzt der Frage zu, wie es zu Erfindungen kommt. Wie machen es die Lernenden? Dies ist eine kritische Frage. Wenn wir nämlich Kinder und andere Lernende dazu bringen wollen, Erfindungen zu machen, müssen wir einiges darüber wissen, wie sie erfinden. Bei dieser Frage kann es hilfreich sein, sich der Literatur über Problemlösen zuzuwenden.

Psychologen stimmen darin überein, daß der Begriff Problem sich auf eine Situation bezieht, in der ein Individuum aufgefordert wird, eine zuvor noch nicht bekannte Aufgabe zu lösen, wobei die Art der Lösung durch die von außen gelieferten Instruktionen nicht genau spezifiziert wird. In anderen Worten, die spezifische Aufgabe ist für das Individuum neu, auch wenn Denkprozesse oder Kenntnisse, über die das Individuum bereits verfügt, zur Lösung herangezogen werden können.

Problemlösen bedeutet, daß das Individuum selbst einen neuen Weg entdeckt, um die Aufgabe zu lösen. Trotz beachtlicher theoretischer Unterschiede stimmen die Psychologen in dem Punkt überein, daß beim Problemlösen in bestimmter Weise Informationen oder Routinen neu kombiniert werden, über die das Individuum schon zuvor verfügt. Es wird nichts Neues in dem Sinn gelernt, daß es auf neuartige Weise erworben wird; statt dessen findet eine Reorganisation von Information und gelernten Verhaltensweisen statt (RESNICK & GLASER 1976). In diesem Sinn habe ich auch den Begriff Erfindung verwendet.

Die Charakterisierung des Problemlösens als eines Prozesses, der bereits bekannte Informationen und Vorgehensweisen kombiniert und reorganisiert, weist auf einige Faktoren hin, die zu berücksichtigen sind, wenn man verstehen will, was Erfindungen sind. Ich möchte hier drei dieser Faktoren betrachten: (1) das, was das Individuum bereits weiß - das heißt, die Kenntnisstrukturen, auf welchen die Erfindung beruht; (2) die Form, in welcher die neue Information, eingeschlossen die Aufforderung, eine spezifische Aufgabe zu lösen, dargeboten wird - insbesondere mit welcher Wahrscheinlichkeit sie spezifische Teile bereits erworbener Kenntnisse aktiviert; und (3) allgemeine Strategien zur Verarbeitung von Informationen in einem komplexen und oft unvollständig spezifizierten Aufgabenbereich.

3.1 Kenntnisstrukturen

3.1.1 Multiplikation und Addition

Eine Untersuchung der Bedeutung der Kenntnisstrukturen für mathematische Erfindungen kann durchaus mit einer Betrachtung jener Kenntnisarten beginnen, die wahrscheinlich zu einem bestimmten beobachtbaren Verhalten führen. Wir können dann Hypothesen über solche Arten von Kenntnisstrukturen entwickeln, welche richtige Erfindungen fördern und die fehlerhaften verhindern. Betrachten wir zum Beispiel das Kind aus einer Untersuchung von BROWN u.a. (1977), das die mehrstelligen Probleme regelmäßig so bearbeitete, daß es die Ziffern, die übertragen werden sollten, notierte und die Ziffern auf der Einerstelle wegließ. Was mag dieses Mädchen von den numerischen Beziehungen und von der Addition und Multiplikation verstanden haben, als es zu solchen Ergebnissen kam?

Folgende Verfahrensregel könnte zu der bei diesem Mädchen beobachteten Durchführung der Multiplikation führen:

1) Multipliziere die rechts unten stehende Ziffer mit der darüberstehenden Ziffer.
2) Wenn die Lösung nur aus einer Ziffer besteht, notiere sie in derselben Spalte darunter.
3) Wenn die Lösung zweistellig ist, lasse die rechts stehende Ziffer weg.
4) Schreibe die andere Ziffer in diese Spalte.
5) Multipliziere dann die links unten stehende Ziffer mit der darüberstehenden.

.

.

.

n) Fahre so lange fort, bis keine Spalte mehr übrig bleibt.

Natürlich handelt es sich hier nicht um ein ganz unwissendes Individuum. Das Mädchen weiß zunächst einmal, daß Zahlen aus Ziffern bestehen (was bei jedem Schritt des Vorgehens deutlich wird). Dann geht es in der richtigen Reihenfolge - von rechts nach links - beim Bearbeiten der Stellen vor (ersichtlich in den Schritten 1 und 5). Es weiß, daß nur eine Stelle einer mehrstelligen Zahl in eine einzelne Spalte geschrieben werden kann (Schritte 2 und 3). Es ist schwierig, zu sagen, was es noch über den Wert der Stelle und die Struktur des Zahlensystems weiß. Es <u>könnte</u> wissen, daß die Stelle rechts außen <u>Einerstelle</u>, die nächste <u>Zehnerstelle</u> und so weiter genannt wird, aber dieses Wissen ist nicht notwendig, um zu den gezeigten Lösungen zu kommen. Wenn es diese Information besitzt, so scheint sie in keiner Weise sein Lösungsverhalten zu beeinflussen. Für die derzeitige Zielsetzung ist es am besten, sich auf die minimale Kenntnisstruktur zu konzentrieren, die solche Lösungen zu liefern vermag, wie sie dieses Individuum zeigt.

Stellen wir dem Vorgehen dieses Mädchens und den Kenntnissen, die seinem Vorgehen offensichtlich zugrundeliegen, den Algorithmus gegenüber, den es wahrscheinlich im Unterricht gelernt hat:

1) Multipliziere die rechts oben stehende Ziffer mit der rechts unten stehenden Ziffer.
2) Wenn die Lösung nur aus einer Ziffer besteht, notiere sie in derselben Spalte darunter.
3) Wenn die Lösung zweistellig ist, notiere die Ziffer auf der Einerstelle und merke (oder notiere anderswo) die zu übertragende Ziffer.
4) Multipliziere die oben links daneben stehende Ziffer mit der rechts unten stehenden Ziffer.
5) Addiere den gemerkten "Übertrag" zu dem Resultat (d. h. schließe das Übertragen ab).
6) Wenn oben keine weiteren Ziffern stehen, schreibe das Resultat nieder.
7) Wenn es noch eine zu multiplizierende Ziffer gibt, multipliziere sie mit der rechts unten stehenden Ziffer, dann gehe zu Schritt 2.
8) Multipliziere jetzt die rechts oben stehende Ziffer mit der links unten stehenden Ziffer.
9) Usw.

Welches sind die Unterschiede zwischen den beiden Routinen? Welches zugrundeliegende Wissen führt zu einem Vorgehen nach dem zweiten Algorithmus und verhindert ein Vorgehen nach dem ersten? Ein für den gelernten Algorithmus wesentlicher Teil des Wissens besteht darin, daß beim Multiplizieren mehrstelliger Zahlen jede Ziffer der einen Zahl mit jeder Ziffer der anderen Zahl multipliziert werden muß. (Der Algorithmus des Mädchens verlangt nur, daß die Ziffern in derselben Spalte miteinander multipliziert werden müssen). Dieses Wissen ist zur Ausführung der Schritte 4, 7 und 8 des gelehrten Algorithmus nötig, nicht aber für den entsprechenden Schritt 5 in der vom Kind durchgeführten Routine. Ein weiterer Teil des Wissens, der der gelehrten Routine zugrundeliegt, besteht darin, daß es bei mehrstelligen Zahlen eine Struktur gibt, die vorschreibt, welche Ziffer in welche Spalte geschrieben werden muß, und was mit den "zusätzlichen" Ziffern getan werden muß, die im Moment nicht aufgeschrieben werden können. Diese Struktur - der Stellenwert - kann auf viele Arten dargestellt werden. Ich untersuche hier eine mögliche Darstellungsweise - die erweiterte Schreibweise.

In erweiterter Schreibweise wird eine mehrstellige Zahl als die Summe ihrer einzelnen Einer-, Zehner- und Hunderterwerte neu geschrieben: aus 35 wird 30+5, aus 874 wird 800+70+4. Die Erweiterung kann, wie man sieht, bis zu einer unbegrenzten Anzahl von Stellenwerten erfolgen. Die erweiterte Schreibweise bei Zahlen verstärkt die Aufmerksamkeit für die unterschiedlichen Werte jeder Stelle und für die Bedeutung der Position oder "Stellung" der Ziffer, die ihr einen bestimmten Wert zuordnet. Es ist auch möglich, arithmetische Operationen mit Zahlen in erweiterter Schreibweise durchzuführen. Zum Beispiel:

$$\begin{array}{rcl} 75 & = & 70 + 5 \\ \underline{+39} & = & \underline{30 + 9} \\ & & 100 + 14 = 100 + 10 + 4 = 114 \end{array}$$

Algorithmus

1. Stelle die Zahlen in erweiterter Schreibweise dar.

2. Setze als Ziel die Multiplikation des ganzen oben stehenden Werts mit der unten stehenden Größe auf der Einerstelle.

3. Multipliziere die oben stehende Größe auf der Einerstelle mit der unten stehenden auf der Einerstelle.

4. Notiere das Produkt in erweiterter Schreibweise.

5. Multipliziere die oben stehende Größe auf der Zehnerstelle mit der unten stehenden Größe auf der Einerstelle.

6. Notiere das Produkt in erweiterter Schreibweise.

7. Fahre fort, mit der unten stehenden Größe auf der Einerstelle zu multiplizieren, bis alle Größen des oben stehenden Werts multipliziert sind.

8. Setze jetzt als Ziel die Multiplikation des ganzen oben stehenden Werts mit der unten stehenden Größe auf der Zehnerstelle.

9. Multipliziere die oben stehende Größe auf der Einerstelle mit der unten stehenden Größe auf der Zehnerstelle.

10. Notiere das Produkt in erweiterter Schreibweise.

11. Fahre fort, mit der unten stehenden Größe auf der Zehnerstelle zu multiplizieren, bis alle Größen des oben stehenden Werts multipliziert sind.

12. Wenn es noch mehr Größen im unten stehenden Wert gibt, setze neue Ziele für die Multiplikation.

13. Wenn es keine weiteren Größen im unten stehenden Wert gibt, addiere alle in erweiterter Schreibweise dargestellten Werte, die als Produkte berechnet wurden.

14. Stelle die Summe in Standardschreibweise dar.

Beispiel

68 = 60 + 8	8 x 6 = 48 =				40 +	8
x46 = x40 + 6	60 x 6 = 360 =			300 +	60 +	0
	8 x 40 = 320 =			300 +	20 +	0
	60 x 40 = 2400 =	+	2000 +	400 +	00 +	8
			2000 +	1000 +	120 +	8

2000	=	2000 +	000 +	00	+ 0
1000	=	1000 +	000 +	00	+ 0
120	=		100 +	20	+ 0
8	=				8
		3000 +	100 +	20	+ 8 = 3128

Abb. 4: Algorithmus und Beispiel für die Multiplikation mehrstelliger Zahlen unter Anwendung der erweiterten Schreibweise.

Abbildung 4 zeigt einen Algorithmus für die Multiplikation mehrstelliger Zahlen, der Kenntnisse der erweiterten Schreibweise berücksichtigt. Die Kenntnisstruktur, auf der dieser Algorithmus beruht, ist viel umfassender bezüglich der Zahlen, des Stellenwerts und sogar bezüglich der Bedeutung von Multiplikation als jene des Kindes in der Untersuchung von BROWN, BURTON und HAUSMAN. Wie jenes Kind würde ein Individuum bei der Durchführung dieses Algorithmus wissen, daß Zahlen aus Ziffern zusammengesetzt sind, und es würde eine Reihenfolge bei der Behandlung der Ziffern beachten. Im Gegensatz zu jenem Kind würde dieses Individuum jedoch auch verstehen, daß die Stelle, auf der eine Ziffer steht, einen Teil ihrer Bedeutung festlegt - wenn sie auf der Stelle rechts außen steht, ist ihr Wert gleich dem gezeigten Betrag, wenn sie auf der nächsten Stelle steht, ist ihr Wert gleich dem Zehnfachen des gezeigten Betrages usw.. Dieses Verständnis zeigt sich deutlich, wenn Standardzahlen als Zahlen in erweiterter Schreibweise und Zahlen in erweiterter Schreibweise als Standardzahlen ausgedrückt werden. Im weiteren würde dieses Individuum verstehen, daß das Multiplizieren von Paaren zweistelliger Zahlen verlangt, daß alle Ziffern der einen Zahl mit allen Ziffern der anderen Zahl multipliziert werden.

Zu welchen Arten des Vorgehens würde es führen, wenn im Unterricht die Multiplikation mit einer Routine, die auf der erweiterten Schreibweise beruht, eingeführt würde? Wir können darüber nur Vermutungen anstellen, aber ich glaube, daß die Routine leicht zu merken wäre, und daß daher fehlerhafte Erfindungen als Ersatz für vergessene Schritte weniger wahrscheinlich würden. Ich glaube, diese Routine wäre gut merkbar, weil sie sinnvoll ist - vorausgesetzt die Bedeutung des Stellenwerts, die durch die erweiterte Schreibweise veranschaulicht wird, wurde richtig verstanden, bevor die Multiplikation eingeführt wurde. Wenn die Ziffern als Größen verstanden werden, die summiert werden müssen, ist es leicht zu sehen, warum sowohl die 60 als auch die 8 mit der 6 und der 40 multipliziert werden müssen. Aus demselben Grund ist auch leicht zu sehen, warum es sinnvoll ist, eine Reihe von Größen zu berechnen und anschließend zu addieren, so daß das Auftreten eines Algorithmus, wie ihn das Mädchen bei BROWN u.a. zeigte, unwahrscheinlich wäre. Das Individuum, das den Stellenwert der Ziffern verstanden hat, würde auch kaum, wie dieses Mädchen, eine Ziffer weglassen. Die oben dargestellte Routine wird natürlich nicht alle möglichen Fehler verhindern. Als ganzes ist die Routine, bei der die erweiterte Schreibweise angewandt wird, zwar lang, aber sie ist logisch einsichtig, und ihre Durchschaubarkeit wurzelt in der Logik der erweiterten Schreibweise. Aus diesem Grund sollte das Vorgehen leicht zu merken sein, und die Tendenz, Schritte wegzulassen oder andere fehlerhafte Algorithmen anzuwenden, sollte sich verringern.

Die erweiterte Routine hat bestimmte Nachteile. Ihre Durchführung erfordert viel Zeit und beträchtlich viel Papier. Sie ist nicht effizient; natürlich würde sie niemand von uns gerne regelmäßig anwenden müssen. Trotzdem mag sie für propädeutische Zwecke nützlich sein. Wenn den Kindern die erweiterte Routine einmal geläufig ist, scheint es wahrscheinlich, daß einige Kinder - besonders wenn sie aufgefordert worden waren, eine raschere Routine oder eine mit weniger Schritten zu finden - etwas ähnliches wie die Standardroutine oder etwas entsprechend Effizientes selbst erfinden. Aller Wahrscheinlichkeit nach werden diese Kinder in der Minderheit sein; jedoch mag es sein, daß ich den Erfindungsgeist der Kinder unterschätze. Aber ich denke, daß sogar die Nichterfinder - jene, denen eine effizientere Routine gezeigt werden muß - einen Vorteil vom Lernen der erweiterten Routine haben würden. Ich glaube, sie würden die effizientere Routine schneller lernen, sie besser im Gedächtnis behalten (weil sie direkt einer erweiterten Routine entspricht, bei der jeder Schritt durch eine unterstützende Kenntnisstruktur begründet wird) und weniger dazu neigen, Fehler zu machen, die mit der der Routine zugrundeliegenden Logik unvereinbar sind. Dies sind meine Vorhersagen. Natürlich werden jetzt Experimente nötig sein, in denen systematisch der Effekt dieser und anderer anschaulicher Darstellungen des Stellenwerts auf das Erlernen der Multiplikation erforscht wird.

Betrachten wir nun auch, wie das zentrale Element der erweiterten Routine, die erweiterte Schreibweise, das Erlernen von Additions- und Subtraktionsroutinen beeinflussen könnte. Wir wollen uns überlegen, wie ein Kind vermutlich solche Aufgaben angeht, wie sie am Beginn der Besprechung der Untersuchung von BROWN u.a. (vgl. Abschnitt 2.2) gezeigt wurden, wenn dieses Kind den Begriff des Stellenwerts in dem Sinn versteht, daß es fähig ist, Transformationen von der Standardschreibweise in die erweiterte Schreibweise und umgekehrt durchzuführen und zu erklären. Nehmen wir an, diese Aufgaben würden einfach vorgelegt, ohne daß zuvor ein Algorithmus zur Lösung zweistelliger Additionsprobleme gelehrt worden wäre. Ich kann mir vorstellen, daß ein Kind merkt, daß die Probleme nicht durch einfaches Aufschreiben von Summen gelöst werden können, und daß es dann nach Transformationen sucht, von denen es weiß, wie sie bei mehrstelligen Zahlen anzuwenden sind. Das Nachdenken mag ungefähr zu folgendem führen:

$$\begin{array}{r@{\qquad}r} 87 & 80 + 7 \\ \underline{+93} & \underline{90 + 3} \end{array}$$

Die Darstellung selbst legt einen nächsten Schritt augenfällig nahe: das Addieren der Spalten.

$$\begin{array}{rcr} 87 & = & 80 + 7 \\ \underline{+93} & = & \underline{+90 + 3} \\ & & 170 + 10 \end{array}$$

Wenn das Kind nun weiß, wie erweitert geschriebene Zahlen in die Standardschreibweise rückübersetzt werden können, liegt die Antwort auf der Hand:

$$\begin{array}{rl} 87 & 80 + 7 \\ \underline{+93} & \underline{+90 + 3} \\ & 170 + 10 = 100 + 70 + 0 + 10 = 180 \end{array}$$

Man kann nun die Frage stellen, ob diese erfundene erweiterte Routine noch durch eine weitere Erfindung in eine effizientere Routine zur Durchführung von Additionen umgeformt werden kann. Vielleicht. Dies ist eine Frage, die ebenfalls durch Experiment und Beobachtung zu beantworten ist.

3.1.2 Probleme der Flächenberechnung und geometrischer Strukturen

Betrachten wir nun einen anderen Aufgabentyp, bei dem zugrundeliegende Kenntnisstrukturen ebenfalls das Entdecken passender Lösungswege fördern oder hemmen können. Es interessiert uns hier das Problem der Flächenberechnung bei einem Parallelogramm, das durch die Untersuchungen von Max WERTHEIMER (1945/59) bekanntgeworden ist. WERTHEIMER besuchte Schulklassen, in denen die Kinder darin geübt waren, eine Regel anzuwenden, die sie zur Berechnung der Fläche eines Parallelogramms gelernt hatten. Es fiel ihnen leicht, bei den vom Lehrer vorgegebenen Figuren die notwendige Senkrechte zu konstruieren und dann das Produkt Basislinie mal Senkrechte zu berechnen (siehe Abbildung 5a). Anschließend an diese Vorführung der Kenntnisse der Schüler ging WERTHEIMER zur Wandtafel und forderte sie auf, die Fläche einer Figur, wie sie in Abbildung 5b dargestellt ist, herauszufinden. Außerstande, die Senkrechte auf dem üblichen Weg zu konstruieren, erhoben alle, auch der Lehrer, typischerweise Einspruch. Sie beschwerten sich, daß die neue Figur "unfair" sei, daß die von ihnen gelernte Regel nicht anwendbar sei[4], daß sie dies noch nicht behandelt hätten und so weiter. Doch in jeder Klasse kamen ein oder zwei Schüler auf die Idee, wenn auch manchmal nur zögernd, daß die Senkrechte in einer anderen Richtung gezogen werden könnte, wie dies in Abbildung 5c zu sehen ist, oder daß die ganze Figur umgedreht werden könnte. Einige erfaßten sogar den mathema-

4) Natürlich ist die Regel anwendbar, auch wenn die Senkrechte außerhalb der Figur liegt. Dies ist aber intuitiv nicht sichtbar und wurde von den Kindern offensichtlich auch nicht erkannt.

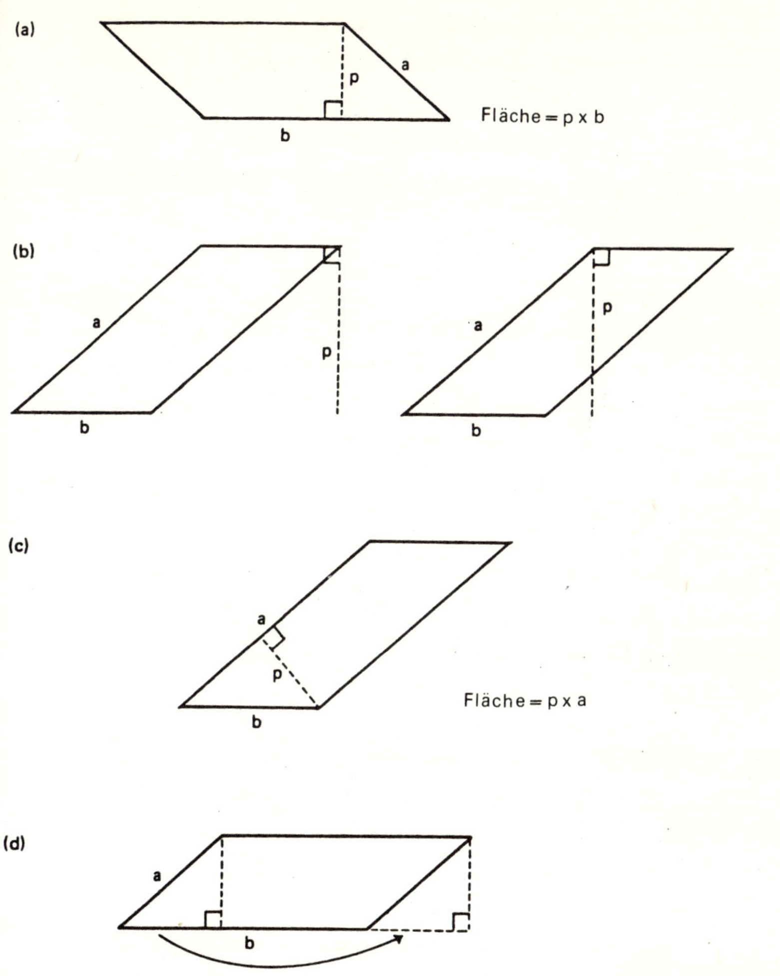

Abb. 5: Mögliche Lösungen für das Parallelogramm-Flächen-Problem. (a) Die Standardregel. (b) Die Standardregel scheint bei einigen Lagen des Parallelogramms nicht anwendbar. (c) Das Erkennen der Möglichkeit einer unterschiedlichen Orientierung macht die Anwendung der Regel möglich. (d) Das Parallelogramm wird in ein Rechteck umgeformt.

tischen Kern der Sache, indem sie erkannten, daß das Parallelogramm, in welcher Lage es sich auch befand, in ein Rechteck transformiert werden und dann die Regel zur Bestimmung der Fläche eines Rechtecks (Länge x Breite) angewandt werden könnte (siehe Abb. 5d).

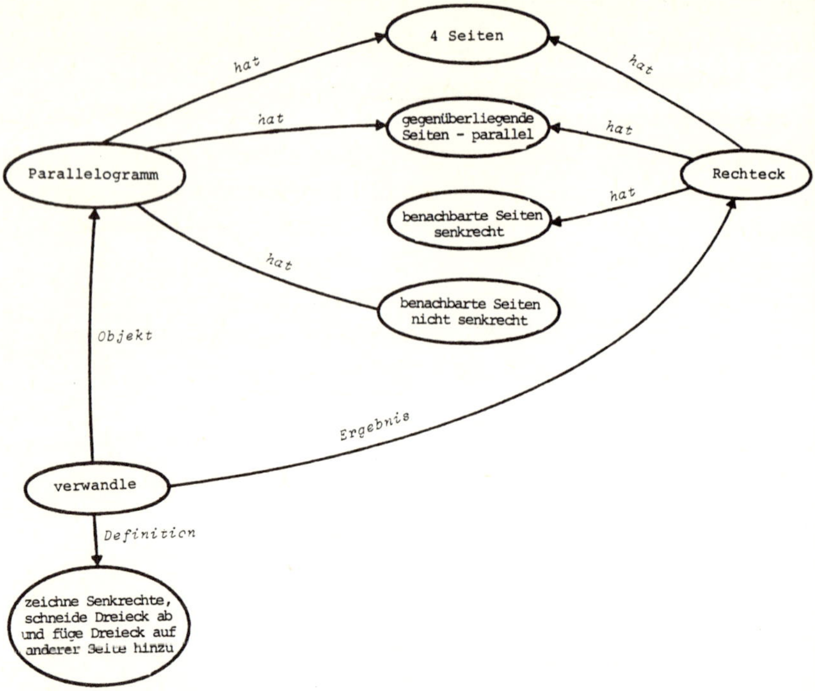

Abb. 6: Kenntnisstruktur zur Bestimmung eines Parallelogramms.

Welche Kenntnisse über Parallelogramme und ihre Flächen könnten zu einem solchen verwirrten und uneffizienten Verhalten führen wie es WERTHEIMER zuerst beobachtete? Und umgekehrt, welche Kenntnisse könnten zu solchen Lösungen führen, wie sie einige Kinder fanden? Die meisten Kinder - das heißt die Nichtlöser - erkannten ein Parallelogramm wahrscheinlich nur dann, wenn die längeren Seiten zum unteren Rand des Blattes oder (im Fall der Wandtafel) zum Boden parallel waren. Sie wendeten keine allgemeinere Definition an, die jede vierseitige Figur mit parallelen gegenüberliegenden Seiten als Parallelogramm erkennbar machte. Die Fläche eines Parallelogramms war wahrscheinlich in Begriffen des spezifischen Vorgehens definiert, das sie gelernt hatten und eben nicht mit Hilfe eines weiterführenden Konzepts. Man kann jedoch ein Parallelogramm als den Spezialfall einer Figur betrachten, die einem Rechteck mit einem fehlenden Stück auf der einen und einem zusätzlichen Stück auf der anderen Seite entspricht. Wie in Abbildung 5d kann das zusätzliche Stück auf die Seite hinübergebracht werden, auf der ein Stück fehlt, wodurch ein vollständiges Rechteck entsteht. Abbildung 6 zeigt die Darstellung einer Kenntnisstruktur, die diese Definition beinhaltet. Die Struktur wird als ein Netzwerk von Konzepten dargestellt, die durch sogenannte relationale Begriffe verbunden sind. Relationale Netzwerke dieser Art, auch wenn sie sich in Details der Darstellung unterscheiden, werden üblicherweise in den derzeitig aktuellen Theorien des "semantischen" Gedächtnisses diskutiert. Solche Theorien (z.B. ANDERSON & BOWER 1973) beschäftigen sich explizit, in Begriffen der Informationsverarbeitung, mit der Erklärung der Bedeutung strukturierter und geordneter Kenntnisse im menschlichen Denken. Sie stellen damit Versuche dar, Prinzipien einer assoziativen Betrachtung des menschlichen Lernens auf einige der traditionellen Probleme und Anliegen der strukturalistischen Psychologie anzuwenden. Die in Abbildung 6 dargestellte Kenntnisstruktur führt zur Einsicht, daß Operationen, z.B. Flächenmessungen, die bei Rechtecken durchgeführt werden können, auch bei Parallelogrammen möglich sind.

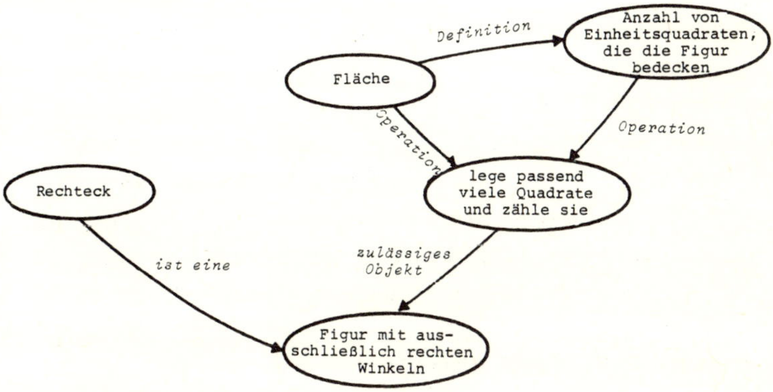

Abb. 7: Kenntnisstruktur zur Bestimmung einer Fläche.

Abbildung 7 stellt in Form eines Netzwerks jene Kenntnisse für eine Flächenberechnung dar, deren Vermittlung im Unterricht von WERTHEIMER empfohlen wurde, damit die Schüler Algorithmen nicht blind anwenden. Ein Individuum mit dieser Art von Kenntnisstrukturen über Flächen versteht, daß die Fläche einer Figur gleich der Anzahl von Einheitsquadraten ist (Quadrat-Inches oder Quadratzentimeter, je nach Meß-System), die auf die Figur gelegt werden können. Im Fall der Rechtecke kann dieses Auflegen von Einheitsquadraten ganz direkt erfolgen, wie dies im oberen Teil von Abbildung 8 dargestellt ist.[5] Der allgemein übliche Berechnungsalgorithmus Länge x Breite ist ein einfacher Weg zur Bestimmung, wieviele Quadrate passen würden, ohne daß man dabei die Mühe des tatsächlichen Auflegens und Zählens hat.

WERTHEIMER glaubte, daß jene Kinder, die diese "sinnvollen" Konzepte über geometrische Figuren und deren Flächen gelernt haben, kein so uneinsichtiges Verhalten zeigen würden, wie dies viele Schüler in seinen empirischen Untersuchungen taten. Er führte tatsächlich eine Anzahl von Experimenten durch, in denen den Kindern das Messen einer Flächer mit Hilfe von Einheitsquadraten gezeigt wurde, und in denen sie aufgefordert wurden, mit Figuren zu arbeiten, bei denen die Beziehung zu Rechtecken auf Grund des zusätzlichen bzw. fehlenden Stücks einfacher zu erkennen war. Trotz seiner Begeisterung für diese Art des Vorgehens wurden, soviel ich weiß, keine sicheren Beweise für eine positive Wirkung auf das Verständnis von Parallelogramm-Flächen erbracht.

Gemeinsam mit einigen Kollegen (RESNICK, PELLEGRINO, LYON, SCHADLER, MULHOLLAND, GLASER & BLUMBERG 1980) begann ich vor einigen Jahren zu untersuchen, ob diese Art der Darstellung die Auffindung einer Lösung für das Flächenproblem wahrscheinlicher machen würde. Wir führten

5) In unseren Experimenten wurden Würfel verwendet, weil sie für die Kinder leichter zu handhaben sind als quadratische Plättchen.

(a) *Meßtraining*

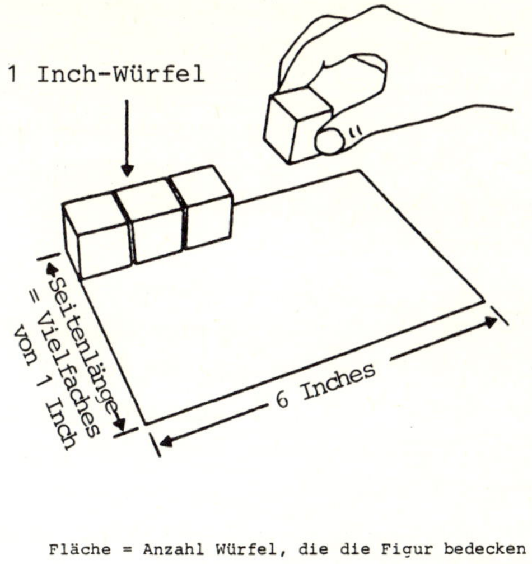

(b) *Umformungstraining*

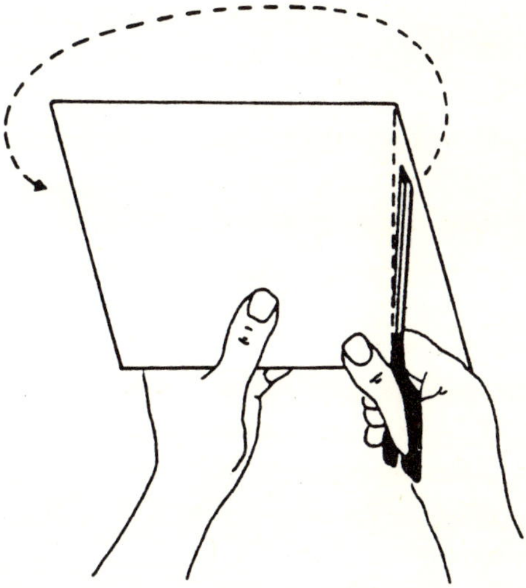

Abb. 8: Training (a) zur Flächenmessung unter Anwendung von Würfeln, und (b) zur Umformung nichtrechteckiger Figuren in Rechtecke. Während des Umformungstrainings wurden nicht Parallelogramme, sondern andere nichtrechteckige Figuren verwendet.

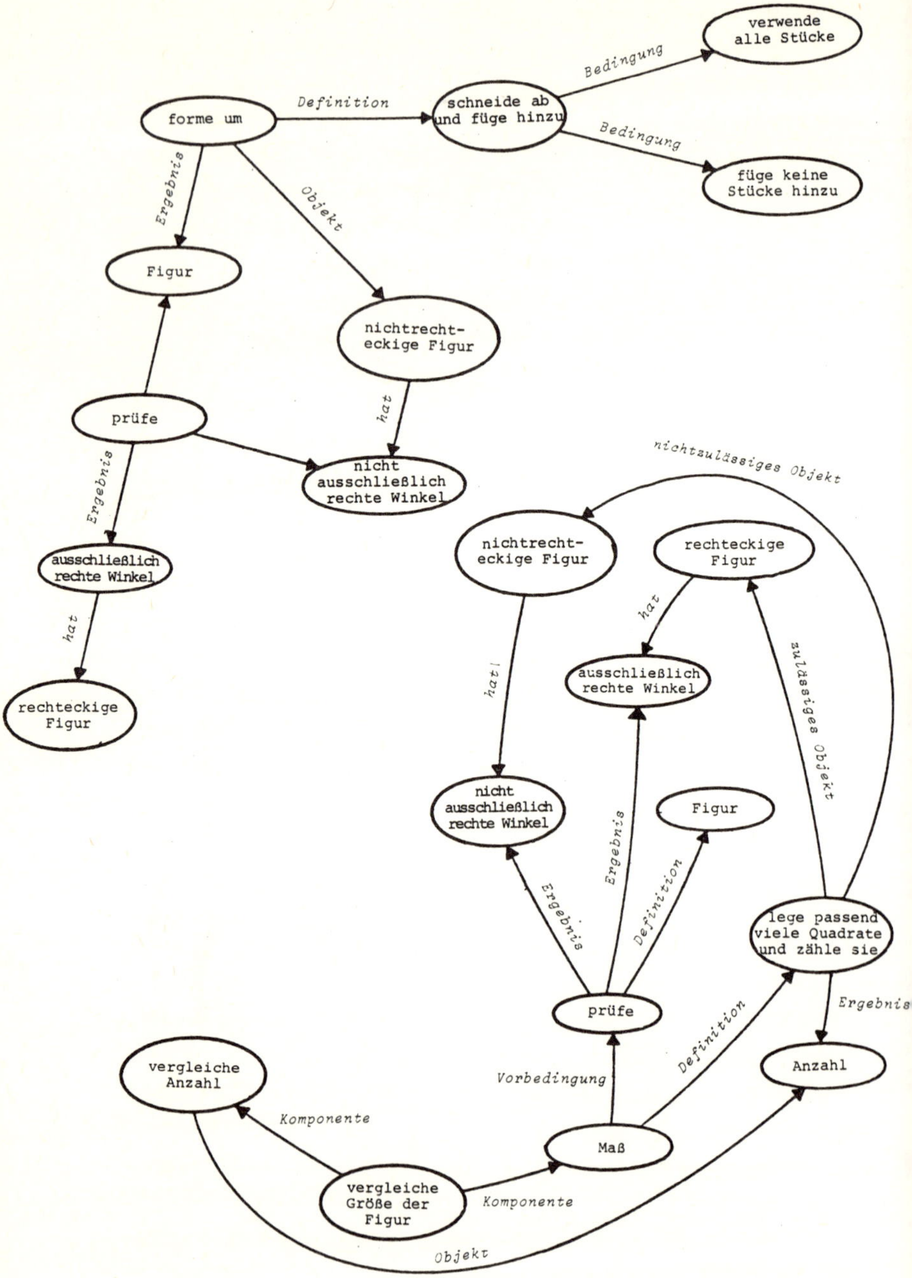

Abb. 9: Getrennte Kenntnisstrukturen für den Vergleich von Flächen und für die Umformung von Figuren.

eine Reihe von Experimenten durch, in denen zehn- und elfjährige Kinder zwei getrennte Vorgehensweisen lernten: Es wurde ihnen gezeigt, wie die Flächen von zwei Rechtecken verglichen werden, indem sie mit Würfeln von je einem Kubik-Inch genau abgedeckt werden, und dann die gesamte Anzahl der Würfel auf jedem Rechteck gezählt wird. Sie lernten auch, wie nicht-rechteckige Figuren aus Papier in rechteckige umgeformt werden können, indem ihnen mit der Schere auf der einen Seite das entsprechende Stück abgeschnitten und auf der anderen Seite wieder hinzugefügt wird, so daß sich ein Rechteck ergibt, wie dies im unteren Teil der Abbildung 8 gezeigt ist. Anschließend an dieses Training wurde den Kindern die Aufgabe gestellt, zu überlegen, wie die Fläche eines Parallelogramms mit einer nichtrechteckigen Form, die sie im Training zuvor noch nicht gesehen hatten, zu berechnen ist.

Abbildung 9 zeigt den Typ von Kenntnisstrukturen, den diese Kinder wahrscheinlich bis zum Ende des Meß- und Umformungstrainings erworben haben. Im unteren rechten Abschnitt des Diagramms sehen wir, daß sie ein Vorgehen für den Größenvergleich von Figuren kennen. Sie wissen auch, daß es für die Anwendung dieses Vorgehens Grenzen gibt. Sie können es nur anwenden, wenn die zu messende Figur ein Rechteck ist (siehe die Pfeile, die durch "zulässiges" Objekt und "nicht-zulässiges" Objekt gekennzeichnet sind). Verbunden mit dieser Kenntnis des Vorgehens ist eine Kenntnis der Definitionen für Rechtecke und Nichtrechtecke. Kinder, die im Besitz dieses Teils der Kenntnisstruktur sind, könnten, wenn ihnen Rechtecke vorgelegt werden, diese messen und deren Flächen vergleichen. Wenn ihnen ein Nichtrechteck vorgelegt wird, würden diese Kinder feststellen, daß sie diese Meßmethode nicht anwenden können. Dieser Kenntnisteil ist in sich stimmig und entspricht auch in befriedigender Weise der mathematischen Bedeutung von Fläche. Aber zur Lösung des Parallelogramm-Flächen-Problems ist er nicht im erforderlichen Ausmaß mit anderen Kenntnissen verbunden.

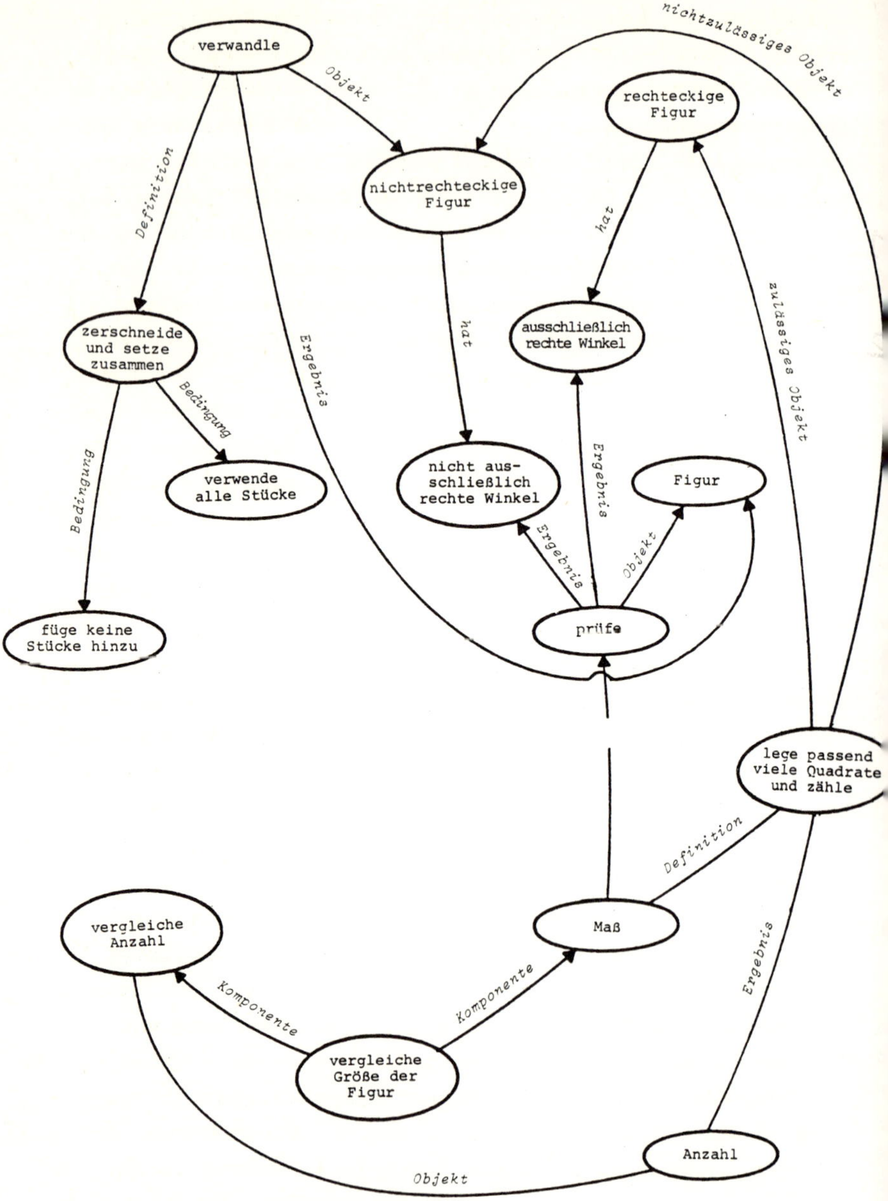

Abb. 10: Zusammenhängende Kenntnisstrukturen für den Vergleich von Flächen und für die Umformung von Figuren.

Die zusätzlich notwendigen Kenntnisse werden in der oberen linken Hälfte der Abbildung 9 gezeigt. Dies ist die Kenntnisstruktur, auf der die Fähigkeit beruht, Nichtrechtecke in Rechtecke umzuformen. Wie die Abbildung zeigt, sollte das Umformungstraining zu einer Kenntnisstruktur führen, die einerseits die Fähigkeit beinhaltet, zwischen einem Rechteck und einem Nichtrechteck zu unterscheiden,und andererseits auch das Wissen einschließt, daß die Fläche einer Figur durch Zerschneiden und Wiederzusammenfügen der Stücke so lange nicht verändert wird, als alle Stücke dabei verwendet und keine neuen Stücke hinzugefügt werden.

In unseren Experimenten (RESNICK u.a. 1980) lernten die Kinder diese zwei getrennten Vorgehensweisen für Messung und Umformung und erwarben dabei wahrscheinlich ungefähr solche Kenntnisstrukturen, wie sie in Abbildung 9 dargestellt sind. Nachdem diese beiden getrennten Vorgehensweisen gelehrt worden waren, wurden die Kinder im eigentlichen Experiment aufgefordert, die Lösung für das Parallelogramm-Flächen-Problem eigenständig zu finden; eine Lösung, die von ihnen verlangte, eine Verbindung zwischen den Kenntnisstrukturen für Messung und für Umformung herzustellen oder zu entdecken. Es wurden ihnen zwei Figuren vorgelegt, wobei mindestens eine kein Rechteck war, und sie sollten herausfinden, welche Figur größer war.

Abbildung 10 zeigt die Kenntnisstruktur, von der wir annehmen, daß sie nötig ist, um Parallelogrammaufgaben lösen zu können. Sie stellt eine neue Struktur dar, die sich bildet, wenn die Kenntnis über die Umformung von Nichtrechtecken mit der Kenntnis über Messung verbunden wird. Ist diese Verbindung einmal erfolgt, muß ein Individuum, dem die Aufgabe vorgelegt wird, Flächen von Nichtrechtecken zu vergleichen, zwei Kenntnisnetzwerke probeweise zum Einsatz bringen. Eines der Netzwerke enthält die Feststellung, daß die gelernte Meßmethode nicht angewendet werden kann; das andere beinhaltet die Feststellung, daß eine Umformung möglich ist. In dieser integrierten Kenntnisstruktur ist das Ergebnis der Umformung eine Figur, bei der die Messung durchgeführt werden kann. Ein Individuum mit dieser integrierten Kenntnisstruktur sollte fähig sein, nicht nur Parallelogramm-Flächen-Probleme, sondern auch Probleme mit vielen anderen nicht-rechteckigen Figuren zu lösen.

Wie erfolgreich waren die Zehn- und Elfjährigen bei der Herstellung dieser Verbindung zwischen den Kenntnisstrukturen? Bei den verschiedenen Experimenten konnten insgesamt ungefähr 50 % der Kinder die Lösung unter den gerade beschriebenen Bedingungen finden. Einige sahen den Zusammenhang zwischen Messung und Umformung sofort. Der größere Teil hingegen war gezwungen, länger nachzudenken. Schließlich erkannten auch diese Kinder, manchmal erst nachdem sie mehrmals versucht hatten, das Parallelogramm mit Würfeln genau abzudecken, daß die Umformung (zerschneiden und neu zusammenfügen) zuerst durchgeführt werden muß. Sie handelten dabei ohne jede ausdrückliche Anregung durch den Versuchsleiter; wir können daher sagen, daß sie die Lösung eigenständig fanden, das heißt, die notwendige Verbindung in ihrer Kenntnisstruktur herstellten. Der Prozentsatz an Kindern, die Lösungen fanden, ist in unseren Experimenten vermutlich höher als in den Untersuchungs-Klassen von WERTHEIMER, der eigentlich nie Prozentsätze angab. Trotzdem zeigen die Zahlen gewiß nicht, daß man notwendigerweise fähig ist, eine Lösung für das Parallelogramm-Flächen-Problem zu finden, wenn man nur die richtige mathematische Kenntnisstruktur besitzt. In anderen Worten, WERTHEIMER mag teilweise recht gehabt haben - eine gute Darstellung hilft - aber er hat nicht den ganzen Prozeß der Lösungsfindung, des Erfindens, erklärt. In der Absicht, Erfindungen vollständiger zu erklären, wende ich mich nun einer Betrachtung des zweiten und dritten hypothetisch angenommenen Faktors zu.

3.2 Die Form der neuen Information

In unseren Experimenten mit Parallelogrammen fanden ungefähr 50 % der Kinder die Verbindung zwischen Umformungen und Flächenmessung nicht eigenständig. Was unterscheidet Kinder, die Erfindungen machten von jenen, die keine machten? Einer der Unterschiede liegt wahrscheinlich in der Art, wie das Problem vorgelegt wurde - das heißt, in der Darbietungsform der Informationen, die für die Aufgabe relevant waren, sowie in dem Ausmaß, in dem diese neuen Informationen mit bereits gespeichertem Wissen verbunden werden konnten. Im Verlauf unserer Experimente gab es einige Variationen bei der Darbietung der Figuren in der Problemlösephase - einmal wurde eine, einmal wurden zwei Figuren vorgelegt; einmal wurde ein Rechteck vorgelegt, einmal nicht; die nichtrechteckige Figur war entweder ein Parallelogramm oder eine analoge Figur, bei welcher der Zusammenhang zwischen fehlendem und zusätzlichem Stück besonders deutlich war, Abbildung 11 zeigt diese Variationen.

Im allgemeinen führte das Fehlen eines Rechtecks oder das Vorhandensein einer Figur mit fehlendem und entsprechendem zusätzlichen Stück zu einer größeren Anzahl von Lösungen. Die Figur mit fehlendem und entsprechendem zusätzlichen Stück regte wahrscheinlich direkt zur Umformung an. Diese Interpretation wurde durch die Häufigkeit und die Bedeutung bestätigt, mit welcher die Umformung in den später aufgenommenen wörtlichen Protokollen genannt wurde. Sequentielle Analysen des Problemlöseverhaltens zeigten, daß das Vorliegen eines Rechtecks die meisten Kinder dazu verführte, sofort die Meßroutine mit den Würfeln beim Rechteck anzuwenden. Viele Kinder fanden es dann schwierig, nachdem sie eine Figur gemessen hatten, sich auf ein weiteres Ziel einzustellen und versuchten anschließend, Würfel auf das Parallelogramm zu legen. In diesen Fällen veranlaßten Merkmale der situativen Einbettung der Aufgabe das Auftreten spezifischer

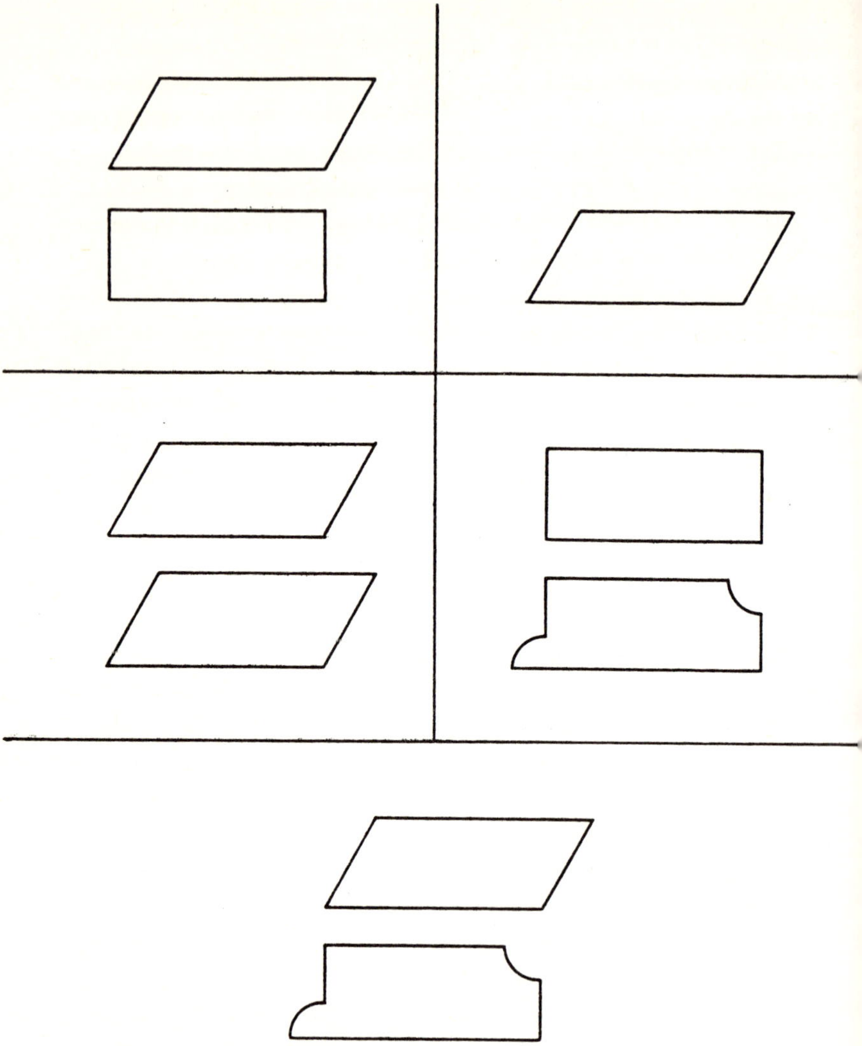

Abb. 11: Variationen der vorgelegten Figuren beim Parallelogramm-Flächen-Problem. Unterschiedliche Paare von Figuren führten zur Anwendung jeweils anderer der gelernten Routinen.

Lösungen, offensichtlich weil sie zu unterschiedlichen Konzeptualisierungen des Problems führten.

Manchmal können auch verbale Instruktionen die Konzeptualisierung einer Aufgabe beeinflussen, welche umgekehrt bestimmt, welche Reize in der Umgebung wahrgenommen werden, und wie die die Aufgabe umgebenden Elemente nach Hinweisen abgesucht werden, wie weiter vorgegangen werden soll. Ein Experiment, das in unserem Labor von Maria MAGONE durchgeführt wurde, illustriert ganz eindrücklich den Einfluß von Instruktionen auf die Konzeptualisierung von Aufgaben. Die Aufgabe, die MAGONE untersuchte, ist in der klassischen Literatur über Problemlösen bekannt und stellt eine Variante des Problems mit zwei Seilen dar, das von DUNCKER (1945) und MAIER (1930) umfassend untersucht wurde. Zwei Seile werden in einem Zimmer an gegenüberliegenden Seiten aufgehängt und die Vp wird aufgefordert, sie zusammenzubinden. Beim Versuch, dies zu tun, bemerkt die Vp, daß die Seile so weit auseinanderhängen, daß sie sie nicht beide gleichzeitig erreichen kann. Der Vp wird dann gesagt, daß sie irgendeinen der im Zimmer zur Verfügung stehenden Gegenstände zu Hilfe nehmen kann, um die Seile zusammenzubinden.

Es gibt drei Klassen von Problemlösungen. Die Pendel-Lösung wurde von DUNCKER und MAIER als die beste bewertet, weil sie seltener als die anderen entdeckt wurde: Die Vp hängt ein Gewicht an eines der Seile und versetzt das Seil in Schwingung. Dann geht sie zum anderen Seil, ergreift es, geht in die Mitte des Raums zurück und wartet, bis das erste Seil zu ihr schwingt. Eine zweite Lösungsklasse kann als Anker-Lösung bezeichnet werden. Bei dieser Lösung bindet die Vp ein Seil in der Mitte des Zimmers fest, oder sie befestigt es dort auf andere Weise. Dann holt die Vp das zweite Seil, bringt es zum ersten Seil hin und bindet die beiden zusammen. Die dritte Lösungsklasse, die in der Untersuchung von MAGONE am häufigsten auftritt, ist die Lösung mit Hilfe einer Verlängerung. Bei dieser Lösung verlängert die Vp entweder eines der Seile, so daß es möglich wird, es zu halten, während sie zum anderen Seil hinübergeht, um es zu ergreifen, oder sie verlängert ihren Arm so (indem sie einen langen, stabilen Stock mit einem Haken am einen Ende - zum Beispiel einen Spazierstock - verwendet), daß es ihr möglich wird, beide Seile gleichzeitig zu erreichen. Unabhängig davon, welche Lösungsklasse die Vpn anwenden, können sie das Problem mit den zwei Seilen auf eine der beiden folgenden Arten lösen: von oben nach unten ("top-down") oder von unten nach oben ("bottom-up"). Bei der Lösungsart von oben nach unten wird der Handlungsprozeß von einer Idee für eine Lösung gelenkt und dies bewirkt, daß die Vp nach Gegenständen sucht, die bestimmte Funktionen erfüllen können. Bei den Lösungen von unten nach oben wird anhand der Eigenschaften der Gegenstände überlegt, auf welche Weise sie verwendet werden könnten, um das Problem zu lösen.

Das Experiment von MAGONE war so angelegt, daß den Vpn die eine oder andere Lösungsart nahegelegt wurde. Vpn, unter der Bedingung "von oben nach unten", erhielten beispielsweise die folgende Instruktion: "Würden Sie bitte diese beiden Seile zusammenbinden. Ein guter Lösungsweg besteht darin, daß das eine Seil zum anderen schwingt". Dann wurde ihnen ein Gewicht gegeben und gesagt, es beim Lösen des Problems zu Hilfe zu nehmen. Der vorgeschlagene "gute Lösungsweg" und der gegebene Gegenstand wurden so variiert, daß einige Vpn eine Instruktion zur Pendel-Lösung, einige eine Instruktion zur Anker-Lösung und einige eine Instruktion zur Lösung mit Hilfe einer Verlängerung erhielten. Nahezu alle Vpn befolgten die jeweils zu Anfang gegebene, entsprechende Instruktion und lösten das Problem auf die vorgeschlagene Art und Weise. In einem nächsten Schritt wurden fünf zusätzliche Gegenstände (Stuhl, Band, Aufhänger, Maßstab, Schirm) zur Verfügung gestellt, und die Vpn aufgefordert, jeden einzelnen dieser Gegenstände in beliebiger Reihenfolge zu verwenden, um die Seile zusammenzubinden. Es zeigte sich, daß jede

Vp aus den Gegenständen jenen auswählte, der sich zur Anwendung bei jener Lösungsklasse eignete, zu der auch die eben vorhergehende Lösung gehörte. Anker-Lösung folgte auf Anker-Lösung, Pendel-Lösung auf Pendel-Lösung und eine Verlängerungs-Lösung auf eine Verlängerungs-Lösung. Dies wiederholte sich bei weiteren drei Versuchen in der Mehrzahl der Fälle, das heißt, bis keine Gegenstände mehr da waren, die bei der ursprünglich gewählten Lösungsklasse angewendet werden konnten. Dann erst wechselten die Vpn typischerweise die Lösungsklasse.

Waren die Vpn vielleicht gegenüber unseren Anweisungen zu gehorsam und achteten kaum auf ihre eigene Problemrepräsentation, sondern strebten nur die Lösung an, von der sie dachten, daß wir sie wünschten? Wir haben Beweise, die uns zeigen, daß dies nicht der Fall ist. Einer anderen Gruppe von Vpn wurden Instruktionen gegeben, die sich geringfügig von den ursprünglichen Instruktionen zur Lösungsart "von oben nach unten" unterschieden. Es wurde ihnen gesagt: "Würden Sie bitte die beiden Seile zusammenbinden. Ein guter Lösungsweg besteht darin, daß das eine Seil zum anderen hinschwingt, aber sie können sich auch etwas anderes einfallen lassen". Diese einzige zusätzliche Bemerkung veranlaßte die Vpn offensichtlich, das Problem eigenständig zu analysieren und ihre eigenen Lösungen zu finden, da unter dieser experimentellen Bedingung nur sehr wenige Personen jene Lösungsklasse anwendeten, die ihnen empfohlen worden war. Wenn ihnen aber nun wieder die anderen Gegenstände gezeigt und sie aufgefordert wurden, das Problem durch Verwendung der einzelnen Gegenstände in beliebiger Reihenfolge zu lösen, wählten sie wiederum dieselbe Klasse von Lösungen wie zuvor. Sie hatten also eigenständig eine Vorstellung des Problems aufgebaut, die zu einer bestimmten Klasse von Lösungen führte, und die auch die weiteren Problemlöseversuche so lange lenkte, so lange sie brauchbar war.

Einer dritten Gruppe von Vpn wurde eine Instruktion gegeben, von der wir hofften, daß sie zu einem Lösungsansatz von unten nach oben führt. Aus dem Verhalten dieser Gruppe wird ersichtlich, daß nicht immer nur Lösungswege von oben nach unten angewendet wurden. Bei dieser Gruppe wurde keine bestimmte Lösungsklasse vorgeschlagen. Die Vpn erhielten einen Gegenstand und wurden aufgefordert, ihn zum Zusammenbinden der Seile zu verwenden. Der zur Verfügung gestellte Gegenstand eignete sich entweder zur Anwendung als Pendel, als Anker oder zur Verlängerung des Seils. Wenn die erste Lösung abgeschlossen war, wurden die anderen Gegenstände gezeigt und die Vpn wurden wie die oben beschriebenen Gruppen von Vpn aufgefordert, jeden dieser Gegenstände in beliebiger Reihenfolge zur Lösung zu verwenden. Die Konsequenz der gleich zu Beginn erfolgten Zentrierung der Aufmerksamkeit auf den Gegenstand anstatt auf eine spezifische Lösungsklasse bestand darin, daß die Vpn in dieser Gruppe dazu neigten, die Gegenstände in einer zufälligen Reihenfolge zu verwenden und nicht nach den für eine bestimmte Lösungsklasse geeigneten Gegenständen zu suchen. Die bei jedem Versuch gezeigte Lösung war eine Funktion des Gegenstands; es trat keine Tendenz auf, die eben zuvor gezeigte Lösung zu wiederholen. Diese Vpn schienen daher wirklich die Lösungsart von unten nach oben anzuwenden, da ihre Lösungen durch Eigenschaften der Gegenstände bestimmt wurden.

Aus unserer Sicht besteht die zentrale Erkenntnis aus diesem Experiment darin, daß unterschiedliche Instruktionen bei Vorgabe der genau gleichen Gegenstände und des genau gleichen Ziels zu grundsätzlich anderen Ansätzen für eine Lösung der Aufgabe und demzufolge auch zu ganz unterschiedlichen Lösungssequenzen führen können. Instruktionen, die die Aufmerksamkeit auf eine bestimmte Lösungsklasse lenkten, führten zu Lösungswegen von oben nach unten, bei denen die Gegenstände auf ihre Brauchbarkeit im Rahmen dieser Lösungsklasse überprüft wurden. Instruktionen, die die Aufmerksamkeit auf die Gegenstände selbst lenkten, führten zu Lösungsstilen von unten nach oben, bei welchen die Vpn auf Grund der Eigenschaften der Gegenstände nach Lösungen suchten. Auch eine sehr kleine Veränderung der Instruktion - wie zum Beispiel der zusätzliche Hinweis, daß ein anderes Vorgehen genauso gut sein könnte, wie die vorgeschlagene Lösungsform - führte mindestens zu solchen kleinen Veränderungen, wie sie sich in den Unterschieden zwischen dem Verhalten der ersten und zweiten Gruppe von Vpn zeigen.

3.3 Strategien für Erfindungen

In den beiden vorhergehenden Abschnitten habe ich die Bedeutung der Kenntnisstrukturen und der Form, in welcher ein Problem vorgelegt wird, für die Wahrscheinlichkeit des Auftretens von Erfindungen diskutiert. Aus beiden Themenbereichen ergeben sich Folgerungen, wie man im Mathematikunterricht am besten vorgehen könnte. Es fehlt nun noch die Betrachtung des dritten Faktors, von dem wir annehmen, daß er das Erfinden beeinflußt: Denkstrategien, die mehr oder weniger bewußt zur Erhöhung der Wahrscheinlichkeit neuer Lösungen bei komplexen Aufgaben herangezogen werden können.

Welchen positiven Einfluß auch immer gut strukturierte Darstellungen auf das Lernen im Mathematikunterricht haben, so bleiben diese Darstellungen von einem Lehrer oder in einem Lehrbuch doch immer spezifisch für das bestimmte, zu vermittelnde Thema. Die Frage ist, ob die Fähigkeit eines Individuums, Mathematik zu lernen, durch das Lernen von Strategien, die nicht spezifisch für bestimmte Themenbereiche sind, deutlich erhöht werden kann. Wir wenden uns nun dieser Frage zu und betrachten vom Standpuntk des Lehrers aus die Bedeutung von Strategien für das Problemlösen und das Erfinden.

Zur Illustration des positiven Einflusses nicht spezifischer Strategien auf die Wahrscheinlichkeit des Auftretens von Erfindungen, wenden wir uns nochmals kurz unseren Experimenten mit den Parallelogramm-Flächen-

Problemen zu (RESNICK u.a. 1980). Zwei abschließende Experimente interessieren hier. In beiden wird die Rolle der Zielanalyse und des Planens beim Problemlösen analysiert. Wie in den anderen Experimenten nahmen die Kinder am Umformungs- und Meßtraining teil; dann wurden ihnen zwei Figuren vorgelegt, von denen mindestens eine kein Rechteck war. Anstelle der Frage nach der größeren Figur sagte der Vl zu den Kindern diesmal nur: "Was denkt ihr, daß ich möchte, daß ihr tut?" Jede Antwort wurde auf Band aufgenommen und die Frage wurde wiederholt, bis sich keine neuen Ideen mehr abzeichneten. Alle Kinder dachten sowohl an Messen als auch an Umformen, und manche dachten an eine Überprüfung des Rechtecks, um zu sehen, ob es sich auch um eines handelte.

Sie formulierten also alternative Ziele. Man könnte erwarten, daß dieses Formulieren das nachfolgende Erkennen der Zusammenhänge zwischen den Kenntnisstrukturen des Messens und Umformens erleichtern würde. Und dies war tatsächlich der Fall, denn fast jedes Kind war nun in der Lage, eine Lösung zu finden, als es schließlich aufgefordert wurde, abzuklären, welche Figur größer sei.

Dies zeigt deutlich, daß eine bewußte Analyse der möglichen Ziele und Unterziele in einer Problemlösesituation die Wahrscheinlichkeit für das Entdecken der Lösung ausserordentlich erhöhen kann. Dies ist nur ein kleiner Hinweis für den Einfluß allgemeiner Denkstrategien, aber er stimmt gut mit den Spekulationen sowohl der Mathematiker als auch der Psychologen überein. Mathematiker, wie zum Beispiel POLYA (1945/1957), wiesen darauf hin, daß es Strategien zur Analyse mathematischer Probleme gibt, die die Fähigkeit eines Individuum zur Anwendung der Mathematik deutlich verbessern können. Ein sehr ähnlicher Vorschlag wurde vor einiger Zeit auch von dem Psychologen WICKELGREN (1974) gemacht. Er hat ein Buch über Strategien zur Lösung jener Probleme geschrieben, die typischerweise von Studenten der Technik zu lösen sind. Dieses Buch stützt sich stärker auf Informationsverarbeitungstheorien des Denkens als jede frühere Arbeit, die praktische Hilfen für das Problemlösen geben wollte.

4. Mathematikunterricht durch Förderung von Erfindungen: Eine Zusammenfassung und einige Vorschläge für Untersuchungen

Nach der vorhergehenden Betrachtung von Faktoren, die die Häufigkeit von Erfindungen beeinflussen dürften, kann ich nun zu meiner am Beginn dieses Beitrags gestellten Frage zurückkehren: Wie können wir Individuen helfen, durch Erfindungen neue mathematische Kenntnisse zu erwerben? Ich habe drei Faktoren diskutiert, die wahrscheinlich das Auftreten von Erfindungen beeinflussen. Jeder führt zu bestimmten pädagogischen Maßnahmen, die, falls die meiner Betrachtung zugrundeliegenden Annahmen richtig sind, den Schülern den Erwerb mathematischer Kenntnisse erleichtern sollten.

Erstens weist die zentrale Bedeutung früherer Kenntnisse für das Auftreten von Erfindungen darauf hin, daß wir versuchen sollten, den Schülern tragfähige und einsichtige Repräsentationen oder Darstellungen fundamentaler mathematischer Konzepte vorzulegen. Tragfähige Darstellungen sind solche, die auf eine große Anzahl spezifischer Fälle anwendbar sind. Wenn man einmal eine tragfähige Darstellung kennengelernt und verstanden hat, besitzt man vermutlich ein Fachwissen, mit dessen Hilfe man auch viele andere Situationen, die in ihrer Komplexität über die anfänglich gelehrten hinausgehen, verstehen und in ihnen handeln kann. Einsichtige Darstellungen sind solche, die von Individuen, die über ein bestimmtes Maß an früheren Kenntnissen verfügen, leicht in ihre Kenntnisstruktur aufzunehmen und zu verstehen sind. Das Entdecken solcher Darstellungen, die beide Charakteristika, nämlich Tragfähigkeit und Einsichtigkeit, aufweisen, stellt für die Forschung ein Problem von beträchtlicher

Reichweite dar. Wie ich schon früher in dieser Diskussion dargelegt habe, kann man sich fragen, ob die erweiterte Schreibweise eine vielseitig anwendbare Darstellung des Stellenwerts von Zahlen darstellt, welche die Erfindung einer Vielzahl spezifischer Rechenalgorithmen zuläßt. Zugleich ist auch zu fragen, ob die erweiterte Schreibweise genügend einsichtig ist, um von den Kindern leicht verstanden zu werden. Dies sind natürlich Fragen für empirische Untersuchungen.

Ein Forschungsprogramm, das darauf zielt, einen erfindungsorientierten Unterricht zu fördern, wird, auch wenn es sich nur um einen so begrenzten Bereich wie das Mathematikcurriculum der Grundschule handelt, bereits ein sehr breites Programm darstellen. Es ist unwahrscheinlich, daß einige wenige Prinzipien hinreichend sein werden, um wirksame Darstellungsformen für den Unterricht zu spezifizieren. Vielmehr wird dies eine systematische Untersuchung der Kenntnisstrukturen - prozeduraler und begrifflicher Natur - erfordern, die auf unterschiedliche didaktische Darstellungsformen zurückgehen und zwar in jedem der wichtigen Gebiete des Curriculum. Es werden Methoden zur Aufdeckung der Kenntnisstrukturen der Kinder gefunden werden müssen. Vieles kann auf Grund einer sorgfältigen Analyse des Vorgehens von Kindern beim Rechnen erschlossen werden, wie dies die Untersuchung von BROWN u.a. über fehlerhafte Algorithmen zeigt. Aber wir werden uns häufig eine direktere Möglichkeit zur Erfassung der zugrundeliegenden Kenntnisse der Kinder wünschen, so daß Maßnahmen zu entwikkeln sind, die die Kinder veranlassen, uns zu zeigen, was sie wissen. Ich glaube, daß je intensiver wir uns mit der schwierigen Aufgabe befassen, herauszubekommen, was Kinder wissen, desto deutlicher werden experimentell arbeitende Psychologen aus der Schule der Informationsverarbeitungstheorien die klinische Interviewmethode zu würdigen wissen, die von PIAGET und seinen Genfer Kollegen entwickelt worden ist. Aber experimentelle Kontrollen und "Treatments" - speziell Unterrichtsmaßnahmen - werden weiterhin für eine auf harten Fakten beruhende Didaktik der Mathematik nötig sein.

Ein besonderes Merkmal dieser Forschungsrichtung ist ihr unmittelbarer Zusammenhang mit Unterrichtsmaßnahmen des Lehrers. Das Ziel ist ein Wissen darüber, auf welche Weise bestimmte Elemente des Unterrichts den Verlauf der kognitiven Entwicklung auf dem Gebiet der Mathematik beeinflussen. Dies erfordert zumindest, daß die Untersuchungen unter Bedingungen durchgeführt werden, die sicherstellen, daß weitgehend bekannt ist, was den untersuchten Kindern gelehrt wurde. In vielen Fällen wird die Suche nach optimalen Inhalten und Modellen der Darstellung oder Präsentation die experimentelle Instruktion bestimmen - streng kontrollierte Präsentationen und Auslösesituationen für Antworten, deren Effekte sowohl auf kurzfristige als auch auf langfristige Kenntnisstrukturen überprüft werden können. In solchen Untersuchungen müssen die Details der Präsentation mit großer Aufmerksamkeit analysiert werden. Wenn, wie die Beispiele in diesem Beitrag gezeigt haben, verbale Instruktionen und relativ geringfügige Einzelheiten der situativen Einbettung des Problems den Verlauf des Problemlösens beeinflussen können, dann ist es klar, daß eine unkontrollierte Präsentation die Wirkung von sogar höchst sorgfältig geplanten didaktischen Verfahren und Veranschaulichungen zunichte machen kann.

Im folgenden möchte ich nun die Frage der Bedeutung allgemeiner Strategien für das Problemlösen und für Erfindungen besprechen. Die grundsätzlichen Fragen dabei sind, ob es allgemeine Denkstrategien gibt, die lehrbar sind, und ob diese Strategien, wenn sie einmal erworben wurden, tatsächlich zu einem schnelleren und selbständigeren Erwerb einer Vielzahl mathematischer Kenntnisse führen.Die Frage der Bedeutung allgemeiner Strategien für die Informationsverarbeitung wird heute in zunehmendem Maß von Entwicklungspsychologen behandelt (siehe

BARON 1977; BROWN im Druck). Bei der Mehrzahl dieser Untersuchungen liegt das Hauptgewicht jedoch auf Strategien zur Lösung von Gedächtnisaufgaben und anderen Kurzzeit- oder laborähnlichen Aufgaben. Es wird ein wirklich neues Unterfangen sein, diese Forschungsrichtung auf Strategien des Denkens in einem komplexen Lernbereich,wie z.B. dem Gebiet der Mathematik,auszudehnen. Wie ich früher erwähnt habe, haben schon Mathematiker (POLYA 1945/1957), wie auch Psychologen (WICKELGREN 1974) an die Möglichkeit gedacht, allgemeine Strategien zu lehren. Die allgemeinen Strategien, die diese Autoren vorschlagen, gründen im Fall von POLYA auf intuitiven Erkenntnissen eines Mathematikers auf seinem Gebiet, und im Fall von WICKELGREN auf einer intuitiven Erweiterung einer ziemlich begrenzt gültigen psychologischen Theorie durch einen Psychologen. Ich zweifle nicht daran, daß beide Ansätze vielseitig verwendbare Vorschläge für den Unterricht enthalten. Aber keiner der Vorschläge wurde einer ernsthaften empirischen Analyse unterzogen; und solange dies nicht geschieht, haben wir keine Möglichkeit abzuschätzen, welche Aspekte der in diesen Arbeiten dargestellten intuitiven Erkenntnisse die wichtigen sind. Außerdem beschäftigen sich beide Autoren mit einer relativ abstrakten Form des mathematischen Problemlösens. Es gibt, auch auf nichtempirischer Ebene, keine vergleichbare Arbeit über den Mathematikunterricht auf der Grund- und Sekundarstufe. Daher ist sowohl Raum als auch Nachfrage für eine Forschung gegeben, die das Interesse des Entwicklungspsychologen für die Entwicklung und die Verwendung gewisser einfacher, allgemeiner Strategien zur Behandlung von Information mit dem Interesse des Mathematikers oder des Psychologen aus der Schule der Informationsverarbeitungstheorien für komplexe Strategien verbindet, die in einem spezifischen Stoffgebiet anwendbar sind.

Damit stellt sich abschließend die Frage nach dem allgemeinen Zusammenhang zwischen einer Forschung, die sich in grundsätzlicher Weise mit Unterricht beschäftigt und dem allgemeineren Thema dieses Buches: Modelle der Denkentwicklung. Im Verlauf dieses Beitrags habe ich versucht, über den "Erwerb" und nicht über das "Erlernen" mathematischer Kenntnisse zu sprechen. Ich habe die Bezeichnung gewählt, weil ich dachte, daß dies in bezug auf die Meinungsverschiedenheiten zwischen Entwicklungspsychologen und Lernpsychologen ein einigermaßen neutraler Begriff wäre. Die hier eingenommene Betrachtungsweise von Unterricht, die die Bedeutung der konstruktiven Denkprozesse des Individuums beim Erwerb neuer Kenntnisse berücksichtigt, scheint mir sehr gut mit der Konzeption kognitiver Entwicklung übereinzustimmen, die von vielen Entwicklungspsychologen vertreten wird - d.h. mit der Konzeption, daß kognitive Entwicklung im wesentlichen ein von innen her gesteuerter Prozeß ist. Aus dieser Sicht stellt Unterricht einfach eine Zentrierung der Umwelteinflüsse dar, die, wie alle Entwicklungspsychologen bestätigen, eine wichtige Rolle in der kognitiven Entwicklung spielen. Unterrichten bedeutet Umweltplanung - im speziellen eine auf Informationsaustausch beruhende Umweltplanung - zur Förderung von Denkkonstruktionen, die normalerweise nur schwer zu erarbeiten sind oder die sogar in eine falsche Richtung gelenkt werden können (wie zum Beispiel, wenn fehlerhafte Algorithmen oder andere falsche Konzeptionen resultieren). Unterricht wird damit nicht den Vorgängen der Denkentwicklung gegenübergestellt, sondern wird vielmehr als ein Mittel betrachtet, solche Prozesse zu kanalisieren und ihnen optimale Bedingungen im Rahmen eines Bereichs menschlichen Lebens zu schaffen.

Literaturverzeichnis:

ANDERSON, J.R. & BOWER, G.H.: Human associative memory. New York: Halstead Press, 1973.

BARON, J.: Intelligence and general strategies. In: UNDERWOOD, G. (Ed.): Strategies in information processing. London: Academic Press, 1977, 403-450.

BROWN, A.L.: Knowing when, where, and how to remember: A problem of metacognition. In: GLASER, R. (Ed.): Advances in instructional psychology. Hillsdale,N. J.: Lawrence Erlbaum Associates, im Druck.

BROWN, J. S., BURTON, R.R. & HAUSMAN, C.L.: Representing and using procedural bugs for educational purposes. Cambridge, Mass.: Bolt, Beranek and Newman Inc., 1977.

DUNCKER, K.: On problem solving. Psychological Monographs, 1945, 58 (5), 1-113.

GINSBURG, H.: Children's arithmetic: The learning process. New York: D. Van Nostrand Co., 1977.

GROEN, G. J. & PARKMAN, J.M.: A chronometric analysis of simple addition. Psychological Review, 1972, 79 (4), 329-343.

GROEN, G.J. & RESNICK, L. B.: Can preschool children invent addition algorithms? Journal of Educational Psychology, 1977, 69 (6), 645-652.

HADAMARD, J.: The psychology of invention in the mathematical field. New York: Dover Publications, 1945.

LANKFORD, F.G.: Some computational strategies of seventh grade pupils. (Final report, Project-Number 2-C-013). HEW/OE National Center for Educational Research and Development and the Center for Advanced Studies, the University of Virginia, 1972.

MAIER, N.: Reasoning in humans I. On direction. Journal of Comparative Psychology, 1930, 10, 115-143.

MOYER, R.S. & LANDAUER, T.K.: Time required for judgments of numerical inequality. Nature, 1967, 215, 1519-1520.

PEILL, E.J.: Invention and discovery of reality: The acquisition of conservation of amount. New York: Wiley & Sons, Inc., 1975.

POLYA, G.: How to solve it. New York: Doubleday Anchor Books, 1957. (erstmals publiziert 1945).

RESNICK, L. B. & GLASER, R.: Problem solving and intelligence. In: RESNICK, L.B. (Ed.): The nature of intelligence. Hillsdale, N.J.: Lawrence Erlbaum Associates, 1976, 205-230.

RESNICK, L., PELLEGRINO, J., LYON, D., SCHADLER, M., MULHOLLAND, T., GLASER, R. & BLUMBERG, P.: Wertheimer revisited: Information processing analyses of invention in the area-of-a-parallelogram task. Unveröffentl. Manuskript. University of Pittsburgh, Learning Research and Development Center. 1980. X

SUPPES, P. & GROEN, G.: Some counting models for first-grade performance data on simple addition facts. In: SCANDURA, J.M. (Ed.): Research in mathematics education. Washington, D.C.: National Council of Teachers of Mathematics, 1967.

WERTHEIMER, M.: Productive thinking. New York: Harper & Row, 1959. (erstmals publiziert 1945).

WICKELGREN, W.A.: How to solve problems: Elements of a theory of problems and problem solving. San Francisco: W.H. Freeman & Co., 1974.

WOODS, S.S., RESNICK, L.B. & GROEN, G.J.: An experimental test of five process models for subtraction. Journal of Educational Psychology, 1975, 67 (1), 17-21.

Überlegungen zur Theorie von Piaget: Weiterentwicklung und Verbesserung oder Verwerfung der Theorie?

Harry Beilin

1. Einleitung

Es wird häufig gesagt, daß die Aussagekraft einer Forschungsrichtung an der Geschwindigkeit abgeschätzt werden kann, mit der sie durch andere Richtungen ersetzt wird. PIAGETs Theorie hat, trotz andauernder Kritik, ungefähr seit 50 Jahren Gültigkeit im Bereich der Entwicklungspsychologie und scheint auch heute nicht in unmittelbarer Gefahr zu sein, als veraltet zu gelten. Ihre Beständigkeit beruht einerseits auf einer regelmäßigen Ausweitung der Theorie durch Erforschung neuer Gebiete und andererseits auf einer kontinuierlichen Überarbeitung der theoretischen Konzepte an sich. PIAGET selbst ist ja stolz darauf, sein eigener "bedeutendster Erneuerer" zu sein. Ist die Theorie damit unzugänglich für weitere Kritik oder gar abgesichert gegen allgemeine Ablehnung?

Wenn man heute nach Alternativen zu PIAGETs Theorie im Rahmen der Entwicklungspsychologie sucht, findet man nur verhältnismäßig wenige bedeutende Gegentheorien, hingegen eine Vielzahl von unbedeutenderen Ansätzen. Als PIAGET zu forschen begann, war der Empirismus die Zielscheibe seiner allgemeinen Wissenschaftskritik. Seine konstanten Angriffe setzen sich auch heute noch fort, obwohl dieser Gegner nicht mehr in der Form existiert, in der er von PIAGET und seinen Schülern beschrieben wird (z. B. INHELDER, SINCLAIR & BOVET, 1974). Alternative Theorien weisen im Unterschied zu den heutigen Formen des Empirismus, wie zum Beispiel der Theorie des sozialen

Lernens, Eigenschaften auf, die im wesentlichen in die Theorie von PIAGET eingebaut wurden oder werden können. Beispiele für solche alternative Theorien sind der Funktionalismus, der seinen Niederschlag in BRUNERs Werk gefunden hat und die Theorien der Informationsverarbeitung, die in einzelnen Artikeln dieses Bandes beschrieben werden.

Offensichtlich wäre im Fall einer Verwerfung von PIAGETs Theorie nicht klar, welche andere Theorie eine adäquate Erklärung für den großen Bereich kognitiver Phänomene liefern könnte, den PIAGET und seine Schüler beschrieben haben.[1] Nichts erscheint daher beim Betrachten der vielen Einwände gegen die Theorie vernünftiger als ihre Weiterentwicklung oder Verbesserung. Dabei ist allerdings zu bedenken, daß die Theorie durch PIAGET selbst verbessert wurde, und es stellt sich die Frage, ob er in Wirklichkeit nicht die wichtigsten Einwände bereits selbst berücksichtigt hat. Im folgenden gehe ich von der These aus, daß dies in einigen Fällen nicht der Fall war.

Ich möchte jedoch zuerst einige vor kurzem erfolgte Änderungen der Theorie beleuchten, um zu veranschaulichen, wie tiefgreifend sie waren. Anschließend werde ich detailliert einige neuere Ergebnisse darstellen, die zeigen, an welchen Stellen weitere Verbesserungen notwendig sind, die PIAGET aber offensichtlich nicht durchführen wollte.

2. Transformationen und Korrespondenzen

Einige Weiterentwicklungen der Theorie von PIAGET sind deshalb schwer faßbar, weil sie nicht als solche expli-

1) Obwohl funktionalistische Ansätze wie jener von BRUNER u. a. (1966) und andere theorieähnliche Konzepte für begrenzte Aspekte der Entwicklung liefern, ist es fraglich, ob sie zu einer umfassenden Entwicklungstheorie führen können.

zit dargestellt wurden oder aber nur zu kleinen schrittweisen Veränderungen führten. Eine vor kurzem erfolgte Modifikation ist jedoch deutlich erkennbar, da sie zu überraschenden Konsequenzen und auch zu einer bedeutsamen Veränderung der Theorie geführt hat.

Diese Veränderung betrifft in erster Linie die Rolle der Transformationen im Denken. In den annähernd sechzig Jahren, in denen PIAGET an seiner Entwicklungstheorie arbeitete, lagen seiner Forschung im wesentlichen folgende zwei Hypothesen zugrunde (PIAGET, 1976). Erstens: Erkenntnis hat ihren Ursprung in der Handlung und nicht in der Wahrnehmung oder in der Sprache. Zweitens: Einige Handlungen sind verinnerlicht und in Gruppen von Operationen organisiert. Diesen Hypothesen liegt die Vorstellung zugrunde, daß Erkennen mit Systemen von Transformationen zusammenhängt: "To know is to transform" (PIAGET, 1976). Damit wurde gesagt, daß alle Erkenntnis auf Transformationen gründet: "All operational subject structures, on the one hand, and all causal structures in the domain of physical experience on the other hand, suppose a combination of production and conservation. There is always some production; that is, some kind of transformation taking place. Similarly, there is always some conservation, something that remains unchanged throughout the transformation. Without any transformation we have only static identity... Without any conservation we have only constant transformation... In reality there is always both, conservation and production" (PIAGET, 1972, S. 17).

Eine vor kurzem erfolgte wichtige Änderung der Theorie von PIAGET besagt, daß Erkenntnis sowohl auf Grund des Suchens und Herstellens von Korrespondenzen zwischen Objekten und Ereignissen als auch aufgrund von Transformationen möglich ist (PIAGET, 1976, 1977). Das Herstellen von Korrespondenzen erfolgt durch "Instrumente des Vergleichs" und zwar auf jeder Entwicklungsstufe. Auf der sensomotorischen Stufe zum Beispiel ist jede Assimilation an ein Aktionsschema eine Korrespondenz. In einem von PIAGET selbst angeführten Beispiel sieht ein Kind einen hängenden Gegenstand und es stößt ihn weg, damit er sich bewegt. Wenn das Kind nun später wieder einen hängenden Gegenstand sieht, stellt es eine Korrespondenz her zwischen dem jetzt wahrgenommenen Gegenstand und jenem, welchen es zuvor kategorisiert hat, und es beginnt, den neuen Gegenstand in gleicher Weise wie den früheren wegzustoßen. In gleicher Art entspricht auf der operationalen Stufe jeder direkten Operation, wie zum Beispiel der Addition, eine inverse Operation, in diesem Fall die Subtraktion. Somit gibt es sowohl auf der Stufe der sensomotorischen Aktion als auch auf der operationalen Stufe Korrespondenzen.

PIAGET unterscheidet drei Arten von Relationen zwischen Korrespondenzen und Transformationen. Erstens: Korrespondenzen bereiten Transformationen den Weg. Es ist nötig, den ursprünglichen Zustand von Gegenständen zu kennen, um Vergleiche zwischen ihnen durchführen zu können. Dieses Wissen muß Transformationen notwendigerweise vorhergehen, da diese Manipulationen der Zustände erfordern. Zweitens: Es gibt Wechselwirkungen zwischen Korrespondenzen und Transformationen derart, daß sie sich gegenseitig in ihrer Funktion unterstützen. Drittens: Es gibt auch Korrespondenzen hinsichtlich der Transformationen selbst. Dabei handelt es sich um die (logisch) notwendigen Korrespondenzen, die zwischen jeder direkten Operation und ihrer inversen Operation vorliegen. Während die Transformationen in der Erreichung der Reversibilität, dem Eckstein des logischen Denkens, kulminieren, führen die Korrespondenzen auf Grund der Suche nach Ähnlichkeiten zur Erkenntnis der Reziprozität. Die Beziehungen zwischen Transformationen und Korrespondenzen, zwischen Reversibilität und Reziprozität sind nicht gegensätzlicher Natur; PIAGET betrachtet sie vielmehr als komplementär.

Ein besonderes Merkmal von Korrespondenzen ist, daß sie sehr allgemein und in allen Strukturen enthalten sind, sodaß es möglich ist, Strukturen anhand ihrer Korrespondenzen zu vergleichen. Das heißt, es können gemeinsame Formen (Morphismen) aus Strukturen hergeleitet werden oder es können analoge Relationen zwischen ihnen hergestellt werden (PIAGET, 1977). Bei der Definition dieser Morphismen stützt sich PIAGET auf neuere theoretische Ergebnisse der Mathematik, insbesondere der Kategorientheorie, und liefert damit ein Modell zur logischen und mathematischen Charakterisierung der Korrespondenzen im Denken des Kindes.

Die Verwendung der Kategorientheorie zur Definition eines Aspekts der kindlichen Kognition hat zu einer generellen Veränderung von PIAGETs Vorstellungen bezüglich des präoperationalen und konkret-operationalen Denkens geführt. Die Folge war einerseits eine Neuformulierung der Struktur von Gruppierungen, insbesondere soweit sie für Klassifikation und Seriation relevant sind, und andererseits eine neue Theorie der Erhaltung, die auf Kommutabilität beruht (PIAGET, 1977). Die logischen Gruppierungen sind nicht länger auf das System operationaler Strukturen (und damit auf Transformationen) beschränkt, sondern schließen zugleich auch eine Reihe von Korrespondenzen (und damit Vergleiche) ein.

Die neue Theorie der Erhaltung postuliert zwei Bedingungen, deren Erfüllung zum Erhaltungsbegriff führt: (1) Eine Veränderung der Form eines Gegenstands oder einer Menge von Gegenständen wird als Resultat einer Lageveränderung der Komponenten verstanden, oder in anderen Worten, als Identität der Komponenten trotz Lageveränderung; (2) Eine Veränderung eines Gegenstands, die bloß darauf beruht, daß zuerst etwas weggenommen wird, was nachher wieder hinzugefügt wird (wie bei einer Tonkugel, bei der auf der einen Seite etwas weggenommen und auf der anderen Seite wieder hinzugefügt wird), wird richtig wahrgenommen. In diesen Bedingungen kommt somit Kommutabilität der Teile zum Ausdruck (vgl. dazu den Begriff der Vikarianz, wie ihn PIAGET früher gebrauchte), als auch Erhaltung des Ganzen trotz innerer Umgestaltungen. Somit beruht Erhaltung sowohl auf Kommutabilitäts- als auch auf Vikarianz-Beziehungen. Um die Gemeinsamkeit von Strukturen (Morphismen) festzustellen, müssen Umgestaltungen und Lageveränderungen kombiniert werden. Im Fall der Erhaltung ist der Morphismus eine Kompensation (beispielsweise wenn eine Verringerung im Durchmesser durch eine Verlängerung wettgemacht wird) und zeigt echte Vikarianz, da das Ganze nicht in Teile zerlegt wird. Die Tatsache, daß das ganze System einen Automorphismus enthält (der Gegenstand wird mit sich selbst in zwei Zuständen verglichen) zeichnet es dahingehend aus, daß es eine Kategorie bildet (wenn auch nur eine einer einfachen Ordnung). Es wird ähnlich wie die Gruppierungen der Klassifikation und Seriation gehandhabt, welche jetzt auch als Kategorien behandelt werden.

Was ist nun das Wesentliche an dieser neuen Entwicklung der Theorie von PIAGET, die sowohl eine Überarbeitung als auch eine Verbesserung darstellt?

Erstens: PIAGET versucht, einen Zweig der Mathematik (Kategorien-Theorie), der erst seit Anfang der 60-er Jahre entwickelt wurde, in die Theorie der kognitiven Entwicklung einzubauen. Dies ergänzt PIAGETs Verwendung der BOURBAKI-Gruppen, jener mathematischen Strukturtheorien, die einen zentralen Platz in seiner früheren Theorie der genetischen Epistemologie einnahmen. Schon allein diese Entwicklung weist darauf hin, daß die Theorie selbst auf der Ebene mathematischer und logischer Modellbildung nicht vollständig ist, und daß neue Entwicklungen in der Mathematik und in der Logik die psychologische Theorie der Kognition und anderer Aspekte von Entwicklungsprozessen bereichern können. Einige von diesen vielversprechenden Entwicklungen mögen sich als fruchtbarer erweisen als andere. So schien zum Beispiel die Katastrophentheorie von RENE THOM (SAARI, 1977), die aus der topologischen Theorie abgeleitet wurde, eine Zeitlang ein besonders vielversprechendes Werkzeug für die

Psychologie zu sein. Sie scheint immer noch großes Gewicht zu haben, insbesondere bei ihrer Anwendung im Zusammenhang mit der Theorie von PIAGET (siehe SAARI, 1977), obwohl im Moment an einigen Stellen ernsthafte Fragen bezüglich ihrer Anwendung in der Biologie und den Sozialwissenschaften aufgetaucht sind (siehe SUSSMAN & ZAHLER, 1977; KOLATA, 1977). Die Anwendung der Kategorien-Theorie auf die kognitive Entwicklung dürfte aber besonders vielversprechend sein, weil sie auf die Möglichkeit hinweist, eine engere Beziehung zwischen PIAGETs Hypothesen über Entwicklungsprozesse und solchen theoretischen Formulierungen herzustellen, die in größerem Umfang Prozesse des "Matching" und des Vergleichens benutzen, wie zum Beispiel die Informationsverarbeitungstheorien. Der Vorschlag, Korrespondenzen und Transformationen als komplementäre logische und psychologische Systeme aufzufassen, geht in diese Richtung. Eine wichtige Konsequenz dieser Entwicklung der Theorie von PIAGET ist somit die folgende: Dadurch, daß die Theorie ausgebaut wird und weitere Zusammenhänge zwischen den Bereichen der operationalen und präoperationalen Denkentwicklung herausgearbeitet werden, verbessert sich auch die Möglichkeit, die Theorie mit anderen Theorien in Verbindung zu bringen, von denen bis jetzt angenommen wurde, daß sie auf unterschiedlichen und offensichtlich nicht in Einklang stehenden Annahmen beruhen (z.B. die Listenvergleichsprozesse zumindest einiger Varianten von Informationsverarbeitungstheorien).

Diese neue Entwicklung von PIAGETs Theorie birgt jedoch auch Schwierigkeiten in sich. So führt diese Überarbeitung und Ausweitung der Theorie zum Beispiel zu der ernstzunehmenden Frage nach der Rolle der Handlungen in der kognitiven Entwicklung. Wie bereits dargestellt, werden Transformationen von PIAGET als Grundlage sowohl effektiv ausgeführter Handlungen in der sensomotorischen Phase als auch verinnerlichter Handlungen im operationalen Denken verstanden. PIAGET versucht nun Korrespondenzen, in gleicher Weise wie Transformationen, mit Handlungen zu verknüpfen, indem er sie mit Handlungen des Vergleichens verbindet. Vergleiche können jedoch in der Wahrnehmung oder Vorstellung stattfinden, ohne daß jene Handlungen des Anordnens oder Übergreifens mit eingeschlossen wären, die auf motorische Handlungen des Vergleichens hindeuten würden. Sie würden sich somit höchstens auf eine bestimmte Form von impliziter oder latenter Handlung, eine "operationale Aktivität" im Sinne von PIAGET, beziehen. Eine Schwierigkeit bei dieser Überlegung, wie bei der ganzen Konzeption operationaler Aktivität, liegt nun darin, daß es Mühe macht sich vorzustellen, daß es irgendwo in der Kognition von Tieren keine Handlungen irgendwelcher Art geben soll. Man kann ja auch sagen, daß Wahrnehmung "Handlung" einschließe und Sprache linguistische "Aktivität" beinhalte, solange es sich dabei um psychologische Prozesse handelt. Wenn man aber dann von allen psychologischen Prozessen sagen kann, daß sie Handlungen einschließen, wird es praktisch unmöglich, zwischen Prozessen zu unterscheiden, die Handlungen beinhalten und solchen, die dies nicht tun-PIAGETs Postulat, daß Erkenntnis allein auf Handlung zurückzuführen ist, wird dann inhaltsleer. Theoretisch gesehen wird der Vorteil einer Ausweitung der Definition von Handlung auf verinnerlichte Ereignisse sehr anzweifelbar. Dies erinnert beispielsweise an das Vorgehen der Neubehavioristen, als sie Verhalten über vermittelnde Prozesse verinnerlichten. Ein Problem bei einem solchen Vorgehen liegt darin, daß es schwierig, wenn nicht unmöglich ist, empirisch festzustellen, ob ein verinnerlichtes Ereignis einer äußeren Handlung ähnlich ist oder sich von ihr unterscheidet.

Ein spezifisches Beispiel für diese Schwierigkeit ist im oben dargestellten Fall der Korrespondenzen auf der sensomotorischen Stufe gegeben. Eine Korrespondenz wird zwischen einem neuen und einem schon bekannten Gegenstand gezogen. Diese Korrespondenz basiert zweifellos auf einem Vergleich im Gedächtnis und führt zu einer bestimmten Form der Verallgemeinerung. PIAGET sagt: "Anytime he assimilates a new object into a scheme that he's already capable of doing, that is a correspondence - whenever there is generalization from a new element of something already known" (PIAGET, 1976). Natürlich ist dies keine Handlung im gewöhnlichen Sinn. Um es zu wiederholen: Wenn dies als Handlung betrachtet wird, ist es schwierig sich vorzustellen, was keine Handlung ist. PIAGETs neue Formulierung von Korrespondenzen und Morphismen, so wichtig sie sein mag, führt somit zu Problemen für die Theorie, die zumindest weiterer Klärung bedürfen.

3. Zeitverschiebung

Ein Problem, das sich zur Zeit im Zusammenhang mit PIAGETs Theorie häufig stellt und das als ein Argument gegen die interne Konsistenz der Theorie vorgebracht wird, betrifft die "Zeitverschiebungen" ("decalages" oder Zeitverzögerungen)beim Erwerb spezifischer Konzepte, die auf denselben operationalen Strukturen beruhen. Die beobachteten Zeitverschiebungen zum Beispiel beim Erwerb der verschiedenen Erhaltungsbegriffe oder bezüglich der Erhaltung der Länge und der Seriation von Längen gelten als unvereinbar mit dem Stadienkonzept, denn Strukturen, die ein Stadium definieren (z.B. jene der konkreten Operationen) können nicht nachgewiesen werden, wenn verschiedene, für dieses Stadium typische Denkabläufe eindeutig nicht zum gleichen Zeitpunkt für das Kind verfügbar werden. Das Problem ist jetzt noch schwerwiegender geworden, weil zum Beispiel die Strukturen der operationalen Erhaltung abhängig vom vorhergehenden Erwerb der Korrespondenzen der Erhaltung und der verwandten Morphismen gesehen werden.

Das Konzept der Zeitverschiebung wurde kürzlich von INHELDER, SINCLAIR und BOVET (1974, S. 255-258) untersucht und in einzelnen Aspekten geklärt und ausgeweitet. Bei der früheren Sicht des Stadienerwerbs wurde beispielsweise die direkte entwicklungsmäßige Beziehung zwischen den ersten Erhaltungsbegriffen (bei diskontinuierlichen Quantitäten) und späteren Erwerbungen (also bei kontinuierlichen Quantitäten) betont. Die überarbeitete Konzeption trifft Annahmen über "the existence of corresponding, or parallel, processes starting from a common base and developing as a function of the growing complexity of the reality a child tries to assimilate" (INHELDER u. a., 1974, S. 247). Auch wenn die Betonung in diesem Zitat auf der wachsenden Komplexität der Realität liegt, wird angenommen, daß das Hindernis, das den Aufbau der Erhaltung in den beschriebenen Lernexperimenten hemmt, im Fehlen einer Unterscheidung zwischen arithmetischer und physikalischer Quantifizierung besteht. In beiden Fällen handelt es sich um Quantifizierungen, die im selben Ausmaß den Denkprozessen des Subjekts zuzuordnen sind (prälogische und räumliche "Formen der Evaluierung") wie den Eigenschaften der Gegenstände, das heißt, der Realität. Im Wesentlichen beinhaltet der Vorschlag von INHELDER u.a. (1974)das Folgende: Ein "Strategie"-Modell ist notwendig (S. 253), um den Übergang von einer Form der operationalen Struktur zu einer anderen zu vollziehen, wenn die operationalen Strukturen isomorph sind (wie bei der Erhaltung), der konzeptuelle Rahmen sich aber ändert (wie bei Messung und Numerierung). Es ist also eine Lösungsmethode erforderlich, die bei einer Vielzahl von Problemen herangezogen werden kann. Die Anwendung einer solchen Strategie wird im Rahmen von PIAGETs Theorie als der Transfer von Schemata von einem Problem auf ein anderes verstanden.

INHELDER u.a. betonen auch, daß das Kind nicht nur mit den grundlegenden Schemata eines Stadiums umgehen können muß, sondern zusätzlich auch mit Konzepten unterschiedlicher Komplexität. So ist zum Beispiel Länge als solche eindimensional; eine gemessene Länge hingegen verlangt

Kenntnis eines räumlichen Bezugssystems mindestens zweidimensionaler Art. Die Ausführungen von INHELDER u.a. bezüglich des Problems der Zeitverschiebung enthalten eine Vielzahl von Überlegungen. Es wird erstens zusätzlich zu der vertikalen Zeitverschiebung der fortschreitenden Entwicklung (z. B. formale Operationen im Verhältnis zu konkreten Operationen) zwischen horizontaler und schief verlaufender Zeitverschiebung unterschieden. Horizontale Zeitverschiebung bezieht sich auf "links between knowledge in adjourning areas" (S. 255), wie z. B. zwischen den verschiedenen Arten von Erhaltung. Die schief verlaufenden Zeitverschiebungen beruhen auf parallelen Prozessen, die miteinander verbunden sind und in der kindlichen Entwicklung zu verschiedenen Zeitpunkten verfügbar werden (wie z. B. bei Klassifikation und Seriation oder Erhaltung). Eine Zeitverschiebung, die in parallel verlaufenden, von einem zentralen Punkt ausgehenden Wegen auftritt, beeinflußt daher den Erwerb der entsprechenden Konzepte anders als bei benachbarten Gebieten. Der erste Fall verlangt zusätzlich zu den isomorphen Operationsstrukturen des Stadiums die Kenntnis komplementärer kognitiver Systeme.

Zweitens sind die Probleme der Komplexität sowohl bei horizontalen als auch bei schief verlaufenden Zeitverzögerungen zu berücksichtigen. In diesen Fällen müssen zusätzlich zu den grundlegenden operationalen Strukturen komplementäre Systeme oder Kenntnisse entwickelt werden. Dies führt in Abhängigkeit vom spezifischen Konzeptbereich zu unterschiedlichen physikalischen und logischen Kenntnissen. Masse, Anzahl oder Länge verlangen zum Beispiel verschiedene Arten von Kenntnissen, zusätzlich zu den operativen Strukturen,die der Erhaltung jedes dieser verwandten qualitativen Konzepte zugrundeliegen. Analog verlangt die Logik der Seriation im Vergleich zur Logik der Klassifikation verschiedene, wenn auch komplementäre, fundamentale logische Beziehungen. Allerdings sind alle diese Beziehungen Teil der isomorphen operativen Strukturen des konkret-operationalen Stadiums.

Die beobachteten Zeitverzögerungen sind eine Funktion der Schwierigkeiten, mit denen ein Kind konfrontiert wird, dem es an Wissen über die Komplexität einer spezifischen Struktur fehlt, wie zum Beispiel der Anzahl, die es nicht von Länge unterscheiden kann. Die Schwierigkeiten können aber auch in einem Mangel an komplexerem logischen oder mathematischen Wissen liegen, wie zum Beispiel bei der Seriation oder Klassifikation. Die Schwierigkeiten beim Nachweis der Existenz gemeinsamer Strukturen hängen mit den die Leistung beeinflussenden Aufgabenvariablen zusammen (z. B. spielt es eine Rolle, ob die Aufgaben den Gebrauch der Sprache erfordern oder nicht).

Das dritte Element zur Abklärung der Zeitverzögerungen bezieht sich auf das Vorhandensein oder Fehlen von Problemlösungsstrategien. INHELDER u. a. weisen darauf hin, daß solche Strategien auf existierenden Schemata beruhen, die auf neue Situationen angewandt werden. Meine eigene Forschung, wie auch die von anderen (BEILIN, 1976) zeigt, daß diese Strategien nicht ausschließlich von "innen" kommen müssen, das heißt, abgeleitet aus den Schemata sind, die dem Subjekt zur Verfügung stehen, sondern auch von "außen" kommen können. Sie können beispielsweise auf einen Versuchsleiter einer wissenschaftlichen Studie, einen Lehrer in der Schule, die Eltern oder andere Modellpersonen zurückgehen. Es gibt zwei Arten von Lösungsstrategien: a) Algorithmen, die bestimmte, feststehende Lösungsverfahren abbilden, die bei bestimmten Problemstellungen bzw. Bedingungen durchgeführt werden können. b) Heuristiken sind sehr allgemeine Lösungsfindeverfahren, die bei einer großen Anzahl von Bedingungen angewendet werden können, wenn diese gemeinsame allgemeine strukturelle Eigenschaften aufweisen. Die Genfer interessieren sich mehr für die letztgenannten Strategien und interpretieren diese, wie bereits dargestellt, als Anwendung vorhandener Schemata.

Das von INHELDER u.a. entworfene, auf dem Gebrauch von Strategien beruhende Regulierungssystem, fügt einen wesentlichen Aspekt zu einem ansonsten nur strukturellen Modell der Stadienentwicklung hinzu. Die erneute Betonung des funktionalen Aspekts von Entwicklung durch dieses Modell stellt eine wichtige Ausweitung der Theorie von PIAGET dar. Trotzdem ist in meinen Augen die Annahme, daß die für jede Veränderung grundlegenden Heuristiken auf verfügbare Schemata beschränkt sind, zu restriktiv, und ich will in diesem Beitrag später darstellen, wie diese Annahme ergänzt werden könnte, ohne PIAGETs Theorie zu verletzen.

4. Lernen und Entwicklung

PIAGETs Ansicht über Lernen ist insofern sehr zeitgemäß, als Lernen bei ihm einen Aspekt des Adaptationsprozesses darstellt. PIAGET hat mit Empiristen ein langes, intellektuelles Streitgespräch über die Auswirkungen von Erfahrung und über die Prozesse beim Lernen geführt. Der empiristische Standpunkt besagte, daß äußere Faktoren für das kindliche Verhalten und für seine Disposition, sich in bestimmter Weise zu verhalten, verantwortlich sind. PIAGET hingegen stellt sich vor, daß eine Veränderung im Verhalten des Kindes als eine Adaptation an das Ungleichgewicht (Disequilibrium) auftritt, das entsteht, wenn äußere oder innere Forderungen in Konflikt mit den (inneren) kognitiven Schemata des Kindes sind. Die zur Adaptation führenden Reaktionen auf den Konflikt sind im kognitiven Repertoire des Kindes enthalten, falls passende kognitive Schemata existieren, an welche solche verallgemeinerten Handlungsmerkmale assimiliert werden können. Andererseits wird jede Assimilation von einer Veränderung der existierenden Struktur begleitet, die eine Akkomodation an die Merkmale der verinnerlichten Gegebenheiten oder "Gegenstände" darstellt. Dieses System des aktiven Austausches und der Veränderung steht unter der Kontrolle eines selbstregulierenden Mechanismus, von dem angenommen wird, daß er ein Teil der angeborenen biologischen Strukturen des Individuums ist.

Dieses spezifische Verständnis von Lernen als Adaptation unterscheidet sich von der empiristischen Konzeption in mehreren Hinsichten. Einer der wichtigsten Unterschiede liegt in der Annahme, daß die Auswirkungen von Erfahrung (natürlicher oder experimenteller) nur dann von Dauer sind, wenn sie an passende existierende Strukturen assimiliert werden können, sei es auf so einfache Weise, wie im Fall der sensomotorischen Adaptation oder eleganter, wie beim formalen operationalen Denken. Erfahrung hat keine nachhaltige Auswirkung, wenn keine passende Struktur vorliegt. In empiristischen Theorien wird hingegen angenommen, daß jede Erfahrung das Verhalten des Subjekts beeinflußt, wenn auch Art und Ausmaß dieses Einflusses nicht notwendigerweise unabhängig von der früheren Erfahrung des Subjekts (in Form von Gewohnheiten, Reaktionsbereitschaften usw.) gesehen werden.
Ein anderes Merkmal von PIAGETs adaptiver Konzeption des kognitiven Lernens besteht in der Annahme, daß Handlung die Grundlage der kognitiven Veränderung ist. Wie schon aufgezeigt, liegt diese Annahme allen Vorstellungen PIAGETs bezüglich des Ursprungs der kognitiven Struktur zugrunde, was, umgekehrt gesehen, eine Verneinung der Möglichkeit bedeutet, daß die kognitiven Operationen auf Wahrnehmung und Sprache zurückgehen. Wissen wird also als das Resultat konstruktiver Aktivität des Subjekts verstanden. Das empiristische Subjekt ist, im Gegensatz dazu, relativ passiv;die hauptsächlichen Grundlagen der Kognition und der kognitiven Veränderung sind hier äußere Kräfte und innere Prozesse (wie Gedächtnis und Vorstellung), die keinen aktiven Interaktionsprozeß mit den Gegenständen beinhalten. Lernen findet somit statt, wenn sich das Subjekt gerade mit der äußeren Welt

der Objekte, der Ereignisse oder abstrakter Formen beschäftigt oder aber mit ihrer verinnerlichten Repräsentation.

Ist PIAGETs Konzeption der adaptiven Veränderung theoretisch und experimentell genügend gut abgesichert? Eine generelle Antwort ist nicht möglich. Die gesamte Konzeption ist so umfassend, abstrakt und komplex, daß es in der Tat schwierig ist, festzulegen, wie dieser Aspekt der Theorie von PIAGET empirisch überprüft werden kann. Es gibt jedoch einen Bereich, in dem eine ganze Reihe von Kontrollen durchgeführt wurde. Es handelt sich dabei um die sogenannten Trainingsstudien. Im allgemeinen beruhten diese Studien auf folgender Grundüberlegung: (1) Wenn PIAGETs These richtig ist, daß die Auswirkungen von Erfahrung vom Vorhandensein oder Fehlen kognitiver Schemata abhängen und (2) wenn solche Schemata bei bestimmten Kindern nicht als vorhanden angenommen werden können, dann (3) sollten einschlägige Erfahrungen zu keiner Assimilation (das heißt zu keinem Lernen) führen. (4) Wenn hingegen solche Strukturen vorhanden sind, sollte Erfahrung, die im Rahmen eines experimentellen Trainings gesammelt wird, in neuen Verhaltensmustern nachgewiesen werden können. Wenn andererseits PIAGETs Theorie nicht richtig ist, dann wird (1) Erfahrung durch Training, obwohl keine entsprechenden kognitiven Strukturen nach PIAGET als vorhanden angenommen werden können, (2) zu den im Training angestrebten, neuen Verhaltensmustern führen.

Interessanterweise wurden die ersten Serien von Trainingsstudien von den Genfern selbst durchgeführt. Der Zweck dieser Studien war der Nachweis, daß Übung oder die Demonstration der richtigen Reaktionen (entsprechend der empiristischen Vorgehensweise) nicht zu einem effektiven Lernen führen, zumindest nicht im Vergleich mit PIAGETs konflikterzeugenden, auf der Genfer "klinischen Methode" beruhenden, Verfahren ("Äquilibration"). Beinahe gleichzeitig wurden vor allem in den Vereinigten

Staaten und der Sowjetunion Trainingsstudien mit anderen Zielsetzungen durchgeführt (siehe BEILIN, 1971, 1978; für einen Überblick). Ein allerdings in diesem Zusammenhang weniger relevantes Ziel einiger Studien war es, zu zeigen, daß die Angaben von PIAGET bezüglich des natürlichen Alters beim Erwerb der Operationen zu vorsichtig sind, da ansprungsvolle kognitive Funktionen bereits im frühen Alter erworben werden. Eine zweite Zielsetzung wurde bei einer anderen Reihe experimenteller Studien deutlich, nämlich die Analyse der Effektivität verschiedener Trainingsverfahren im Vergleich zu jener der Äquilibrationsmethoden nach PIAGET. In diesen Studien wurden PIAGETs Annahmen bezüglich der kognitiven Veränderung als einer Funktion des kognitiven Konflikts zwischen Schemata überprüft. Obwohl diese zwei Forschungsansätze zunächst unabhängig voneinander waren, begannen sie sich einander anzunähern, als erfolgreiche "Nicht-PIAGET-Trainingsstudien" bekannt wurden (z. B. BEILIN, 1971). Diese Studien wurden mit Kindern (von 5 Jahren und älter) durchgeführt, von denen angenommen werden konnte, daß sie einige Elemente der relevanten kognitiven Struktur zur Verfügung hatten. Darüberhinaus wurden vor kurzem Studien (BEILIN, 1977) mit sehr kleinen Kindern (4-Jährigen) durchgeführt, bei denen das Vorhandensein solcher Strukturen weniger wahrscheinlich war.

Die Trainingsstudien zeigen trotz beachtlicher Skepsis seitens der Genfer Schule, daß kognitives (operationales) Lernen mit beinahe jeder Trainingsmethode, ob sie nun auf Annahmen von PIAGET beruht oder nicht, erreicht werden kann. Dieses Ergebnis, das wichtige theoretische Konsequenzen hat, zeigt zum Beispiel, daß kognitive Veränderung nicht allein eine Folge eines kognitiven Konflikts oder Ungleichgewichtszustands ist. Darüberhinaus zeigen die Studien, daß durch Training der Aufbau einer kognitiven Struktur möglich ist, auch wenn die relevanten kognitiven (operationalen) Strukturen vermutlich fehlen (z. B. bei sehr kleinen Kindern auf der präoperationalen Stufe).

Das große Interesse an derartigen Trainingsstudien außerhalb der Genfer Schule veranlaßte diese, ihre eigenen Untersuchungen nochmals aufzunehmen, diesmal allerdings mit einem neuen Trainingsansatz. In den neueren Studien (INHELDER, SINCLAIR & BOVET, 1974) versuchte man festzustellen, was durch Training (wenn es auf den Annahmen von PIAGET basiert) - unter Anwendung der "klinischen Methode", die jetzt als "Methode der kritischen Exploration" charakterisiert wird - über die Übergangsmechanismen in der kognitiven Entwicklung in Erfahrung gebracht werden kann. Diese Studien wurden von LEFEBVRE-PINARD (1976) kritisiert, da die Genfer Autoren dabei andere Forschungen, die ebenfalls mit Äquilibrationsmethoden arbeiteten, vernachlässigten, in denen das Training wirkungsvollere Effekte ergab, als sie von den Genfern nachgewiesen werden konnten. Auf der anderen Seite verteidigt PASCUAL-LEONE (1976a, 1976b) die Genfer, indem er meint, daß ihre Absichten von jenen anderer Forscher unterschiedlich wären.

Trotz allem bleibt die zentrale Frage ungelöst, warum so viele Nicht-Äquilibrations-(Nicht-PIAGET-)Trainingsmethoden zu einem Verhalten auf der operationalen Ebene führen, und zwar auch bei Kindern im präoperationalen Stadium. Eine mögliche Antwort ist, daß die Theorie von PIAGET in bezug auf das Konzept der Assimiliation falsch ist. Es wäre jedoch verfrüht, diesen Schluß zu ziehen. Zuerst müßte gezeigt werden, daß Trainingsstudien wirklich eine tragfähige Überprüfung der Theorie ermöglichen und daß die Daten aussagekräftig sind. Sie scheinen dies zumindest bei den (vielen) Studien zu sein, die Effekte auf der operationalen Ebene als eine Funktion verschiedener Trainingsmethoden demonstriert haben, und bei denen diese Effekte anhand der strengen Kriterien von PIAGET definiert wurden (PIAGET, 1964). Andererseits haben sich bisher beim Training eindeutig präoperationaler Kinder Daten ergeben, die keineswegs schlüssig sind. Einige sorgfältige Untersuchungen, die allerdings nur mit wenigen Kindern durchgeführt wurden, liefern zwar klare Resultate (siehe BEILIN, 1978). Eine viel größere Anzahl von Untersuchungen führt jedoch zu folgenden, dazu im Gegensatz stehenden Schlußfolgerungen.

1) Die unterschiedlichen Effekte des Alters auf den Trainingserfolg sind beträchtlich, das heißt, ältere Kinder, die auf der operationalen Stufe weiter fortgeschritten sind, zeigen bessere Trainingseffekte als jüngere, die auf der Übergangsstufe zum operationalen Denken stehen.
2) Eine große Anzahl von Studien hat keine Trainingseffekte bei jüngeren, präoperationalen Kindern gezeigt. Dies war auch in Studien der Fall, in denen bei älteren Kindern Trainingseffekte demonstriert wurden (z. B. BRUNER u. a. 1966).

Darüber hinaus liegt hier ein theoretisches und methodisches Problem vor, das nicht leicht zu lösen ist. Nach PIAGET haben die logischen Strukturen des konkret operationalen und des formal operationalen Stadiums ihren eigentlichen Ursprung in den elementaren Schemata der sensomotorischen Intelligenz. So wird zum Beispiel die Reversibilität der konkreten und der noch später verfügbar werdenden Operationen in Beziehung gesetzt mit der sogenannten empirischen Reversibilität ("empirischen Rückkehr") der sensomotorischen Schemata. (Empirische Reversibilität liegt dann vor, wenn ein Kind auf der sensomotorischen Stufe fähig ist, einen Gegenstand, der von Punkt A zu Punkt B bewegt wurde, auf Aufforderung wieder zurück zu Punkt A zu bringen). In einem Fall wie diesem kann argumentiert werden (wenn man versuchen wollte, diesen Aspekt der Theorie von PIAGET zu retten), daß irgendeine relevante Struktur, wenn auch eine einfache, bei präoperationalen Kindern und sogar bei solchen auf der sensomotorischen Stufe vorhanden ist, und daß ein auf diesen Stufen erfolgreiches Training eine Assimilation an diese einfachen Schemata zur Folge hat. Indem man die Theorie von PIAGET auf diese Weise rettet, schränkt man aber die fundamentale Leistungsfähigkeit der Stadientheorie wesentlich ein und wird vermutlich auch dem Prozeß der Adaptation aufgrund von Assimilation nicht gerecht. Wenn man andererseits eine Unterscheidung zwischen natürlicher und experimenteller oder "forcierter" Entwicklung macht, kann man postulieren - und das will ich jetzt tun -, daß unter natürlichen Entwicklungsbedingungen die Grundlagen der Assimilation, also die vorhandenen Schemata, auch in Ergebnissen ihren Niederschlag finden, die den von der Genfer Schule und anderen berichteten entsprechen. Trainingsstudien, in denen mit Äquilibrationsmethoden, also mit "sanften" Trainingsformen, gearbeitet wird, entsprechen unter diesem Gesichtspunkt aber den natürlichen Entwicklungsbedingungen. Durch "rohe" oder forcierende Methoden, wie jene, die bei der Instruktion durch verbale Regeln angewandt werden (BEILIN, 1975, 1976) und möglicherweise sogar durch einige Arten von Äquilibrationstraining, wird Assimilation an die einfachsten verfügbaren Strukturen erzwungen. Für die jüngsten Kinder ist dies aber nur in begrenztem Umfang möglich. Ältere und auf der Übergangsstufe zum Operationalen stehende Kinder jedoch, die über weiterentwickelte präoperationale Schemata verfügen (Ein-Weg-Abbildung von wesentlichen Strukturen), besitzen eine stabilere Grundlage für die Assimilation derartiger Strategien oder Lösungsalgorithmen, oder es findet bei ihnen eine forcierte Neustrukturierung unvollständiger oder nicht-integrierter Strukturen statt. Unter diesem Gesichtswinkel betrachtet bedeuten die an präoperationalen Kindern erhobenen Trainingsdaten nicht notwendigerweise eine Verletzung der Theorie von PIAGET. Die Theorie kann so modifiziert werden, daß sie mit den Forschungsergebnissen, die sich auf diesen Aspekt der Theorie beziehen, wieder in Einklang gebracht wird.

Im weiteren stellt sich nun die Frage, wie das Datenmaterial von Kindern auf der operationalen Stufe zu bewerten ist, das viel größer und überzeugender ist als jenes, das mit präoperativen Kindern erhoben wurde. Es zeigt, daß beinahe jede Trainingsmethode zu Leistungen auf der operationalen Ebene führt, die über die spontanen Leistungen ohne Training hinausgehen. Auch in diesem Fall könnte man an die genannte Annahme denken, daß alle Methoden außer der Äquilibrationsmethode forcierende oder "rohe" Trainingsmethoden darstellen, die zum größten Teil zu unstabilen Erwerbungen führen. Die Forschungsergebnisse widersprechen jedoch dieser Annahme, da viele dieser Studien zu operationalen Erwerbungen führen, die den strengsten Kriterien in bezug auf Stabilität genügen (z. B. Nachtesten nach Ablauf eines bestimmten Zeitraums, Gegensuggestions- und nicht-spezifische Transfertests).

Aber auch in diesem Fall glaube ich nicht, daß PIAGETs Theorie verworfen werden muß, obwohl es klar ist, daß kognitive Veränderung nicht allein durch einen kognitiven Konflikt im Rahmen eines Äquilibrationsmodells erklärt werden kann. Da die Theorie sehr allgemein ist, ist nämlich wiederum nicht klar, ob diese Studien einen schlüssigen Test der Theorie liefern. Aus demselben Grund können analoge Studien aber auch nicht als endgültiger Beweis zugunsten der Theorie angesehen werden. Den nicht aus der Genfer Schule stammenden Trainingsstudien kann aber zugestanden werden, daß sie einiges über Assimilation, Akkommodation und Adaptation aufgedeckt haben, auch wenn die Genfer dies größtenteils nicht zur Kenntnis nehmen.

Meiner Meinung nach liefern uns die Trainingsstudien wichtige Aussagen über die Auswirkungen von Erfahrung auf die kognitive Veränderung. Wenn der Trainingseffekt derart ist, daß viele unterschiedliche Arten von Erfahrung zum selben Resultat führen können (zum Beispiel: Erhaltung), dann ist damit gezeigt, daß der Effekt von Erfahrung nicht spezifisch ist. Das heißt, daß kein spezifisches Element im Training oder in der Erfahrung eine sowohl notwendige als auch hinreichende Bedingung der Veränderung ist, die zur Erhaltung (oder anderen kognitiven Operationen) führt. Obschon PIAGET großes Gewicht auf die Wechselwirkung zwischen Subjekt und Objekt und zugleich auch auf die noch nicht entwickelten und nicht angeborenen Elemente in der Entwicklung legt, beschreibt er selten, wenn überhaupt, welche Erfahrungen neben der "Handlung" (d. h. der eigenen Handlung des Kindes in der Welt) zur kognitiven Veränderung führen. Wenn man nun aber Erfahrung als notwendige Voraussetzung erachtet (keine Veränderung findet ohne Erfahrung statt, wahrscheinlich nicht einmal in der natürlichen Entwicklung der Erhaltung), kann dies auch bedeuten, daß sie einerseits den Inhalt der Kognition darstellt und andererseits als erleichternder Faktor bei der Umstrukturierung vorhandener Strukturen wirkt. In anderen Worten heißt das, daß sich die kognitiven Strukturen größtenteils von inneren, endogenen Elementen und Einflüssen herleiten lassen, von denen einige angeboren sind und einige in der Entwicklung aufgebaut werden. Daher ist das, was assimiliert wird, in Wirklichkeit "Inhalt" (z. B. Informationen über die physikalischen Eigenschaften von Gegenständen oder Ereignissen), Struktur jedoch wird innerlich aufgebaut. Da PIAGET Handlung nie wirklich definiert, ist die umfassende Bedeutung, die der Handlung oder impliziten Handlung für die kognitive Veränderung zugeschrieben wird, schwer zu bewerten. Aus seinen Andeutungen, was Handlung sein könnte, ist ersichtlich, daß "Handlung", wenn es nicht um rein motorische Handlung geht, alle "geistigen Aktivitäten" mit einschließt. Strukturierung kann nach dieser Auffassung aufgrund von Wahrnehmung, Handlung oder Sprache erfolgen. Der Effekt von Erfahrung führt dann automatisch zu einer Aktivität mit dem Ziel der Akkomodation, welche ihrerseits eine Organisation der Produkte aus dieser Erfahrung zur Folge hat. (Es ist darauf hinzuweisen, daß die eben beschriebene Erfahrung zwar nicht-spezifisch ist; sie muß aber immer für die aufzubauende Struktur relevant oder mit dieser verbunden sein). Extern konstruierte Erfahrung, wie sie zum Beispiel bei algorithmischen Trainingsverfahren vermittelt wird, kann nur dann in ihrer Gesamtheit in das vorhandene kognitive System eingebaut werden, wenn sie klar gegliedert ist und in die vorliegende schematische Organisation integrierbar ist. Man kommt daher aufgrund dieser Untersuchungsdaten zur Ansicht, daß konstruierte, operationale Schemata eine Funktion des Drucks nicht-spezifischer oder nur lose verbundener Erfahrung sind. Diese Erfahrung führt entweder zu einer innerlichen umstrukturierenden und integrierenden Aktivität der Akkomodation oder zum Einsatz einer angeborenen oder neu entwickelten Organisation, die neu assimilierte Inhalte integriert. Diese neuen Organisationen, egal auf welcher Ebene, sind nicht ausschließlich auf Handlungen beschränkt, die vom Subjekt selbst ausgeführt werden, sondern können ihren Ursprung sowohl in der Wahrnehmung, Vorstellunq und Sprache als auch in der Handlung haben. Eine auf natürlichem Weg erworbene Struktur hat ihren Ursprung daher in einer Aktivität der Akkomodation, während Assimilation die Übernahme neuer Erfahrungen in das kognitive Repertoire des Kindes ermöglicht.

5. Sprache und Denken

Die Annahmen von PIAGET über die Sprache waren im Laufe der langen Zeitperiode, in der er sie entwickelte, einer Vielzahl von feinen Änderungen unterworfen, seine Meinung über die allgemeine Beziehung zwischen Sprache und Denken blieb jedoch unverändert: Sprache ist der Kognition untergeordnet; sie ist nicht der Ursprung der Kognition; dieser ist in der Handlung zu finden. PIAGETs frühe Untersuchungen zur Sprachentwicklung (in den 20-er Jahren) wurden geplant, um zu zeigen, daß das sprachliche Wissen des Kindes und sein Sprachgebrauch ein ideales

Hilfsmittel zur Analyse des kindlichen Denkens darstellen. Nebenbei gesagt, gibt es zur Zeit viele Forscher, die sich für Fragen kommunikativer Kompetenz interessieren, dabei aber die Tatsache übersehen, daß PIAGET nicht davon ausging, daß das kleine Kind zu sozial zentriertem Denken unfähig ist, sondern vielmehr meinte, daß in der frühen Entwicklung der Egozentrismus im Vordergrund steht und erst die weitere Entwicklung eine fortschreitende Verschiebung der Gewichte in Richtung auf einen ausbalancierten Zustand bringt. Trotzdem überdachte PIAGET (1962) angesichts der Kritik von VYGOTSKY (1962) die Rolle der egozentrischen Sprache und des egozentrischen Denkens. Seine Neuinterpretation betont die fortschreitende Dezentrierung der Sprache des Kindes und reduziert die Bedeutung des Konzepts des Egozentrismus - auch mit dem Hinweis, daß es sich hier um eine unglückliche Wortwahl handelt.

Nicht verändert hat PIAGET aber seine Ansicht, daß Sprache nicht Ausgangspunkt und Basis der kognitiven Struktur ist, obwohl sie in einigen Fällen, und zwar vor allem bei formalen Operationen, für das Denken nötig sein dürfte. Der Beweis für diese Ansicht wurde hauptsächlich indirekt erbracht. Eines der vorgebrachten Argumente besagt, daß sich kognitive Leistungen auf einer Altersstufe manifestieren, die vor dem Sprachbeginn liegt. In einem zweiten Argument wird festgestellt, daß Kinder, auch wenn sie die notwendigen linguistischen Komponenten für eine bestimmte Art zu Denken zur Verfügung haben (wie zum Beispiel für Klassifikation), trotzdem häufig nicht in der Lage sind, die Relationen zwischen den linguistischen Elementen entsprechend zu ordnen oder auf eine andere geeignete Weise in ein System zu bringen. Dies sei auch der Fall bei Problemen der Klasseneinschachtelung, bei welchen Kinder die lexikalischen und syntaktischen Strukturen, die mit einer Klasseneinschachtelung verbunden sind (Blumen zu Rosen), besitzen, die logisch zentrale Beziehung der Klasseneinschachtelung (mehr Blumen als Rosen) aber trotzdem nicht kennen.

Spezifische Untersuchungen über die Beziehung zwischen Sprache und Denken wurden durchgeführt, als H. SINCLAIR, von der Ausbildung her Linguistin, zur Genfer Gruppe kam. Als erstes führte sie eine Reihe von Untersuchungen (1967) über Erhaltung durch, die zeigten, daß Kinder, die die Erhaltungsbegriffe erworben haben, sich von Kindern ohne Erhaltungsbegriffe sowohl lexikalisch als auch syntaktisch unterscheiden. Aus diesem Umstand allein ist noch wenig über die Rolle der Sprache in der kognitiven Entwicklung ableitbar. SINCLAIR versuchte aber dann, die Kinder ohne Erhaltungsbegriffe mit Hilfe jener linguistischen Elemente, die Kinder mit Erhaltung charakteristischerweise gebrauchen, zu trainieren. Sie kam zu dem Ergebnis, daß sich einige der Kinder ohne Erhaltungsbegriffe einiges von der korrekten Sprache der Kinder mit Erhaltungsbegriffen aneigneten, daß aber ihre Leistungen bei Problemen der Erhaltung nicht wesentlich gefördert wurden. Diese Daten wurden als wichtiger Beweis dafür verstanden, daß Sprache auf der Entwicklung früherer kognitiver Strukturen aufbaut. SINCLAIR (1971, 1973) argumentierte auch, daß der Ursprung der linguistischen Struktur in einer früher entwickelten kognitiven Struktur zu suchen ist. Sie reagierte damit hauptsächlich auf die Behauptung von CHOMSKY, daß die umfassende linguistische Struktur auf einem angeborenen, abstrakten, linguistischen Regelsystem aufbaut. Ihr Argument ist, daß sich Sprache eine lange Zeit nicht entwickelt (1 1/2 - 2 Jahre), was ein zu langer Zeitraum sei, um noch plausibel annehmen zu können, daß sich in ihr ein autonomes angeborenes System widerspiegelt. Sprache würde auch nicht auf einmal erworben; wenn ihre Entwicklung einmal begonnen hat, wird sie über eine Spanne von einigen Jahren aufgebaut. Zusätzlich werden vor dem Beginn der Sprachentwicklung eine Reihe von Strukturen und Prozessen in der sensomotorischen Intelligenz (rekursives Verhalten, Subjekt-Objekt Unterscheidung, Vorhersage etc.) erarbeitet, die die logischen Formen liefern, die die Sprache für ihren Aufbau benötigt. Diese Überlegungen hatten einen beträchtlichen Einfluß auf die Literatur über den Spracherwerb (BLOOM, 1970; BROWN, 1973; SLOBIN, 1973; MCNEILL, 1974; BEILIN, 1975 usw.), und es stellt sich nun die Frage, ob die Annahmen von PIAGET und SINCLAIR über die Beziehung zwischen Sprache und Kognition auch angesichts von gegensätzlicher Evidenz auf Dauer beibehalten werden können.

Als erstes sei darauf verwiesen, daß die Daten aus einer Vielzahl von Untersuchungen (dargestellt in BEILIN, 1976) zeigen, daß Erhaltung sprachlich trainiert werden kann, wenn das Training auf Instruktionsmethoden mit verbalen Regeln beruht. In diesen Trainingsuntersuchungen wird den Kindern, die noch keine Antworten im Sinne einer korrekten Verwendung des Erhaltungsbegriffs geben, eine Strategie zum Verständnis der Erhaltung in Form einer verbalen Regel (z. B. "Wenn nichts hinzugefügt oder weggenommen wurde, bleibt die Anzahl dieselbe") angeboten. Im Verlauf einer Reihe von Versuchen lernen die Kinder, den Algorithmus anzuwenden und in einigen Fällen sind sie sogar fähig, ihn zu transferieren. Daher kann nicht weiter angenommen werden, wie dies PIAGET und SINCLAIR tun, daß eine kognitive Operation linguistisch nicht aufgebaut werden kann. Diese Ergebnisse lassen vermuten, daß die Beziehung zwischen Kognition und Sprache komplexer ist, als dies in der Theorie von PIAGET zum Ausdruck kommt, und daß es sinnvoll ist, anzunehmen, daß der Ursprung kognitiver Operationen sowohl linguistischer Art sein kann als auch in der Handlung liegen kann. Wie bereits weiter oben dargestellt, ist es schwer, wenn nicht unmöglich, anhand der Theorie von PIAGET eindeutig zu definieren, was unter "Handlung" zu verstehen ist. Wenn es nötig sein sollte, PIAGETs Theorie so auszuweiten, daß Handlung weiterhin als der Ursprung von Kognition angesehen werden kann, dann würde es sich anbieten, linguistische Aktivität einfach als eine andere Form von Handlung zu betrachten und nicht davon auszugehen, daß sie eine selbständige Modalität darstellt.

Eine zweite Gruppe von Informationen stammt aus einer Reihe von Studien (BEILIN, 1975), in welchen zu zeigen versucht wurde, daß spezifische logische Operationen (zum Beispiel Reversibilität, logische Konjunktion und Disjunktion) für den Erwerb einer Reihe linguistischer Strukturen tatsächlich erforderlich sind. Die untersuchten linguistischen Strukturen waren lexikalisch und syntaktisch (die Zahl- und Zeitlexika, die passive Satzkonstruktion und die logischen Verbindungen). Auch wenn die Experimente allgemeine und manchmal auch spezifische Beziehungen zwischen dem Besitz von kognitiven und von linguistischen Strukturen zeigten, ergab sich kein eins-zu-eins-Verhältnis, wie dies durch die Theorie von PIAGET nahegelegt wird. Diese Daten besagen erstens, daß Sprache und nicht-linguistische Kognition demselben allgemeinen kognitiven Bereich zuzuordnen sind. Zweitens besagen sie aber, daß jedes System Eigenschaften besitzt, die allein diesem System zukommen. Daher können einige Tatsachen der (nicht-linguistischen) Kognition nicht mit Hilfe linguistischer Argumente erklärt werden (PIAGET zitiert viele solcher Fälle), und einige linguistische Strukturen können nicht durch Kenntnis der kognitiven Struktur verstanden werden (CHOMSKY, 1975, zitiert eine Anzahl solcher Fälle). Worin besteht nun die Gemeinsamkeit zwischen linguistischer und kognitiver Struktur? Ich habe früher (BEILIN, 1975) folgende Hypothese aufgestellt: Sowohl die logischen Strukturen der Kognition als auch die logischen Strukturen der Sprache gehen auf ein gemeinsames, noch abstrakteres logisches System zurück, und können von ihm abgeleitet werden. Kenntnisse über die Eigenschaften dieses logischen Systems können zu diesem Zeitpunkt nur als ein Ziel von Analyse und Forschung angeführt werden; zur Zeit sind sie nicht verfügbar.

6. Eine Schlußbemerkung

Alles in allem gesehen, hat sich die Theorie von PIAGET als sehr anpassungsfähig gezeigt. In den neueren Arbeiten hat PIAGET Aspekte der Theorie grundlegend abgeändert, um die Theorie mit neuen Experimenten und neuen Daten in Einklang zu bringen. Dieser Beitrag hat gezeigt, daß es noch andere Datensätze gibt, die eine weitere Verbesserung und/oder Weiterentwicklung der Theorie nahelegen. Dies gilt besonders für die Definition von Handlung und die Annahme, daß kognitive Konstruktionen beinahe ausschließlich auf Handlung beruhen, die Rolle der Sprache in der kognitiven Entwicklung und die Konsequenzen von Training (nicht Äquilibrationstraining) für die Konstruktion von Operationen. Darüber hinaus gibt es viele weitere Probleme, die in Zusammenhang mit der Theorie von PIAGET erwähnt werden könnten. Trotzdem erweist sich die Theorie immer wieder als erstaunlich robust, wenn man bedenkt, daß es sich um eine psychologische Theorie handelt, deren Entwicklung nun schon an die 60 Jahre dauert.

Literaturverzeichnis:

BEILIN, H.: The training and acquisition of logical operations. In: ROSSKOPF, M.F., STEFFE, L.P. & TABACK, S. (Eds.): Piagetian cognitive-development research and mathematical education. Washington, D.C.: National Council of Teachers of Mathematics, 1971, 81-124.

BEILIN, H.: Studies in the cognitive basis of language development. New York: Academic Press, 1975.

BEILIN, H.: Constructing cognitive operations linguistically. In: REESE, H.W. (Ed.): Advances in child development and behavior. Vol. 11. New York: Academic Press, 1976, 67-106.

BEILIN, H.: Language and thought: Thistles among the sedums. Invited address. Jean Piaget Society. Philadelphia, June, 1977.

BEILIN, H.: Invarianztraining bei physikalischen Mengenbegriffen. In: STEINER, G. (Hrsg.): Psychologie des 20. Jahrhunderts. Bd. 7. Piaget und die Folgen. Zürich: Kindler, 1978, 26-289.

BLOOM, L.: Language development: Form and function in emerging grammars. Cambridge, Mass.: MIT Press, 1970.

BROWN, R.: A first language: The early stages. Cambridge, Mass.: Harvard University Press, 1973.

BRUNER, J., OLVER, R.R., GREENFIELD, P.M. und andere: Studies in cognitive growth. New York: Wiley, 1966.

CHOMSKY, N.: Reflections on language. New York: Pantheon Books, 1975.

INHELDER, B., SINCLAIR, H. & BOVET, M.: Learning and the development of cognition. New York: Harvard University Press, 1974.

KOLATA, G.B.: Catastrophe theory: The emperor has no clothes. Science, 1977, 196,287.

LEFEBVRE-PINARD, M.: Les experiences de Geneve sur l'apprentissage: Un dossier peu concaincant (Même pour un Piagetian). Canadian Psychological Review, 1976, 17, 103-109.

McNEILL, D.: Semiotic extension. Paper presented at the Loyola Symposium on Cognition, 1974.

PASCUAL-LEONE, J.: On learning and development. Piagetian style: I. A reply to Lefebvre-Pinard. Canadian Psychological Review, 1976a, 17, 270-288.

PASCUAL-LEONE, J.: On learning and development, Piagetian style II. A critical historical analysis of Geneva's research programme. Canadian Psychological Review, 1976b, 17, 289-297.

PIAGET, J.: Comments on Vygotsky's critical remarks concerning The Language and Thought of the Child and Judgment and Reasoning in the Child. Cambridge, Mass.: MIT Press, 1962.

PIAGET, J.: Development and learning. In: RIPPLE, R.E. & ROCKCASTLE, V.N. (Eds.): Piaget rediscovered: A report of a conference on cognitive studies and curriculum development. Ithaca, New York: School of Education, Cornell University, 1964, 7-20.

PIAGET, J.: Problems of equilibration. In: NODINE, C.F., GALLAGHER, J.M. & HUMPHREYS, R.H. (Eds.): Piaget and Inhelder: On equilibration. Philadelphia: Jean Piaget Society, 1972, 1-20.

PIAGET, J.: On correspondences and morphisms. Jean Piaget Society Newsletter. 1976, 5 (3). (ohne Seitenzahlen)

PIAGET, J.: Some recent research and its link with a new theory of groupings and conservations based on commutability. In: RIEBER, R.W. & SALZINGER, K.(Eds.): The roots of American psychology: Historical influences and implications for the future. Annals of the New York Academy of Sciences, 1977, 291, 350-357.

SAARI, D.G.: A qualitative model for the dynamics of cognitive processes. Journal of Mathematical Psychology, 1977, 15, 145-168.

SINCLAIR-DE-ZWART, H.: Acquisition du langage et dévelopment de la pensée. Paris: Dunod, 1967.

SINCLAIR, H.: Sensorimotor action patterns as a condition for the acquisition of syntax. In: HUXLEY, R. & INGRAM, E. (Eds.): Language acquisition: Models and methods. New York: Academic Press, 1971, 121-135.

SINCLAIR-DE ZWART, H.: Language acquisition and cognitive development. In: MOORE, T.E. (Ed.): Cognitive development and the acquisition of language. New York: Academic Press, 1973, 9-25.

SLOBIN, D.: Cognitive prerequisites for grammar. In: FERGUSON, C. & SLOBIN, D. (Eds.): Studies in child language development. New York: Holt, Rinehart & Winston, 1973, 175-225.

SUSSMAN, H.J. & ZAHLER, R.S.: Catastrophe theory: mathematics misused. The Sciences, 1977, 17, 20-23.

VYGOTSKY, L.S.: Thought and language. Cambridge, Mass.: MIT Press, 1962.

Probleme und Theorien des konstruktiven Denkens: Die heutige Bedeutung Piagets und eine Kritik der Simulationstheorien der Informationsverarbeitung*

Juan Pascual-Leone

1. Einleitung

An den Anfang meines Beitrags möchte ich zwei Forderungen an die kognitive Psychologie stellen, die, wie ich hoffe, auch von Ihnen akzeptiert werden. Die erste Forderung besagt, daß die heutige, zentrale Zielsetzung der kognitiven Psychologie die Entwicklung einer Theorie oder eines allgemeinen Modells des psychischen Organismus des Menschen sein sollte, die bzw. das sowohl produktiv als auch psychogenetisch weiterführende Prozeßeigenschaften besitzt. Unter produktiv weiterführenden Prozeßeigenschaften verstehe ich, daß es mit Hilfe des Modells möglich ist, Prozesse zu simulieren, welche das Verhalten des Menschen generieren. Unter psychogenetisch weiterführenden Prozeßeigenschaften verstehe ich, daß es mit Hilfe des Modells möglich ist, Prozesse entwicklungsbedingter Veränderung des Organismus zu simulieren. Ich hoffe, es wird deutlich, daß auf Grund dieser Forderung nach Modellen mit weiterführenden Prozeßeigenschaften notwendigerweise die grundlegenden Konstrukte des Organismus als rekursive Operatoren definiert werden müssen, deren Wechselwirkungen Verhalten hervorrufen. Der psychogenetische Prozeß besteht dann in einer Veränderung des

* Die Erstellung dieses Beitrags wurde durch Mittel des National Research Council (Grant A0234) und des Canada Council (Grant S76-0694 R1) unterstützt. Für ihre Hilfe bin ich Dr. J. Burtis, D. Goodman und S. Skakich zu Dank verpflichtet. Verschiedene Verbesserungen dieses Beitrags wurden auch von Dr. H. Spada und Dr. R. Kluwe angeregt.

dem Organismus eigenen Repertoires an Operatoren, welche sich aus der Wechselwirkung zwischen kognitivem Lernen und Entwicklung ergibt.

Meine zweite Forderung beinhaltet, daß wissenschaftliche Theorien und ihre Konstrukte die strukturellen Invarianten der Datenbasis widerspiegeln sollten; jener Datenbasis, die durch die Form der Datenanalyse, die die Wissenschaftler der entsprechenden theoretischen Schule gewählt haben, herausgefiltert wird. Um die erstgenannte Forderung zu befriedigen, muß diese epistemologische Funktion der Widerspiegelung in dem Sinn verstanden werden, daß die fraglichen Theorien oder Konstrukte die psychogenetischen oder produktiven Prozesse simulieren können, die das in den Daten abgebildete Verhalten verursachten (vgl. PASCUAL-LEONE, 1973, 1976a, d). Da Theorien die Datenbasis widerspiegeln, die aus der spezifischen Datenerhebungstechnik der entsprechenden Schule hervorgegangen ist, sollte ein Vergleich von Theorien nicht direkt, sondern nur unter Einbeziehung der jeweiligen Datenbasen und der jeweils von den einzelnen Schulen angewandten Methoden durchgeführt werden.

Im folgenden werde ich die Datenbasis, die Methoden und die Theorien der PIAGET-Schule mit jenen der Wissenschaftler, die sich mit Fragen der Informationsverarbeitung und der künstlichen Intelligenz beschäftigen, vergleichen und darüber hinaus einige experimentelle Resultate darstellen, die sich auf Probleme beziehen, die bei diesem Vergleich auftreten.

Dieser Vergleich zielt auf die Abklärung der Frage, ob zwei der wichtigsten theoretischen Konzepte von PIAGET, nämlich das Konzept der allgemeinen Stadien und das der Äquilibration außer acht gelassen werden können, wie dies viele Forscher - unter ihnen die der CARNEGIE-MELLON-Schule - zur Zeit tun, oder ob diese beiden deskriptiven Konzepte zur Beschreibung der Datenbasis und der Methoden der Genfer Schule geeignet sind. Im letzteren Fall würden Stadien und Äquilibration zu Konzepten, mit denen sich jede Theorie des konstruktiven Denkens beschäftigen müßte. Überlegen wir uns in diesem Zusammenhang das folgende. Erstens: wenn die Konzepte der allgemeinen Stadien und der Äquilibration auf deskriptiver Ebene eine reale Grundlage haben, wie kommt es dann, daß die CARNEGIE-MELLON-Schule und so viele andere Forscher sie unnötig finden? Zweitens: wenn diese Konzepte zumindest auf deskriptiver Ebene valide sind, d. h. strukturelle Invarianten der Daten widerspiegeln, warum hat dann niemand die Daten so präzisiert und perfektioniert, daß diese strukturellen Invarianten quantifiziert und eindeutig nachgewiesen werden können?

Ein weiterer Zweck des Vergleichs der Datenbasis von PIAGET und jenen der Theorien der Informationsverarbeitung und der künstlichen Intelligenz ist es, zu zeigen, daß man unter Umständen diese Ansätze als komplementär betrachten kann, wodurch ihre jeweiligen Mängel in gewisser Weise aufgehoben werden könnten, und daß bei beiden Ansätzen tatsächlich ein methodologischer und ein Datenaspekt nicht berücksichtigt wird, und zwar der Aspekt der individuellen Unterschiede. Dieser Punkt ist wichtig, da die Entwicklung valider organismischer Konstrukte nur dann möglich sein dürfte, wenn die verwendete Datenbasis nicht nur psychogenetische Daten nach PIAGET und generative Schritt-für-Schritt erfassende Daten nach der Art der Theorien der Informationsverarbeitung und der künstlichen Intelligenz enthält, sondern auch Daten über den kognitiven Stil oder über individuelle Unterschiede, die über eine bloße Erhebung von Unterschieden zwischen den Strategien der Individuen hinausgehen.

Ich würde gerne diese Probleme diskutieren und dann meinen eigenen Standpunkt bezüglich der Stadien darstellen, indem ich einen Überblick über die schon vorhandenen Experimente gebe, die zeigen, daß es stadiengebundene quantitative Veränderungen korrespondierend mit dem

Umfang eines "Arbeits-Gedächtnisses" oder dem Ausmaß einer "geistigen (mentalen) Energie" gibt (M Energie, möglicherweise eine kortikal kontrollierte Aktivierung des retikulären Systems), wobei Umfang bzw. Ausmaß mit zunehmendem Alter stufenartig anwachsen (BURTIS, 1976; CASE, 1972; DE AVILA, 1974; GOODMAN, 1979; LOGAN, 1974; PARKINSON, 1975; PASCUAL-LEONE, 1970, 1978a; PULOS, 1979; TODOR, 1977). Gerne würde ich auch meinen Standpunkt zur Äquilibration darstellen, indem ich Daten diskutiere, die darauf hindeuten, daß das Verhalten eines Menschen nicht nur eine Funktion von M und seines Repertoires an dauerhaft gespeicherten Strukturen ist (d. h. an Strukturen, die im Repertoire des Langzeitgedächtnisses dauerhaft gespeichert sind), sondern auch eine Funktion vieler anderer organismischer Faktoren, so daß das Verhalten letztendlich sehr oft eine wirklich neuartige Synthese darstellt, die durch alle (oft im Konflikt miteinander stehenden) aktiven Faktoren bewirkt wird - eine Synthese, die von heutigen Computersystemen nicht simuliert werden kann. Leider ist es aus Platzgründen nicht möglich, hier die entsprechenden experimentellen Ergebnisse darzustellen. Ich will mich deshalb mit einem kurzen Hinweis auf einige Ergebnisse begnügen, die die Bedeutung der Feld-Faktoren oder Feld-Effekte, kurz F Faktoren genannt, für die menschliche Kognition illustrieren. Es handelt sich dabei um Phänomene, die manche Forscher als S-R-Kompatibilität klassifizieren. Der F Faktor wurde von den Gestalttheoretikern entdeckt und dann zu einem alles erklärenden deus-ex-machina gemacht. Diese Faktoren können von den derzeitigen Theorien der künstlichen Intelligenz nicht entsprechend berücksichtigt werden, obwohl sie zusammen mit M eine zentrale Rolle für das Verständnis der produktiven und psychogenetischen Prozesse des Menschen spielen.

Dies sind die Schlußfolgerungen meines Beitrags, die ich nun zur Verdeutlichung so detailliert, wie es mir der Platz erlaubt, erörtern möchte. Ich werde dabei die folgenden Punkte behandeln.

1) Eine kritische Überprüfung der Datenbasis und Methodologie von PIAGET, um die empirisch beobachteten Invarianten darzustellen, die den PIAGETschen Begriffen Stadium und Äquilibration zugrundeliegen.

2) Ein Vergleich zwischen der Datenbasis und den Methoden von PIAGET mit jenen der Theorien der Informationserarbeitung und der künstlichen Intelligenz, im speziellen jenen der CARNEGIE-MELLON-Gruppe, um aufzuzeigen, warum diese Ansätze den deskriptiven Wert der Begriffe allgemeines Stadium und Äquilibration nicht anerkennen.

3) Kurzer Abriß einer Antwort zur Frage: Wenn Stadien und Äquilibration auf deskriptiver Ebene valide Begriffe sind, wie ist es dann möglich, Daten zu erhalten, welche in einer eindeutigen quantitativen Art und Weise auf stadienspezifische Verhaltensmuster und/oder Äquilibrationsphänomene hindeuten?

2. Grundlagen der Datenerhebung und Methoden der PIAGET-Schule

Es ist allgemein bekannt, daß die Genfer Schule die Resultate einer bestimmten Aufgabe bei Vpn bestimmter Altersgruppen erfaßt und dann diese Resultate (oft die Häufigkeit eines beobachteten Verhaltensmusters) zwischen den Altersgruppen vergleicht. Oft werden Aufgaben von gleicher Struktur, aber unterschiedlichen Inhalts, miteinander verglichen, um zu bestätigen, daß der in den Daten sichtbare Entwicklungsverlauf durch die angenommene gleiche Struktur und nicht durch die inhaltlichen Merkmale bestimmt wird.

Vier Merkmale der Methodologie der Genfer Schule sind hier hervorzuheben:

P 1) Die Daten werden im allgemeinen auf Grund von Querschnittsuntersuchungen erhoben, wobei gewöhnlich Problemlöse-Designs (im Gegensatz zu Lerndesigns) zur Anwendung kommen. Aber auch wenn Lerndesigns angewendet werden, liegt das Hauptgewicht weiterhin auf dem selbständigen Finden der Lösung ohne direkte Hilfestellung von außen (vgl. PASCUAL-LEONE, 1976b; PASCUAL-LEONE & BOVET, 1966, 1967).

P 2) Die Aufgaben werden nicht in eine Sequenz von Problemlösungsschritten zerlegt, wie dies bei Theorien der Informationsverarbeitung und der künstlichen Intelligenz üblich ist, sondern sie werden als Ganzes untersucht, wobei die Daten das abschließende Verhaltensmuster aufzeigen, wenn keine Rückmeldung gegeben wird.

P 3) Das besondere Interesse für den Entwicklungsverlauf des Verhaltens führt[1] zumindest im allgemeinen dazu, daß bei weiteren Untersuchungen immer solche Aufgaben ausgewählt werden, die die Analyse eines Verhaltens mit einem interessanten (z. B. stadienförmigen) Entwicklungsverlauf ermöglichen.

P 4) Die Daten werden zur Ableitung und/oder Überprüfung der charakteristischen PIAGETschen Konzepte (wie z. B. der psycho-logischen Strukturen) herangezogen, die die Invarianzen in den Daten in einer qualitativen Form erklären sollen, die insgesamt bei jeder Altersgruppe (PIAGETs epistemisches Subjekt) über die Situationen hinweg gefunden werden. In anderen Worten: die Aufgabenstruktur und die Altersgruppen werden konstant gehalten, während Individuen und Aufgaben variiert werden und die abhängige Variable der Entwicklungsverlauf des beobachteten Verhaltens ist.

Eine nicht ausdrücklich genannte, aber trotzdem charakteristische Methode von PIAGETs Strukturalismus ist

1) Dies war zumindest meine Erfahrung von 1960-1964, als ich Forschungsassistent von PIAGET und INHELDER in Genf war. Das Vorgehen kann sich seither geändert haben.

die Suche nach genetisch-epistemologischen Sequenzen. Eine Aufgabensequenz wird dann psychogenetisch genannt, wenn man die Aufgaben empirisch einzelnen Stadien des Entwicklungsverlaufs zuordnen kann, wobei der Entwicklungsstand bei Stichproben von Vpn unterschiedlichen Alters mit der Anzahl richtiger Lösungen korrespondiert. Eine Aufgabensequenz wird psycho-logisch genannt, wenn man die Aufgaben anhand der zugrundeliegenden theoretischen strukturalistischen (oder prozeß-strukturellen) Modelle in eine Rangordnung bringt, und zwar entsprechend den psycho-logischen Einschachtelungsbeziehungen - d. h. Aufgabe B wird psycho-logisch Aufgabe A immer dann nachgeordnet, wenn das korrespondierende strukturalistische Modell (oder der zugrundeliegende Lösungsprozeß) psycho-logisch das Modell (oder den Lösungsprozeß) von Aufgabe A einschließt oder voraussetzt. Mit Hilfe dieser Terminologie kann eine genetisch-epistemologische Sequenz kurz und prägnant definiert werden: Es handelt sich um die Zuordnung der einander entsprechenden Elemente einer psychogenetischen und einer psycho-logischen Sequenz.

Die Genfer Gruppe erwartet von einer Analyse des Lösungsverhaltens auf Aufgaben, die auf diese Weise miteinander in Beziehung gesetzt werden, daß sie die prozeßbezogenen organismischen Grenzen des Denkens aufzeigt. Diese Erwartung gründet auf der Annahme (die später von den modernen Informationsverarbeitungstheorien übernommen wurde), daß der Organismus eine Art psycho-logischer Maschine ist, die sich gemäß eines psychologischen (und psycho-logischen) Prinzips der Differenzierung/Integrierung entwickelt. Daher könne das Verhalten und verhaltens- und lernbedingte Veränderungen mit Hilfe theoretischer Aufgabenanalysen, die auf einer angemessenen Psycho-Logik beruhen, vorhergesagt werden. PIAGETs Forschungsprogramm versucht diese organismische Psycho-Logik dadurch in den Griff zu bekommen, daß eine genetisch-epistemologische Methode mit zwei Komponenten herangezogen wird:

1) Anwendung "ungelernter" psychogenetischer Aufgabensequenzen aus vielen unterschiedlichen inhaltlichen Bereichen, zur Ableitung einer Psycho-Logik, die zu Sequenzen führt, welche den beobachteten psychogenetischen Sequenzen entsprechen.
2) Verifizierung der auf diese Weise erhaltenen Psycho-Logik, indem neue Aufgaben konstruiert werden und deren psychogenetische Sequenz vorhergesagt wird.

Unter einer "ungelernten" psychogenetischen Sequenz verstehe ich eine Sequenz, die bei Querschnittserhebungen reliabel ist, weil Begriffserwerbs- oder Problemlöseaufgaben verwendet werden, bei denen ein Lernen innerhalb einer Aufgabe oder ein vorhergehendes Lernen der Lösung der einzelnen Aufgaben weitgehend ausgeschlossen ist.

Wie alle Methodologien führt auch jene der Genfer Schule dazu, daß einige Aspekte des organismischen Funktionierens unbeachtet bleiben und einige andere besonders hervorgehoben und in den Mittelpunkt gestellt werden. So führt zum Beispiel die Betonung des Problemlösens ((P 1) oben) dazu, daß wenig innerhalb einer Aufgabe oder auf Grund der mehrfachen Vorgabe von Aufgaben gelernt wird.

Das Interesse der Genfer Gruppe für Aufgaben mit reliablen und "interessanten" Entwicklungsverläufen (mit Merkmalen, die auf das Stadienkonzept hinweisen oder auf sprunghafte Änderungen - P 3) oben) führt wahrscheinlich auch zum Ausschluß von Aufgaben, bei welchen im Gegensatz zum aktiven Problemlösen Lernen und passiv erworbene, früher gemachte Erfahrungen sehr wichtig sind. (Dies deshalb, weil für Personen mit demselben kulturellen Hintergrund das Ausmaß an passiv erworbenen Lerninhalten kontinuierlich mit dem Alter ansteigen dürfte. Es ist daher unwahrscheinlich, daß sich die interessierenden stadienförmigen Verläufe bei Aufgaben zeigen, bei denen Lernaspekte wichtig sind).

Die geringe Bedeutung, die der Rolle von konkreten, früher gemachten Erfahrungen zugemessen wird, (PIAGET spricht von "spezifischem" Lernen) spiegelt sich auch in der Genfer Methode der Datenanalyse wieder. Es werden nur sehr molare qualitative Verhaltensmuster analysiert, die sich auf die Aufgaben als ganze beziehen ((P 2) oben) und in bezug auf Inhalte, d. h. konkrete Situationen, unverändert sind.

PIAGETs Methode legt also auf Lernen möglichst wenig und auf begriffliches Problemlösen möglichst viel Gewicht. Sie führt zu einer großen Klasse von oft miteinander verbundenen genetisch-epistemologischen Sequenzen und hat auf diese Weise eine Datenbasis und eine deskriptive Theorie geschaffen, welche den Begriff der entwicklungsabhängigen Intelligenz gut zu klären vermag (d. h. die fortschreitende Veränderung der Problemlösefähigkeit der Kinder in ihrer Annäherung an die der Erwachsenen). Und obwohl Piaget qualitative logische Modelle[2] bevorzugt und damit den quantitativen Aspekt der entwicklungsabhängigen Intelligenz vernachlässigt, macht seine Datenbasis es eigentlich möglich, diesen Aspekt zu berücksichtigen (HALFORD, 1970; McLAUGHLIN, 1963; NASSEFAT, 1963; PASCUAL-LEONE, 1963, 1969, 1970). Auf Grund der Genfer Daten beurteile ich entwicklungsabhängige Intelligenz als eine psychogenetisch anwachsende Fähigkeit zur Lösung von Problemen und zur Herausarbeitung von empirischen (abstrakten) Invarianzen. Die Dimensionalität (oder der "Rang") dieser Fähigkeit wird mit zunehmendem Alter größer.

Ich verwende den Begriff Dimensionalität oder Rang einer Problemlösestrategie zur Bezeichnung der minimalen Anzahl organismisch unterschiedlicher semantischer Di-

2) Die theoretische Klassifikation psychogenetischer Aufgabensequenzen mit Hilfe der Begriffe "vertikale, horizontale und schief verlaufende Zeitverschiebung" der Genfer Schule (INHELDER, SINCLAIR & BOVET, 1974; PIAGET, 1941, 1956a) hilft bei der Klärung der zwei Hauptprobleme, Stadien und Äquilibration, nicht weiter, wenn man die Begrifflichkeit moderner informationsverarbeitender Theorien vor Augen hat. Ich will damit die Diskussion über diesen Punkt hier abschließen und statt dessen auf Artikel verweisen, in denen sie weitergeführt wird (PASCUAL-LEONE, 1970, 1972, 1976c; SCARDAMALIA, 1977).

wörtlich mit P.-L. et al. '78 in Gallagher & Easley

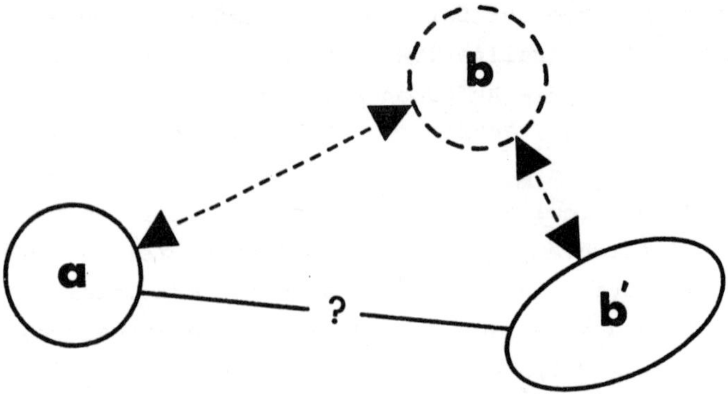

Abb. 1: Aufgabe zur Erhaltung der Substanz

mensionen (Bedingungen), die bei dem zu lösenden Problem beachtet werden müssen (oder bei der Ermittlung der Invarianzen). Ein klassisches Beispiel, das von PIAGET sorgfältig analysiert wurde, obwohl er nicht ausdrücklich die Frage der Dimensionalität überprüfte, ist jenes der Erhaltung (INHELDER, SINCLAIR & BOVET, 1974; PIAGET, 1941, 1956b, 1977; PIAGET & INHELDER, 1962). Zur Illustration dieses Begriffs will ich die Erhaltung der Substanz, des Gewichts und des Volumens am Beispiel von Tonkugeln analysieren.

Bei Anwendung der üblichen Identitäts-Reversibilitäts- oder historischen Strategie, beinhaltet die Dimensionalität des Substanzproblems drei Bedingungen und zusätzlich die Formulierung des Problems der Ausführung ("executive problem"), welches ich mit dem Buchstaben e bezeichnen will (vgl. PASCUAL-LEONE, 1969, 1972, 1976b; PASCUAL-LEONE, GOODMAN, AMMON & SUBELMAN, 1978). Eine Darstellung dieser Erhaltung bei einer Aufgabe der Substanzäquivalenz wird in Abbildung 1 gezeigt und eine kurze Beschreibung der (3+e) Dimensionen dieses Problems folgt anschließend.

1) Die erste semantische Dimension dieses Problems bezieht sich auf das Verhältnis zwischen den ursprüng-

lichen Tonkugeln a und b (mögliche Resultate: gleich groß oder nicht gleich groß).

2) Die zweite semantische Dimension bezieht sich auf die durchzuführende Transformation T (z. B. die Kugel auf dem Tisch rollen), die b in ein "wurstähnliches" Stück b' umformt.

3) Die dritte semantische Dimension bezieht sich auf die relevante Art (oder Klasse) der Transformation, zu welcher T gehört (mögliche Resultate: mengenerhaltende Transformation oder mengenverändernde Transformation).

Eine mengenerhaltende Transformation wird vom psychologischen Organismus als räumliche Neuordnung der Teilchen ("Moleküle") eines Gegenstandes wahrgenommen, die sein äußeres Erscheinungsbild wahrnehmungsgemäß verändert, aber keine "Moleküle" des Gegenstandes wegnimmt oder hinzufügt. (Diese Transformation erhält die quantitative Identität des Gegenstands).

Diese Konzeption einer mengenerhaltenden Transformation ist psychogenetisch und strukturell verbunden mit der Abbildung der Substanz (d. h. der quantitativen Identität) eines Gegenstands in der Vorstellung des Organismus als eine (naive) "molekulare" Ansammlung von Teilchen, wobei jedes Teilchen mit einer invarianten Menge von "Oberfläche-Masse" zusammenhängt (eine Masse, für die Gewicht und Volumen noch nicht invariant sind); und zwar so, daß der ganze Gegenstand die Summe der Mengen der Oberfläche-Teilchen ist. Im Lauf der Entwicklung erkennt der Organismus auf Grund der mengenerhaltenden Transformationen, daß die Substanz eines Gegenstands invariant ist.

Dazu kommt noch die Dimension e oder das Problem der Ausführung. Dabei ist abzuschätzen, ob die Tonmenge von a gleich jener von b' ist. Die Tonmenge wird vom Organismus zuerst auf Grund der konkreten Operation "wahrnehmungsmäßiges Untersuchen der Oberfläche des Gegenstandes und Abschätzen der Ausmaße" (mit Hilfe der Länge der mit dem Auge abgetasteten Strecken, oder anderer kumulativer Erhebungsmechanismen) beurteilt. Später, nachdem die auf Grund dieses Vorgehens im Rahmen von Erhaltungsaufgaben aufgedeckten Probleme (Widersprüche) gelöst sind, wird die Tonmenge im Sinne einer über die Wahrnehmung hinausgehenden kognitiven Invarianz bestimmt, was mit Hilfe eines logischen/strukturellen (L) Lernens möglich wird. Diese vom wahrnehmungsmäßigen Eindruck gelöste Invarianz beruht auf einer überdauernden Vorstellung vom Gegenstand unter Einbezug seiner verschiedenen Aspekte und auf der Einsicht in identitätserhaltende Transformationen (z. B. räumliche Neuordnung der Teilchen bei Erhaltung der Substanz), welche bei der Veränderung des Gegenstands eine Rolle spielen[3]. Probleme der Substanzerhaltung werden im allgemeinen ab dem Alter von 7 Jahren gelöst.

3) Es ist darauf hinzuweisen, wie auch PIAGET und INHELDER dies in verschiedenen Zusammenhängen taten (PIAGET & INHELDER, 1948, Kapitel 16; PIAGET, INHELDER & SZEMINSKA, 1948), daß der von kleinen Kindern eingeschlagene Weg zur Messung einer Fläche nicht wirklich numerisch ist, sondern möglicherweise auf einer Art vorstellungsmäßigem Schätzen beruht. Dieses Vorgehen könnte gemäß der Theorie von PIAGET über Vorstellungen als verinnerlichte Handlungen (Imitation), sehr wohl eine Schätzung auf der Grundlage der mit den Augen abgetasteten Strecken darstellen. Es ist weiter anzumerken, daß eine wirklich genaue Schätzung der Oberfläche eines Gegenstandes anhand der in der Blickfolge abgetasteten Strecken ein sehr systematisches Vorgehen verlangen würde, zu dem nur ältere Kinder fähig sind. Diese Mängel der visuellen Schätzung einer Menge wurden von NORMAN ANDERSON (ANDERSON & CUNEO, 1978) mit seiner Methode des funktionalen Messens in eleganter Weise aufgezeigt. Mit Hilfe etwas abgeänderter Erhaltungsaufgaben nach PIAGET hat ANDERSON gezeigt, daß 5- bis 6-Jährige die Fläche bestimmen, indem sie eine additive Regel zur Integration der beiden Flächendimensionen Breite und Höhe anwenden. Eine multiplikative Regel tritt erst bei 11- oder 12-Jährigen auf, während eine gemischte (additive oder multiplikative) Regel bei 8-Jährigen zu beobachten ist. Diese Unfähigkeit kleiner Kinder, die Substanz eines Gegenstands auf Grund seiner Erscheinung (seines Äußeren) zuverlässig zu schätzen, erklärt, warum kleine Kinder bei einer Aufgabe der Substanzäquivalenz tatsächlich auf die Identitäts-Reversibilitäts- oder "historische" Strategie zurückgreifen müssen (auf ihre Erinnerung, daß a = b und auf ihr Urteil, daß b im Rahmen einer mengenerhaltenden Transformation in b' umgewandelt wurde), um Probleme der Erhaltung lösen zu können.

Betrachten wir nun eine Aufgabe zur Gewichtserhaltung, die dasselbe Beispiel mit Tonkugeln benutzt, wobei jetzt die Gewichte von a und b' verglichen werden müssen. Es gibt mehrere mögliche Strategien und alle haben, soviel ich weiß, denselben Rang, obwohl sie unterschiedliche Dimensionen heranziehen. Die Identitäts-Reversibilitäts-Gewichts-Strategie, die oft von PIAGET besprochen wurde (PIAGET, 1941; PIAGET & INHELDER, 1962) verlangt sowohl eine vierte Dimension zusätzlich zu den Dimensionen (1), (2) und (3) der Substanzäquivalenz als auch unterschiedliche Strukturen bei der Ausführung.
Diese sind:

4. Eine (naive) "molekulare" vorstellungsmäßige Repräsentation von Materie in Form einer Menge von Oberfläche-Masse-Teilchen mit einem bestimmten Gewicht, so daß das Gewicht des Gegenstandes als Summe dieser Teilchengewichte verstanden wird.

Das Problem der Durchführung ("executive problem") besteht in der Abschätzung, ob a und b' gleich schwer sind, das heißt im Antizipieren des Ergebnisses eines Vergleichs von a und b' mit Hilfe einer Waage. Das Gewicht eines Gegenstandes ist für den Organismus zunächst über konkrete Operationen "Druck auf der Hand" (kinesthetisches Gewicht) oder "Druck auf der Waagschale" definiert. Es ist darauf hinzuweisen, daß die Art, wie die Skala der Waage das relative Gewicht der beiden Gegenstände durch einen Wert auf der Skaleneinteilung (mit den Werten: gleich schwer, schwerer, leichter) widerspiegelt, durch den Vl vorher erklärt wurde und daher mit dem Schema des Gewichts (d. h. mit (4)) verbunden ist. Probleme der Gewichtserhaltung werden frühestens im Alter von 9 - 10 Jahren selbständig gelöst. (es sei denn Vpn sind feldabhängig)

Betrachten wir nun eine weitere Art der Erhaltung, nämlich die Erhaltung des Volumens am Beispiel von Ton, welches PIAGET und INHELDER (1962) "Verdrängungsvolumen" nannten. Es gibt mehrere unterschiedliche Strategien zur

Lösung dieser Aufgabe, wobei meines Erachtens alle denselben Rang oder dieselbe Dimensionalität haben. Ich will hier eine Identitäts-Reversibilitäts-Strategie beschreiben, da sie den oben dargestellten Strategien zur Erhaltung der Substanz und des Gewichts sehr ähnlich ist. Es ist allerdings anzumerken, daß die Kinder bei selbständiger Lösung dieser Aufgabe (mit 11 oder 12 Jahren) auch eine Ersatzstrategie anwenden können (indem sie einen integrierten Vergleich der räumlichen Dimensionen beider Gegenstände durchführen und z. B. eine multiplikative Regel anwenden). Die Identitäts-Reversibilitäts-Strategie für das Verdrängungsvolumen (wie auch andere Strategien zur Lösung dieser Aufgabe) hat eine Dimensionalität von 5 + e, nämlich: (1), (2), (3) (dieselben drei Bedingungen, die für das Problem der Substanzerhaltung beschrieben wurden, allerdings wieder im Zusammenhang mit einer Bedingung (4) zu sehen: Eine (naive) "molekulare" Konzeption von Materie als eine Menge von Oberfläche-Masse-Teilchen mit einem bestimmten Gewicht und dreidimensional im Sinne eines festen Körpers. Das Volumen des Gegenstands ist gleich der Summe der Volumina seiner Teilchen. Volumen wird anhand der konkreten Operation "Bestimmung des Raums, den er einnimmt und an dem andere Gegenstände nicht teilhaben können" definiert.

5. Eine (naive) Regel, die besagt, daß die Tendenz eines Gegenstands zu sinken, wenn er ins Wasser gelegt wird, mit seinem Gewicht zusammenhängt, daß aber das Wasser, das er verdrängt, eine Funktion seines Volumens ist. Diese Regel ist nötig, weil die Formulierung des Problems (nämlich welcher Gegenstand den Wasserstand mehr anhebt, wenn er in den Behälter gegeben wird) nicht ausdrücklich den Begriff Volumen enthält und auch, weil es eine fehlerhafte Überlegung gibt, die oft bei 10-Jährigen beobachtet wird, und die Kinder veranlaßt zu glauben, daß die Menge des durch den Gegenstand verdrängten Wassers eine Funktion seines Gewichts sei.

Das Problem der Ausführung (Dimension e) bei Aufgaben der Erhaltung des Verdrängungsvolumens besteht darin, festzustellen, welcher von zwei Gegenständen den Wasserstand mehr erhöht, wenn beide in entsprechenden (identischen) Behältern vollständig eingetaucht werden. Es ist wiederum darauf hinzuweisen, daß auf die Verbindung zwischen dem Volumen der Gegenstände und dem Ausmaß an verdrängtem Wasser nicht ausdrücklich hingewiesen wird.

Bei vielen Aufgaben von PIAGET kann dieselbe funktionale Beziehung zwischen der psychogenetischen Schwierigkeit von Aufgaben, wie sie hier beschrieben wurden, und dem "Rang" oder der Dimensionalität der entsprechenden Problemlöse-Strategien gefunden werden: Probleme mit einer Dimensionalität von 3+e werden im allgemeinen von 7- oder 8-Jährigen selbständig gelöst (vorausgesetzt, das Hintergrundwissen und der kognitive Stil sind entsprechend); Probleme mit einem Rang von 4+e werden entsprechend von 9- oder 10-Jährigen gelöst; Probleme mit einem Rang von 5+e werden von 11- oder 12-Jährigen gelöst. Diese erstaunliche lineare Beziehung reicht von 3- oder 4-Jährigen bis zu 15- oder 16-Jährigen. Im Jahr 1963 nahm ich an (PASCUAL-LEONE, 1963; 1970), daß diese zunehmende Dimensionalität der Aufgaben, die ich in den genetisch-epistemologischen Sequenzen der Genfer Schule gefunden habe, mit einem situationsunabhängigen organismischen Faktor korrespondiert, dessen Stärke mit zunehmendem Alter anwächst; d. h. ich nahm eine zentrale geistige "Energie" oder Kraft M an, die es den Menschen ermöglicht, ihre Aufmerksamkeit (PIAGETs Zentrierung) gezielt auf einen immer größeren Bereich zu richten. Eine solche quantitative strukturelle Aufgabenanalyse, wie sie zur Aufdeckung der Dimensionalität entwicklungsabhängiger Aufgaben erforderlich ist, kann entfallen (wie dies PIAGET 1963 tatsächlich vorschlug, als ich ihm diese theoretischen Resultate vorlegte - PASCUAL-LEONE, 1963), weil die Methode mit Überlegungen über die vom Subjekt verwendete Strategie (und die verwendeten Strukturen) beginnen muß, und auch weil die Abstraktheit der Methode (ihr Nichteinbeziehen des konkreten schrittweisen Vorgehens, das in den Erhebungsprotokollen festgehalten ist) sie unreliabel scheinen bzw. manchmal auch werden läßt. Auch wenn diese Diskussion den Rahmen dieses Beitrags eigentlich überschreitet, möchte ich darauf hinweisen, daß ich in den letzten 10 Jahren eine prozeßstrukturelle Methode der Aufgabenanalyse entwickelt habe, die organismische Faktoren berücksichtigt - eine Methode, die von mir metasubjektive Aufgabenanalyse genannt wird - und von der ich glaube, daß sie frei von den Nachteilen der Dimensionalitätsanalyse ist (eine kurze Illustration wird weiter unten gegeben)[4].

Neuere und experimentell konsequentere Arbeiten haben die Vorhersagen über die Dimensionalität sowohl von Erhaltungsaufgaben (z. B. CASE, 1977; PARKINSON, 1975; PASCUAL-LEONE, 1976b) als auch anderer Aufgaben von PIAGET (z. B. CASE, 1974; DE RIBAUPIERRE, 1975; PARKINSON, 1975; PASCUAL-LEONE, 1969, PASCUAL-LEONE & SMITH, 1969; SCARDAMALIA, 1977; TOUSSAINT, 1976) bestätigt. Es ist daher die Frage angebracht, warum Aufgaben von PIAGET und auch Problemlöseaufgaben aus der Tradition der Gestaltpsychologie sich gerade für diese Art der Dimensionalitätsanalyse eignen, die ihre Stadienzugehörigkeit und ihre entwicklungsabhängige Schwierigkeit vorherzusagen erlaubt. Die Beantwortung dieser Frage mag tatsächlich helfen, die wirkliche Bedeutung von PIAGETs Stadien und ihren notwendigen Zusammenhang mit dem Begriff der Äquilibration besser zu verstehen.

Ein erster Hinweis darauf, warum Dimensionalitätsanalysen bei PIAGETschen Aufgaben oft erfolgreich sind, ergibt sich einerseits aus einer Analyse der von Vpn unterschiedlichen Alters gegebenen falschen Antworten, und

4) Das Adjektiv "metasubjektiv" ist von "Metasubjekt" abgeleitet. Dieser Begriff wird von mir (in Anlehnung an FREUDs Begriff "Metapsychologie") für den hoch aktiven psycho-logischen Organismus des Menschen verwendet, der sein Verhalten bedingt.

andererseits aus einer experimentellen Aufgabenanalyse. Beide Methoden zeigen bekanntlich, daß Aufgaben der Genfer Schule im allgemeinen irreführende Situationen darstellen (z. B. PASCUAL-LEONE, 1963, 1969, 1972, 1973, 1974, 1976b, 1976c; PASCUAL-LEONE & BOVET, 1966; PASCUAL-LEONE & SMITH, 1969), die dem Typ von Situationen, "die es einem leicht machen", wie er bei den meisten Lernaufgaben auftritt, gegenübergestellt werden können. Die Situationen sind irreführend, weil sie Merkmale (im Sinne von HARLOW, 1959) aufweisen, die in hohem Maße zu Fehlern verleiten, zu falschen Strategien und falschen Antworten. Zwei der am häufigsten auftretenden Faktoren, die Fehler bewirken, sind: (1) Überlernte (zur Gewohnheit gewordene) Schemata oder Strukturen, die in Situationen entwickelt wurden, für die sie relevant waren, und die in der neuen Situation irrelevant sind, jedoch durch auffällige, aber irreführende Reize angesprochen werden; (2) Die Tendenz des Organismus, ein Verhalten zu zeigen oder Antworten zu geben (d. h. Wahrnehmungen, Verhaltensweisen, kognitive Urteile), die mit den dominanten Merkmalen seines Wahrnehmungs- und/oder kognitiven Felds aktivierter figurativer Schemata übereinstimmen. Dieser Feldfaktor (F Faktor), der oft in Form einer Disposition zu "S-R Kompatibilität" auftritt (vgl. FITTS & SEEGER, 1953;FITTS & POSNER, 1967; PASCUAL-LEONE, 1969, 1974, 1976b), ist bei vielen Aufgaben der Genfer Schule irreführend, wie dies die typischen Fehler kleiner Kinder beweisen.

Bei den Erhaltungsaufgaben sind diese beiden zu Fehlern führenden Faktoren sehr stark ausgeprägt (vgl. PASCUAL-LEONE, 1972, 1976c; PASCUAL-LEONE u.a., 1978). Bei Aufgaben der Erhaltung der Substanz treten sie zum Beispiel in folgender Form auf:

1. Als ein immer wieder angewandtes Schema, das das sichtbare Ausmaß der Oberfläche eines Gegenstandes der zu ermittelnden Substanz gleichsetzt. Dieses zur Gewohnheit gewordene Schema resultiert aus einem lo-

gisch/strukturellen Lernfaktor (L Lernen) des Organismus, der die empirische probabilistisch-invariante Beziehung verinnerlichte, die im allgemeinen zwischen der sichtbaren Oberfläche und der vermuteten Substanz des Gegenstands besteht. Diese empirische L Struktur ist tatsächlich ein Beispiel für die präoperationalen Strukturen, die PIAGET "gerichtete Funktionen" nennt. Sie führt zu einer inzidentell erworbenen, im Alltag allgemein gültigen empirischen Regel, die sowohl bei Erhaltungsaufgaben als auch im Supermarkt im Zusammenhang mit der Verpackungsgröße der Produkte irreführend ist.

2. Als ein F Faktor, der die Vpn veranlaßt, die begriffliche Struktur des Problems (d. h. die wirkliche Menge) an die wahrnehmungsmäßig gegebene Struktur (d. h. die wahrnehmungsmäßig gegebene Menge) zu assimilieren. Diese Tendenz, Beurteilungen (z. B. eine Beurteilung auf Grund der Anwendung der Erhaltungsbegriffe) in Übereinstimmung mit der wahrnehmungsmäßigen Organisation der gegebenen Daten abzugeben, ist eine kognitive Manifestation der allgemein bekannten Disposition zur S-R-Kompatibilität (die in meiner Neu-PIAGETschen Theorie auf einen organismischen Faktor F zurückgeführt wird, der dem autochtonen Feldfaktor oder "Prägnanz" in der Gestalttheorie in bestimmter Weise entspricht - vgl. ATTNEAVE, 1972; PASCUAL-LEONE, 1976b; PASCUAL-LEONE & GOODMAN, im Druck; PRENTICE, 1959).

Ähnliche Fehler auslösende Faktoren treten bei der Erhaltung des Gewichts und des Volumens auf (z. B. die allgemein bekannte Gewichts/Volumen Täuschung). Zusätzlich findet sich bei der Erhaltung des Gewichts ein besonderer Fehlerfaktor, der oben bereits erwähnt wurde: eine überlernte und durch F begünstigte Tendenz, das Gewicht eines Gegenstands mit seinem kinesthetischen Druck, z. B. auf die Hand, gleichzusetzen- ein Fehlerfaktor, der das Kind veranlaßt, kompaktere Gegenstände

(z. B. einen Ball a) schwerer (als eine Wurst b') einzuschätzen. Derselbe Irrtumsfaktor des kinesthetischen Gewichts ist oft die Ursache für die Annahme der Kinder, daß ein Gegenstand (z. B. eine lange Wurst), der über den Rand der Waageschale hinausreicht, weniger wiegt.

Besondere Fehlerfaktoren treten auch beim Verdrängungsvolumen auf, zum Beispiel der durch F begünstigte, schon erwähnte Faktor, der dazu führt, daß die Menge des verdrängten Wassers am Gewicht orientiert wird.

Diese Fehlerfaktoren verwandeln Erhaltungsaufgaben (und viele andere Problemlöse-Situationen von PIAGET und den Gestalttheoretikern) in Denksportaufgaben oder (unbewußte) kognitive Konflikte, bei denen sich die korrekte Lösung (Strategie X) für das Problem, wenn sie es überhaupt vermag, gegen die starke Beeinträchtigung durch die Fehlerfaktoren, die falsche Lösungen (Y-Strategien) begünstigen, durchsetzen muß[5].

Das Vorhandensein dieser Konfliktsituationen und der korrespondierenden starken Fehlerfaktoren führt zur Frage nach dem Mechanismus, der es der Strategie X ermöglicht, sich gegen die Y-Strategien durchzusetzen, wenn die Kinder das Problem spontan und zum ersten Mal lösen. Bei

5) Es ist anzumerken, daß dieser innere Widerspruch, der durch PIAGETsche Aufgaben hervorgerufen wird, d. h. das Ansprechen falscher und richtiger Strategien, erklärt, warum "interessante" (z. B. stadienförmige oder nicht-monotone) Entwicklungsverläufe gefunden werden. Zu diesen zählen auch die paradoxerweise gegenläufigen Entwicklungssequenzen, die T. G. R. BOWER (1974) und andere vor kurzem allgemein bekanntgemacht haben (z. B. BEVER, 1970; MOUNOUD & BOWER, 1974; STRAUSS & STEIN, 1978), und die auch in Genf gut bekannt sind. Sie sind darauf zurückzuführen, daß sehr wohl auch die Stärke der Fehlerfaktoren simultan mit der Leichtigkeit der Prozesse, die für die richtige Lösung nötig sind, anwachsen kann und dies oft auch tut. Aus historisch/epistemologischer Sicht sollte dieser Zusammenhang natürlich umgekehrt formuliert werden: Die theoriegeleitete Suche der Genfer Schule nach Aufgaben, die interessante Entwicklungsverläufe aufzeigen (eine empirische Invarianz, die dem Stadienkonzept zugrundeliegt) führte zu einer Ansammlung von Aufgaben, deren organismisch-prozeßhafte Struktur innere Widersprüche enthält.

diesem Mechanismus kann es sich nicht um "einfaches" Diskriminationslernen (z. B. GIBSON, 1969) oder auch um logisch/strukturelles kognitives Lernen handeln, wie dies PIAGETs Konzeption des operationalen Lernens und das Produktions-System-Modell zur Erwerbung der Erhaltungsbegriffe von KLAHR und WALLACE (1976) vorsehen. Dies sind orthodoxe Interpretationen. Sie gehen davon aus, daß kognitive Kompetenzen, wie das Verfügen über Erhaltungsbegriffe, spontan erworben werden, wenn die passenden logischen Strukturen, wie die Gruppe der "Korrespondenzen" (PIAGET, 1977) oder die spezifischen Produktionssysteme (KLAHR & WALLACE, 1976) erworben wurden, und treffen nicht den Kern der Frage. Sie verlagern bloß das psychogenetische Problem vom spontanen Erwerb von Problemlöse-Strategien - Strategien deren Dimensionalität im Sinne einer empirischen Invarianz psycho-genetisch geordnet ist - auf den spontanen Erwerb einer Übergangsregel (oder eines "dynamischen" Modells), die angibt, wie man von einem vollentwickelten System von Strukturen (seien es "Gruppierungen", "Gruppen" oder Produktionssysteme) zu einem andern vollentwickelten System von Strukturen gelangt. Diese Verlagerung, die das Problem im Sinne von CHOMSKY eher vertieft und damit komplizierter werden läßt, erinnert irgendwie an den Versuch von HARLOW (1959; HARLOW & HARLOW, 1949), Lernen und Entwicklung mit dem Begriff des "Lernen lernen" zu erklären[6].

Anstelle Fragen nach dem Ursprung ("origin") des Verhaltens (oder seiner Entwicklung oder seines Erlernens) zu stellen, wie es TOLMAN und der frühe PIAGET getan haben, fragen wir jetzt nach dem "Ursprung" des URSPRUNGS von Verhalten. Nach PIAGET ist der URSPRUNG

6) Ich brauche wohl nicht zu betonen, daß es sich bei diesem Begriff (unter verschiedenen Bezeichnungen verwendet von MC V. HUNT (1961); GAGNÉ (1968); GELMAN (1968) usw.) nach wie vor um die grundlegende "Übergangsregel" handelt, die von den modernen Behavioristen vorgeschlagen wird, um das psychogenetische Problem aus der Welt zu schaffen.

jedes Entwicklungsstadiums das entsprechende psycho-logische Modell: der "Ursprung" ist der Äquilibrationsprozeß der regulierenden Mechanismen - jener immer noch unbekannten Mechanismen, die auf schöpferische Weise die oben beschriebenen Konflikte zwischen Schematas (die oft von unterschiedlichen Entwicklungsstadien stammen) lösen (vgl. PASCUAL-LEONE u.a. 1978; PASCUAL-LEONE & GOODMAN, im Druck).

Ein Verdienst von PIAGETs Ansatz besteht in der Hervorhebung (im unnachahmlichen qualitativen psycho-logischen Stil, der das Markenzeichen von PIAGET ist) der beiden wichtigsten deskriptiv-strukturellen Aspekte der Daten (Stadien und Äquilibration) und ihres Zusammenhangs (d.h. in kognitiven Konfliktsituationen). Die Genfer Schule hat damit zwei bedeutende Probleme aufgeworfen, bzw. zwei problematische empirische Gesetzmäßigkeiten nahegelegt (auch wenn sie sie nicht formuliert hat):

1) Die psychogenetische Sequenz von Aufgaben ist oft auf Grund der Dimensionalität oder des Rangs der Aufgaben vorhersagbar. (Dies ist die tatsächliche Grundlage der deskriptiven Stadientheorie);
2) Aufgaben, deren Entwicklungsverlauf sowohl "interessant" im Sinne der Genfer Schule als auch stabil (replizierbar an verschiedenen Vpn und bei verschiedenen Variationen des Inhalts) ist, zeigen die strukturellen Merkmale kognitiver Konfliktsituationen. (Dies ist die tatsächliche Grundlage der deskriptiven Äquilibrationstheorie).

Probleme (oder Mängel) des klassischen Ansatzes von PIAGET sind:

1) Der Versuch, ein deskriptiv-strukturelles Modell, nämlich Äquilibration als Ursache (d. h. als ursprüngliches und psychogenetisches weiterführendes Modell) des anderen deskriptiven-strukturellen Modells, des Stadienmodells,darzustellen, obwohl in Wirklichkeit beide als verschiedene strukturelle Aspekte der Datenbasis zu sehen sind.

2) Der Versuch, aus den Stadienmodellen (d. h. aus den abstrakten kategorialen Beschreibungen molarer empirischer Invarianzen) kausale Determinanten des Verhaltens zu machen (vgl. PASCUAL-LEONE, 1976c).

Anzeichen für diese Mängel gibt es viele. Ein Beispiel ist die in der klassischen Theorie von PIAGET fehlende Unterscheidung zwischen den überdauernden Strukturen (Schemata), d. h. dem Repertoire der Vp an dauerhaft gespeicherten Informationseinheiten, und den ephemeren Strukturen, die der Beobachter aus dem Verhalten der Vp als empirische invariante Strukturen erschließt. Die letztgenannten Strukturen stellen keine überdauernden, durch Gewohnheit herausgebildeten Strukturen dar, sondern eher Aktionsstrukturen, die aus neuartigen oder wirklich-neuartigen (siehe unten) Synthesen der Verhaltensweisen des Organismus resultieren - d. h. aus schöpferischen Handlungen (Äquilibrationsprozessen). Klare Beispiele für diese Synthesen kann man häufig in PIAGETs Daten finden, beispielsweise bei typischen Fehlern von Kindern oder beim "Kompromißverhalten", wobei in beiden Fällen oft Konflikte zwischen Strategien die Ursache sind (z. B. INHELDER & CHIPMAN, 1976; INHELDER, SINCLAIR & BOVET, 1974; PASCUAL-LEONE, 1969, 1976b). Auch spielen Äquilibrationsprozesse (und dies wird oft nicht beachtet) häufig bei der spontanen Entwicklung richtiger Lösungen bei logischen/strukturellen Aufgaben eine wichtige Rolle, wie z. B. bei Erhaltungsaufgaben oder bei Aufgaben zur Einschachtelung von Klassen, wenn sie zum ersten Mal gelöst werden. Bei diesem ersten Mal kann der produktiv-konstruktive Mechanismus, der der Verhaltenssynthese zugrunde liegt, keine erlernte, durch Gewohnheit herausgebildete Struktur sein (wie es stillschweigend oder ausdrücklich in Modellen der künstlichen Intelligenz angenommen wird), da situationsspezifische Strukturen nicht ohne Erfahrung erlernt werden können. Die Annahme des Gegenteils führt zu einem Lernparadoxon (vgl. PASCUAL-LEONE, 1972, 1973, 1976d; PASCUAL-LEONE u. a., 1978).

Zur Auflösung dieses Paradoxons muß man entweder annehmen, daß diese produktiv-konstruktiven Mechanismen angeborene Strukturen sind, und, wie BEILIN dies vor ein paar Jahren tat (BEILIN, 1971), daß die Theorie von PIAGET eine Reifungstheorie in neuem Gewande ist, oder man muß postulieren, daß es sich bei diesen Mechanismen um allerdings wenig verstandene, situationsunabhängige organismische Faktoren handelt, von denen die oben dargestellten F, L und M Faktoren nur drei Beispiele sind (vgl. PASCUAL-LEONE, 1969, 1973, 1976a, b, c, d; PASCUAL-LEONE & GOODMAN, im Druck; PASCUAL-LEONE u. a. 1978).

PIAGETs scharfe Antwort auf BEILIN und andere der zahlreichen Kritiker deutet an, daß die Theorie der Genfer Schule die Alternative mit den organismischen Faktoren stillschweigend übernommen hat. Sie tat dies durch Einführung des allerdings vagen Konzepts der "Regulationsmechanismen". Diese Feststellung macht jedoch deutlich, wie künstlich die Unterscheidung zwischen dem URSPRUNG (den psycho-logischen Modellen, die die Stadien definieren) und dem "Ursprung" des Verhaltens (den Regulationsmechanismen, d. h. der Äquilibration oder der "Übergangsregel") ist. Regulationsmechanismen müssen ja nicht nur psychogenetische Konstruktivität sondern auch produktive Konstruktivität erklären.

Zur Illustration dieses kritischen Punktes bezüglich der Regulationsmechanismen (d. h. Äquilibration, situationsunabhängige organismische Faktoren), will ich nochmals den Erwerb der Substanzerhaltung besprechen, indem ich gerafft eine schrittweise prozeß-strukturelle und organismische Analyse der entsprechenden Aufgabe durchführe. Diese Zusammenfassung dient auch als kurze Illustration einer metasubjektiven (d. h. prozeß-strukturellen und organismischen) Aufgabenanalyse, wie ich sie schon erwähnt habe (vgl. PASCUAL-LEONE, 1976 a, b, d, 1978b).

Es kommt vor, daß Kinder, denen zum ersten Mal eine Erhaltungsaufgabe vorgelegt wird, zuerst durch die

Eigenart der gegebenen Situation dazu verleitet werden, a und b' direkt zu vergleichen (siehe Abb. 1). Man könnte sagen, daß dies ein Zeichen eines wahrnehmungsmäßig-analytischen Vorgehens ist, wie ich es zuvor beschrieben habe (Dimension (e) der Substanzerhaltung). Es manifestiert sich darin, daß das Kind a und b' unter Beachtung nur einer ihrer Dimensionen, Breite oder Länge, vergleicht. Bis zum Alter von 9 oder 10 Jahren sind Kinder nicht fähig, den Vergleich von a und b' unter gleichzeitiger Beachtung beider Dimensionen (siehe Fußnote 3) durchzuführen; vielleicht ist die Ursache die ungenügende Größe von M (PASCUAL-LEONE, 1968, 1969, 1973, 1976b). Da kleine Kinder (4-, 5- oder 6-Jährige) den Vergleich durchführen, indem sie nur eine der Dimensionen beachten (Breite oder Länge), werden die oben erwähnten irreführenden organismischen Faktoren L und F eine Rolle spielen und falsche Antworten begünstigen (d. h. $a < b'$ oder $b' < a$).

Wie PIAGET wiederholt betont hat (1956b, 1975), tendieren ältere Kinder (6- oder 7-Jährige) zu einer Dezentrierung (einer dezentrierenden Vorgehensweise). Sie vergleichen nochmals a und b', beachten nun aber die andere Dimension. Da die Anwendung der L und F Faktoren bei den beiden Vergleichen zu widersprüchlichen Ergebnissen führt ($a < b'$ versus $b' < a$), sollten Kinder mit genügender Größe von M und entsprechenden "Strukturen zur Reproduktion von Gedächtnisinhalten" bei gleichzeitiger Beachtung beider Resultate (dies kann spontan bei 6-Jährigen auf Grund der bereits erworbenen Gedächtnismechanismen auftreten), starke "kognitive Dissonanz" oder einen "Schrecken über die Widersprüche" erleben[7].

7) Theoretisch sollte ein M von e + 2, über das 5- und 6-Jährige verfügen, ein Wiedererinnern an zwei unabhängige Ereignisse (Resultate) und deren Vergleich ermöglichen. Tatsächlich zeigt es sich bei vielen Aufgaben von PIAGET, daß Kinder im Alter von 6 Jahren zum ersten Mal ein großes Bedürfnis nach innerer Konsistenz erleben, das sie zum Vergleich zweier unabhängiger, früherer Handlungen anregt. WHITE und PILLEMAR (1979) haben tatsächlich angenommen, daß flexible Strukturen zur Reproduktion von

Dieser "Schrecken" über den Widerspruch, der auf allen Altersstufen beobachtet werden kann (man denke z. B. an das "Fremdeln" der Kleinkinder) muß ein Anzeichen für einen anderen situationsunabhängigen organismischen Faktor sein, nämlich einer Disposition, nicht gegen das Prinzip der inneren Konsistenz zu verstoßen (dieser Aspekt der Äquilibration, das Streben des Organismus nach Regelhaftigkeit, wurde von PIAGET oft betont). Die zwingend als negativ erlebten Merkmale fehlender inneren Konsistenz führen im allgemeinen dazu, daß das psychologische System des Kindes die wahrnehmungsmäßig-analytische Vorgehensweise aufgibt ("den Glauben daran verliert") und versucht, bei der Lösung des Problems eine andere Vorgehensweise (vgl. CASE, 1977; MINSKY & PAPERT, 1972; PIAGET, 1975; PASCUAL-LEONE, 1969, 1976b) einzuschlagen. In diesem Fall kommt es oft zu einer "historischen" (d. h. zu einer Identitäts-Reversibilitäts-) Vorgehensweise. Sie legt nahe, sich all das ins Gedächtnis zu rufen, was sich vor der Vorlage des Problems ereignet hat, um zu sehen, ob das bei der Entscheidung zwischen widersprüchlichen Alternativen weiterhelfen kann. Es ist anzumerken, daß dies eine sehr allgemeine Vorgehensweise ist, welche schon Kinder der präoperationalen Stufe in ihrem Repertoire besitzen. Diese historische Vorgehensweise könnte zusammen mit geeigneten Gedächtnisstrukturen bei genügend großem M des Kindes zur gleichzeitigen "Reproduktion" aller relevanten Schemata und damit zu einem kognitiven Plan oder einer Problemdarstellung führen, der bzw. die Abb. 1 entspricht. Die wichtigsten Schemata dieses kognitiven Plans sind die Dimensionen (1), (2) und (3) des Substanzerhaltungsproblems, das weiter oben diskutiert wurde. Dimension (1), die ursprüngliche Gleichheit der Substanz zwischen a und b (d. h. a = b) wird als Doppelpfeil in Abb. 1 darge-

Gedächtnisinhalten ein M von mindestens e + 2 verlangen. Sie erklären auf diese Weise die kindliche Vergeßlichkeit vor dem 5. Lebensjahr.

stellt. Dieses Schema a=b (das aus der wahrnehmungsmäßigen Abschätzung von a und dem Vergleich dieser Schätzung mit b resultiert) muß auch dann weiterwirken, wenn das Kind die Gleichheit zwischen den Substanzen b und b' "reproduziert" oder erschließt (d. h. b = b'). Diese letzte Schätzung verlangt die Anwendung einer mengenerhaltenden Transformations-Kodierung (vom Typ oder der KLASSE T) (dies ist die Aufgabendimension 3) auf den aktuellen Transformationsvorgang T, welcher zur Umwandlung von b in b' (dies ist die Aufgabendimension 2) geführt hat. Das Ergebnis dieser Klassifikation (Typen-Kodierung) von T durch KLASSE T führt zum Schluß, daß b = b' ist.

Diese Analyse weist darauf hin, daß ein M von e + 3 für die produktive Konstruktion und dauernde Beachtung des in Abbildung 1 dargestellten kognitiven Plans notwendig ist (vgl. PASCUAL-LEONE, 1969, 1977, 1976 b, PASCUAL-LEONE u.a. 1978). Da ein solches M erst ab dem 7. Altersjahr gegeben ist (z. B. PASCUAL-LEONE, 1970; 1978a), können 6-Jährige im allgemeinen den kognitiven Plan von Abbildung 1 nicht aufstellen - einer der Doppelpfeile würde darin fehlen. Diese Tatsache erklärt falsche Antworten des Typs der "empirischen Reversibilität", die gelegentlich bei 6-Jährigen auftreten. (Ein Beispiel einer entsprechenden falschen Reaktion wäre folgende Antwort eines Kindes: "Wenn du aus b' wieder b formst, wird dies gleichviel wie a sein, aber jetzt ist es mehr, weil b' länger ist." Bei diesem kognitiven Plan dürfte der mengenerhaltende Transformations-Kodierer KLASSE T (d. h. Aufgabendimension 3) mangels ausreichendem M nicht aktiviert worden sein.

Kinder, die spontan einen kognitiven Plan, wie ihn Abbildung 1 zeigt, entwickeln können, müssen dennoch zur Lösung der Aufgabe die Beziehung zwischen a und b' unter dem Aspekt der Quantität ableiten. Eine eingeübte Struktur (eine erlernte Regel), die a = b' aus a = b und b = b' ableitet (oder eine pragmatisch entsprechende Regel),

Paradox: Zuerst müßte Regel erworben werden, um die Erhaltungsaufgabe zu lösen. Diese Regel kann aber erst nach dem Lösen von Erhaltungsaufgaben mit nicht abzählbaren Mengen erworben werden, die ihrerseits erst nach dem Lösen von Aufgaben mit abzählbaren Mengen erlernt werden. Aber eine spontane Verallgemeikönnte nun das Erreichen der richtigen Antwort des Kindes erklären. Eine solche Erklärung setzt aber voraus, daß diese Regel spontan vor einer erfolgreichen Lösung der Erhaltungsaufgabe erworben werden kann.

Eine Quantifizierungsregel dieser Art ist tatsächlich in PIAGETs Modell der Erhaltung implizit enthalten - es handelt sich um seine neue "infralogische Gruppierung von Korrespondenzen" (PIAGET, 1975, 1977). Sie wird explizit im semantisch ähnlichen Produktions-System Modell von KLAHR und WALLACE für "geschätzte" Quantität dargestellt (Produktionen PD.CON 7 und PD.CON 4 des Produktionssystems PS. QC5 - KLAHR & WALLACE, 1976, S. 131). Leider kann aber eine solche Regel nicht vor dem Lösen von Erhaltungsaufgaben mit nicht abzählbaren Mengen erworben werden. Dies ist auf Grund ihrer Abstraktheit nicht möglich: Da es sich um eine empirische semantisch-pragmatische Invarianz handelt, könnte eine solche Regel erst abgeleitet werden, nachdem Antworten zu Erhaltungsaufgaben mit nicht abzählbaren Mengen auf andere Weise erarbeitet und empirisch durch eine Überprüfung der in ihnen zum Ausdruck kommenden Erwartungen bestätigt wurden. Die Genfer Autoren (z. B. INHELDER, SINCLAIR und BOVET, 1974), wie auch KLAHR und WALLACE, gehen davon aus, daß eine solche Regel zuerst im Zusammenhang mit der Erhaltung von abzählbaren Mengen gelernt wird (z. B. Erhaltung der Anzahl aufgereihter Murmeln, wenn die Dichte der Reihe durch eine Vergrößerung der Abstände zwischen den Murmeln verändert wird) und später auf nicht abzählbare Mengen ausgeweitet oder "verallgemeinert" wird. Das Problem ist, daß bei dieser Betrachtung die Existenz von Fehlerfaktoren nicht beachtet wird, nämlich die oben beschriebene, zu Fehlern verleitende, L Struktur und der F Faktor, welche die Erhaltungsaufgabe in eine knifflige Denkaufgabe verwandeln. Da der Einfluß dieser Fehlerfaktoren bei Aufgaben mit nicht abzählbaren Mengen viel größer ist als bei Aufgaben mit abzählbaren Mengen (umso mehr, wenn die Anzahl der "ab-

ese Regel findet wegen Fehlerfaktoren nicht statt.

zählbaren" ("diskreten") Gegenstände klein ist, so daß der "subitizing quantifier" von KLAHR und WALLACE angewendet werden kann), ist die spontane "Verallgemeinerung" der Quantifizierungsregel von abzählbaren auf nichtabzählbare Mengen nicht plausibel; das Auftreten der Fehlerfaktoren verhindert wahrscheinlich die spontane Verallgemeinerung dieser Regel.

Da die Annahme einer Quantifizierungsregel zu einem Lernparadoxon führt (d. h. zur Annahme einer spontanen Verallgemeinerung, welche den empirischen Lerngesetzen widerspricht), muß irgendein (situationsabhängiger) organismischer Faktor (oder mehrere solcher Faktoren), der nichts mit Lernen zu tun hat, die Ursache sein für den spontan gezogenen Schluß, daß a = b' ist.

Ich habe vorgeschlagen (z. B. PASCUAL-LEONE, 1969, 1972, 1974, 1976b; PASCUAL-LEONE u.a. 1978; PARKINSON, 1975), davon auszugehen, daß der interessierende organismische Faktor der oben beschriebene Faktor F ist. Wenn das Kind nach dem kognitiven Plan von Abbildung 1 vorgeht, und wenn es sich gedrängt fühlt, auf die Frage "Besteht a aus gleich viel Ton wie b'" zu antworten (vielleicht, weil es dem Vl gefallen möchte - ein affektiver Faktor, der weiter unten diskutiert wird), dann dürfte es die Gleichsetzungen im kognitiven Plan a=b und b=b' als geistige Stimulussituation (S) erleben. Aufgrund der Tendenz des Faktors F zur S-R Kompatibilität führt dies dazu (etwas ähnliches wird in der von HEIDER angeregten Balance-Theorie ausgedrückt - z. B. FLAMENT, 1963; ZAJONC, 1960), daß eine Antwort (R) möglich wird, die ausdrückt, daß a = b'. Diese Gleichsetzung ist konsistent mit den anderen beiden Angaben des kognitiven Plans (welche ja den Ausgangspunkt, die Stimulus-Komponente, dargestellt haben).

Betrachten wir nun zwei wichtige Punkte, die durch diese abgekürzte metasubjektive Aufgabenanalyse illustriert werden:

1. Die Regulationsmechanismen der Äquilibration (d. h.

im Rahmen meiner Terminologie die situationsunabhängigen, organismischen Faktoren L, F, M, affektive Faktoren usw.) sind zur Erklärung der produktiven Konstruktion des Problemlöseprozesses des Kindes nötig. Von den psycho-logischen Modellen, die die Stadien definieren, wird hingegen nur behauptet, sie könnten jenen Prozeß erklären.

2. Die einzigen "ausführenden" Prozesse, die wir bei Kindern voraussetzen müssen, die zum ersten Mal spontan eine stadientypische Aufgabe lösen, sind (im Vergleich zur Komplexität des insgesamt erforderlichen Verhaltens) äußerst einfach, allgemein oder global; in der Tat können diese Prozesse auch ohne die systemhafte Geschlossenheit der Genfer algebraischen Modelle und der Computersimulationsprogramme auskommen. Diese Allgemeinheit und das Fehlen einer derartigen Geschlossenheit machen es verständlich, warum das oben erwähnte Lernparadoxon beim Menschen nicht auftritt. Die Annahme sehr einfacher, allgemeiner oder globaler ausführender Prozesse erklärt aber nicht, wie das relativ komplexe Antwortverhalten des Kindes zustande kommt und warum der Organismus nicht durcheinander kommt. Die Erklärung dafür wird durch andere, situationsunabhängige organismische Faktoren geliefert, welche in einer etwas undurchsichtigen Wechselbeziehung untereinander und mit den ausführenden Prozessen Schritt für Schritt das zugleich spontane und neue Verhalten des Kindes aufbauen.

Fassen wir diesen Abschnitt zusammen: Prüft man sie genau, so weisen die Datenbasis und die Methoden der Genfer Schule, im Gegensatz zu dem, was allgemein angenommen wird, darauf hin, daß die Entwicklungsstadien und die Äquilibration in etwa gültige deskriptive Modelle sind; das Fehlen einer detaillierten prozeßhaften Abbildung und andere Mängel lassen diese Konzepte trotzdem für viele Zwecke als zu global oder sogar unanwendbar erscheinen.

INHELDERs jüngster Vorschlag (z. B. INHELDER, SINCLAIR

und BOVET, 1974), daß eine "dynamische" Theorie zur Ergänzung der strukturalistischen Theorie von PIAGET nötig ist, bedeutet eine Anerkennung dieser Schlußfolgerungen. Ihre Beschreibung des Problems ist allerdings irreführend, da dabei die Vorstellung aufrechterhalten wird, daß PIAGETs Äquilibrationsmodelle[8] mehr als deskriptiv sind (d. h. daß sie die Daten erklären). Die Darstellung von INHELDER deutet an, daß diese Modelle die eigentliche Grundlage der noch zu entwickelnden "dynamischen" Theorie darstellen. Die Lösung für das Problem stellt aber, wie ich schon ausgeführt habe, eine konstruktive Theorie dar, die zusätzlich zu den Schemata und Strukturen (oder Produktionen und Produktionssystemen!) organismische Faktoren berücksichtigt, die die Prozesse der Äquilibration und das Wie und Warum allgemeiner Entwicklungsstadien erklären können.

TCO

3. Ein Vergleich mit dem Neu-PIAGET-Ansatz der CARNEGIE-MELLON-Gruppe zur künstlichen Intelligenz

Die Schlußfolgerung, daß es situationsunabhängige Faktoren des Organismus gibt - eine Schlußfolgerung, die PIAGETs Daten nahelegen - läuft der neuen Theorie zur künstlichen Intelligenz zuwider, für die die CARNEGIE-MELLON-Schule der Wegbereiter war (z. B. NEWELL und SIMON, 1972; SIMON, 1969).

Für meine Ziele im Rahmen dieses Beitrags kann die Theorie der CARNEGIE-MELLON-Gruppe in vier Punkte zusammengefaßt werden:

8) Es gibt mindestens zwei miteinander in Beziehung stehende, aber unterschiedliche Äquilibrationsmodelle, die von PIAGET dargestellt wurden. Im zuerst vorgeschlagenen Modell (PIAGET, 1956b) konzentrierte er sich auf die anwachsende Fähigkeit zum Auffinden einer richtigen Antwort durch Synthese trotz des Vorhandenseins starker irreführender Situationsfaktoren. Im neueren Modell (PIAGET, 1975) konzentriert er sich auf den kognitiven Konflikt selbst: auf den Konflikt zwischen Schemata oder Systemen von Schemata.

P1) Menschen sind bloß informationsverarbeitende Maschinen mit begrenzter Kapazität; deshalb erfolgt die Informationsverarbeitung seriell bzw. schrittweise.

P2) Der psychologische Organismus des Menschen beinhaltet im wesentlichen nur situationsspezifische Programme - hier greift dieser Ansatz nichts anderes als ein altes, aber nach wie vor weitverbreitetes empiristisches Vorurteil auf (z. B. DAWES, 1975; SIMON, 1969; SIMON & NEWELL, 1971).

P3) Information wird im Organismus durch semantisch-pragmatische Bedingungsgefüge oder Produktionen abgebildet. Produktionen könnten tatsächlich als eine Erklärung für das Konzept der Schemata nach PIAGET betrachtet werden (vgl. PASCUAL-LEONE, 1970, 1976a; PASCUAL-LEONE & SMITH, 1969), wenn nicht die bei PIAGET sehr wichtige, aktive Assimilationsfunktion fehlen würde (im Unterschied zu Produktionen werden Schemata häufig auch dann angewandt, wenn die Bedingungen nur teilweise erfüllt sind).

P4) Produktionen werden ausgelöst, wenn das Kurzzeitgedächtnis etwas enthält, das ihre Bedingungen erfüllt. Das Kurzzeitgedächtnis stellt einen situationsunabhängigen Speicher (möglicherweise die Ausnahme zu P2) mit einer doppelten Funktion dar: Es dient als Kurzzeitspeicher und als das, was ich als "aktiviertes Feld" bezeichnen möchte, d.h. als jener"Ort", an dem die Ergebnisse von Produktionen (oder die Eingaben aus der Umwelt) in einer Weise aktiviert vorliegen, daß sie in der Lage sind, andere passende Produktionen auszulösen[9].

9) Dieses "aktivierte Feld" könnte in der Theorie von PIAGET dem Satz figurativer aktivierter Schemata im Repertoire des Organismus entsprechen. Ich möchte darauf hinweisen, daß ich in meiner Neu-PIAGET-Theorie das "aktivierte Feld" im Unterschied dazu als den ganzen Satz aktivierter Schemata im Repertoire zu einem bestimmten Zeitpunkt definiere. Mein "aktiviertes Feld" umfaßt figurative, operative und ausführende Schemata.

In Übereinstimmung mit diesen vier Grundannahmen haben sich Forscher im Bereich der Informationsverarbeitung und der künstlichen Intelligenz dem Studium und der Simulation des schrittweisen Vorgehens von Vpn bei speziellen Aufgaben zugewandt. Unterschiedliche Typen von Vpn (individuelle Unterschiede) wurden weder überprüft noch systematisch verglichen; Verhaltensvergleiche über verschiedene Aufgabentypen hinweg wurden kaum in systematischer Weise durchgeführt, jedenfalls sicher nicht so gründlich wie bei der psychogenetischen Methode nach PIAGET, bei der entwicklungsbedingte Verhaltensmuster bei systematisch variierten Aufgabenarten analysiert und verglichen werden. Diese Methodologie und Datenbasis (ich beziehe mich hier ganz allgemein auf die Forscher im Bereich der Theorien zur menschlichen Informationsverarbeitung) hat die schon beschriebenen organismisch-empirischen Regelhaftigkeiten (die Fragen der Stadien und der Äquilibration) nicht aufgezeigt und könnte sie auch nicht aufzeigen. Die epistemologischen Gründe dafür sind klar: sehr differenzierte, sequentielle Daten werden wiederholt von einer einzelnen Aufgabe, die von einer oder mehreren Vpn bearbeitet wird, erhoben (keine Vp wird über viele Aufgaben hinweg untersucht). Dies erzeugt notwendigerweise strukturelle Invarianz, welche Regelhaftigkeiten wiederspiegelt, die zur Art der Aufgaben gehören - es wird aber nicht zugelassen, daß entwicklungsbedingte oder auf individuellen Unterschieden beruhende organismische Regelhaftigkeiten im Sinne einer empirischen Invarianz auftreten.

Eine Konsequenz dieser methodologischen Zwangsjacke besteht darin, daß die theoretischen Voraussetzungen (P2), (P3) und (P4) eigentlich nie sorgfältig überprüft wurden und von vielen kritiklos als gültig angesehen werden. Ebenso wie der Behaviorismus ungefähr 30 Jahre lang erfolgreich das empirische Problem des Feld-Faktors negierte, anstatt es direkt anzugehen (und uns dieses Problem deshalb immer noch verfolgt), so unterdrückt die

Psychologie der Informationsverarbeitung stillschweigend die empirischen Probleme der Stadien und der Äquilibration von PIAGET. Dies ist unklug, da eine entsprechend modifizierte Psychologie der Informationsverarbeitung sehr wohl bei der Klärung dieser Fragen erfolgreich sein könnte. Ich will nun diese Richtung konstruktiv weiterverfolgen, indem ich meine Überlegungen darlege, wie die Probleme der Stadien und der Äquilibration im Rahmen des Informationsverarbeitungsansatzes gelöst werden könnten und indem ich zugleich die von KLAHR und WALLACE (1976) vorgeschlagene Lösung kommentiere.

Das Problem der Stadien hat, wie ich es oben dargestellt habe, als zugrundeliegende (idealisierte) strukturelle Invarianz eine Gruppe miteinander verbundener genetisch-epistemologischer Sequenzen; d. h. die beiden Anordnungen der Aufgaben, von denen die eine auf Dimensionalitätsanalysen (oder besser gesagt auf metasubjektive Aufgabenanalysen) zurückgeht, die andere auf das übliche empirisch-psychogenetische Vorgehen, sind äquivalent. Diese Formulierung zu akzeptieren bedeutet aber, daß man aus Gründen der Einfachheit den Schluß ziehen muß, daß die Stadien bei passenden Problemlöse-Situationen das Ergebnis eines begrenzten, und im Lauf der Entwicklung zunehmenden geistigen "Vermögens" sind, das ich, ohne etwas über seine Natur vorwegzunehmen, M nennen will. Dieses M Problem, das auf PIAGETs Stadien-Problem zurückgeht, hat eine deutliche Beziehung zu (P4), im besonderen zur Frage des Umfangs des Kurzzeitgedächtnisses. Die Beziehung ist jedoch nicht einfach zu analysieren, da die Begrenztheit der intellektuellen Informationsverarbeitung und der Kontrolle der eigenen Denktätigkeit (also Begrenztheit durch M) nur im Rahmen entsprechender Problemlöse-Situationen, die zu Fehlern verleiten (also wie PIAGETs Aufgaben), deutlich wird. Der Grund ist vermutlich, daß Lern- und Feld-Faktoren mit M in Wechselbeziehung stehen (bzw. es verändern), so daß die Ausprägung von M nicht deutlich erkennbar ist (z. B. CASE, 1977; DE RIBAUPIERRE & PASCUAL-LEONE, 1979; PARKINSON, 1975; PASCUAL-LEONE, 1969, 1970, 1976b; PASCUAL-LEONE & BOVET, 1966, 1967; PASCUAL-LEONE & Smith, 1969; PASCUAL-LEONE & GOODMAN, im Druck). Um die Rolle des Lernens und die Rolle von M, Rollen, die zu oft miteinander verwechselt werden (z. B. CHI, 1977; SIMON, 1972, 1974; TRABASSO & FOELLINGER, 1978; BRAINERD, 1979; vgl. auch den Beitrag von KLAHR in diesem Band), klar zu trennen, ist es vermutlich notwendig, die Zwangsjacke der "eine-Aufgabe-zu-einem-Zeitpunkt"-Methodologie abzustreifen und eine klare theoretische Unterscheidung zwischen dem "aktivierten Feld" (siehe P4 oben) und der fördernden ("Wiedergabe-")Funktion von M zu treffen (vgl. BERNBACK, 1970; PASCUAL-LEONE, 1963, 1970; PASCUAL-LEONE & SMITH, 1969). Eine solche Unterscheidung ist nötig, weil der Zustand des "aktivierten Feldes" auch durch Lernen (d. h. durch eingeübte Strukturen), Feld-Faktoren oder affektive Faktoren, also unabhängig von M,hervorgerufen werden kann. Eine gute Illustration zu diesem Punkt liefert die bedeutende Änderung, die KLAHR und WALLACE (1976) bei ihren eigenen theoretischen Formulierungen vorgenommen haben: Anstelle eines einzelnen Kurzzeitgedächtnisses sprechen sie nun von fünf Arten (Echospeicherung, ikonische, auditive, visuelle und semantische Speicherung). Diese Änderung nähert den Begriff des Kurzzeitgedächtnisses dem Begriff eines Felds aktivierter figurativer und nach dem Inhalt klassifizierter Schemata an, also einem Begriff PIAGETs bzw. einem Neu-PIAGET-Konzept, und stellt klar, daß das Repertoire an Produktionen (Langzeitgedächtnis) von KLAHR und WALLACE den operativen Schemata und Strukturen der PIAGET-Schule entspricht. Dieser Schritt klärt die Bedeutung des Kurzzeitgedächtnisses und macht eine direkte Gleichsetzung von M und Kurzzeitgedächtnis unmöglich. Wenn die Psychologen aus der Schule der Informationsverarbeitungstheorien einmal die Notwendigkeit der Annahme einer geistigen Energie (Mechanismus geistiger Kraft) anerkennen sollten, die gesteuert von einer Exekutive imstande ist, ein Schema (figurativer oder operativer Art) so zu aktivieren, daß es dominiert[10], dann müßten sie einen neuen aktivierungsfördernden Operator postulieren, der inhaltsfrei ist und der hinsichtlich der unterschiedlichen Inhalte des Kurzzeitgedächtnisses zu einer unterschiedlichen Dominanz der gespeicherten Bedingungen führt.

In Übereinstimmung mit ihrer deutlichen, wenn auch stillschweigenden Ablehnung des Begriffs einer M Energie, postulieren KLAHR und WALLACE, daß kognitives Lernen die Grundlage für die kognitive Entwicklung bildet. Ich hoffe, daß meine Analyse der Methodologie von PIAGET und das oben diskutierte Beispiel der Erhaltung deutlich zeigen, daß Lernen (oder strukturierte Speicherung im Gedächtnis) den deskriptiv-strukturellen Sachverhalt von PIAGETs Stadien nicht zu erklären vermag, da dies entweder zu einer neuen Reifungstheorie oder zu einem Lernparadoxon führt. Auf jeden Fall ist ihr Ansatz wirklich ein Neu-PIAGET-Ansatz, wenn auch aus anderen Gründen, als ich sie vertrete, und aus Gründen, die ich nicht recht akzeptieren kann. Wie die Genfer Schule unterscheiden auch diese Autoren zwei Aspekte des Problems: die Frage nach dem URSPRUNG des Reaktionsverhaltens und die Frage nach dem "Ursprung" des URSPRUNGS. Der URSPRUNG (passenderweise mit Großbuchstaben der Computersprache geschrieben) ist das Produktionssystem-Modell für die zu behandelnde Aufgabe. Der "Ursprung" (den die CARNEGIE-MELLON-Gruppe ebenfalls gerne in Großbuchstaben schreiben möchte) ist ein "tieferes" System situationsunabhängiger Produktionen, die als Modelle noch in einem sehr programmatischen Zustand sind. Jenes "tiefere" System spielt die Rolle der Regulationsmechanismen der Genfer Schule und weist wie diese die cha-

10) In der jetzigen Theorie der CARNEGIE-MELLON-Gruppe würde der Grad an Dominanz einer Produktion vermutlich ihrem Platz in der Rangordnung (ihrer "jetzt bist du dran"-Nummer) in der Liste der verwendeten Produktionen entsprechen.

rakteristische Vieldeutigkeit "tiefer" organismischer Konstrukte auf (vgl. PASCUAL-LEONE, 1976a). Eine "a priori" Reduktion organismischer Verarbeitungssysteme auf bekannte Systeme der künstlichen Intelligenz (vgl. NEWELL & SIMON, 1976; PASCUAL-LEONE & GOODMAN, im Druck; WEIZENBAUM, 1976) spiegelt sich in der von KLAHR und WALLACE beharrlich vertretenen Behauptung wider, daß Regulationsmechanismen Produktionen sind. Dieses Beharren verbaut willkürlich mögliche Lösungen für die Probleme der Stadien und der Äquilibration. Produktionssysteme dürften dazu nicht in der Lage sein.

Um der folgenden Darstellung eine konkrete Grundlage zu geben, möchte ich darauf hinweisen, daß KLAHR und WALLACE solche Aspekte von PIAGETs Daten, die das zugegebenermaßen verschwommene Modell der Äquilibration von PIAGET sinnvoll erscheinen lassen, nicht besprechen. Ich beziehe mich nun auf drei auffällige Arten von Daten, die ich "wirklich neuartiges Verhalten", "kognitive Konfliktsituationen" und "motivationale oder affektive Paradoxons" nennen will.

Das Konzept eines wirklich neuartigen Verhaltens (vgl. PASCUAL-LEONE, 1973, 1976a) wird klarer, wenn es einfachem Lerntransfer (d. h. erlerntem Verhalten) und neuartigem Verhalten gegenübergestellt wird. Ein erlerntes Verhalten ist zum Beispiel eine Lernhaltung, die einmal überlernt wurde. Erlerntes Verhalten ist im Repertoire des Individuums explizit mit Hilfe einer Struktur dargestellt. Ein neuartiges Verhalten ist ein Problemlöseakt, der die Anwendung einiger schon verfügbarer situationsspezifischer Verfahrensweisen enthält, welche gemeinsam, kraft ihrer kombinatorischen Möglichkeiten, das Reaktionsverhalten auslösen. Ein neuartiges Verhalten ist also nicht explizit durch eine bestimmte Struktur im Repertoire des Individuums (Langzeitgedächtnis) repräsentiert; es ist implizit in den konstruktiven Möglichkeiten des Repertoires an Strukturen enthalten, die ja ein produktives System bilden. Beim neuartigen Verhalten handelt es sich um ein Verhalten, bezüglich dessen die Theorien der Informationsverarbeitung und der künstlichen Intelligenz ganz deutlich zeigen, daß der behavioristische Versuch, alles auf erlerntes Verhalten zu reduzieren, in die Irre führt. Ein wirklich neuartiges Verhalten ist ein Verhalten, das weder implizit noch explizit im Repertoire des Individuums repräsentiert ist, das aber das Ergebnis der Wechselbeziehungen zwischen den im Repertoire vorhandenen Strukturen und dem situationsunabhängigen System organismischer Faktoren ist - vielleicht der biogenetischen Ausstattung des menschlichen Systems, unabhängig davon, ob dieses System nun am besten durch das Produktionssystem der CARNEGIE-MELLON-Gruppe dargestellt werden kann. Eine andere Definition des wirklich neuartigen Verhaltens, die weniger metatheoretisch ist und vielleicht dem Geist der experimentellen Forschung und der Theorie der künstlichen Intelligenz nähersteht, kann folgendermaßen formuliert werden: Es handelt sich um ein Verhalten, das sich aus der Wechselwirkung (Integration) mehrerer Produktionen oder Produktionssysteme (Schemata oder Strukturen) ergibt, die zusammen das Verhalten bestimmen, wobei aber kein erlernter oder angeborener Integrationsmechanismus in der Art situationsspezifischer Produktionen (z. B. eine geeignete Organisation der Zielbestimmung anhand von Produktionen oder ein spezifisches Produktionssystem auf hoher Ebene zur Festlegung von Zielen) zuvor existiert, der das zur Diskussion stehende Verhalten lenken könnte.

Diese Definitionen von erlerntem, neuartigem und wirklich neuartigem Verhalten sind unvermeidbar metasubjektive Definitionen, d. h. sie setzen einen idealen Beobachter voraus, der durch das Verhalten des Individuums hindurch und in dessen psychologische Organisation hineinsehen kann. Da diese metasubjektive Charakterisierung eines idealen Beobachters zwar leicht für Computer, nicht aber für Menschen zutrifft, muß man bei der Prüfung eines bestimmten Verhaltens auf seine wirkliche Neuartigkeit hin in der Praxis so vorgehen, daß man die bescheideneren Annahmen, daß es entweder erlernt oder nur neuartig ist, widerlegt. Sehr gute Beispiele für wirklich neuartiges Reaktionsverhalten findet man beim sogenannten "Kompromißverhalten" (Verdrängung, Substitution, usw...) oder beim Fehlverhalten, das von Psychoanalytikern, Ethologen, PIAGET-Schülern und anderen sowohl im Zusammenhang mit "kühlem" Problemlöseverhalten als auch mit emotional gesteuertem Verhalten beschrieben wird. Andere, recht klare, aber schwieriger zu erfassende Fälle werden bei der produktiven Konstruktion von korrektem Reaktionsverhalten bei irreführenden Situationen von PIAGET, wie zum Beispiel bei Erhaltungsaufgaben, beobachtet (vgl. PASCUAL-LEONE, 1972, 1973, 1976b). Dieser Aspekt der Erhaltung wird von KLAHR und WALLACE negiert.

Zur Illustration eines wirklich neuartigen Verhaltens will ich nun die Wasserspiegel-Aufgabe von PIAGET verwenden. Diese Aufgabe haben ich und meine Mitarbeiter sehr gründlich untersucht. Sie dient auch als ein zusätzliches Beispiel für eine kognitive Konfliktsituation. In der Wasserspiegel-Aufgabe oder Aufgabe zur Erhaltung des horizontalen Wasserspiegels (PIAGET & INHELDER, 1948) wird eine leere Flasche (in meinem Beispiel eine rechteckige) und/oder eine Zeichnung dieser Flasche verwendet. Die Aufgaben werden dadurch konstruiert, daß die Flasche in verschiedene Stellungen gebracht wird. Die Instruktion besagt, daß sich die Vp vorstellen solle, daß die Flasche zur Hälfte mit Wasser gefüllt ist. Im weiteren wird die Vp aufgefordert, auf der Flasche anzugeben (oder auf der Zeichnung der Flasche einzutragen), wo der von ihr erwartete Wasserspiegel verläuft, wenn das Wasser in der Flasche bleibt.

Abbildung 2 stellt einige der immer wieder auftretenden Fehlerarten dar, die bei Kindern und/oder

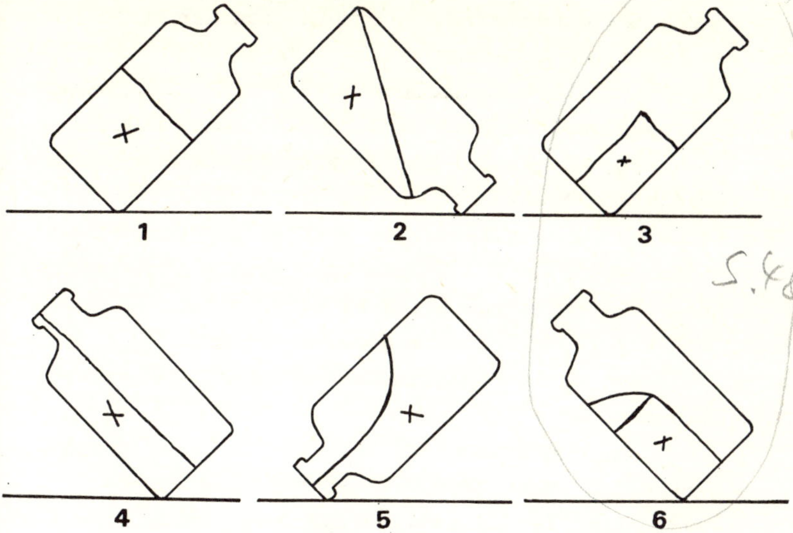

Abb. 2: Falsche Antworten beim Wasserspiegel-Test. Die Aufgabe besteht im Zeichnen des Verlaufs des Wasserspiegels bei einer halb mit Wasser gefüllten Flasche und im Kennzeichnen des Wassers mit einem x. Einige dieser Fehler sind Beispiele eines wirklich neuartigen Verhaltens.

feldabhängigen Erwachsenen, die die Aufgabe bearbeiteten, gefunden wurden. Fehlertypen 1 und 4 könnten von einem empiristischen Standpunkt aus leicht als erlerntes Verhalten interpretiert werden, da in der normalen Umwelt Flaschen für gewöhnlich auf ihrer Grundfläche stehen oder zufälligerweise einmal auf einer Seite liegen, so daß der Wasserspiegel so verläuft, wie dies bei Fehlertyp 1 bzw. 4 gezeigt wird. Es könnte deshalb gesagt werden (und einige andere Ergebnisse unterstützen diese Sichtweise), daß Typ 1 und 4 mit erlernten Fehlerfaktoren korrespondieren und in diesem Sinne Verallgemeinerungen von ökologisch häufigen, wahrnehmungsmäßigen Konfigurationen (von figurativen Schemata) sind, die dadurch möglich werden, daß es das Individuum unterläßt, die Stellung der Flasche relativ zu ihrem Inhalt zu betrachten. Eine ähnliche Interpretation könnte sogar beim Fehlertyp 5 angewandt werden, wenn man diesen als eine neuartige Kombination der Reaktionen von Typ 1 und 4 betrachtet.

Die Interpretation als erlerntes Verhalten ist jedoch nicht ausreichend, da eine große Anzahl von Experimenten zeigt, daß der Winkel der Abweichung des von der Vp angegebenen Wasserspiegels von der Horizontalen (ihr Score bei diesem Test, der weitgehend durch Antworten des Typs 1, 4 und 5 (die nämlich die häufigsten falschen Antworten sind) bestimmt wird,) auf Grund des Reaktionsverhaltens bei ganz anderen Aufgaben, die nichts mit Wasser in Flaschen zu tun haben, vorhergesagt werden kann.

Ein Test mit entsprechenden Aufgaben ist der "Kopiere-die-Streifen" Test ("Copy-the-Stripe"; PASCUAL-LEONE, 1969). Er ist in Abbildung 3 dargestellt.

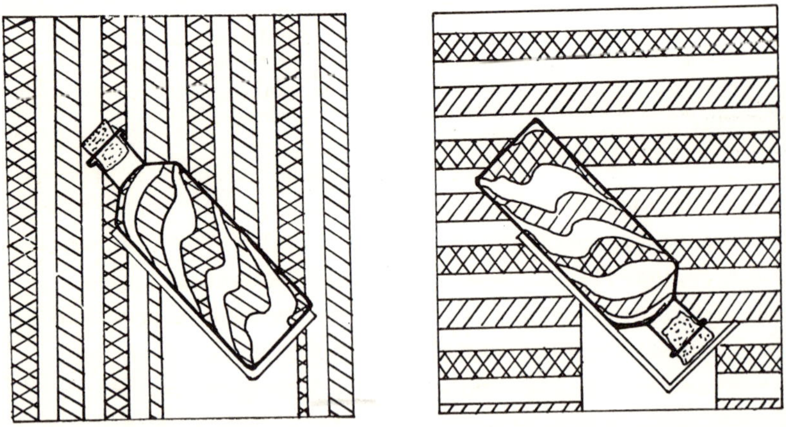

Abb. 3: Eine Zeichnung zur Illustration, wie der Kopiere-die-Streifen-Test vorgegeben wird. Die Aufgabe besteht darin, die Streifen so auf ein Papier mit den Umrissen der Flasche aufzuzeichnen, wie sie durch die vor dem gestreiften Hintergrund gezeigte Flasche zu sehen sind. In dieser Zeichnung sind die Streifen nur schematisch wiedergegeben. In Wirklichkeit waren sie schwarz und grau. Zur Vorlage gehörte eine leere Flasche, die nacheinander in vier Positionen gebracht wurde. In der Abbildung kann man den Ständer der Flasche und die Flasche selbst erkennen. Durch die Flasche hindurch sieht man die Streifen so, wie sie für die Vp zu sehen waren (die Zeichnung wurde nach einem Photo angefertigt).

Bei den Aufgaben dieses Tests müssen die Vpn auf ein Papier mit den Umrissen einer Flasche die vertikalen oder horizontalen Streifen zeichnen, die sie durch eine wirkliche Flasche sehen, die vor einem entsprechenden Hintergrund gezeigt wird. Es gibt verschiedene Aufgaben mit unterschiedlichen Stellungen der Flasche, und der Testscore einer Vp entspricht der Summe der Abweichungen, die bei den einzelnen Aufgaben beim Zeichnen der Streifen von der entsprechenden vertikal oder horizontal gestreiften Vorlage aufgetreten sind. Die Antworten sowohl von Kindern als auch von Erwachsenen zeigen Abweichungen und zwar dahingehend, daß sie sich etwas an der jeweiligen Stellung des Flaschenbodens orientieren, - sie kovariieren daher mit der Stellung der Flasche. Natürlich ist diese Aufgabe keine begriffliche, sondern eine Wahrnehmungsaufgabe mit motorischen Komponenten und mit einem starken operativen F Faktor (einer S-R Kompatibilitäts-Disposition), der die Individuen veranlaßt, die Streifen (die Reaktion R) parallel zu den Konturen der Flasche (der Gestalt oder der Darbietung des Stimulus S) einzuzeichnen. Das Verhalten bei den Kopiere-die-Streifen-Aufgaben korreliert auf allen Altersstufen sehr hoch mit jenem bei den Wasserspiegel-Aufgaben, und beide Tests haben eine hohe Ladung im selben (varimax oder oblimax) rotierten Faktor. Dieser Faktor entsprach in der Untersuchung, auf die ich mich hier beziehe, der Feldabhängigkeit versus Feldunabhängigkeit des kognitiven Stils von WITKIN - also einer strukturellen Dimension, die nicht inhaltsspezifisch ist. Wichtiger für den Experimentalpsychologen sind aber die folgenden Daten: Wenn die Vpn aufgefordert werden, dasselbe Papier mit den Umrissen der Flasche, auf das sie die Streifen bei der Kopiere-die-Streifen-Aufgabe gezeichnet haben, auch bei der Wasserspiegel-Aufgabe zu verwenden, dann werden ihre Antworten bezüglich des Verlaufs des Wasserspiegels in statistisch signifikanter und vorhersagbarer Weise durch den irreführenden F Faktor beeinflußt, der auf die eben gezeichneten Streifen bei der Kopiere-die-Streifen-Aufgabe zurückgeht.

Alle diese (und eine Unmenge anderer) Tatsachen führen eindeutig zum Schluß, daß die Antworttypen 1, 4 und 5 in Abbildung 2 nicht einfach Beispiele für erlerntes oder neuartiges Verhalten sind; die ihnen zugrundeliegenden produktiven Prozesse müssen auch wirklich neuartige Determinanten enthalten, da sie durch organismische, nicht aufgabengebundene und nicht erlernte (F) Faktoren beeinflußt werden. Außerdem können diese Antworten auf Grund des Verhaltens bei ganz anderen Aufgaben vorhergesagt werden, die, wie die Wasserspiegel-Aufgaben, deutlich auf organismische Unterschiede des kognitiven Stils ansprechen.

Diese Schlußfolgerungen werden auch durch die Fehlertypen 2, 3 und 6 des Wasserspiegel-Tests in Abbildung 2 bestätigt. Typ 2 scheint ein etwas seltsamer, aber nicht unüblicher "Kompromiß" zwischen Typ 1 und 4 zu sein, d. h. zwischen dem Wissen der Vp, daß das Wasser in den unteren Teil der Flasche fließt, und der durch F hervorgerufenen "Attraktivität" der oberen und unteren Ecken der Flasche. Zu dieser Folgerung kommt man a) durch Befragung der Vpn, b) auf Grund der Feststellung, daß Fehlertyp 2, entwicklungsmäßig gesehen, im allgemeinen nach Typ 1 und 4 auftritt; und c) auf Grund der merkwürdigen Tatsache, daß unter zwei verschiedenen experimentellen Bedingungen, nämlich bei Verwendung von Flaschen mit Verschluß und ohne Verschluß, und bei Untersuchung von Vpn mit verschiedenen kognitiven Stilen, nämlich feldunabhängiger und feldabhängiger Vpn, die feldabhängigen Vpn (aber nicht die feldunabhängigen) den Fehlertyp 2 und damit verwandte Antworten signifikant häufiger unter der Bedingung ohne Verschluß als unter der Bedingung mit Verschluß zeigen.

Abschließend kann noch gesagt werden, daß die Fehlertypen 3 und 6 bei kleinen Kindern nicht auftraten. Diese Fehler zeigte 1964 ein feldabhängiger Sportstudent des Brooklyn College, der ausgezeichnete Noten und einen überdurchschnittlichen Intelligenzquotienten hatte. Er gab diese Art von Antworten bei einem ganzen Satz von acht Aufgaben mit umgekippten Flaschen. Ich war von seinen Antworten schockiert und fragte ihn zögernd, indem ich auf den offensichtlich rechten Winkel beim Antworttyp 3 hinwies: "Sind Sie sicher, daß der Wasserspiegel in dieser Weise verläuft?" Er errötete[11], überlegte kurz und sagte: "Nein, er verläuft so", indem er sorgfältig den rechten Winkel von Typ 3 durch ein abgerundetes Eck, ähnlich wie bei Typ 6, ersetzte.

Es gibt einen anderen, noch komplexeren Typ eines wirklich neuartigen Verhaltens, der zu richtigen Lösungen bei Problemen führt, die Fehler geradezu herausfordern. Die bei diesen Problemen (wie jenen des Wasserspiegel-Tests) ausgelösten falschen Strategien treten in einen Konflikt mit der richtigen Strategie, die zur richtigen Lösung der Aufgabe führen könnte. Da die richtige Strategie (Strategie A) die Wirkung der zu Fehlern führenden Faktoren (Strategie B) außer Kraft setzen muß, und Strategie A nicht vor der Lösung dieses Aufgabentyps überlernt sein kann (der gegensätzliche Fall impliziert ein Lernparadoxon), muß die

11) Es ist für intelligente, feldabhängige Erwachsene nicht ungewöhnlich, mit den so oft im affektiven Bereich gefundenen Anzeichen der Verwirrung und emotionaler Abwehrmechanismen zu reagieren, wenn sie in dieser indirekten Art mit eigenen groben Denkfehlern konfrontiert werden. Dieses Verhalten zeigt, daß sie irgendwie "wissen", daß ihre Antwort falsch ist, aber die richtige Antwort nicht finden können. Dies ist ein klarer, indirekter Beweis, daß sie einen kognitiven Konflikt erleben: Zwei Strategien, die eine richtig, die andere falsch, konkurrieren, und die falsche erreicht die Kontrolle über das Reaktionsverhalten. Schon KURT GOLDSTEIN (1940) beobachtete diese Art des Verhaltens bei normalen Erwachsenen mit "konkretem" Denken. Im Unterschied zu hirngeschädigten Patienten, denen sie in ihrem Verhalten zunächst zu gleichen scheinen, reagieren normale Erwachsene mit "konkretem" Denken mit Symptomen der Verwirrung, wenn sie mit ihren Fehlern konfrontiert werden und geben dann oft, mit etwas Unterstützung, die richtige Antwort.

Stärke von A zur Überwindung von B, die sich zeigt, wenn die Aufgabe zum ersten Mal spontan gelöst wird, von einem situationsunabhängigen organismischen Faktor stammen. Ich behaupte, daß dieser Faktor M ist. Sowohl eine Dimensionalitätsanalyse, als auch eine noch sorgfältigere metasubjektive Aufgabenanalyse des Wasserspiegel-Tests zeigt, daß die Anforderungen an M der verschiedenen, nach dem Entwicklungsverlauf geordneten Aufgaben dieses Tests jeweils dem M entsprechen, das wir bei Kindern des Alters erwarten dürfen, die gerade zur Lösung der entsprechenden Wasserspiegel-Aufgaben in der Lage sind. Außerdem zeigen die Experimente, daß das erforderliche M eine notwendige (aber nicht hinreichende) Bedingung dafür ist, daß Vpn die Wasserspiegel-Aufgaben richtig lösen. Ich muß nochmals betonen, daß M schon auf sehr viele, unterschiedliche Arten gemessen wurde und daß dabei sehr verschiedene Aufgabentypen verwendet wurden.

Die Konsequenzen dieser Ergebnisse (d. h. des Auftretens eines wirklich neuartigen Verhaltens und kognitiver Konflikte) sind für die Ansätze der Informationsverarbeitung und der künstlichen Intelligenz meiner Meinung nach weitreichend. Forscher im Bereich der künstlichen Intelligenz haben wiederholt behauptet, daß sie einen besseren Ansatz vertreten, da sie prüfen, ob die Strategien, die sie vorschlagen, hinreichend ("sufficient") sind. "Hinreichend" wird jedoch von ihnen unbemerkt in einem doppelten Sinn verwendet: Berechtigterweise bezieht es sich auf einen Effekt der Simulation selbst, auf die Frage, ob die simulierte Strategie am Computer läuft; hingegen ist die Geltung der Annahme, daß die simulierte Strategie auch beim System Mensch relevant ist, sehr fragwürdig. Die Gleichsetzung von Computern (oder genauer gesagt Computerprogrammen) mit dem System Mensch kann nicht einfach durch Worte erfolgen (vgl. NEWELL & SIMON, 1976). Die Gleichheit muß vielmehr experimentell nachgewiesen werden, indem gezeigt wird, daß dasselbe computersimulierte informationsverarbeitende System tatsächlich in seinem Output all die Besonderheiten menschlichen Verhaltens aufweist, wie sie z. B. bei wirklich neuartigem Verhalten und kognitiven (oder affektiven) Konflikten zu beobachten sind. Wenn dieser Nachweis nicht gelingt, erhebt sich die Frage, ob das computersimulierte Modell im Hinblick auf menschliches Verhalten hinreichend ist, da angenommen werden kann, daß im Menschen Faktoren existieren, die es unmöglich machen, daß die auf dem Computer simulierte Strategie erfolgreich ist.

Um dieses Äquilibrationsproblem in Begriffen des Ansatzes der künstlichen Intelligenz zu formulieren, betrachten wir kognitive Konfliktsituationen im Hinblick auf ihre funktionale Struktur. Diese Situationen (wie z. B. die Wasserspiegel-Aufgaben, Kopiere-die-Streifen-Aufgaben, linguistisch mehrdeutige Sätze oder WITKINs Aufgabe mit eingebetteten Figuren und die Stab- und Rahmen-Aufgabe) führen zu zwei unvereinbaren alternativen Strategien - zu einer relevanten (A) und zu einer irrelevanten (B). Strategie B ist anfänglich stärker ausgeprägt und hat mit A viele Elemente aus dem Kurzzeitgedächtnis in dem Sinn gemeinsam, daß diese Elemente sowohl mit Bedingungen für die B-Produktionen als auch für die A-Produktionen übereinstimmen. In Begriffen der Informationsverarbeitungstheorien entspricht das Problem kognitiver Konfliktsituationen zumindest teilweise der Frage, wie ein informationsverarbeitendes System, das eine Aufgabe in Begriffen des Problemraums B' bearbeitet, in die Lage versetzt wird, im Verlauf der Informationsverarbeitung die Aufgabe im Problemraum A' zu repräsentieren. Diese Frage, wie Problemräume (alternative Aufgabenrepräsentationen) spontan geschaffen und verändert werden können, scheinen Vertreter des Ansatzes der künstlichen Intelligenz zu wenig beachtet zu haben.

Ebenfalls ungelöste Fragen, die im Zusammenhang mit PIAGETs unklarem Begriff der Äquilibration auftreten, betreffen die Beziehung zwischen Affekt und Kognition. Die Tatsache, daß kognitive Stile (mit Affekten verbundene organismische Variablen) für die Vorhersage des Reaktionsverhaltens eines Individuums bei Aufgaben von PIAGET wichtig sind, weist schon in diese Richtung. Dies ist aber noch nicht alles: Jene Aufgaben von PIAGET, die einen interessanten Entwicklungsverlauf (Stadien) zeigen, erfordern, was den motivationalen Aspekt betrifft, oft eine zeitlich verzögerte Belohnung und ein bestimmtes Maß an Ungewißheit auf Grund mangelnder Information. Ein freundlicher Vl legt ein Problem vor, und das Kind bemüht sich, den Vl zufriedenzustellen, indem es das Problem zu seiner eigenen Zufriedenheit löst, da der Vl ja die Resultate nicht bewertet. Wenn diese motivationale Struktur des Vorgehens von PIAGET verändert wird und der Vl z. B. unfreundlich ist oder eine wirklich informative Rückmeldung gibt (im Sinne einer Verstärkung oder auch, indem er sagt, wie das Problem seiner Ansicht nach gelöst werden sollte),verliert oder verändert sich oft der stufenförmige Entwicklungsverlauf, da die einzelnen Aufgaben entsprechend schwieriger oder leichter werden. In hunderten von mehr oder weniger erfolgreichen Lernexperimenten mit PIAGETs Aufgaben, bei denen diese motivationale Struktur verändert wurde, ist die Abhängigkeit der empirischen Stadien nach PIAGET von der motivationalen Struktur der Aufgabe nachgewiesen worden. Ein einschlägiges Beispiel ist das Experiment zur Aufhebung des Erhaltungsbegriffes (z. B. ROBERT & CHARBONNEAU, 1977), bei dem die Anwesenheit einer emotional ansprechenden Modellperson das Verhalten der Vp drastisch ändert. Diese Resultate sprechen nicht gegen die Annahme von Stadien bei PIAGETs Situationen, zeigen aber, daß in anderen Situationen abweichende Resultate auftreten. Meiner Ansicht nach zeigen sie (wie dies auch die zu Fehler verleitenden L und F Faktoren tun) die Unangemessenheit von Ansätzen, die eine Unterscheidung zwischen dem URSPRUNG des Verhaltens (d. h. rational-strukturellen Problemlöseprozessen) und dem "Ursprung" des URSPRUNGS treffen.

Es wäre meiner Meinung nach angemessener, den Organismus als ein System darzustellen, das aus einem Repertoire an hoch aktiven situationsspezifischen Programm-Dämonen (den Schemata oder Strukturen) besteht, die, zusammengefaßt in passende Gruppierungen, im allgemeinen wetteifern, Verhalten entsprechend der Hackordnung ihrer relativen assimilatorischen Stärke (ihres Dominanzgewichts) aufzubauen; diese assimilatorische Stärke wird von einer Anzahl situationsunabhängiger organismischer Bedingungen oder Faktoren beeinflußt, wie z. B. von M, L (d. h. über-lernten logischen Strukturen aus jeder operationalen Ebene), C (d. h. konkreten, inhaltlichen Schemata oder Strukturen) und von A (rein affektiven Schemata), von Faktoren also, die ich, zum Teil allerdings nur indirekt, bereits besprochen habe. Bei dieser Auffassung des Organismus verschwindet die Unterscheidung zwischen "Ursprung" und URSPRUNG und die empirisch ermittelten Stadien, die Äquilibration usw., können als Manifestationen - passende Situationen vorausgesetzt - dynamischer Formeln (der relativen Stärke) von organismischen Faktoren (d. h. von M, L, C, F, A ...) aufgefaßt werden, da die von ihnen angeregten alternativen Strategien beim Aufbau des Verhaltens konkurrieren (PASCUAL-LEONE, 1969; PASCUAL-LEONE & GOODMAN, im Druck; PASCUAL-LEONE u. a., 1978).

4. Einige quantitative Methoden zur Untersuchung der Stadien und der Äquilibration

WENN es, wie ich annehme und PIAGETs Daten nahelegen, organismische Faktoren oder Bedingungen gibt, die nicht durch den spezifischen situationsabhängigen Inhalt bewirkt werden, sondern vielmehr in jeder Situation durch das generelle Muster und die Art der Schemata und Strukturen im gerade aktivierten Repertoire mobilisiert werden; WENN diese mobilisierten organismischen Bedingungen umgekehrt das Verhalten des Individuums durch differenziertes Verändern der assimilatorischen Stärke aktivierter Cluster von Schemata beeinflussen können; und WENN schließlich diese organismischen Faktoren latente Dimensionen individueller Unterschiede (einschließlich entwicklungsbedingter Unterschiede) darstellen - individueller Unterschiede, die tatsächlich die Datenbasis (die empirische Invarianz) darstellen und auf Grund derer die Faktoren aufgedeckt werden, DANN müssen die Methoden zur Untersuchung dieser organismischen Faktoren notwendigerweise in einer einzigen Untersuchung (oder Serie von Untersuchungen) vier Komponenten enthalten: a) die Versuchsanordnung von PIAGET, b) eine entsprechende experimentelle Manipulation (Variation) der Aufgabentypen, c) eine psychometrische Kontrolle individueller Unterschiede und eine Variation der in die Untersuchung eingegangenen Typen von Vpn, und d) die Anwendung einer konstruktiv-rationalistischen (und damit induktiv-hypothesenorientiert-deduktiven) Methode zur Entwicklung oder Auswahl von Aufgaben und/oder zur Auswahl von Typen von zu testenden Vpn.

Unter der Versuchsanordnung von PIAGET verstehe ich Untersuchungen, bei denen der strukturelle Typ der Aufgaben und die Altersgruppe der Vpn konstant gehalten, oder als unabhängige Variablen behandelt werden; Vpn und Aufgaben werden variiert und die abhängigen Variable(n) ist (sind) der Entwicklungsverlauf (die Entwicklungsverläufe) des beobachteten Reaktionsverhaltens. Das erste deskriptiv-strukturelle Ziel solcher Untersuchungen nach PIAGET oder im Sinne eines Neu-PIAGET-Ansatzes ist die Herausarbeitung empirischer Äquivalenz-Klassen von Aufgaben anhand der Entwicklungsverläufe, - also von Klassen von Aufgaben, die zur Validierung oder Korrektur der theoretisch angenommenen psycho-logischen Aufgabenarten dienen. Es ist darauf hinzuweisen, daß die strukturalistische Versuchsanordnung nach PIAGET für jede Dimension individueller Unterschiede verallgemeinerbar ist, vorausgesetzt, daß es ein psychometrisches Maß (oder psychometrische Maße) gibt, das es erlaubt, die Individuen entlang eines "Kontinuums" zuverlässig anzuordnen, und daß dieses "Kontinuum" das chronologische Alter der Individuen, wie wir es aus PIAGETs traditionellen Versuchsplänen kennen, ersetzt. Auch sollte beachtet werden, daß traditionelle Korrelationsuntersuchungen und -methoden diesen Neu-PIAGET-Versuchsanordnungen nicht gleichwertig sind; während nicht-monotone Zusammenhänge oder Wechselwirkungen zwischen Variablen die Aussagekraft einer Korrelationsanalyse verringern würden,könnten solche Zusammenhänge und Wechselwirkungen durch die Neu-PIAGET-Methoden aufgedeckt werden.

Unter einer konstruktiv-rationalistischen Methode verstehe ich eine Art metasubjektiven Vorgehens bei der Aufgabenanalyse, welche in der Lage ist, metasubjektive Simulationsmodelle der organismischen Prozesse (Strategien) zu liefern, die jeder Art von Verhalten zugrundeliegen, die ein Typ von Vpn bei einer Aufgabenart zeigt (PASCUAL-LEONE, 1978b). Diese metasubjektiven Modelle (zu deren Verständnis die Ansätze der Informationsverarbeitung und der künstlichen Intelligenz sehr viel beigetragen haben), könnten tatsächlich zur Charakterisierung von Aufgabenarten anhand der Strategien und organismischen Bedingungen dienen, die sie bei verschiedenen Typen von Vpn hervorrufen. Sie würden damit eine Definition von Typen von Vpn durch die Merkmale ihres Verhaltens bei theoretisch bekannten Aufgabenarten ermöglichen. Die Wirkung komplexer experimenteller Manipulationen und/oder faktorenanalytischer Strukturen könnte dann oft für diese bekannten Typen von Vpn und Aufgabenarten vorhergesagt werden (z. B. BURTIS, 1976; DE RIBAUPIERRE & PASCUAL-LEONE, 1979; DE AVILA, 1974; GOODMAN, 1979; PARKINSON, 1975; PASCUAL-LEONE, 1969; PULOS, 1979).

Bei Anwendung dieser Methodologie erscheinen die organismischen Faktoren als, an Hand verschiedener Aufgabenarten und verschiedener Typen von Vpn, erschlossene Konstrukte, die in der Lage sind, diese Daten mit Hilfe organismischer Regeln (konstruktiv) zu erklären. Diese Methodologie beruht auf einem einfachen, epistemologischen Prinzip. Dieses Prinzip besagt, daß es unmöglich ist, die Effekte individueller Unterschiede auf kognitives Verhalten zu verstehen, wenn nicht eine Theorie vorliegt, die zeigt, welche Dimensionen das kognitive Verhalten umfaßt; und umgekehrt, daß es unmöglich ist, eine Theorie über die Elemente des kognitiven Verhaltens zu formulieren, wenn nicht die Verhaltensparameter durch die Untersuchung bestimmter Gruppen von Individuen mit unterschiedlichen kognitiven Fähigkeiten variiert werden. Wenn man nur wenig über individuelle Unterschiede weiß, können diese durch Beobachtung des Reaktionsverhaltens unterschiedlicher Gruppen von Vpn bei einem ausgewählten Satz kognitiver Aufgaben untersucht werden; wenn eine kognitive Aufgabe wissenschaftlich nicht hinreichend analysiert ist, kann sie durch Beobachtung des Reaktionsverhaltens bestimmter (bekannter) Typen von Vpn bei dieser Aufgabe untersucht werden. Oft sind jedoch sowohl die individuellen Unterschiede als auch die kognitiven Aufgaben vor dem Experiment nicht vollständig charakterisierbar, und es ist nötig, Experimente zu planen, die die gleichzeitige Erfassung beider Variablen ermöglichen. Tatsächlich ist die gleichzeitige Analyse von individuellen Unterschieden und kognitiven Aufgabenarten der beste (wenn nicht der einzige) Weg zur experimentellen Untersuchung metasubjektiver Faktoren. Die gleichzeitige Erfassung erfolgt dabei in folgender Weise. Es werden sowohl eine Serie von zwei oder mehreren Aufgabenarten (z. B. verschiedene Aufgabenarten eines bestimmten Aufgabenparadigmas) als auch eine Serie von (zwei oder mehreren) Typen von Vpn (z. B. verschiedener Altersgruppen und/

oder kognitiver Stile) ausgewählt. Dann werden alle möglichen Paarkombinationen der Aufgabenarten mit den Typen von Vpn in einem Experiment realisiert. Zusätzlich zu den traditionellen statistischen Analysen sind die neuen Methoden der verbundenen Messung ("conjoint measurement") (KRANTZ, LUCE, SUPPES & TVERSKY, 1971) und der funktionalen Messung ("functional measurement") (ANDERSON, 1977; ANDERSON & CUNEO, 1978) anwendbar, um zwei oder mehrere Faktoren gleichzeitig zu erfassen[12].

Meine Studenten und ich haben diese Methodologie in den letzten 13 Jahren mit beachtlichem Erfolg angewendet (z. B. BURTIS, 1976; DE AVILA, 1974; DE RIBAUPIERRE, 1975; GOODMAN, 1979; PARKINSON, 1975; PASCUAL-LEONE, 1969, 1970, 1978a; PULOS, 1979; SCARDAMALIA, 1977, TOUSSAINT, 1976). Auch wenn sich notwendigerweise viele Einzelheiten der Methoden in Abhängigkeit von der Art der angestrebten metasubjektiven Theorie ändern, bin ich davon überzeugt, daß diese Methodologie in kurzer Zeit die datenbedingten Schranken überwinden und die theoretischen Vorurteile abbauen helfen könnte, die in der Entwicklungspsychologie zwischen dem Ansatz von PIAGET, jenem der Vertreter der Informationsverarbeitung und der künstlichen Intelligenz und jenem der Psychometriker stehen.

12) Es ist anzumerken, daß bei einigen dieser Versuchsanordnungen exakte verbundene Meß-Strukturen nicht zu erwarten sind, da in diesen Fällen Wechselwirkungen zwischen den untersuchten Aufgabenarten und Typen von Vpn vorliegen. Die Verletzung der Annahmen solcher Meß-Strukturen sind aber insofern von großem Interesse, als sie auf Aspekte der Daten hinweisen, die von einer adäquaten metasubjektiven Theorie auf prozeßstruktureller Ebene erklärt oder vorhergesagt werden müssen. Vorausgesetzt, daß die konstruktiv-rationalistische Methode eine metasubjektive Charakterisierung sowohl der Typen von Vpn als auch der Aufgabenarten liefert, und daß passende unabhängige Variablen zur Auswahl bestimmter Typen von Vpn existieren, dann könnten tatsächlich die Vpn/Aufgaben-Wechselwirkungen durch eine Beschränkung der Stichprobe auf einen bestimmten Typ von Vpn ausgeschaltet werden. In diesem Fall würden in vorhersagbarer Form verbundene bzw. funktionale Meßstrukturen auftreten.

5. Abschließende Bemerkungen

Auch wenn ich in diesem Beitrag oft darauf verwiesen habe, daß meine Studenten und ich an einer Theorie gearbeitet haben, von der wir glauben, daß sie in beachtlicher Weise die Stadien, die Äquilibration und andere empirisch-strukturelle Probleme erhellt, lag das eigentliche Ziel dieses Beitrags in der gerafften Darstellung strittiger Fragen und in der Herausarbeitung geeigneter methodologischer Ansätze. Lasssen Sie mich abschließend an Hand einer Liste von Problemen für kognitive Psychologen einige der behandelten strittigen Fragen in Form von Stichworten aufzählen: Konstruktive versus deskriptive Theorien; psychogenetische versus produktive Konstruktivität; rein strukturelle versus prozeß-strukturelle versus metasubjektive Theorien; die Dimensionalität von Aufgaben und die Probleme metasubjektiver Aufgabenanalyse und Stadienanalyse; spezifische Ausführungs- bzw. Kontrollprozesse versus latente Wechselwirkungen zwischen organismischen Faktoren; erlerntes, neuartiges und wirklich neuartiges Verhalten; kognitive Konfliktsituationen; Lernparadoxons und motivationale Paradoxons; der F Faktor der Neu-Gestalt-Theoretiker oder S-R Kompatibilität bei abstrakter Kognition; gibt es Äquilibrationsprozesse?; wie macht man PIAGETs Theorie funktional und/oder Theorien der künstlichen Intelligenz im organismischen Sinne gültig?

Lernparadox s. Originalliteratur

Literaturverzeichnis:

ANDERSON, N.: Note on functional measurement and data analysis. Perception and Psychophysics, 1977, 21, 3, 201-215.

ANDERSON, N. & CUNEO, D.O.: The height + width rule in children's judgments of quantity. Journal of Experimental Psychology: General, 1978, 107, 335-378.

ATTNEAVE, F.: Representation of physical space. In: MELTON, A.W. & MARTIN, E.E. (Eds.): Coding processes in human memory. Washington, D.C.: Winston, 1972, 283-306.

BEILIN, H.: Developmental stages and developmental processes. In: GREEN, D.R., FORD, M.P. & FLAVELL, G.P. (Eds.): Measurement and Piaget. New York: McGraw-Hill, 1971, 172-197.

BERNBACK, H.A.: A multiple-copy model for post-perceptual memory. In: NORMAN, D.A. (Ed.): Models of human memory. New York: Academic Press, 1970, 103-116.

BEVER, T.G.: The cognitive basis for linguistic structures. In: HAYES, J. (Ed.): Cognition and the development of language. New York: Wiley, 1970, 279-362.

BOWER, T.G.R.: Development in infancy. San Francisco: Freeman, 1974.

BRAINERD, C.J.: Markovian interpretations of conservation learning. Psychological Review, 1979, 86, 181-213.

BURTIS, P.J.: A developmental study of chunking. Unpublished doctoral dissertation. York University, 1976.

CASE, R.: Validation of a neo-Piagetian mental capacity construct. Journal of Experimental Child Psychology, 1972, 14, 287-302.

CASE, R.: Structures and structures: Some functional limitations on the course of cognitive growth. Cognitive Psychology, 1974, 6, 554-573.

CASE, R.: Responsiveness to conservation training as a function of induced subjective uncertainty, M-space and cognitive style. Canadian Journal of Behavioral Science, 1977, 9, 12-25.

CHI, MICHELENE, T.H.: Age differences in memory span. Journal of Experimental Child Psychology, 1977, 23, 266-280.

DAWES, H.: The mind, the model and the task. In: RESTLE, F., SHIFFRIN, R.M., CASTELLAN, N.J., LINDMAN, H.R. & PISONI, D.B. (Eds.): Cognitive Theory. (Vol.1). Hillsdale, New Jersey: Lawrence Erlbaum, 1975, 119-129.

DeAVILA, E.: Children's transformation of visual information according to non-verbal syntactical rules. Unpublished doctoral dissertation. York University, 1974.

DeRIBAUPIERRE, A.: Cognitive space and formal operations. Unpublished doctoral dissertation. University of Toronto, 1975.

DeRIBAUPIERRE, A. & PASCUAL-LEONE, J.: Formal operations and M power: A neo-Piagetian investigation. In: KUHN, D. (Ed.): Intellectual development beyond childhood (Source books on New Directions in Child Development). San Francisco: Jossey-Bass, 1979, 1-43.

FITTS, P.M. & POSNER, M.T.: Human performance. Belmont, California: Brooks/Cole, 1967.

FITTS, P.M. & SEEGER, C.M.: SR compatibility: Spatial characteristics of stimulus and response codes. Journal of Experimental Psychology, 1953, 46, 199-210.

FLAMANT, C.: Applications of graph theory to group structure. Englewood Cliffs, New Jersey: Prentice Hall, 1963.

GAGNE, R.: Contributions of learning to human development. Psychological Review, 1968, 75, 177-191.

GELMAN, R.: Conservation acquisition: A problem of learning to attend to relevant attributes. Journal of Experimental Child Psychology, 1968, 7, 167-187.

GIBSON, E.J.: Principles of perceptual learning and development. New York: Appleton-Century-Crofts, 1969.

GOLDSTEIN, R.: Human nature in the light of psychopathology. Cambridge, Massachusetts: Harvard University Press, 1940.

GOODMAN, D.: Stage transitions and the developmental traces of constructive operators: A neo-Piagetian investigation of cognitive growth. Unpublished doctoral dissertation. York University, 1979.

HALFORD, E.S.: A theory of the acquisition of conservation. Psychological Review, 1970, 77, 302-317.

HARLOW, H.F.: Learning set and error factor theory. In: KOCH, S. (Ed.): Psychology: A study of science. Vol. 2. New York: McGraw-Hill, 1959, 492-537.

HARLOW, H.F. & HARLOW, M.K.: Learning to think. Scientific American, 1949, 181, 36-39.

HUNT, J.McV: Intelligence and experience. New York: Ronald Press, 1961.

INHELDER, B., BLANCHET, A., SINCLAIR, A. & PIAGET, J.: Relation entre les conservations d'ensembles d'éléments discrets et celles de quantités continués. Année Psychologique, 1975, 24, 23-60.

INHELDER, H. & CHIPMAN, H.H. (Eds.): Piaget and his school. New York: Springer-Verlag, 1976.

INHELDER, B., SINCLAIR, H. & BOVET, M.: Apprentissage et structures de la connaissance. Paris: Presses Universitaires de France, 1974.

KLAHR, D. & WALLACE, J.F.: Cognitive development: An information-processing view. Hillsdale, New Jersey: Lawrence Erlbaum, 1976.

KRANTZ, D.H., LUCE, R.D., SUPPES, P. & TVERSKY, A.: Foundations of measurement. New York: Academic Press, 1971.

LOGAN, R.: A quantification of the development of processing capacity. Unpublished M.A. thesis. York University, 1974.

McLAUGHLIN, G.H.: Psycho-Logic: A possible alternative to Piaget's formulation. British Journal of Education Psychology, 1963, 33, 61-67.

MINSKY, M. & PAPERT, S.: Research at the laboratory in vision language, and other problems of intelligence. Artificial Intelligence memo No. 252. MIT, 1972.

MOUNOUD, P. & BOWER, T.G.R.: Conservation of weight in infants. Cognition, 1974/75, 3, 29-40.

NASSEFAT, M.: Etude quantitative sur l'évolution des opérations intellectuelles. Neuchâtel: Delachoux & Nestle, 1963.

NEWELL, A. & SIMON, H.A.: Human problem solving. Englewood Cliffs, New Jersey: Prentice-Hall, 1972.

NEWELL, A. & SIMON, H.A.: Computer science as empirical inquiry: Symbols and search. Communications of the A.C.M., 1976, 19, 3, 113-126.

PARKINSON, G.M.: The limits of learning: A quantitative investigation of intelligence. Unpublished doctoral dissertation. York University, 1975.

PASCUAL-LEONE, J.: Les méchanismes schématiques de la pensée. Institut des Sciences de l'Education. Unveröffentl.Manuskript. Université de Genève, 1963.

PASCUAL-LEONE, J.: Cognitive development and cognitive style: A general psychological integration. Unpublished doctoral dissertation. University of Geneva, 1969.

PASCUAL-LEONE, J.: A mathematical model for the transition rule in Piaget's developmental stages. Acta Psychologica, 1970, 32, 301-345.

PASCUAL-LEONE, J.: A theory of constructive operators, a neo-Piagetian model of conservation, and the problem of horizontal decalages. Paper presented at the annual meeting of the Canadian Psychological Association. Montreal, 1972.

PASCUAL-LEONE, J.: Constructive cognition and substance conservation. Towards adequate structural models of the human subject. Unpublished manuscript. York University, 1973.

PASCUAL-LEONE, J.: A neo-Piagetian process-structural model of Witkin's psychological differentiation. Extended version of paper presented at the Symposium on Cross-Cultural Studies of Psychological Differentiation, at the annual meeting of the International Association for Cross-Cultural Psychology. Kingston, Canada, 1974.

PASCUAL-LEONE, J.: Metasubjective problems of constructive cognition: Forms of knowing and their psychological mechanisms. Canadian Psychology Review, 1976a, 17, 2, 110-125.

PASCUAL-LEONE, J.: On learning and development, piagetian style. I. A reply to Lefebvre-Pinard. Canadian Psychological Review, 1976b, 17, 4, 270-288.

PASCUAL-LEONE, J.: On learning and development, piagetian style. II. A critical historical analysis of Geneva's research programme. Canadian Psychological Review, 1976c, 17, 4, 289-297.

PASCUAL-LEONE, J.: A view of cognition from a formalist's perspective. In: RIEGEL, K.F. and MEACHAM, J.A. (Eds.) The developing individual in a changing world. (Vol. I). The Hague: Mouton, 1976d, 89-100.

PASCUAL-LEONE, J.: Review of Klahr and Wallace's Cognitive development, an information processing view. Child Development Abstracts and Bibliography, 1977, 51, 251-252.

PASCUAL-LEONE, J.: Compounds, confounds, and models in developmental information processing: A reply to Trabasso and Foellinger. Journal of Experimental Child Psychology, 1978a, 26, 18-40.

PASCUAL-LEONE, J.: Computational models for metasubjective processes. Commentary to Z. W. Pylyshyn's "Computational models and empirical constraints". The Behavioral and Brain Sciences, 1978b, 1, 112-113.

PASCUAL-LEONE, J. & BOVET, M.C.: L'apprentissage de la quantification de l'inclusion et la théorie opératoire. Acta Psychologica, 1966, 25, 334-356.

PASCUAL-LEONE, J. & BOVET, C.: L'apprentissage de la quantification de l'inclusion et la théorie opératoire. Partie II: Quelques resultats experimentaux nouveaux. Acta Psychologica, 1967, 26, 64-74.

PASCUAL-LEONE, J. & GOODMAN, D.: Intelligence and experience: A neo-Piagetian approach. Instructional Science, im Druck.

PASCUAL-LEONE, J., GOODMAN, D., AMMON, P. & SUBELMAN, I.: Piagetian theory and neo-Piagetian analysis as psychological guides in education. In: GALLAGHER, J.M. & EASLEY, J.A. (Eds.): Knowledge and development (Vol. 2). New York: Plenum, 1978, 243-289.

PASCUAL-LEONE, J. & SMITH, J.: The encoding and decoding of symbols of children: A new experimental paradigm and a neo-Piagetian model. Journal of Experimental Child Psychology, 1969, 8, 328-355.

PASCUAL-LEONE, J. & SPARKMAN, E.: The dialectics of empiricism and rationalism: A last methodological reply to Trabasso. Journal of Experimental Child Psychology, im Druck.

PIAGET, J.: Le mechanisme du dévelopment mental et les lois du groupment des opèrations. Archives de Psychologie (Genève), 1941, 28, 215-285.

PIAGET, J.: Les stades du dévelopment intellectuel de l'infant et de l'adolescent. In: OSTERRIETH, P., PIAGET, J., de SAUSSURE, R., TANNER, J.M., WALLON, H. & ZAZZO, R. (Eds.): Le problème des stades en psychologie de l'infant. Paris:: P.U.F., 1956a, 33-49.

PIAGET, J.: Logique et équilibre dans les comportements du sujet. In: APOSTEL, L., MANDELBROT, B. & PIAGET, J. (Eds.): Logique et équilibre. Paris: P.U.F., 1956b, 27-117.

PIAGET, J.: L'équilibration des structures cognitives (problème central du dévelopment). Etudes d'Epistemologie génetique.Vol. 33. Paris: P.U.F., 1975.

PIAGET, J.: Some recent research and its links with a new theory of groupings and conservation based on commutability. Annals of the New York Academy of Science, 1977, 291, 350-371.

PIAGET, J. & INHELDER, B.: La représentation de l'espace chez l'infant. Paris: P.U.F., 1948 (English translation: The child's conception of space. London: Routledge & Keagan Paul, 1956).

PIAGET, J. & INHELDER, B.: Le dévelopmentdes quantités physiques chez l'infant. Neuchâtel:Delachaux & Nestle, 1962.

PIAGET, J., INHELDER, B. & SZEMINSKA, A.: La géometrie spontanée de l'infant. Paris: P.U.F., 1948.

PRENTICE, W.C.H.: The systematic psychology of Wolfgang Köhler. In: KOCH, S. (Ed.): Psychology: A study of a science (Vol. 1). New York: McGraw-Hill, 1959, 427-455.

PULOS, S.: Developmental cognitive constraints on concept formation. Test of a model of constructive abstraction. Doctoral dissertation, York University, 1979.

PYLYSHYN, Z.: Computational models and empirical constraints. The Behavioral and Brain Sciences, 1978, 1, 93-127.

ROBERT, M. & CHARBONNEAU, C.: Extinction of liquid conservation by observation: Effects of model's age and presence. Child Development, 1977, 48, 648-652.

SCARDAMALIA, M.: Information-processing capacity and the problem of horizontal decalage: A demonstration using combinatorial reasoning tasks. Child Development, 1977, 48, 28-37.

SIMON, H.A.: The sciences of the artificial. Cambridge, Mass.: MIT Press, 1969.

SIMON, H.A.: On the development of the processor. In: FARNHAM-DIGGORY, S. (Ed.): Information processing in children. New York: Academic Press, 1972, 3-22.

SIMON, H.A.: How big is a chunk? Science, 1974, 183, 482-488.

SIMON, H.A. & NEWELL, A.: Human problem solving: The state of the theory in 1970. American Psychologist, 1971, 26, 145-159.

STRAUSS, S. & STEIN, D.: U-shaped curves in language acquisition and the learning of physical concepts. Die Neueren Sprachen, 1978, 3/4, 326-340.

TODOR, J.I.: Cognitive development: Cognitive style and motor ability. Paper presented at the 9th Canadian Symposium for Psycho-motor Learning and Sports Psychology.Banff, Alberta, September 1977.

TOUSSAINT, N.A.: Mental processing capacity, anticipatory and retroactive abilities, and development of concrete-operational structures. Canadian Journal of Behavioral Science, 1976, 8, 363-374.

TRABASSO, T. & FOELLINGER, D.B.: Information processing capacity in children: A test of Pascual-Leone's model. Journal of Experimental Child Psychology, 1978, 26, 1-17.

WEIZENBAUM, J.: Computer power and human reason. San Francisco: Freeman, 1976.

WHITE, S.H. & PILLEMAR, D.B.: Childhood amnesia and the development of a socially accessible memory system. In: KIHLSTROM, J.F. & EVANS, F.J.(Eds.): Functional disorders of memory. Hillsdale, New Jersey: Erlbaum, 1979, 29-73.

ZAJONC, R.B.: Balance, congruity, and dissonance. Public Opinion Quarterly, 1960, 24, 280-296.

Autorenregister*

* Das Autorenregister wurde von Frau B. Häusler erstellt.

Sachregister*

*Das Sachregister wurde von P. Reimann und K. Schiebler erstellt.

81

IPN
Institut für die Pädagogik der Naturwissenschaft an der Universität Kiel
(Institute for Science Education at the University of Kiel)

HUBER
Verlag Hans Huber
Bern Stuttgart Wien

In Zusammenhang mit der Arbeit des IPN entstanden auch die folgenden im Verlag Hans Huber, Bern Stuttgart Wien, veröffentlichten Bücher:

FREY, K. & LANG, M. (Eds.): Kognitionspsychologie und naturwissenschaftlicher Unterricht / Cognitive Processes and Science Instruction.

Second IPN-Symposium, March 13–15, 1972, Kiel. Mit Beiträgen von: *Calfee, R.; Dahncke, H.; Dörner, D.; Duit, R.; Eigenmann, J.; Frey, K.; Karplus, E.; Lang, M.; Lovell, K.; Lüer, G.; Lunzer, E. A.; Niedderer, H.-J.; Oerter, R.; Rogers, E. M.; Seiler, Th.; Spada, H.; Thier, H. D.*
1973. 384 Seiten, 42 Abbildungen, 31 Tabellen, kartoniert Fr. 38.–

FISCHER, G. H. & SPADA, H.: Die psychometrischen Grundlagen des Rorschachtests und der Holtzman Inkblot Technique.

1973. 239 Seiten, 19 Abbildungen, 5 Tabellen, kartoniert Fr. 24.–

KEMPF, W. F. (Hrsg.): Probabilistische Modelle in der Sozialpsychologie.

Mit Beiträgen von: *Andersen, E. B.; Fischer, G. H.; Fitting, U.; Kempf, W.F.; Mai, N.; Revenstorff, D.; Scheiblechner, H. H.; Wegscheider, R.*
1974. 204 Seiten, 11 Abbildungen, 14 Tabellen, kartoniert Fr. 42.–

SPADA, H.: Modelle des Denkens und Lernens.

1976. 344 Seiten, 18 Abbildungen, 33 Tabellen, kartoniert Fr. 34.–

KEMPF, W. F. & Repp, B. H. (Eds.): Mathematical Models for Social Psychology.

With contributions by: *Andersen, E. B.; Brückner, G.; Fischer, G. H.; Fitting, U.; Hamburger, H.; Hampapa, P.; Hilke, R.; Kempf, W. F.; Mai, N.; Micko, H.-Chr.; Ratzke, H.; Revenstorff, D.; Scheiblechner, H. H.; Wegscheider, R.* 1977. 283 pages, 24 figures, 41 tables, board Fr. 42.–

SPADA, H. & KEMPF, W. F. (Eds.): Structural Models of Thinking and Learning.

With contributions by: *Atkinson, R. C.; Barr, A.; Calfee, R. C.; Fischer, G. H.; Frey, K.; Groner, R.; Häussler, P.; Hilke, R.; Kempf, W. F.; Reulecke, W. A.; Rop, I.; Scandura, J. M.; Scheiblechner, H.; Spada, H.; Suppes, P.; Vorberg, D.; Wulfeck II, W. H.* 1977. 444 pages, 34 figures, 16 tables, board Fr. 37.–

KEMPF, W.: Konfliktlösung und Aggression

Zu den Grundlagen einer psychologischen Friedensforschung
1978. 230 Seiten, 3 Abbildungen, kartoniert Fr. 24.–

KLUWE, R. & SPADA, H.: Studien zur Denkentwicklung

1981. 516 Seiten, Abbildungen, Tabellen, kartoniert Fr. 44.–.

HAEUSSLER, P.: Denken und Lernen Jugendlicher beim Erkennen funktioneller Beziehungen

Ein Beitrag zur Unterrichtsforschung auf der Grundlage formalisierter Theorien des Denkens und Lernens.
1981. 344 Seiten, Abbildungen, Tabellen, kartoniert Fr. 35.–.